ARZNEIMITTEL-
UND APOTHEKENRECHT
der Deutschen Demokratischen Republik

Gesetzessammlung mit Kommentar

5. Lieferung

Herausgegeben von

OPhR. Prof. Dr. sc. nat. JOACHIM RICHTER
OPhR. Prof. Dr. sc. phil. Dr. rer. nat. HANS-JOACHIM SEIDLEIN
OPhR. Dr. rer. nat. MANFRED BÖHM
Diplom-Jurist HANS GEORG KEUNE
Diplom-Jurist OPhR. Dr. Dr. EGBERT GUEINZIUS

AKADEMIE-VERLAG · BERLIN 1982

Erschienen im Akademie-Verlag, DDR-1086 Berlin, Leipziger Straße 3—4

Lizenznummer: 202 · 100/535/82
Gesamtherstellung: VEB Druckhaus „Maxim Gorki", 7400 Altenburg
Bestellnummer: 762 870 0 (3069/5) · LSV 2097, 2887
Printed in GDR
DDR 48,— M

Benutzerhinweise zum Einordnen der 5. Lieferung

Die 5. Lieferung bitten wir, entsprechend den nachstehend aufgeführten Hinweisen einzuordnen.

Achtung! Während des Satzes der 5. Lieferung ist eine Reihe von Rechtsvorschriften außer Kraft getreten. Der durch ihre Herausnahme aus dem Umbruch der 5. Lieferung entstandene freie Platz wurde zur Aufnahme neuer Bestimmungen genutzt. Aus technischen Gründen stimmt daher die Folge der Registernummern im Kapitel C im Textteil nicht mit der des Kapitelinhaltsverzeichnisses überein.
Es wird gebeten, dies bei der Einordnung besonders zu beachten.

Zu entfernen	Einzuordnende Teile der 5. Lieferung	
	Kontrollblatt	S. 1–2
	Ergänzungsinhaltsverzeichnis	
	Kapitel B	S. 1–2
	B **01** 11 Int.	S. 1–14
	B **01** 12 Int.	S. 1–2
	B **06** 31	S. 1–13
	B **06** 33	S. 1–9
	B **06** 34	S. 1–7
	B **06** 41	S. 1–4
	B **06** 44	S. 1–3
	B **06** 45	S. 1–5
	Ergänzungsinhaltsverzeichnis	
	Kapitel C	S. 1–11
	C **02 04** 01	S. 1–10
	C **02 04** 02	S. 1–2
	C **02 04** 05	S. 1–6
	C **02 04** 50	S. 1–2
	C **02 04** 60	S. 1–6

C 06 04 02 S. 1 (2. Lieferung)
C 06 05 15 S. 1–8 (2. Lieferung)

C **02 04** 61 S. 1
C **02 05** 21 S. 1–7
C **02 06** 01 S. 1–3
C **02 04** 80 S. 1–2
C **04 01** 30 S. 1–2
C **04 01** 51 S. 1–13
C **04 01** 53 S. 1–7
C **04 01** 54 S. 1–5
C **03 02** 07 S. 1–3
C **04 01** 57 S. 1
C **04 02** 31 S. 1–4
C **05 04** 85 S. 1
C **05 04** 90 S. 1
C **05 06** 70 S. 1
C **05 06** 80 S. 1
C **05 08** 21 S. 1–2
C **05 08** 90 S. 1
C **05 09** 50 S. 1
C **05 09** 85 S. 1
C **05 10** 30 S. 1–15
C **05 11** 80 S. 1–2
C **05 11** 85 S. 1
C **05 12** 78 S. 1
C **05 13** 50 S. 1–2
C **06 01** 05 S. 1–2
C **06 01** 06 S. 1–12
C **06 01** 70 S. 1–2
C **06 02** 01 S. 1–5
C **06 02** 05 S. 1–11
C **06 02** 42 S. 1–6
C **06 02** 50 S. 1–4
C **06 02** 60 S. 1–10
C **06 02** 70 S. 1–4
C **06 02** 82 S. 1–2
C **06 03** 08 S. 1–2
C **06 04** 03 S. 1–6
C **05 06** 95 S. 1
C **05 90** 85 S. 1
C **06 04** 02 S. 1–2

C 06 07 06 S. 1–4 (2. Lieferung)	C 06 07 14	S. 1
	C 06 07 35	S. 1–4
	C 06 07 60	S. 1
	C 06 08 20 Kom.	S. 1–12
	C 06 08 36	S. 1–2
	C 06 08 50	S. 1–8
	C 06 09 01	S. 1–6
	C 06 09 03	S. 1
	C 06 09 05	S. 1
	C 06 09 48	S. 1–2
	C 06 09 49	S. 1
	C 06 09 59	S. 1–2
	C 06 09 60	S. 1
	C 06 09 61	S. 1–2
	C 06 09 62	S. 1
	C 06 09 63	S. 1–2
	C 06 09 69 05	S. 1–2
	C 06 09 67	S. 1
	C 06 09 72	S. 1–4
	C 06 11 80	S. 1–5
	C 06 90 20	S. 1–2
	C 07 80	S. 1–2
	C 09 39	S. 1–3
	C 09 04	S. 1–5
	C 09 43	S. 1–5
	C 09 43 01	S. 1
	C 09 43 11	S. 1–3
C 06 03 01 S. 1–6 (2. Lieferung) C 06 03 02 S. 1–6 (2. Lieferung)	C 06 03 01	S. 1–9
	C 09 45 01	S. 1–4
	C 03 90 20	S. 1–10
	C 09 91	S. 1–5
	C 09 92	S. 1–4

Ergänzungsinhaltsverzeichnis

Kapitel D	S. 1
D 04 70	S. 1–3
D 04 80	S. 1

Ergänzungsinhaltsverzeichnis

Ergänzungsinhaltsverzeichnis

Kontrollblatt

zur Prüfung, ob die Sammlung auf dem letzten Stand ist

In die nachstehende Tabelle tragen Sie bitte ein, wann Sie die einzelnen Lieferungen eingeordnet und nicht mehr gültige Teile entfernt haben.

Nr. der Lieferung (das Grundwerk zählt als 1. Lieferung)	auf Vollständigkeit geprüft und entsprechend dem Inhaltsverzeichnis eingeordnet am ...	Signum
2.		
3.		
4.		
5.		
6.		
7.		
8.		
9.		
10.		
11.		
12.		
13.		
14.		
15.		
16.		
17.		

Ergänzungsinhaltsverzeichnis

Kapitel B

Allgemeine gesundheitsrechtliche Grundlagen

Bekanntmachung über die Annahme der Verfassung der Weltgesundheitsorganisation, die am 12. Juli 1946 in New York unterzeichnet und am 28. Mai 1959 von der XII. Weltgesundheitsversammlung abgeändert wurde, durch die Deutsche Demokratische Republik

vom 27. März 1974
(GBl. II Nr. 14 S. 241)

i. d. F. der Bekanntmachung über die Annahme der
von der 26. Weltgesundheitsversammlung am 22. Mai 1973
beschlossenen Änderung der Artikel 34 und 55
der Verfassung der Weltgesundheitsorganisation
durch die Deutsche Demokratische Republik vom 24. September 1976
(GBl. II Nr. 14 S. 294)[1])

— Auszug —

Es wird hierdurch bekanntgemacht,

daß die Deutsche Demokratische Republik am 8. Mai 1973 die nachstehend veröffentlichte Verfassung der Weltgesundheitsorganisation, die am 22. Juli 1946 in New York unterzeichnet und am 28. Mai 1959 von der XII. Weltgesundheitsversammlung abgeändert wurde, angenommen hat.

Die Verfassung der Weltgesundheitsorganisation ist gemäß ihrem Artikel 79 für die Deutsche Demokratische Republik am 8. Mai 1973 in Kraft getreten.

(Übersetzung)

Verfassung der Weltgesundheitsorganisation

Die Staaten, für die diese Verfassung gilt, erklären in Übereinstimmung mit der Charta der Vereinten Nationen, daß das Glück, die harmonischen Beziehungen und die Sicherheit aller Völker auf folgenden Grundsätzen beruhen:

Gesundheit ist der Zustand des vollständigen körperlichen, geistigen und sozialen Wohlbefindens und nicht nur des Freiseins von Krankheit und Gebrechen.

Sich des bestmöglichen Gesundheitszustandes zu erfreuen, ist eines der Grundrechte jedes Menschen, ohne Unterschied der Rasse, der Religion, der politischen Überzeugung, der wirtschaftlichen oder sozialen Stellung.

Die Gesundheit aller Völker ist eine grundlegende Voraussetzung für Frieden und Sicherheit; sie hängt von der breitesten Zusammenarbeit zwischen Einzelpersonen und Staaten ab.

Die Errungenschaften jedes einzelnen Staates auf dem Gebiet der Pflege und des Schutzes der Gesundheit sind wertvoll für alle.
In der ungleichmäßigen Entwicklung in den verschiedenen Ländern in bezug auf die Gesundheitspflege und die Bekämpfung von Krankheiten, insbesondere der ansteckenden Krankheiten, liegt eine allgemeine Gefahr.
Die gesunde Entwicklung der Kinder ist von grundlegender Bedeutung; Voraussetzung für ihre gesunde Entwicklung ist die Fähigkeit, in einer sich verändernden Gesamtumwelt in Harmonie zu leben.
Für das Erreichen des bestmöglichen Gesundheitszustandes ist von wesentlicher Bedeutung, daß die Früchte des medizinischen, psychologischen und des damit zusammenhängenden Wissens allen Völkern zugänglich gemacht werden.
Eine aufgeklärte Öffentlichkeit und die aktive Mitarbeit der Bevölkerung sind von größter Bedeutung für die Verbesserung des Gesundheitszustandes der Bevölkerung.
Die Regierungen sind für den Gesundheitszustand ihrer Völker verantwortlich. Dieser Verpflichtung können sie nur durch geeignete Maßnahmen auf dem Gebiet des Gesundheits- und Sozialwesens gerecht werden.
In Anerkennung dieser Grundsätze und in der Absicht, bei der Pflege und dem Schutz der Gesundheit aller Völker eine Zusammenarbeit untereinander und mit anderen zu gewährleisten, nehmen die vertragschließenden Parteien diese Verfassung an und begründen hiermit die Weltgesundheitsorganisation als eine Spezialorganisation im Sinne des Artikels 57 der Charta der Vereinten Nationen.

Kapitel I

Ziel

Artikel 1

Ziel der Weltgesundheitsorganisation (im folgenden als „Organisation" bezeichnet) ist es, den bestmöglichen Gesundheitzustand für alle Völker zu erreichen.

Kapitel II

Aufgaben

Artikel 2

Um dieses Ziel zu erreichen, übernimmt die Organisation folgende Aufgaben:

a) als leitende und koordinierende Stelle auf dem Gebiet des internationalen Gesundheitswesens tätig zu sein;

b) eine wirksame Zusammenarbeit mit den Vereinten Nationen, den Spezialorganisationen, den staatlichen Gesundheitsbehörden, Fachkreisen und — gegebenenfalls — auch anderen in Frage kommenden Organisationen herbeizuführen und zu pflegen;
c) den Regierungen auf deren Ersuchen beim Ausbau des Gesundheitsdienstes Unterstützung zu gewähren;
d) auf Ersuchen der Regierungen oder mit deren Einverständnis geeignete fachliche Unterstützung und in Notfällen die erforderliche Hilfe zu leisten;
e) auf Ersuchen der Vereinten Nationen besonderen Bevölkerungsgruppen, wie der Bevölkerung von Treuhandgebieten, medizinische Leistungen und Einrichtungen zur Verfügung zu stellen oder dabei helfend tätig zu sein;
f) erforderliche Verwaltungs- und fachliche Dienste, einschließlich epidemiologischer und statistischer Dienste, einzurichten und zu unterhalten;
g) Arbeiten zur Ausmerzung von epidemischen, endemischen und anderen Krankheiten anzuregen und zu fördern;
h) die Verhütung von unfallbedingten Verletzungen zu fördern, falls erforderlich durch Zusammenarbeit mit anderen Spezialorganisationen;
i) die Verbesserung der Ernährung, der Wohnbedingungen, der sanitären Einrichtungen, der Erholungs- und Arbeitsbedingungen, der wirtschaftlichen Lage und anderer Gebiete der Umwelthygiene zu fördern, falls erforderlich in Zusammenarbeit mit anderen Spezialorganisationen;
j) die Zusammenarbeit zwischen den wissenschaftlichen und Fachkreisen zu fördern, die zur Verbesserung des Gesundheitswesens beitragen;
k) Konventionen, Abkommen und Regelungen vorzuschlagen, Empfehlungen in Fragen des internationalen Gesundheitswesens zu unterbreiten sowie diejenigen Aufgaben zu erfüllen, die der Organisation hierbei übertragen werden und mit ihrem Ziel übereinstimmen;
l) Gesundheit und Wohlergehen von Mutter und Kind sowie die Fähigkeit zu fördern, in einer sich verändernden Gesamtumwelt in Harmonie zu leben;
m) Bestrebungen auf dem Gebiet der geistigen Gesundheit zu fördern, insbesondere diejenigen, die sich auf das harmonische Zusammenleben der Menschen auswirken;
n) die Forschung auf dem Gebiet des Gesundheitswesens zu fördern und durchzuführen;
o) ein höheres Niveau der Lehre und Ausbildung für die Berufe des Gesundheitswesens, der Medizin und verwandte Berufe anzustreben;
p) Methoden der Verwaltungs- und Sozialarbeit auf dem Gebiet des öffentlichen Gesundheitswesens und der vorbeugenden und heilenden medizinischen Betreuung einschließlich der Krankenhäuser und der sozialen Arbeit zu erforschen und darüber Bericht zu erstatten, falls erforderlich in Zusammenarbeit mit anderen Spezialorganisationen;
q) auf dem Gebiet des Gesundheitswesens informatorisch, beratend und helfend tätig zu sein;
r) die Aufklärungsarbeit zu Fragen des Gesundheitswesens bei allen Völkern zu fördern;

s) internationale Nomenklaturen von Krankheiten, Todesursachen und Arbeitsmethoden des öffentlichen Gesundheitswesens festzulegen und gegebenenfalls zu überarbeiten;
t) diagnostische Verfahren gegebenenfalls zu standardisieren;
u) internationale Normen für Nahrungsmittel, biologische, pharmazeutische und ähnliche Erzeugnisse zu entwickeln, einzuführen und zu verbreiten;
v) ganz allgemein alle zur Erreichung des Zieles der Organisation erforderlichen Maßnahmen zu ergreifen.

Kapitel III

Mitglieder und Assoziierte Mitglieder

Artikel 3

Die Mitgliedschaft in der Organisation steht allen Staaten offen

Kapitel IV

Organe

Artikel 9

Die Tätigkeit der Organisation wird durchgeführt von

a) der Weltgesundheitsversammlung (im folgenden Gesundheitsversammlung genannt);
b) dem Exekutivrat (im folgenden Rat genannt);
c) dem Sekretariat.

Kapitel V

Die Weltgesundheitsversammlung

Artikel 10

Die Gesundheitsversammlung setzt sich aus Delegierten zusammen, die die Mitgliedstaaten vertreten.

Artikel 11

Jeder Mitgliedstaat entsendet nicht mehr als drei Delegierte, von denen einer vom Mitgliedstaat als Chefdelegierter ernannt wird. Diese Delegierten sollten aus dem Kreis derjenigen Personen ausgewählt werden, die aufgrund ihrer fachlichen Befähigung auf dem Gebiet des Gesundheitswesens am besten geeignet sind und möglichst die staatliche Gesundheitsverwaltung des Mitgliedstaates vertreten.

Artikel 15

Der Rat bestimmt nach Beratung mit dem Generalsekretär der Vereinten Nationen den Zeitpunkt jeder Jahres- und außerordentlichen Tagung.

Artikel 16

Die Gesundheitsversammlung wählt zu Beginn jeder Jahrestagung ihren Präsidenten und weitere Funktionäre. Diese bleiben bis zur Wahl ihrer Nachfolger im Amt.

Artikel 17

Die Gesundheitsversammlung gibt sich eine Geschäftsordnung.

Artikel 18

Die Aufgaben der Gesundheitsversammlung bestehen in folgendem:

a) die Politik der Organisation festzulegen;
b) die Mitgliedstaaten zu benennen, die berechtigt sind, einen Vertreter für den Rat zu benennen;
c) den Generaldirektor zu ernennen;
d) Berichte und Tätigkeit des Rates und des Generaldirektors zu überprüfen und zu billigen und in Angelegenheiten, in denen es wünschenswert erscheint, Maßnahmen zu ergreifen, Untersuchungen und Nachforschungen vorzunehmen oder Berichte anzufertigen, dem Rat Weisungen zu erteilen;
e) Ausschüsse zu bilden, die für die Tätigkeit der Organisation erforderlich erscheinen;
f) die Finanzpolitik der Organisation zu kontrollieren, den Haushaltsplan zu überprüfen und zu genehmigen;
g) den Rat und den Generaldirektor anzuweisen, den Mitgliedstaaten und staatlichen und nichtstaatlichen internationalen Organisationen alle der Gesundheitsversammlung geeignet erscheinenden Fragen des Gesundheitswesens zur Kenntnis zu bringen;
h) alle internationalen oder nationalen, staatlichen oder nichtstaatlichen Organisationen, deren Aufgabengebiete mit denen der Organisation verwandt sind, einzuladen, zu den Tagungen der Gesundheitsversammlung oder den Sitzungen der Ausschüsse sowie zu den unter ihrer Leitung stehenden Konferenzen Vertreter ohne Stimmrecht zu entsenden, und zwar gemäß den von der Gesundheitsversammlung festgelegten Bedingungen. Einladungen an nationale Organisationen sollen jedoch nur mit Zustimmung der betreffenden Regierung erfolgen;
i) das Gesundheitswesen betreffende Empfehlungen der Vollversammlung, des Wirtschafts- und Sozialrates, des Sicherheitsrates oder des Treuhandschaftsrates der Vereinten Nationen zu behandeln und ihnen über die von der Organisation unternommenen Schritte für die Durchführung solcher Empfehlungen zu berichten;

j) dem Wirtschafts- und Sozialrat gemäß den zwischen der Organisation und den Vereinten Nationen geschlossenen Abkommen zu berichten;
k) Forschungsarbeit auf dem Gebiet des Gesundheitswesens durch das Personal der Organisation, durch Schaffung eigener Einrichtungen oder durch Zusammenarbeit mit offiziellen oder nicht offiziellen Einrichtungen jedes Mitgliedstaates mit Zustimmung seiner Regierung zu fördern und durchzuführen;
l) andere Einrichtungen zu schaffen, falls dies wünschenswert erscheint;
m) jede andere Maßnahme zu ergreifen, die geeignet ist, dem Ziel der Organisation zu dienen.

Artikel 19

Die Gesundheitsversammlung ist befugt, Konventionen oder Abkommen über jede in die Zuständigkeit der Organisation fallende Angelegenheit anzunehmen. Die Annahme derartiger Konventionen oder Abkommen bedarf einer Zweidrittelstimmenmehrheit in der Versammlung; sie treten für jeden Mitgliedstaat in Kraft, wenn er sie in Übereinstimmung mit seinem verfassungsmäßigen Verfahren gebilligt hat.

Artikel 20

Jeder Mitgliedstaat verpflichtet sich, innerhalb von 18 Monaten nach Annahme einer Konvention oder eines Abkommens durch die Gesundheitsversammlung Maßnahmen zur Billigung einer solchen Konvention oder eines solchen Abkommens einzuleiten. Jeder Mitgliedstaat notifiziert dem Generaldirektor die eingeleiteten Maßnahmen und legt bei Ablehnung der Konvention oder des Abkommens innerhalb der vorgeschriebenen Zeit die Gründe dafür dar. Bei Billigung erklärt sich jeder Mitgliedstaat bereit, gemäß Kapitel XIV dem Generaldirektor jährlich Bericht zu erstatten.

Artikel 21

Die Gesundheitsversammlung ist befugt, Regelungen zu erlassen

a) für sanitäre und Quarantäneerfordernisse und andere Verfahren, um die Verbreitung von Krankheiten in der Welt zu verhindern;
b) für Nomenklaturen von Krankheiten, Todesursachen und Arbeitsmethoden des öffentlichen Gesundheitswesens;
c) zur Standardisierung der diagnostischen Verfahren für den internationalen Einsatz;
d) zur Standardisierung hinsichtlich der Sicherheit, Reinheit und Wirksamkeit biologischer, pharmazeutischer und ähnlicher Erzeugnisse im internationalen Handelsverkehr;
e) zur Werbung für biologische, pharmazeutische und ähnliche Erzeugnisse und deren Beschriftung im internationalen Handelsverkehr.

Artikel 22

Die gemäß Artikel 21 erlassenen Regelungen treten für alle Mitgliedstaaten in Kraft, nachdem ihre Annahme durch die Gesundheitsversammlung ordnungsgemäß bekanntgegeben worden ist, mit Ausnahme der Mitglieder, die dem Generaldirektor innerhalb der in der Mitteilung festgesetzten Frist ihre Ablehnung oder Vorbehalte notifizieren.

Artikel 23

Die Gesundheitsversammlung ist befugt, den Mitgliedstaaten Empfehlungen in allen in den Zuständigkeitsbereich der Organisation fallenden Angelegenheiten zu geben.

Kapitel VI

Der Exekutivrat

Artikel 24

Der Rat besteht aus 24 Personen, die durch die gleiche Anzahl von Mitgliedstaaten benannt werden. Die Gesundheitsversammlung wählt unter Berücksichtigung einer gerechten geographischen Verteilung diejenigen Mitgliedstaaten, die berechtigt sind, einen Vertreter für den Rat zu benennen. Jeder dieser Mitgliedstaaten sollte einen auf dem Gebiet des Gesundheitswesens fachlich geeigneten Vertreter in den Rat berufen, der von Stellvertretern und Beratern begleitet sein kann.

Artikel 25

Diese Mitglieder werden für 3 Jahre gewählt und können wiedergewählt werden; von den auf der ersten Tagung der Gesundheitsversammlung nach Inkrafttreten der Zusatzbestimmung zu der vorliegenden Verfassung, durch die die Zahl der Mitglieder des Rates von 18 auf 24 erhöht wird, gewählten 12 Mitgliedern ist die Amtszeit jedoch für 2 Mitglieder auf 1 Jahr und für 2 weitere Mitglieder auf 2 Jahre beschränkt; die Auswahl erfolgt durch Losentscheid.

Artikel 26

Der Rat tritt mindestens zweimal im Jahr zusammen und bestimmt den Ort der Tagung.

Artikel 27

Der Rat wählt seinen Vorsitzenden aus dem Kreise seiner Mitglieder und gibt sich eine Geschäftsordnung.

Artikel 28

Die Aufgaben des Rates bestehen in folgendem:

a) die Beschlüsse und Richtlinien der Gesundheitsversammlung zu realisieren;
b) als Vollzugsorgan der Gesundheitsversammlung tätig zu sein;
c) alle anderen ihm von der Gesundheitsversammlung übertragenen Aufgaben durchzuführen;
d) die Gesundheitsversammlung in denjenigen Fragen, die ihm von dieser übertragen worden sind, sowie in Angelegenheiten, die der Organisation durch Konventionen, Abkommen und Regelungen übertragen worden sind, zu beraten;
e) die Gesundheitsversammlung von sich aus zu beraten und ihr Vorschläge zu unterbreiten;
f) die Tagesordnung für die Tagungen der Gesundheitsversammlung aufzustellen;
g) der Gesundheitsversammlung ein allgemeines Arbeitsprogramm für einen bestimmten Zeitraum zur Behandlung und Billigung vorzulegen;
h) alle in seine Zuständigkeit fallenden Fragen zu prüfen;
i) Sofortmaßnahmen innerhalb des Aufgabenbereiches und entsprechend den finanziellen Mitteln der Organisation zu ergreifen, um Ereignissen, die ein sofortiges Handeln erfordern, zu begegnen. Insbesondere kann der Rat den Generaldirektor ermächtigen, die zur Bekämpfung von Seuchen erforderlichen Schritte zu unternehmen, ferner sich an der Organisierung von medizinischen Hilfsmaßnahmen für die Opfer von Katastrophen zu beteiligen sowie Forschungen und Untersuchungen anzustellen, auf deren Dringlichkeit der Rat von einem Mitgliedstaat oder dem Generaldirektor hingewiesen wird.

Artikel 29

Der Rat übt im Namen der gesamten Gesundheitsversammlung die Befugnisse aus, die ihm von diesem Gremium übertragen werden.

Kapitel VII

Das Sekretariat

Artikel 30

Das Sekretariat besteht aus dem Generaldirektor und dem für die Organisation erforderlichen Fach- und Verwaltungspersonal.

Artikel 31

Der Generaldirektor wird nach Nominierung durch den Rat von der Gesundheitsversammlung zu von ihr festzulegenden Bedingungen ernannt. Der Generaldirektor, der dem Rat untersteht, ist der höchste Fach- und Verwaltungsbeamte der Organisation.

Artikel 32

Der Generaldirektor ist ex officio Sekretär der Gesundheitsversammlung, des Rates sowie aller Kommissionen und Ausschüsse der Organisation und der von ihr einberufenen Konferenzen. Er kann diese Funktionen delegieren.

Artikel 34[1])

Der Generaldirektor arbeitet die Finanzaufstellungen und den Budgetvoranschlag der Organisation aus und unterbreitet sie dem Rat.

Artikel 35

Der Generaldirektor beruft das Personal des Sekretariats nach den von der Gesundheitsversammlung festgelegten Personalbestimmungen. Oberster Grundsatz bei der Einstellung des Personals muß es sein, die Leistungsfähigkeit, die Integrität und den international repräsentativen Charakter des Sekretariats in höchstem Maße zu gewährleisten. Es ist auch gebührend zu berücksichtigen, daß die Auswahl des Personals auf möglichst breiter geographischer Grundlage erfolgt.

Kapitel VIII

Ausschüsse

Artikel 38

Der Rat bildet auf Weisung der Gesundheitsversammlung Ausschüsse. Er kann auch von sich aus oder auf Vorschlag des Generaldirektors andere Ausschüsse bilden, die im Rahmen der Zuständigkeit der Organisation wünschenswert und zweckmäßig erscheinen.

Artikel 39

Der Rat prüft von Zeit zu Zeit, auf jeden Fall einmal jährlich, ob es notwendig ist, daß die Ausschüsse ihre Tätigkeit fortsetzen.

Artikel 40

Der Rat kann für die Bildung von gemeinsamen oder gemischten Ausschüssen mit anderen Organisationen oder für die Teilnahme der Organisation an diesen Sorge tragen, ebenso wie für die Vertretung der Organisation in den von diesen Organisationen gebildeten Ausschüssen.

Kapitel IX

Konferenzen

Artikel 41

Die Gesundheitsversammlung oder der Rat kann örtliche, allgemeine, fachliche oder sonstige Spezialkonferenzen einberufen, um Angelegenheiten innerhalb des Zuständigkeitsbereiches der Organisation zu behandeln, und kann dafür Sorge tragen, daß internationale Organisationen und, mit Zustimmung der betreffenden Regierung, nationale staatliche oder nichtstaatliche Organisationen auf solchen Konferenzen vertreten sind. Die Art dieser Vertretung wird von der Gesundheitsversammlung oder dem Rat bestimmt.

Artikel 42

Der Rat kann für die Teilnahme der Organisation an den Konferenzen Sorge tragen, an denen die Organisation seiner Auffassung nach ein Interesse hat.

Kapitel X

Sitz

Artikel 43

Der Sitz der Organisation wird von der Gesundheitsversammlung nach Beratung mit den Vereinten Nationen festgelegt.

Kapitel XI

Regionale Vereinbarungen

Artikel 44

a) Die Gesundheitsversammlung bestimmt von Zeit zu Zeit die geographischen Gebiete, in denen die Errichtung einer regionalen Organisation wünschenswert ist.
b) Die Gesundheitsversammlung kann mit Zustimmung der Mehrheit der Mitgliedstaaten aus jedem auf diese Weise bezeichneten Gebiet eine regionale Organisation schaffen, um den besonderen Bedürfnissen dieses Gebietes Rechnung zu tragen. In jedem Gebiet soll nicht mehr als eine regionale Organisation bestehen.

Artikel 45

Jede regionale Organisation bildet in Übereinstimmung mit der vorliegenden Verfassung einen integrierenden Bestandteil der Organisation.

Artikel 46

Jede regionale Organisation besteht aus einem Regionalkomitee und einem Regionalbüro.

Artikel 47

Die Regionalkomitees setzen sich aus Vertretern der Mitgliedstaaten und der Assoziierten Mitglieder der betreffenden Region zusammen. Territorien oder Gruppen von Territorien einer Region, die für die Wahrnehmung ihrer internationalen Beziehungen nicht selbst verantwortlich und nicht Assoziierte Mitglieder sind, haben das Recht, in den Regionalkomitees vertreten zu sein und an deren Arbeit teilzunehmen. Art und Umfang der Rechte und Pflichten dieser Territorien oder Gruppen von Territorien in den Regionalkomitees werden in Absprache mit dem Mitgliedstaat oder einer anderen Behörde, die für die internationalen Beziehungen dieser Terrotorien verantwortlich ist, sowie mit den Mitgliedstaaten der Region von der Gesundheitsversammlung festgelegt.

Artikel 48

Die Regionalkomitees treten so oft wie erforderlich zusammen und legen den Ort jeder Zusammenkunft fest.

Artikel 49

Die Regionalkomitees geben sich ihre Geschäftsordnung.

Artikel 50

Die Aufgaben des Regionalkomitees bestehen in folgendem:

a) die Politik in Angelegenheiten ausschließlich regionalen Charakters auszuarbeiten;
b) die Tätigkeit des Regionalbüros zu kontrollieren;
c) dem Regionalbüro die Einberufung von Fachkonferenzen sowie solche zusätzlichen Tätigkeiten oder Untersuchungen zu Problemen des Gesundheitswesens vorzuschlagen, die nach Ansicht des Regionalkomitees das Ziel der Organisation innerhalb der Region fördern würden;
d) mit den entsprechenden Regionalkomitees der Vereinten Nationen, denen anderer Spezialorganisationen und mit anderen regionalen internationalen Organisationen, die gemeinsame Interessen mit der Organisation haben, zusammenzuarbeiten;
e) die Organisation über den Generaldirektor in internationalen Gesundheitsangelegenheiten von überregionaler Bedeutung zu beraten;
f) zusätzliche regionale Zuwendungen durch die Regierungen der betreffenden Regionen zu empfehlen, falls der im Gesamthaushaltsplan der Organisation für diese Region bewilligte Anteil zur Durchführung der regionalen Aufgaben nicht ausreicht;
g) andere Aufgaben wahrzunehmen, die dem Regionalkomitee durch die Gesundheitsversammlung, den Rat oder den Generaldirektor übertragen werden.

Artikel 51

Das Regionalbüro untersteht generell dem Generaldirektor der Organisation und ist das Verwaltungsorgan des Regionalkomitees. Darüber hinaus führt es im Bereich der Region die Beschlüsse der Gesundheitsversammlung und des Rates durch.

Artikel 52

Leiter des Regionalbüros ist der Regionaldirektor, der durch den Rat im Einvernehmen mit dem Regionalkomitee ernannt wird.

Kapitel XII

Budget und Ausgaben

Artikel 55[1])

Der Generaldirektor arbeitet den Budgetvoranschlag der Organisation aus und unterbreitet ihn dem Rat. Der Rat überprüft den Budgetvoranschlag und legt ihn zusammen mit allen dem Rat ratsam erscheinenden Empfehlungen der Gesundheitsversammlung vor.

Kapitel XIII

Abstimmung

Artikel 59

Jedes Mitglied hat eine Stimme in der Gesundheitsversammlung.

Artikel 60

a) Beschlüsse der Gesundheitsversammlung über wichtige Fragen werden mit Zweidrittelmehrheit der anwesenden und abstimmenden Mitglieder gefaßt. Zu diesen Fragen zählen: die Annahme von Konventionen oder Abkommen; die Billigung von Abkommen über die Herstellung von Beziehungen der Organisation zu den Vereinten Nationen sowie den zwischenstaatlichen Organisationen und Institutionen gemäß den Artikeln 69, 70 und 72; Abänderungen dieser Verfassung.
b) Beschlüsse zu anderen Fragen, einschließlich der Festlegung weiterer Fragenkomplexe, über die mit Zweidrittelmehrheit zu entscheiden ist, werden von den anwesenden und abstimmenden Mitgliedern in einfacher Mehrheit gefaßt.
c) Die Abstimmung über dementsprechende Angelegenheiten im Rat und in den Ausschüssen der Organisation wird gemäß Absatz a) und b) dieses Artikels durchgeführt.

Kapitel XIV

Berichterstattung der Staaten

Artikel 61

Jedes Mitglied berichtet der Organisation jährlich über die zur Verbesserung des Gesundheitszustandes seiner Bevölkerung getroffenen Maßnahmen und die dabei erzielten Fortschritte.

Artikel 62

Jedes Mitglied erstattet jährlich einen Bericht über die Maßnahmen, die es im Hinblick auf die ihm von der Organisation gegebenen Empfehlungen und im Hinblick auf Konventionen, Abkommen und Regelungen getroffen hat.

Artikel 63

Jedes Mitglied macht der Organisation umgehend Mitteilung von wichtigen Gesetzen, Regelungen, offiziellen Berichten und Statistiken auf dem Gebiet des Gesundheitswesens, die in dem betreffenden Staat veröffentlicht worden sind.

Artikel 64

Jedes Mitglied stellt in der von der Gesundheitsversammlung festzulegenden Weise statistische und epidemiologische Berichte zur Verfügung.

Artikel 65

Jedes Mitglied übermittelt, soweit möglich, auf Verlangen des Rates zusätzliche Informationen auf dem Gebiet des Gesundheitswesens.

Kapitel XV

Rechtsfähigkeit, Privilegien und Immunitäten

Artikel 66

Die Organisation besitzt auf dem Hoheitsgebiet jedes Mitgliedes Rechtsfähigkeit, soweit dies zur Erreichung ihres Zieles und zur Wahrnehmung ihrer Aufgaben erforderlich ist.

Artikel 68

Diese Rechtsfähigkeit, Privilegien und Immunitäten werden in einem besonderen Abkommen definiert, das von der Organisation in Absprache mit dem Generalsekretär der Vereinten Nationen auszuarbeiten und zwischen den Mitgliedern abzuschließen ist.

Kapitel XVI

Beziehungen zu anderen Organisationen

Artikel 69

Zwischen der Organisation als eine der in Artikel 57 der Charta der Vereinten Nationen genannten Spezialorganisationen und den Vereinten Nationen werden Beziehungen hergestellt. Die Annahme derartiger Abkommen, durch die Beziehungen zwischen der Organisation und den Vereinten Nationen hergestellt werden, bedarf einer Zweidrittelmehrheit in der Gesundheitsversammlung.

Artikel 70

Die Organisation tritt, wo dies wünschenswert erscheint, in wirksame Beziehungen zu anderen zwischenstaatlichen Organisationen und arbeitet eng mit diesen zusammen. Die Annahme jedes formellen Abkommens, das mit solchen Organisationen getroffen wird, bedarf einer Zweidrittelmehrheit in der Gesundheitsversammlung.

Artikel 71

Die Organisation kann im Rahmen ihrer Zuständigkeit geeignete Vereinbarungen zwecks Beratung und Zusammenarbeit mit nichtstaatlichen internationalen Organisationen und — mit Zustimmung der betreffenden Regierung — mit nationalen staatlichen oder nichtstaatlichen Organisationen treffen.

Artikel 72

Die Organisation kann, vorbehaltlich der Zustimmung durch die Gesundheitsversammlung mit einer Zweidrittelmehrheit, von jeder anderen internationalen Organisation oder Institution, deren Ziele und Tätigkeit im Zuständigkeitsbereich der Organisation liegen, diejenigen Aufgaben, Mittel und Verpflichtungen übernehmen, die der Organisation durch internationale Abkommen oder durch beiderseitig annehmbare Vereinbarungen zwischen den zuständigen Organen der betreffenden Organisationen übertragen werden.

Kapitel XVIII

Auslegung

Artikel 74

Der chinesische, englische, französische, russische und spanische Wortlaut dieser Verfassung ist gleichermaßen gültig.

[1]) Mit der Resolution der 26. Weltgesundheitsverwaltung vom 22. 5. 1973 haben die Artikel 34 und 55 der Verfassung der WHO den abgedruckten Wortlaut erhalten.
Zur Annahme der Änderung durch die DDR s. B 01 12 Int.

Bekanntmachung über die Annahme der von der 26. Weltgesundheitsversammlung am 22. Mai 1973 beschlossenen Änderungen der Artikel 34 und 55 der Verfassung der Weltgesundheitsorganisation durch die Deutsche Demokratische Republik

vom 24. September 1976

(GBl. II Nr. 14 S. 294)

Es wird hierdurch bekanntgemacht, daß am 13. Juli 1976 die Annahmeurkunde der Deutschen Demokratischen Republik zu den von der 26. Weltgesundheitsversammlung am 22. Mai 1973 beschlossenen Änderungen der Artikel 34 und 55 der Verfassung der Weltgesundheitsorganisation[1]) hinterlegt wurde.

Der Text der Resolution der 26. Weltgesundheitsversammlung zur Änderung der Verfassung der Weltgesundheitsorganisation (Artikel 34 und 55) wird nachstehend veröffentlicht.

Der Tag, an dem die Änderungen für die Deutsche Demokratische Republik wirksam werden, wird im Gesetzblatt der Deutschen Demokratischen Republik bekanntgemacht.

(Übersetzung)

Weltgesundheitsorganisation Resolution der 26. Weltgesundheitsversammlung zur Änderung der Verfassung der Weltgesundheitsorganisation

(Artikel 34 und 55)

Die 26. Weltgesundheitsversammlung,

nachdem sie überprüft hat, ob es wünschenswert ist, ein zweijähriges Programm und ein zweijähriges Budget einzuführen, wie in der Resolution WHA 25.24 und im Bericht des Generaldirektors der 25. Weltgesundheitsversammlung zu diesem Thema dargelegt wird;

unter Berücksichtigung der von dem Exekutivrat auf seiner 51. Sitzung in der Resolution EB 51.R 51 der 26. Weltgesundheitsversammlung unterbreiteten Empfehlung, daß ein Programm und ein Budget für einen Zeitraum von zwei Jahren baldmöglichst eingeführt und die vorgeschlagenen Änderungen zu den Artikeln 34 und 55 der Verfassung angenommen werden;

zur Kenntnis nehmend, daß die Bestimmung des Artikels 73 der Verfassung, die erfordert, daß der Wortlaut der vorgeschlagenen Änderungen zu der Verfassung mindestens 6 Monate vor Überprüfung durch die Gesundheitsversammlung den Mitgliedern mitgeteilt werden muß, ordnungsgemäß eingehalten wurde,

I

1. Nimmt die Änderung zur Verfassung an, die im Anhang dieser Resolution dargelegt werden und die festen Bestandteile dieser Resolution bilden, wobei die Texte in Chinesisch, Englisch, Französisch, Russisch und Spanisch gleichermaßen rechtskräftig sind;
2. Beschließt, daß zwei Kopien dieser Resolution durch die Unterschrift des Präsidenten der 26. Weltgesundheitsversammlung und des Generaldirektors der Weltgesundheitsorganisation beglaubigt werden. Eine Kopie wird an den Generalsekretär der Vereinten Nationen weitergeleitet, der Depositär der Verfassung ist, und eine Kopie verbleibt in den Archiven der Weltgesundheitsorganisation.

II

Unter Berücksichtigung, daß die genannten Veränderungen zur Verfassung für alle Mitglieder in Kraft treten, wenn sie von zwei Dritteln der Mitglieder in Übereinstimmung mit ihren entsprechenden konstitutionellen Verfahren des Artikels 73 der Verfassung angenommen werden,
Beschließt, daß die Notifizierung einer solchen Annahme durch die Hinterlegung einer formellen Urkunde beim Generalsekretär der Vereinten Nationen erfolgt, wie es im Artikel 79 (b) der Verfassung für die Annahme der Verfassung gefordert wird.

Zu Urkund dessen haben wir dieses Dokument unterzeichnet.

Ausgefertigt in Genf am 24. Mai 1973 in zwei Exemplaren.

gez.	gez.
J. Sulianti	M. G. Candau
Präsident der 26. Weltgesundheitsversammlung	Generaldirektor der Weltgesundheitsorganisation

Im Artikel 34 wird das Wort „jährlich" gestrichen,
im Artikel 55 wird das Wort „jährlich" gestrichen.
Die geänderten Artikel lauten folgendermaßen:

Artikel 34

Der Generaldirektor arbeitet die Finanzaufstellungen und den Budgetvoranschlag der Organisation aus und unterbreitet sie dem Rat.

Artikel 55

Der Generaldirektor arbeitet den Budgetvoranschlag der Organisation aus und unterbreitet ihn dem Rat. Der Rat überprüft den Budgetvoranschlag und legt ihn zusammen mit allen dem Rat ratsam erscheinenden Empfehlungen der Gesundheitsversammlung vor.

[1]) Die Verfassung der WHO ist abgedruckt unter B 01 11 Int.

Gesetz zur Verhütung und Bekämpfung übertragbarer Krankheiten beim Menschen

vom 20. Dezember 1965
(GBl. I 1966 Nr. 3 S. 29)

i. d. F. des Gesetzes zur Anpassung von Strafbestimmungen und Ordnungsstrafbestimmungen
— Anpassungsgesetz —

vom 11. Juni 1968
(GBl. I Nr. 11 S. 242; Ber. GBl. II Nr. 103 S. 827)[1])

und des Gesetzes über die Neufassung von Regelungen über Rechtsmittel gegen Entscheidungen staatlicher Organe

vom 24. Juni 1971
(GBl. I Nr. 3 S. 49)[2])
— Auszug —

In der sozialistischen Gesellschaftsordnung ist die allseitige Vorbeugung gegen übertragbare Krankheiten und deren Bekämpfung eine Schwerpunktaufgabe bei der Entwicklung eines umfassenden Gesundheitsschutzes. Übertragbare Krankheiten können für die einzelnen Bürger und für die Bevölkerung große Gefahren und schwerwiegende Nachteile hervorrufen. Die Leiter aller Staats- und Wirtschaftsorgane, die Leiter von Betrieben und Einrichtungen sowie die Vorstände der Produktionsgenossenschaften sind entsprechend ihren gesetzlich festgelegten Pflichten für eine wirksame Verhütung, Bekämpfung und Beseitigung übertragbarer Krankheiten in ihren Bereichen verantwortlich. Sie haben bei der Entwicklung der Wissenschaft und Technik, beim Aufbau der Städte und Gemeinden sowie bei der Gestaltung der Arbeits- und Lebensbedingungen die Erfordernisse der Hygiene und des Seuchenschutzes zu berücksichtigen und die schöpferische Mitwirkung der Werktätigen zu fördern.
Die Volkskammer der Deutschen Demokratischen Republik beschließt daher folgendes Gesetz:

Erster Abschnitt

Grundsätze und staatliche Leitungstätigkeit

§ 1 Grundsätze

(1) Die Maßnahmen zur Verhütung und Bekämpfung übertragbarer Krankheiten beim Menschen (nachstehend übertragbare Krankheiten genannt) und die Sicherung hygienisch einwandfreier Zustände sind auf der Grundlage der konsequenten Anwendung neuester

wissenschaftlicher Erkenntnisse durchzuführen. Die wissenschaftliche Arbeit ist ständig in dieser Richtung zu entwickeln.
(2) Die Verhütung und Bekämpfung übertragbarer Krankheiten und die Sicherung der Hygiene erfordern, daß in den einzelnen Bereichen, bei Wahrung der einheitlichen medizinischen und hygienischen Grundsätze und bei Wahrung einer einheitlichen Leitung, die notwendigen Voraussetzungen geschaffen werden. Desgleichen sind die Maßnahmen durch koordinierte und strikte Anwendung der seuchenhygienischen Bestimmungen in den Betrieben, Einrichtungen und Produktionsgenossenschaften durchzusetzen und von allen Bürgern zu befolgen. Die örtlichen Staats- und Wirtschaftsorgane treffen die Anordnungen oder Beschlüsse für die Leitung der unmittelbaren Verhütungs- und Bekämpfungsmaßnahmen und für die Durchsetzung der Hygiene in ihren Verantwortungsbereichen.
(3) Die Staats- und Wirtschaftsorgane stützen sich bei der Vorbereitung und der Durchführung ihrer Maßnahmen auf die Mitwirkung aller Bürger, der Ausschüsse der Nationalen Front des demokratischen Deutschland und der Hausgemeinschaften, des Freien Deutschen Gewerkschaftsbundes, des Deutschen Roten Kreuzes und der anderen gesellschaftlichen Organisationen. Sie fördern deren Mitwirkung bei der Festlegung und Durchführung entsprechender Arbeitsprogramme.
(4) Die Überzeugungs- und Aufklärungstätigkeit ist inhaltlich und methodisch so durchzuführen, daß die Bürger die Notwendigkeit der Einhaltung von Verhütungs- und Bekämpfungsmaßnahmen und von Maßnahmen zur Sicherung der Hygiene erkennen und sich entsprechend verhalten. Dies ist insbesondere auch bei der Erziehung und Entwicklung der Kinder und Jugendlichen in entsprechender Weise zu beachten.

Staatliche Leitungstätigkeit

§ 2

(1) Die Verhütung und Bekämpfung übertragbarer Krankheiten wird durch das Ministerium für Gesundheitswesen und die örtlichen Organe des staatlichen Gesundheitswesens geleitet, koordiniert und überwacht.
(2) Die Leiter der Staats- und Wirtschaftsorgane haben in ihren Bereichen unter Anleitung und Mitwirkung der Organe des staatlichen Gesundheitswesens Voraussetzungen für eine wirksame Verhütung und Bekämpfung übertragbarer Krankheiten zu schaffen. Die Leiter der Betriebe und Einrichtungen und die Vorsitzenden der Produktionsgenossenschaften haben die ihnen obliegenden Maßnahmen, die sich aus diesem Gesetz und aus den von den jeweils zuständigen Staats- und Wirtschaftsorganen getroffenen Regelungen und Anordnungen auf dem Gebiet des Seuchenschutzes ergeben, durchzuführen.
(3) Bei allen Maßnahmen, die Fragen des Seuchenschutzes und der Hygiene berühren, sind die zuständigen Organe des staatlichen Gesundheitswesens rechtzeitig maßgebend zu beteiligen.
(4) Bei der Verhütung und Bekämpfung von Krankheiten, die vom Tier auf den Menschen oder vom Menschen auf das Tier übertragen werden können, haben die Organe des Gesund-

heitswesens und die zuständigen veterinärmedizinischen Fachorgane eng zusammenzuarbeiten.
(5) Der Minister für Gesundheitswesen sichert und koordiniert im Einvernehmen mit den Leitern der zuständigen zentralen staatlichen Organe die im internationalen Verkehr notwendigen Verhütungs- und Bekämpfungsmaßnahmen unter Berücksichtigung der von der Deutschen Demokratischen Republik international eingegangenen Verpflichtungen. Er kann zu diesem Zweck für Bürger der Deutschen Demokratischen Republik sowie für einreisende und durchreisende Personen, die nicht Bürger der Deutschen Demokratischen Republik sind, besondere Schutzbestimmungen erlassen und die Vorlage von Gesundheitsbescheinigungen (z. B. Impfzeugnisse)[3]) verlangen.
(6) Der Minister für Gesundheitswesen ist für die internationale Zusammenarbeit auf dem Gebiet des Seuchenschutzes in Übereinstimmung mit den Leitern der zuständigen zentralen staatlichen Organe verantwortlich. Er arbeitet dabei eng mit dem Minister für Auswärtige Angelegenheiten zusammen. Dies gilt sinngemäß auch für den Verkehr zwischen beiden deutschen Staaten und mit dem besonderen Gebiet Westberlin.

§ 3

(1) Der Minister für Gesundheitswesen bedient sich bei der Leitung, Koordinierung und Überwachung der Verhütung und Bekämpfung übertragbarer Krankheiten der Staatlichen Hygieneinspektion[4]).
(2) Im Rahmen der Verantwortung der Räte der Bezirke und Kreise für die Leitung des Gesundheitswesens obliegt die Verhütung und Bekämpfung übertragbarer Krankheiten und die Sicherung der Hygiene den Bezirks-Hygieneinspektionen[4]) mit ihren Hygiene-Instituten und den Kreis-Hygieneinspektionen[4]) mit den erforderlichen Hygieneeinrichtungen. Im Bereich des Verkehrswesens obliegen die entsprechenden staatlichen Leitungsaufgaben den Organen der Verkehrs-Hygieneinspektion.

§ 6

(1) Die Koordinierung von Maßnahmen zur Abwendung von Seuchengefahren, zur Seuchenbekämpfung sowie zur Beseitigung von Folgeerscheinungen in allen staatlichen und wirtschaftlichen Bereichen wird für den Bereich der Deutschen Demokratischen Republik einer zentralen Kommission, für den Bereich der örtlichen Organe Bezirks- und Kreiskommissionen übertragen. Diese Kommissionen werden vom Minister für Gesundheitswesen, vom Bezirksarzt bzw. vom Kreisarzt geleitet. Der Minister für Gesundheitswesen bestimmt die Grundsätze für die Zusammensetzung und Tätigkeit dieser Kommissionen.
(2) Die Mitglieder der Kommissionen werden von dem für das Gesundheitswesen zuständigen Stellvertreter des Vorsitzenden des Ministerrates bzw. von den Vorsitzenden der Räte der Bezirke und Kreise auf Vorschlag des Vorsitzenden der Kommission ernannt.
(3) In jedem Bezirk und Kreis ist durch den Rat ein regionaler Seuchenbekämpfungsplan zur Sicherung eines schnellen, planmäßigen und erfolgreichen Vorgehens zu beschließen.

Im Seuchenbekämpfungsplan ist auch die erforderliche zeitweilige Mitwirkung von Hilfskräften und der Einsatz von materiellen Mitteln bei epidemischen Geschehen und drohender allgemeiner Seuchengefahr festzulegen.
(4) Die Vorsitzenden der Kommissionen haben unter Beachtung zentraler Weisungen die erforderlichen Maßnahmen zur Durchführung der im Abs. 1 genannten Aufgaben verbindlich anzuordnen, Kontrollen durchzuführen, Berichte und Auskünfte zu verlangen. Sie haben die notwendige Mitwirkung von Hilfskräften und den Einsatz von materiellen Mitteln gemäß dem Seuchenbekämpfungsplan (Abs. 3) anzuordnen. Durch die vorübergehende Mitwirkung der Hilfskräfte wird ihr Arbeitsrechtsverhältnis nicht unterbrochen.
(5) Der Vorsitzende einer Kommission ist gegenüber den Vorsitzenden nachgeordneter Kommissionen weisungsberechtigt.

§ 7

(1) Der Ministerrat, die Räte der Bezirke und Kreise, der Städte und Gemeinden fassen die zur Leitung und Überwachung des Seuchenschutzes erforderlichen Beschlüsse. Die zentrale Kommission hat dem Ministerrat und die örtlichen Kommissionen haben dem zuständigen Rat des Bezirkes bzw. Rat des Kreises sowie den zuständigen Räten der Städte und Gemeinden entsprechende Maßnahmen vorzuschlagen, wenn deren Beratung und Beschlußfassung erforderlich sind.
(2) Zur Abwehr allgemeiner Seuchengefahren, zur Beseitigung und Bekämpfung von Epidemien und von Massenerkrankungen gemeinsamer Ursache können den in staatlichen medizinischen Einrichtungen beschäftigten Ärzten, Krankenschwestern, Krankenpflegern, Hygieneinspektoren, Desinfektoren sowie Lebensmittelchemikern und dem anderen für den Seucheneinsatz notwendigen Personal vom Minister für Gesundheitswesen oder vom Vorsitzenden des Rates des Bezirkes bis zu einer Dauer von 6 Monaten Arbeiten auf bestimmten Arbeitsplätzen übertragen werden. Durch diesen vorübergehenden Seucheneinsatz wird das Arbeitsrechtsverhältnis nicht unterbrochen. Hierbei findet der *§ 26 Abs. 2 des Gesetzbuches der Arbeit der Deutschen Demokratischen Republik vom 12. April 1961* (GBl. I S. 27) keine Anwendung[5]).

Zweiter Abschnitt

Begriffsbestimmungen

§ 8 Übertragbare Krankheiten

(1) Übertragbare Krankheiten im Sinne dieses Gesetzes sind durch Krankheitserreger hervorgerufene Krankheiten, die unmittelbar oder mittelbar auf Menschen übertragen werden können.
(2) In den Durchführungsbestimmungen ist festzulegen, welche Krankheiten oder Zustände den übertragbaren Krankheiten gleichzustellen sind.

§ 9

Krankheit, Ansteckung und Todesfall

(1) Krank im Sinne dieses Gesetzes ist eine Person, bei der eine übertragbare Krankheit nachgewiesen, festgestellt oder mit hoher Wahrscheinlichkeit anzunehmen ist.
(2) Krankheitsverdächtig ist eine Person, bei der Erscheinungen bestehen, welche das Vorliegen einer übertragbaren Krankheit vermuten lassen.
(3) Ansteckend ist eine Person, die Krankheitserreger ausscheidet oder an sich trägt, daß sie zur Ansteckungsquelle werden kann, unabhängig davon, ob Krankheitserscheinungen vorliegen oder nicht. Als Dauerausscheider wird bezeichnet, wer Krankheitserreger über eine bestimmte Zeitdauer hinaus ausscheidet und dadurch Ansteckungsquelle werden kann.
(4) Verdächtig angesteckt zu sein, ist eine Person, bei der Krankheitserscheinungen zwar nicht vorliegen, bei der aber anzunehmen ist, daß sie Krankheitserreger aufgenommen hat.
(5) Ein Todesfall an einer übertragbaren Krankheit liegt vor, wenn eine übertragbare Krankheit als unmittelbare oder mitwirkende Todesursache erwiesen oder den Umständen nach anzunehmen ist.

§ 10 Seuchengefahrenquellen, endemische Herde und allgemeine Seuchengefahr

(1) Seuchengefahrenquellen sind:

a) Zustände, die auf Grund der Erfahrungen eine Weiterverbreitung übertragbarer Krankheiten begünstigen können oder solche bereits hervorgerufen haben,
b) Personen, die ansteckend sind oder die Weiterverbreitung von übertragbaren Krankheiten befürchten lassen oder bereits Ursache der Weiterverbreitung waren,
c) Tiere, die als Ansteckungsquelle oder nach Art ihrer Haltung oder des Umgangs mit ihnen die Ansteckung von Menschen befürchten lassen oder bereits Ursache für die Ansteckung von Menschen waren,
d) Sachen, durch die nach Art ihrer Behandlung oder des Umgangs mit ihnen eine Weiterverbreitung übertragbarer Krankheiten erfolgen kann oder bereits erfolgte.

(2) Ein endemischer Herd ist ein bestimmtes Gebiet oder eine Gemeinschaft, in denen vereinzelte, zeitlich verteilte, aber in ursächlichem Zusammenhang stehende Fälle einer übertragbaren Krankheit auftreten.
(3) Eine allgemeine Seuchengefahr ist in der Regel gegeben, wenn durch die Feststellung oder Vermutung von Seuchengefahrenquellen unmittelbar oder mittelbar mit der Ansteckung zahlreicher Personen zu rechnen ist oder wenn eine übertragbare Krankheit von hoher Ansteckungsfähigkeit aufzutreten droht oder wenn eine übertragbare oder vermutlich übertragbare Krankheit stärker um sich greift, wodurch die Gesundheit oder die Lebensverhältnisse von vielen Menschen erheblich beeinträchtigt werden können.

Dritter Abschnitt

Meldungen und Informationen

§ 12 Informationen

(1) Die Staats- und Wirtschaftsorgane haben sich in Abstimmung mit den zuständigen Hygieneinspektionen[4]) gegenseitig über wesentliche Vorkommnisse und Krankheitsgeschehnisse und über notwendige Verhütungs- und Bekämpfungsmaßnahmen zu informieren und deren Durchführung zu unterstützen.
(2) Die Hygieneinspektionen[4]) haben in erforderlichen Abständen sowie bei besonderen Vorkommnissen die Ärzte ihres Bereiches über das Auftreten übertragbarer Krankheiten und über notwendige Verhütungs- und Bekämpfungsmaßnahmen zu informieren.
(3) Die Dienststellen der Deutschen Volkspolizei und andere staatliche Organe, die Leiter der Betriebe, Einrichtungen und die Vorsitzenden der Produktionsgenossenschaften haben die zuständigen Organe des staatlichen Gesundheitswesens auf deren Verlangen durch notwendige Informationen bei der Schaffung zweckdienlicher Übersichten und zur Durchführung von Nachkontrollen zu unterstützen.
(4) Die Informationen zwischen den Organen der Nationalen Volksarmee, des Ministeriums des Innern, des Ministeriums für Staatssicherheit und den Organen des staatlichen Gesundheitswesens regeln sich nach besonderen Vereinbarungen.

Vierter Abschnitt

Vorbeugende Maßnahmen gegen übertragbare Krankheiten

§ 13 Gesundheitserziehung

(1) Durch eine ständige Aufklärung und Gesundheitserziehung ist die aktive Mitwirkung der Bevölkerung bei der Durchführung des Seuchenschutzes und der Hygiene und das hygienische Verhalten der Bürger zu sichern.
(2) In Verbindung mit der Sicherung des Seuchenschutzes und der Hygiene haben die behandelnden Ärzte bzw. die Kreis-Hygieneinspektionen bei Kranken, Krankheitsverdächtigen und Ansteckenden und deren Familien, Wohn- und Arbeitsgemeinschaften besondere Belehrungen durchzuführen.
(3) In den Einrichtungen für Kinder und Jugendliche (wie Kinderkrippen, Kindergärten, Heimen für Kinder und Jugendliche), in Schulen, Fachschulen und Hochschulen sind die Grundsätze der Hygiene und des Seuchenschutzes wichtige Bestandteile der sozialistischen Bildung und Erziehung.
(4) Die obligatorischen Lehrveranstaltungen über Allgemeine Hygiene, Seuchenschutz und Seuchenbekämpfung an den medizinischen Fakultäten und medizinischen Akademien, veterinärmedizinischen Fakultäten und anderen Hochschuleinrichtungen haben den Bedürfnissen der Praxis Rechnung zu tragen.

(5) Die Ärzte und andere Fachkräfte des Gesundheitswesens sind verpflichtet, sich in ihrem Wirkungsbereich maßgeblich an der Gesundheitserziehung der Bevölkerung zu beteiligen. Bei der gesundheitlichen Betreuung haben sie gleichzeitig in der erforderlichen Weise aufklärend zu wirken.

§ 14 Qualifizierung und Belehrungen

(1) Die in der medizinischen Betreuung und im Hygienedienst tätigen Ärzte und sonstigen Hochschulkader, Angehörige des mittleren medizinischen Personals und des medizinischen Hilfspersonals haben periodisch an Pflichtfortbildungen auf dem Gebiet des Seuchenschutzes und der Hygiene teilzunehmen.
(2) Für Werktätige in Betrieben, Einrichtungen und Produktionsgenossenschaften, in denen der Seuchenschutz und die Hygiene von besonderer Bedeutung sind, führen die örtlichen Hygieneinspektionen Belehrungen über die Anwendung der Bestimmungen des Seuchenschutzes und der Hygiene durch. Die Hygieneinspektionen legen den Kreis der Personen, die zur Teilnahme an diesen Belehrungen verpflichtet sind, fest.
(3) Die Leiter der Betriebe, Einrichtungen und die Vorsitzenden der Produktionsgenossenschaften haben zu sichern, daß die Werktätigen vor der ersten Arbeitsaufnahme, der Übertragung einer anderen Arbeit und der Veränderung der Bedingungen am Arbeitsplatz sowie in regelmäßigen Abständen über ihre Pflichten auf dem Gebiet des Seuchenschutzes und der Hygiene belehrt werden. Sie haben darauf zu achten, daß die Werktätigen auch die Kenntnisse und Fähigkeiten besitzen, die bei der Ausübung ihrer Tätigkeit im Hinblick auf die Einhaltung der Bestimmungen über den Seuchenschutz und die Hygiene erforderlich sind.

Beseitigung von Seuchengefahrenquellen und endemischen Herden

§ 15

(1) In den Volkswirtschafts- und Perspektivplänen der zentralen und der örtlichen Staats- und Wirtschaftsorgane sowie der Betriebe, Einrichtungen und Produktionsgenossenschaften sind in Abstimmung mit den Organen des staatlichen Gesundheitswesens und des Veterinärwesens Maßnahmen zur Sicherung und Durchsetzung hygienischer Arbeitsbedingungen und der planmäßigen Beseitigung von Seuchengefahrenquellen und endemischen Herden besonders festzulegen. Es ist zu sichern, daß bei der Vorbereitung wie auch bei der Durchführung und Kontrolle dieser Maßnahmen die zuständigen Organe der Gewerkschaften einbezogen werden. Die Maßnahmen und die erforderlichen Mittel sind im Plan gesondert auszuweisen.
(2) Die Leiter der Betriebe und die Vorsitzenden der Produktionsgenossenschaften sind verpflichtet, dafür zu sorgen, daß bekanntgewordene Seuchengefahrenquellen und endemische Herde in ihren Bereichen unverzüglich beseitigt werden. In begründeten Ausnahmefällen können befristete Sonderregelungen getroffen werden. Solange aus zwingenden

volkswirtschaftlichen Gründen eine unverzügliche Beseitigung nicht vertretbar ist, sind zunächst andere geeignete Schutzmaßnahmen zur Verhinderung der Übertragung der Krankheit auf den Menschen zu treffen.

§ 16

(1) Die Leiter der zentralen staatlichen Organe haben für die Betriebe, Einrichtungen und Produktionsgenossenschaften ihres Zuständigkeitsbereiches besondere Rahmen-Hygieneordnungen[6]) gemeinsam mit dem Minister für Gesundheitswesen zu erlassen.
(2) Auf der Grundlage dieser Rahmen-Hygieneordnungen legen die Leiter der Betriebe und Einrichtungen und die Vorstände der Produktionsgenossenschaften Hygieneordnungen fest. Ihre Einhaltung ist durch die Leiter der Betriebe, Einrichtungen und die Vorsitzenden der Produktionsgenossenschaften zu gewährleisten.

§ 17

(1) Zur Sicherung einheitlicher Maßnahmen der Hygiene und des Schutzes der Bevölkerung vor Ansteckungen hat der Minister für Gesundheitswesen im Einvernehmen mit den Leitern der beteiligten zentralen staatlichen Organe Anordnungen zu erlassen.
(2) In den Anordnungen können die notwendig erscheinenden Sicherheitsmaßnahmen, die Personen, Sachen und den Publikumsverkehr betreffen, festgelegt werden. Auf die zur Durchführung der Anordnungen notwendigen Feststellungen und Schutzmaßnahmen für die Verhütung und Bekämpfung übertragbarer Krankheiten finden die Bestimmungen der § 29 bis 34[7]) Anwendung.

§ 18

(1) Personen, die an einer bestimmten übertragbaren Krankheit erkrankt sind, bei denen der Verdacht der Erkrankung besteht oder die als Ansteckende angesehen werden müssen und die in Anbetracht ihrer besonderen beruflichen Tätigkeit oder Ausbildung eine erhöhte Gefahr der Ansteckung für die Umgebung bedeuten, dürfen diese berufliche Tätigkeit nicht ausüben oder an der Ausbildung teilnehmen, solange kein Nachweis der Unbedenklichkeit auf Grund einer ärztlichen Untersuchung und Beurteilung erbracht ist. Die Leiter der Hygieneinspektionen[4]) können erforderlichenfalls die berufliche Tätigkeit oder Ausbildung, auch in den Fällen des Verdachts angesteckt zu sein, untersagen.
(2) Die Leiter der Hygieneinspektionen[4]) können in besonderen Fällen der Gefahr einer Ansteckung und Weiterverbreitung übertragbarer Krankheiten auch Beschränkungen und Verbote in der beruflichen Tätigkeit und Ausbildung sowie hygienische Verhaltensmaßnahmen anordnen.
(3) Von der jeweiligen Entscheidung sind die Arbeits- bzw. Ausbildungsstelle und die Betriebsgewerkschaftsleitung zu benachrichtigen.

§ 19

Der Minister für Gesundheitswesen und der *Vorsitzende des Landwirtschaftsrates der Deutschen Demokratischen Republik*[8]) erlassen besondere Bestimmungen zur Verhütung der Übertragung von Krankheiten vom Tier auf den Menschen bzw. vom Menschen auf das Tier und über die gegenseitige Information und Koordinierung ihrer Maßnahmen.

§ 20

(1) Jeder Bürger, der hygienewidrige Zustände oder hygienewidrige Handlungen feststellt, ist aufgefordert auf die Beseitigung der Mängel bzw. Unterlassung der Handlungen zu dringen.
(2) Zur allgemeinen Sicherung der Hygiene und Vorbeugung gegen Krankheiten können Hygienehelfer (§ 5 Abs. 1), Hygienebeauftragte, Mitglieder von Hygieneaktivs des Deutschen Roten Kreuzes, Mitglieder der gewerkschaftlichen Organe für den Gesundheits- und Arbeitsschutz in den Betrieben, Vorsitzende der Hausgemeinschaftsleitungen und Angehörige der Deutschen Volkspolizei sowie Beauftragte anderer Kontrollorgane bei Feststellung einer hygienewidrigen oder unmittelbar seuchengefährlichen Handlung eines Bürgers oder eines solchen Zustandes vom Verantwortlichen die Beseitigung der Mängel oder die Unterlassung der Handlung verlangen.
(3) Wird der Aufforderung nicht entsprochen, hat die zuständige Hygieneinspektion diese zu prüfen und die erforderlichen Maßnahmen zu treffen.

Schutzimpfungen und andere Schutzanwendungen

§ 21

(1) Zur Vorbeugung, Bekämpfung und Ausmerzung übertragbarer Krankheiten sind Schutzimpfungen sowie andere Schutzanwendungen bei Menschen durchzuführen.
(2) Schutzimpfungen im Sinne dieses Gesetzes sind Verabfolgung von Impfstoffen, durch die der Körper zur Ausbildung einer spezifisch gesteigerten Abwehrbereitschaft angeregt wird. Andere Schutzanwendungen im Sinne dieses Gesetzes sind vorbeugende Verabfolgungen sonstiger Arzneimittel, die eine mögliche Einwirkung durch Krankheitserreger hemmen oder aufheben.
(3) Schutzimpfungen oder andere Schutzanwendungen können auf Grund besonderer Anordnungen des Ministers für Gesundheitswesen durchgeführt werden. Die Bezirksärzte können im Einvernehmen mit dem Minister für Gesundheitswesen die Durchführung derartiger Schutzanwendungen in ihren Bereichen allgemein anordnen, wenn dies aus Gründen des örtlichen Seuchenschutzes erforderlich ist.
(4) Die Schutzanwendungen dürfen nur mit staatlich geprüften und zugelassenen Impfstoffen oder anderen Arzneimitteln in bestimmter Beschaffenheit, Menge und nach der angeordneten Verfahrensweise durchgeführt werden.

(5) Die Vornahme dieser Schutzmaßnahmen sowie die Zurückstellung von einer Schutzimpfung oder einer anderen Schutzanwendung sind zu bescheinigen. Die Zurückstellung bedarf einer ärztlichen Begründung.

§ 22

(1) Die Impfungen oder anderen Schutzanwendungen können als freiwillige oder Pflichtmaßnahmen festgelegt werden.
(2) Sie können sich auf die gesamte Bevölkerung, die Bevölkerung eines bestimmten Gebietes, bestimmte Gruppen der Bevölkerung, Einzelpersonen sowie auf ein- bzw. durchreisende Personen, die nicht Bürger der Deutschen Demokratischen Republik sind, erstrecken.
(3) Die Schutzanwendungen sind nur bei Personen durchzuführen, bei denen keine durch den Impfarzt oder einen anderen berechtigten Arzt festgestellte Gegenanzeige vorliegt.
(4) Die Pflichtmaßnahmen sind unentgeltlich. Freiwillige Maßnahmen, die im Interesse allgemeiner Vorbeugungsmaßnahmen empfohlen und als solche festgelegt sind, sind unentgeltlich.
(5) Der behandelnde oder hinzugezogene Arzt hat Störungen des Impfverlaufs, jede Erkrankung sowie Zwischenfälle, bei denen ein Zusammenhang mit der Schutzanwendung durch ihn nicht ausgeschlossen werden kann, unverzüglich der Kreis-Hygieneinspektion zu melden. Ein möglicher Zusammenhang ist ausführlich zu begründen. Hierzu sind erforderlichenfalls die Herbeiführung fachärztlicher Beratung und die Einweisung in ein geeignetes Krankenhaus zu veranlassen.

§ 23 Desinfektion (Entseuchung) und Bekämpfung von Gesundheitsschädlingen (Entwesung)[9])

(1) Die zur Desinfektion auf humanmedizinischem Gebiet und zur Bekämpfung von Gesundheitsschädlingen anzuwendenden Verfahren und Sicherheitsmaßnahmen regelt der Minister für Gesundheitswesen durch Anweisungen. Diese Anweisungen sind verbindlich für alle Betriebe, Einrichtungen und Produktionsgenossenschaften sowie Einzelpersonen, die Desinfektionen und Maßnahmen der Bekämpfung von Gesundheitsschädlingen durchführen.
(2) Der Minister für Gesundheitswesen bestimmt, welche Mittel zur Desinfektion und zur Bekämpfung von Gesundheitsschädlingen verwendet werden dürfen.
(3) Mittel zur Desinfektion und zur Bekämpfung von Gesundheitsschädlingen dürfen erst nach Zulassung durch das Ministerium für Gesundheitswesen hergestellt und nach Bekanntmachung in den Verkehr gebracht und verwendet werden.
(4) Die Herstellung und der Verkehr mit diesen Mitteln sowie deren Vernichtung unterliegen der Überwachung durch die zuständigen Organe des staatlichen Gesundheitswesens.

(5) Geräte zur Desinfektion und zur Bekämpfung von Gesundheitsschädlingen auf humanmedizinischem Gebiet, ihre Herstellung, der Handel mit ihnen und ihre Abgabe unterliegen der Genehmigung und Überwachung der zuständigen Organe des staatlichen Gesundheitswesens.

§ 24 Sterilisation (Entkeimung)

(1) Die zur Sterilisation auf dem Gebiet der Humanmedizin anzuwendenden Verfahren und Sicherheitsmaßnahmen regelt der Minister für Gesundheitswesen durch Anweisungen. Diese Anweisungen sind verbindlich für alle Betriebe und Einrichtungen, die Sterilisationen durchführen.
(2) Die Durchführung der Sterilisation ist von den Hygieneinspektionen zu überwachen.
(3) Geräte zur Sterilisation auf humanmedizinischem Gebiet, ihre Herstellung, der Handel, die Abgabe und der Betrieb von solchen Geräten unterliegen der Genehmigung und Überwachung der zuständigen Organe des staatlichen Gesundheitswesens.
(4) Für die Sterilisation von Arzneimitteln und diesen gleichgestellten Stoffen und Zubereitungen gelten die Bestimmungen des Arzneimittelgesetzes vom 5. Mai 1964 (GBl. I S. 101)[10]).

§ 25 Arbeiten mit Erregern von übertragbaren Krankheiten, mit Impfstoffen, diagnostischen Seren, Bakteriophagen und Versuchstieren

(1) Zur Sicherung der erforderlichen Hygiene und zum Schutze von Gesundheit und Leben unterliegen

a) das Arbeiten mit Erregern übertragbarer Krankheiten und Bakteriophagen,
b) die mikrobiologisch-serologische Diagnostik übertragbarer Krankheiten in Laboratorien und Einrichtungen,
c) die Herstellung und der Verkehr mit Impfstoffen, diagnostischen Seren und Bakteriophagenzubereitungen im Rahmen des Verkehrs mit Arzneimitteln,
d) die Züchtung und Haltung von Tieren sowie der Umgang und das Arbeiten mit diesen für die mikrobiologische Diagnostik, die wissenschaftlichen Arbeiten und Forschungen, die toxikologischen Prüfungen, die Herstellung und Prüfung von Arzneimitteln

den vom Minister für Gesundheitswesen festgelegten Voraussetzungen und Genehmigungspflichten sowie Sicherheits- und Überwachungsmaßnahmen der zuständigen Organe. Die Impfstoffe, Seren und Bakteriophagenzubereitungen und diagnostischen Präparate zur Erkennung übertragbarer Krankheiten sind vor Abgabe durch den Hersteller der vorgeschriebenen staatlichen Prüfung durch beauftragte Einrichtungen zu unterziehen.
(2) Soweit der Bereich des Veterinärwesens berührt wird, erläßt der Minister für Gesundheitswesen die Festlegungen zu Abs. 1 im Einvernehmen mit dem *Vorsitzenden des Landwirtschaftsrates der Deutschen Demokratischen Republik.*[8])

Fünfter Abschnitt

Maßnahmen der Bekämpfung und Verhütung der Weiterverbreitung

Feststellungen und Schutzmaßnahmen

§ 32

(1) Die Kreis-Hygieneinspektion[4]) trifft in dem erforderlichen Umfange

a) alle sofortigen Feststellungen für die Einleitung und Durchführung von Verhütungs- und Bekämpfungsmaßnahmen,

b) alle notwendigen Maßnahmen zur Verhütung der Weiterverbreitung und des weiteren Auftretens übertragbarer Krankheiten beim Menschen und zur Sicherung der Untersuchungs- und Behandlungserfolge

nach den jeweiligen Erfordernissen und örtlichen Verhältnissen und erläßt die dazu erforderlichen Weisungen. Einzelheiten regelt der Minister für Gesundheitswesen in Durchführungsbestimmungen.

(2) Bei Epidemien und bei allgemeinen Seuchengefahren treffen die Bezirks-Hygieneinspektionen[4]) mit ihren Hygiene-Instituten für den Bezirk oder Teile des Bezirkes und der Minister für Gesundheitswesen für das Gebiet der Deutschen Demokratischen Republik oder Teile der Deutschen Demokratischen Republik die erforderlichen Feststellungen und Schutzmaßnahmen.

(3) Erforderlichenfalls fassen der Ministerrat, der Rat des Bezirkes bzw. des Kreises entsprechende Beschlüsse gemäß § 7 Abs. 1, wenn bei Epidemien und allgemeinen Seuchengefahren besonders umfangreiche einschneidende Maßnahmen notwendig werden.

(4) Feststellungen und Schutzmaßnahmen können sich auf einzelne oder mehrere Personen, Gebiete, Orte, Grundstücke, Betriebe, Einrichtungen und Produktionsgenossenschaften, Wohnungen, einzelne oder mehrere Sachen erstrecken, auch wenn nur eine mittelbare Gefahr der Krankheitsübertragung besteht.

(5) Die von den Feststellungen und Schutzmaßnahmen betroffenen Personen haben sachdienliche Auskünfte zu geben und die Durchführung der Maßnahmen zu ermöglichen und auf Verlangen zu unterstützen.

§ 38

(1) Treten durch Schutzimpfungen und andere Schutzanwendungen sowie durch sonstige Seuchenverhütungs- und -bekämpfungsmaßnahmen Gesundheitsschäden auf, so hat der Geschädigte Anspruch auf Ersatz des ihm daraus entstehenden Schadens. Der Anspruch erstreckt sich auf die Kosten der notwendigen Untersuchung, Behandlung und Rehabilitation, Pflege, auf den entgangenen Verdienst bei einer Erwerbsminderung, eine Entschädigung bei sonstigen körperlichen Nachteilen und auf die notwendigen Mehraufwendungen zur weiteren Teilnahme am gesellschaftlichen Leben.

(2) Bei vorübergehender ärztlich bestätigter Arbeitsunfähigkeit, die in ursächlichem Zusammenhang mit Schutzimpfungen und anderen Schutzanwendungen steht, ist der *Lohnausgleich* gemäß den Bestimmungen des *§ 104 Abs. 1 Buchst. c des Gesetzbuches der Arbeit der Deutschen Demokratischen Republik*[11]) zu gewähren.
(3) Einzelheiten regelt der Minister für Gesundheitswesen im Einvernehmen mit den Leitern der zuständigen zentralen staatlichen Organe und gesellschaftlichen Organisationen in Durchführungsbestimmungen.

§ 53 Inkrafttreten des Gesetzes und Gültigkeit anderer Bestimmungen

(1) Dieses Gesetz tritt am 1. Februar 1966 in Kraft.
(2) Gleichzeitig treten außer Kraft[12]):

[1]) Durch das Anpassungsgesetz, das am 1. 7. 1968 in Kraft trat, haben die Straf- und Ordnungsstrafbestimmungen der §§ 45—50 und § 52 eine neue Fassung erhalten. Die Straf- und Ordnungsstrafbestimmungen sind in dieser Sammlung nicht mit abgedruckt.

[2]) Durch das Gesetz vom 24. 6. 1971 haben die Allgemeinen Bestimmungen über Entscheidungen und das Beschwerdeverfahren gemäß § 42 Abs. 1 und § 43 eine neue Fassung erhalten.
Die Bestimmungen über Entscheidungen und das Beschwerdeverfahren sind in dieser Sammlung nicht mit abgedruckt.

[3]) S. hierzu auch die unter C 09 abgedruckten Bestimmungen.

[4]) S. hierzu die VO über die Staatliche Hygieneinspektion, auszugsweise abgedruckt unter B 06 10.

[5]) Die in den genannten Fällen im Seuchenschutz nicht anzuwendende Bestimmung des aufgehobenen GBA betraf das Erfordernis der gewerkschaftlichen Zustimmung in bestimmten Fällen der vorübergehenden Übertragung einer anderen als der arbeitsvertraglich vereinbarten Arbeit. Hierfür gilt jetzt §§ 84 ff. des AGB; abgedruckt unter G 01 01.

[6]) Rahmenhygieneordnungen sind in dieser Sammlung nur für spezielle Bereiche abgedruckt.

[7]) §§ 29—31 sowie §§ 33 und 34 sind in dieser Sammlung nicht abgedruckt.

[8]) Jetzt: Minister für Land-, Forst- und Nahrungsgüterwirtschaft.

[9]) S. hierzu die 3. DB zum Seuchengesetz, abgedruckt unter B 06 34.

[10]) Die Sterilisationsvorschriften sind im Arzneibuch der DDR enthalten, s. hierzu AO über das Arzneibuch der DDR, abgedruckt unter C 05 05 20.

[11]) Jetzt: Krankengeld gemäß §§ 282—287 des AGB; abgedruckt unter G 01 01.

[12]) Auf den Abdruck der zahlreichen Vorschriften, die mit Inkrafttreten des Seuchengesetzes aufgehoben wurden, wird in dieser Sammlung verzichtet.

AAR 5. Lieferung

Zweite Durchführungsbestimmung zum Gesetz zur Verhütung und Bekämpfung übertragbarer Krankheiten beim Menschen — Schutzimpfungen und andere Schutzanwendungen —

vom 27. Februar 1975

(GBl. I Nr. 21 S. 353)

— Auszug —

In Durchführung des Gemeinsamen Beschlusses des Politbüros des ZK der SED, des Ministerrates der DDR und des Bundesvorstandes des FDGB vom 25. September 1973 über weitere Maßnahmen zur Durchführung des sozialpolitischen Programms des VIII. Parteitages der SED[1]) und in Durchführung der §§ 21, 22 und 38 des Gesetzes vom 20. Dezember 1965 zur Verhütung und Bekämpfung übertragbarer Krankheiten beim Menschen (GBl. I 1966 Nr. 3 S. 29) in der Fassung der Ziff. 42 der Anlage zum Anpassungsgesetz vom 11. Juni 1968 (GBl. I Nr. 11 S. 242) und der Ziff. 7 der Anlage zum Gesetz vom 24. Juni 1971 über die Neufassung von Regelungen über Rechtsmittel gegen Entscheidungen staatlicher Organe (GBl. I Nr. 3 S. 49)[2]) wird gemäß § 51 Abs. 1 im Einvernehmen mit den Leitern der zuständigen zentralen staatlichen Organe und in Übereinstimmung mit dem Bundesvorstand des FDGB folgendes bestimmt:

Grundsätze und staatliche Leitungstätigkeit

§ 1

(1) Die für Schutzimpfungen und vorbeugende Schutzanwendungen sonstiger Arzneimittel erforderlichen Regelungen werden in Rechtsvorschriften des Ministers für Gesundheitswesen und in Festlegungen der Bezirksärzte getroffen. Die Festlegungen der Bezirksärzte zur Durchführung der erforderlichen Maßnahmen beruhen auf Rechtsvorschriften oder Anweisungen des Ministers für Gesundheitswesen und sind örtlich öffentlich bekanntzugeben.

(2) Vorbeugende Schutzanwendungen sonstiger Arzneimittel werden Schutzimpfungen im Sinne des Gesetzes vom 20. Dezember 1965 zur Verhütung und Bekämpfung übertragbarer Krankheiten beim Menschen[2]) gleichgestellt. Beide werden nachfolgend Schutzimpfungen genannt.

(3) Sind örtliche Schutzmaßnahmen zur Verhütung und Weiterverbreitung von übertragbaren Krankheiten erforderlich, können diese durch den Leiter der Bezirks-Hygieneinspektion[3]) mit Zustimmung des Leiters der Staatlichen Hygieneinspektion[3]) für bestimmte Personengruppen angeordnet werden. Die Bestimmung des Abs. 1 Satz 3 findet für diese Schutzimpfungen keine Anwendung.

§ 2

(1) Der Kreisarzt ist für die Organisierung und Durchführung von Schutzimpfungen verantwortlich. Er trägt dafür Sorge, daß

a) die Impf- bzw. Anwendungstermine bekanntgemacht werden,
b) die Impfärzte oder anderes zugelassenes Personal sowie Hilfspersonal zur gewissenhaften Durchführung der Schutzimpfungen verpflichtet werden,
c) Impfstoffe und die Mittel für die Schutzanwendungen sowie erforderliche Impflisten, Impfausweise und andere Vordrucke, geeignete Räume, Gerätschaften und sonstige Bedarfsmittel beschafft und bereitgestellt werden,
d) Bürger, die der Schutzimpfung unterliegen, bzw. deren gesetzliche Vertreter rechtzeitig benachrichtigt werden, bei Nichterscheinen Wiederholungstermine ausgeschrieben und gegebenenfalls andere notwendige Maßnahmen veranlaßt werden,
e) die schriftliche Erfassung der Geimpften und der Bürger, bei denen Schutzanwendungen erfolgten, gesichert ist und eine Impfkartei geführt wird.

(2) Die Bezirksärzte bzw. Kreisärzte haben zu sichern, daß fachlich qualifizierte Kader zur Vornahme der Schutzimpfungen und zur Unterstützung des Impfarztes zur Verfügung stehen.

§ 3

(1) Für die fachliche Anleitung und die Aufsicht über die Organisierung der Schutzimpfungen sind die Organe der Staatlichen Hygieneinspektion[3]) verantwortlich. Sie koordinieren und überwachen die planmäßige Durchführung der Schutzimpfungen.
(2) Die Bezirks- und Kreis-Hygieneinspektionen führen Impf- und andere Lehrgänge zur Ausbildung bzw. Weiterbildung der Kader, insbesondere für Impfärzte und Impfschwestern, durch und geben Instruktionen. Sie bestätigen die erfolgreiche Teilnahme an der Ausbildung.
(3) Die Leiter der Kreis-Hygieneinspektionen[3]) führen die Aufsicht über die Impfärzte und die anderen zur Vornahme von Schutzimpfungen berechtigten Fachkräfte (§ 5).
(4) Die Leiter der Kreis-Hygieneinspektionen[3]) überwachen die Registrierung der Schutzimpfungen und deren statistische Erfassung.
(5) Besondere Zuständigkeit für die Organisation und Durchführung der Schutzimpfungen regelt der Minister für Gesundheitswesen.

§ 4

(1) Schutzimpfungen sind in der Impfkartei des Kreises zu registrieren.
(2) Bei Wohnungswechsel eines impfpflichtigen Bürgers ist die Impfkarte an den Rat des Kreises, Abteilung Gesundheits- und Sozialwesen, in dessen Bereich der neue Wohnort liegt, abzugeben.

Die Durchführung der Schutzimpfungen

§ 5

(1) Als Impfarzt kann nur tätig sein, wer im Besitz einer gültigen Impfberechtigung ist. Die Impfberechtigung wird durch die erfolgreiche Teilnahme an einem Impflehrgang erworben. Sie wird vom Kreisarzt erteilt und hat Gültigkeit für die Dauer von 3 Jahren. Sie ist nach Teilnahme an den vom Ministerium für Gesundheitswesen angeordneten Weiterbildungstagungen für Impfärzte zu verlängern. In einzelnen Fällen kann der Kreisarzt entsprechend ausgebildeten Ärzten die Impfberechtigung auch ohne Teilnahme an einem Lehrgang mit Zustimmung des Leiters der Bezirks-Hygieneinspektion[3]) erteilen bzw. verlängern.

(2) Für bestimmte Schutzimpfungen können, soweit es in Rechtsvorschriften festgelegt ist, auch andere Ärzte und geeignete Fachkräfte durch den Kreisarzt herangezogen werden. Bei der Massenanwendung von Geräten zur nadellosen Injektion von Impfstoffen (sogenannten „Impfpistolen") kann die Bedienung des Gerätes entsprechend ausgebildeten Medizinischen Assistenten, Krankenschwestern bzw. Krankenpflegern, Säuglings- und Kleinkinderschwestern, Impfschwestern oder Hygieneinspektoren überlassen werden, wenn die Aufsicht durch einen Impfarzt gewährleistet ist.

(3) Die Durchführung von Schutzimpfungen durch die in den Absätzen 1 und 2 genannten Ärzte und anderen Fachkräften ist Teil der beruflichen Tätigkeit. In eigener Praxis niedergelassene Ärzte und andere außerhalb einer staatlichen Gesundheitseinrichtung tätige Personen führen diese Aufgabe im Auftrag des Kreisarztes oder einer beauftragten Einrichtung des staatlichen Gesundheitswesens durch. Die Vergütung wird für diese Fälle durch den Minister für Gesundheitswesen geregelt, soweit es sich nicht um eine ehrenamtliche Mitwirkung von freiwilligen Helfern handelt.

§ 6

Dem Arzt, der die Schutzimpfung vornimmt, obliegt insbesondere:

a) die Verantwortung für die Kontrolle des hygienischen Zustandes der Räume, der Gerätschaften und der sonstigen Bedarfsmittel und die Einhaltung der vorgeschriebenen Sterilisationsverfahren,
b) die Aufsicht über das Hilfspersonal und die ehrenamtlichen Helfer sowie deren fachkundige Anleitung, Belehrung und Befragung nach Gründen, die eine Mitwirkung an der Impfung ausschließen können,
c) die Überprüfung des ordnungsgemäßen Zustandes des Aufbewahrungsgefäßes, der Lagerung in der Impfstelle und der äußerlich einwandfreien Beschaffenheit des Impfstoffes oder des Mittels zur Schutzanwendung,
d) die Einhaltung der von der Staatlichen Hygieneinspektion des Ministeriums für Gesundheitswesen[3]) bestätigten und der Impfstoffpackung beigefügten Gebrauchsanweisung,
e) die Vornahme der Schutzimpfungen unter Beachtung der Gegenindikationen,

f) die Entscheidung über die Impffähigkeit bzw. darüber, ob noch andere Schutzanwendungen vorgenommen werden müssen, gegebenenfalls über die Wiederholung der Impfung oder einer anderen Schutzanwendung,
g) die Belehrung über die Verhaltensweise nach der Schutzimpfung und die Notwendigkeit, einen Arzt, möglichst den Impfarzt, bei ungewöhnlichem Impfverlauf unverzüglich zu benachrichtigen,
h) die erforderliche Nachschau bei bestimmten Schutzimpfungen,
i) die ärztliche Beratung der Bürger bei Krankheitserscheinungen nach einer Schutzimpfung, die Einleitung der erforderlichen Maßnahmen zur Klärung eines möglichen Zusammenhanges zwischen der Schutzimpfung und den aufgetretenen Krankheitserscheinungen und die unverzügliche Benachrichtigung der Kreis-Hygieneinspektion[3]),
j) die Aufsicht über die schriftliche Erfassung der Bürger, die sich der Schutzimpfung unterzogen haben bzw. die zurückgestellt wurden, nach vorgeschriebenen Vordrucken und die Ausstellung der erforderlichen Bescheinigungen über den Impferfolg,
k) die Aufsicht über die Führung von Aufzeichnungen über den Empfang, Lagerung, Verbrauch, Vernichtung oder Rückgabe sowie Hersteller und Chargennummer des Impfstoffes.

Maßnahmen bei atypischen Verläufen von Schutzimpfungen

§ 7

(1) Bei atypischem Verlauf der Schutzimpfung sowie jeder Erkrankung und jedem Todesfall, bei denen ein Zusammenhang mit der Schutzimpfung nicht ausgeschlossen werden kann, hat der Leiter der Kreis-Hygieneinspektion[3]) festzustellen,

- welcher Art der vermutete Impfschaden bzw. die vorübergehende Beeinträchtigung des Gesundheitszustandes ist,
- ob die Beschwerden durch die Schutzimpfung verursacht wurden,
- ob eine mit unmittelbaren Maßnahmen der Schutzimpfung beauftragte Fachkraft die hierbei obliegende Pflicht verletzt hat,
- ob zur Durchführung der Schutzimpfung ein einwandfreies Mittel verwendet wurde,
- ob die Beschwerde durch den Geimpften oder seinen gesetzlichen Vertreter oder einen Dritten allein oder mitverschuldet wurden,
- was zur Klärung des ursächlichen Zusammenhanges und gegebenenfalls zur Behebung des Schadens unternommen wurde.

(2) Der Kreisarzt hat zu veranlassen,

- daß alle den modernen wissenschaftlichen Erkenntnissen entsprechenden und zur Verfügung stehenden diagnostischen Möglichkeiten zur Abklärung der Ursache der Erkrankung genutzt werden.

— daß dem Geschädigten die notwendige medizinische Betreuung zuteil wird,
— daß mit dem Geschädigten bzw. seinem gesetzlichen Vertreter umgehend eine Rücksprache geführt wird, in der die veranlaßten Maßnahmen erläutert werden,
— daß dem Geschädigten die notwendige Nachsorge zuteil wird und für seine umfassende medizinische und soziale Rehabilitation oder bevorzugte Unterbringung in einem Pflegeheim gesorgt wird.

(3) Bei Feststellung eines Gesundheitsschadens (§§ 8 und 9) oder einer vorübergehenden Beeinträchtigung des Gesundheitszustandes (§§ 8 bis 10) hat der Leiter der zuständigen Kreis-Hygieneinspektion[3]) die Belehrung des Geschädigten oder seines gesetzlichen Vertreters über die Möglichkeit der Geltendmachung eines Entschädigungsanspruches zu veranlassen.
(4) Im Todesfall ist, sofern ein Zusammenhang mit einer durchgeführten Schutzimpfung vermutet werden kann, eine Leichenöffnung vorzunehmen.

§ 8

(1) Gesundheitsschäden im Sinne des § 38 Abs. 1 des Gesetzes vom 20. Dezember 1965 zur Verhütung und Bekämpfung übertragbarer Krankheiten beim Menschen[2]) sind die das übliche Ausmaß einer Impfreaktion deutlich überschreitenden zeitweiligen oder dauernden Schäden des menschlichen Körpers. Diese Schäden müssen mit Wahrscheinlichkeit durch die angeordnete Vorbehandlung, den Eingriff, die Nachbehandlung bei Schutzimpfungen, die angewandten Arzneimittel oder durch eine Übertragung von Impferregern auf eine andere als die geimpfte Person verursacht worden sein.
(2) Besteht Ungewißheit über die Ursache des festgestellten Schadens und ist nur deshalb die Wahrscheinlichkeit eines Zusammenhanges nicht gegeben, kann eine Anerkennung als Gesundheitsschaden erfolgen.
(3) Eine vorübergehende Beeinträchtigung des Gesundheitszustandes liegt vor, wenn das übliche Ausmaß einer Impfreaktion zwar überschritten ist und die Beeinträchtigung mit Wahrscheinlichkeit durch die angeordnete Vorbehandlung, den Eingriff, die Nachbehandlung bei Schutzimpfungen, die angewandten Arzneimittel oder durch eine Übertragung von Impferregern auf einen anderen als den Geimpften verursacht wurde, die Beeinträchtigung der Körperfunktionen jedoch gering ist, nicht länger als 14 Tage andauert und eine gute Prognose besteht.

Entschädigung

§ 9

(1) Bei Gesundheitsschäden umfaßt die Pflicht zur Entschädigung die für die Heilung erforderlichen Aufwendungen, das entgangene und noch entgehende Arbeitseinkommen oder eine sonstige entsprechende Einkommensminderung. Sie umfaßt auch erhöhte Aufwendungen, die durch vorübergehende oder dauernde Behinderung des Geschädigten entstehen,

und weitere Nachteile, die durch den Gesundheitsschaden verursacht worden sind, einschließlich Entstellungen, die über das normale Maß von Impfnarben weit hinausgehen.
(2) Führt der Gesundheitsschaden zur Erwerbsminderung oder zu dauernden erhöhten Aufwendungen, ist dem Geschädigten eine Geldrente zu zahlen. Anstelle einer Geldrente kann die Zahlung einer einmaligen Abfindung vereinbart werden.
(3) Kann der Geschädigte wegen des Gesundheitsschadens nur im beschränkten Umfang am gesellschaftlichen Leben teilnehmen, ist ihm ein angemessener Ausgleich zu zahlen. Ein solcher Ausgleich ist auch dann zu zahlen, wenn durch den Gesundheitsschaden das Wohlbefinden des Geschädigten erheblich oder längere Zeit beeinträchtigt wird.
(4) Wird ein Kind infolge eines Impfschadens dauernd pflegebedürftig, umfaßt der Entschädigungsanspruch auch die zur Pflege des Kindes notwendigen Pflegekosten. Kann der Erziehungsberechtigte wegen Übernahme der notwendigen Pflege des Kindes keine Berufstätigkeit ausüben, hat er Anspruch auf Zahlung eines Pflegegeldes in Höhe des Betrages, der einer Pflegekraft zu zahlen wäre, sowie auf Entschädigung für die durch die Übernahme der Pflege entstehende Minderung seines Rentenanspruchs. Wird Pflegegeld von der Sozialversicherung gezahlt, ist es in voller Höhe anzurechnen. Die Dauer der notwendigen Pflege des geschädigten Kindes ist vom Rat des Kreises, Abteilung Gesundheits- und Sozialwesen, in den Ausweis für Arbeit und Sozialversicherung jährlich einzutragen.
(5) Tritt infolge des Gesundheitsschadens der Tod ein, umfaßt die Entschädigung auch die Kosten einer vorangegangenen ärztlichen Behandlung und der Bestattung. War der Verstorbene anderen Bürgern gesetzlich zum Unterhalt verpflichtet oder wäre eine solche Verpflichtung in absehbarer Zeit eingetreten, ist der durch den Verlust des Unterhaltsanspruchs entstandene Schaden zu ersetzen.

§ 10

(1) Bei vorübergehender ärztlich bestätigter Arbeitsunfähigkeit wird *Lohnausgleich*[4]) nach § 38 Abs. 2 des Gesetzes vom 20. Dezember 1965 zur Verhütung und Bekämpfung übertragbarer Krankheiten beim Menschen gewährt. Der Arzt, der die Arbeitsunfähigkeit bestätigt, hat die Kreis-Hygieneinspektion[3]) gemäß § 22 Abs. 5 des Gesetzes hiervon unverzüglich zu benachrichtigen.
(2) Wird ein Kind, das das 14. Lebensjahr noch nicht vollendet hat, infolge einer Schutzimpfung in seiner Gesundheit vorübergehend beeinträchtigt, und bedarf es aus diesem Grunde häuslicher Pflege, hat der Erziehungsberechtigte, der wegen der Übernahme der Pflege des Kindes vorübergehend seine Berufstätigkeit nicht ausüben kann, für die Dauer der Pflege einen Anspruch auf eine Entschädigung in Höhe von 90% seines monatlichen Nettodurchschnittsverdienstes. Die Entschädigung wird durch die Kreisdirektion der Staatlichen Versicherung der DDR gezahlt.
(3) Besteht die Beeinträchtigung des Gesundheitszustandes länger als 14 Tage, ist ein Gesundheitsschaden anzunehmen und gemäß § 12 Abs. 1 und § 13 zu verfahren. Im Ausnahmefall kann der Leiter der Kreis-Hygieneinspektion[3]) in Abstimmung mit dem Leiter

der Bezirks-Hygieneinspektion[3]) und der Kreisdirektion der Staatlichen Versicherung des DDR von der Einleitung eines Verfahrens zur Anerkennung eines Gesundheitsschaden absehen, wenn mit einer vollständigen Wiederherstellung der Gesundheit spätestens nach Ablauf eines weiteren Monats zu rechnen ist. Bis zur Entscheidung über die Anerkennung eines Gesundheitsschadens stehen dem Geschädigten bzw. dem Erziehungsberechtigten Ansprüche nach den Absätzen 1 und 2 zu.

(4) Über die Bestimmungen der Absätze 1 und 2 hinausgehende Entschädigungsansprüche bestehen bei einer vorübergehenden Beeinträchtigung des Gesundheitszustandes nicht, jedoch kann in begründeten Ausnahmefällen eine weitergehende Entschädigung durch die Kreisdirektion der Staatlichen Versicherung der DDR gewährt werden.

§ 11

(1) Die erforderlichen finanziellen Mittel für die Entschädigungen werden aus dem Staatshaushalt zur Verfügung gestellt.

(2) Erhalten Geschädigte oder deren unterhaltsberechtigte Hinterbliebene Leistungen der Sozialversicherung, Versorgungen, die anstelle von Renten der Sozialversicherung gezahlt werden, sowie zusätzliche Versorgungen, werden diese auf die Entschädigung angerechnet. Leistungen der Betriebe werden ebenfalls angerechnet.

(3) Die Bestimmungen des § 38 des Gesetzes vom 20. Dezember 1965 zur Verhütung und Bekämpfung übertragbarer Krankheiten beim Menschen und dieser Durchführungsbestimmung schließen eine weitergehende Schadenersatzpflicht nach anderen Rechtsvorschriften nicht aus.

Entschädigungsverfahren

§ 12

(1) Entschädigungsansprüche nach den §§ 9 und 10 Absätze 2 bis 4 sind bei der für den Wohnsitz des Geschädigten zuständigen Kreis-Hygieneinspektion[3]) schriftlich geltend zu machen.

(2) Im Falle des § 10 Absätze 2 bis 4 bestätigt der Leiter der Kreis-Hygieneinspektion[3]) den Sachverhalt und leitet den Entschädigungsantrag an die Kreisdirektion der Staatlichen Versicherung der DDR weiter.

(3) Der Leiter der Kreis-Hygieneinspektion hat das Verfahren auf Anerkennung eines Gesundheitsschadens oder Todesfalles (§§ 8 und 9) als Folge einer Schutzimpfung auch ohne Antrag des Geschädigten unverzüglich einzuleiten, wenn er Kenntnis von einem solchen Schaden erhält.

§ 13

(1) Über die Anerkennung eines Gesundheitsschadens oder eines Todesfalles als Folge einer Schutzimpfung (§§ 8 und 9) entscheidet eine Kommission, die bei der Bezirks-Hygieneinspektion[3]) zu bilden ist.

(2) Der Kommision gehören insbesondere an:

a) der Leiter der Bezirks-Hygieneinspektion[3]),
b) der Leiter der für den Wohnsitz des Geschädigten zuständigen Kreis-Hygieneinspektion[3]),
c) ein erfahrener Impfarzt,
d) ein in der klinischen Begutachtung solcher Fälle erfahrener Facharzt,
e) ein im Begutachtungswesen erfahrener Beauftragter des Bezirksgutachters.

(3) Die Entscheidung der Kommission ist schriftlich zu treffen, zu begründen und dem Ministerium für Gesundheitswesen, Staatliche Hygieneinspektion[3]), zur Bestätigung hinsichtlich des sich aus der Entscheidung ergebenden Sachverhaltes einzureichen. Nach der Bestätigung ist die Entscheidung mit einer Rechtsmittelbelehrung zu verstehen und dem Geschädigten durch den Leiter der zuständigen Kreis-Hygieneinspektion auszuhändigen oder zuzustellen.

(4) Gegen die Entscheidung der Kommission kann innerhalb eines Monats nach Zustellung Beschwerde eingelegt werden. Die Beschwerde ist beim Leiter der zuständigen Bezirks-Hygieneinspektion[3]) einzulegen. Dieser hat die Kommission innerhalb von 4 Wochen erneut einzuberufen. Gibt die Kommission der Beschwerde nicht statt, so hat sie diese mit ihrer Stellungnahme dem Ministerium für Gesundheitswesen innerhalb einer weiteren Woche zuzuleiten. Eine bei der Staatlichen Hygieneinspektion des Ministeriums für Gesundheitswesen[3]) zu bildende Kommission entscheidet binnen weiterer 4 Wochen endgütig.

(5) Kann in Ausnahmefällen eine Entscheidung innerhalb der Frist nicht getroffen werden, ist rechtzeitig ein Zwischenbescheid unter Angabe der Gründe sowie des voraussichtlichen Abschlußtermins zu geben.

(6) Die Entscheidung über die Beschwerde ist schriftlich zu treffen, zu begründen und dem Einreicher der Beschwerde auszuhändigen oder zuzusenden.

§ 14

(1) Nach Anerkennung des Gesundheitsschadens oder des Todesfalles erfolgt die Feststellung der Höhe des eingetretenen materiellen Schadens und der Entschädigung durch die Staatliche Versicherung der DDR. Diese nimmt auch die Auszahlung der Entschädigung vor.

(2) Für Streitfälle über die Höhe der Entschädigung ist der Rechtsweg zulässig.

§ 15

(1) Die Verjährungsfrist für Ansprüche nach § 38 des Gesetzes vom 20. Dezember 1965 zur Verhütung und Bekämpfung übertragbarer Krankheiten beim Menschen[2]) und nach dieser Durchführungsbestimmung beträgt 2 Jahre. Die Frist beginnt mit dem Ablauf des

Jahres, in dem der Geschädigte bzw. der Erziehungsberechtigte oder die Hinterbliebenen Kenntnis vom Schaden und seiner Ursache erlangten.

(2) Die Verjährung ist gehemmt[5]) von der Antragstellung bis zur Entscheidung über den Antrag und solange Verhandlungen zwischen dem Geschädigten und der Staatlichen Versicherung der DDR geführt werden.

§ 18 Schlußbestimmungen

(1) Diese Durchführungsbestimmung tritt mit ihrer Veröffentlichung in Kraft[6]).

(2) Gleichzeitig treten außer Kraft:

– die Zweite Durchführungsbestimmung vom 11. Januar 1966 zum Gesetz zur Verhütung und Bekämpfung übertragbarer Krankheiten beim Menschen – Schutzimpfungen und andere Schutzanwendungen – (GBl. II Nr. 13 S. 52),
– Ziffer 24 der Anlage zur Anpassungsanordnung vom 12. Juni 1968 (GBl. II Nr. 62 S. 400),
– die Anordnung vom 6. Oktober 1970 über die Durchführung von Schutzimpfungen mit Geräten zur nadellosen Injektion von Impfstoffen (GBl. II Nr. 85 S. 590).

[1]) Neues Deutschland vom 26. 9. 1973, S. 3.
[2]) Abgedruckt unter B 06 31.
[3]) S. hierzu VO über die Staatliche Hygieneinspektion, auszugsweise abgedruckt unter B 06 10.
[4]) Jetzt: Krankengeld gemäß §§ 282–287 des AGB.
[5]) Gemäß § 477 Abs. 2 ZGB wird die Zeit, in der die Verjährung gehemmt ist, in die Verjährungsfrist nicht eingerechnet.
[6]) In Kraft getreten am 20. 5. 1975.

Dritte Durchführungsbestimmung zum Gesetz zur Verhütung und Bekämpfung übertragbarer Krankheiten beim Menschen — Arbeit mit Erregern von übertragbaren Krankheiten —

vom 25. Januar 1966
(GBl. II Nr. 16 S. 83)

i. d. F. der AO zur Anpassung der geltenden Straf- und Ordnungsstrafhinweise — Anpassungsanordnung —

vom 12. Juni 1968
(GBl. II Nr. 62 S. 400; Ber. GBl. II Nr. 103 S. 827)[1])

und des Gesetzes über die Neufassung von Regelungen über Rechtsmittel gegen Entscheidungen staatlicher Organe

vom 24. Juni 1971
(GBl. I Nr. 3 S. 49)[2])

In Durchführung des § 25 Abs. 1 des Gesetzes vom 20. Dezember 1965 zur Verhütung und Bekämpfung übertragbarer Krankheiten beim Menschen (GBl. I 1966 S. 29)[3]) wird gemäß § 51 Abs. 1 folgendes bestimmt:

§ 1

(1) Arbeit mit Erregern von übertragbaren Krankheiten im Sinne dieser Durchführungsbestimmung ist jede Art der Isolierung, Kultivierung, Behandlung und Haltung von Erregern übertragbarer Krankheiten aus wissenschaftlichen, diagnostischen, therapeutischen, Produktions- und anderen Gründen, gleichgültig, ob sich diese Mikroorganismen in Kultur oder in infektiösem oder infektionsverdächtigem Material befinden, einschließlich der Abgabe und der Annahme, des Versandes und des Transportes dieses Materials.

(2) Als Arbeit mit Erregern von übertragbaren Krankheiten im Sinne dieser Durchführungsbestimmung gilt nicht die mikroskopische Untersuchung von Material, das von kranken oder gesunden Menschen oder Tieren stammt, und die Vornahme von Desinfektionsmaßnahmen.

§ 2

(1) Erreger übertragbarer Krankheiten beim Menschen im Sinne dieser Durchführungsbestimmung sind lebende Erreger von in der Anlage zu § 11 Abs. 1 des Gesetzes vom 20. Dezember 1965 zur Verhütung und Bekämpfung übertragbarer Krankheiten beim Menschen[3]) aufgeführten Krankheiten.

(2) Erreger übertragbarer Krankheiten beim Tier im Sinne dieser Durchführungsebestimmung sind lebende Erreger der vom *Vorsitzenden des Landwirtschaftsrates der Deutschen Demokratischen Republik*[4]) zu bestimmenden Krankheiten.

§ 3

Das Arbeiten mit Erregern von übertragbaren Krankheiten gemäß § 1 Abs. 1 ist überwachungs- und genehmigungspflichtig.

§ 4

(1) Für die Überwachung der Arbeiten mit Erregern von übertragbaren Krankheiten sind das Ministerium für Gesundheitswesen und die Bezirks-Hygieneinspektionen[5]) zuständig. Bei Einrichtungen und Diensten des Veterinärwesens erfolgt die Überwachung durch die Organe des *Landwirtschaftsrates der Deutschen Demokratischen Republik.*[6])
(2) Die Überwachungsorgane haben andere Überwachungsorgane[7]) über besondere Vorkommnisse, die deren Aufgaben berühren, zu unterrichten.

§ 5

Die Genehmigung wird erteilt für zentral unterstellte wissenschaftliche Institute, Forschungsanstalten, Hochschulinstitute, Serum- und Impfstoffwerke sowie nachgeordnete Einrichtungen der Räte der Bezirke bzw. der *Bezirkslandwirtschaftsräte*[8]) vom Ministerium für Gesundheitswesen bzw. vom *Landwirtschaftsrat der Deutschen Demokratischen Republik*[6]), für die übrigen mikrobiologischen Einrichtungen vom Rat des Bezirkes — Bezirksarzt — bzw. *vom Bezirkslandwirtschaftsrat*[8]) Haupttierarzt — nach Beratung mit dem für den Antragsteller zuständigen Fachorgan.

§ 6

(1) Spezielle mikrobiologische Arbeitsbereiche können vom Ministerium für Gesundheitswesen bzw. vom *Landwirtschaftsrat der Deutschen Demokratischen Republik*[6]) bestimmten Einrichtungen vorbehalten bleiben.
(2) Das Arbeiten mit lebenden Kulturen von Cholera, Fleckfieber, Gelbfieber, Pest und Pocken sowie Rotz, Schweinepest, Rinderpest, Maul- und Klauenseuche, Tularämie, Tollwut, Schafpocken, Myxomatose, Geflügelpest, Ornithose — Psittakose, Milzbrand und infektiöser Anämie der Einhufer kann nur Einrichtungen genehmigt werden, die über besonders dafür eingerichtete Laboratorien verfügen, und bedarf in jedem Fall der Zustimmung des Ministeriums für Gesundheitswesen bzw. des *Landwirtschaftsrates der Deutschen Demokratischen Republik.*[6])
(3) Wenn die Seuchenlage es erfordert und die einwandfreie Durchführung gewährleistet ist, können in Ausnahmefällen orientierende diagnostische mikrobiologische Untersuchun-

gen, die als spezielle mikrobiologische Arbeitsbereiche bestimmten Einrichtungen vorbehalten sind, auch von anderen Einrichtungen, die eine Genehmigung zum Arbeiten mit Erregern von übertragbaren Krankheiten haben, durchgeführt werden. Ausgenommen hiervon ist die Untersuchung auf Maul- und Klauenseuche.

(4) In den Fällen des Abs. 3 sind

der Leiter der für den Herkunftsort der Proben zuständigen Kreis-Hygieneinspektion[5]) bzw. der Haupttierarzt des *Kreislandwirtschaftsrates*[9]),

das für den Herkunftsort zuständige Hygieneinstitut des Bezirkes bzw. Veterinäruntersuchungs- und Tiergesundheitsamt[10]),

die für die Vornahme solcher Untersuchungen besonders bestimmte und für den Herkunftsort der Proben zuständigen Einrichtung

umgehend von dem Eingang der Proben sowie dem Ergebnis der Untersuchungen zu verständigen.

§ 7

(1) Die Genehmigung zum Arbeiten mit Erregern von übertragbaren Krankheiten kann Einrichtungen auf Antrag erteilt werden, wenn diese räumlich geeignet sind, über die für die vorzunehmenden Untersuchungen erforderliche personelle Besetzung und Ausrüstung verfügen und von einem Facharzt für Bakteriologie und Serologie[11]) oder von einem Tierarzt mit einer mindestens dreijährigen Praxiserfahrung auf dem Gebiet der Mikrobiologie geleitet werden. Der Antrag ist über den zuständigen Leiter der Kreis-Hygieneinspektion[5]) bzw. den Haupttierarzt des *Kreislandwirtschaftsrates*[9]) mit dessen Stellungnahme an die für die Erteilung der Genehmigung zuständigen Stelle zu richten.

(2) Für eine Übergangszeit kann die Leitung einem erfahrenen Fach-Mikrobiologen mit Genehmigung des Ministeriums für Gesundheitswesen bzw. des *Landwirtschaftsrates der Deutschen Demokratischen Republik*[6]) übertragen werden, sofern die übrigen Voraussetzungen gemäß Abs. 1 gegeben sind.

(3) Die Genehmigung wird nach Stellungnahme der zuständigen Bezirks-Hygieneinspektion[5]) bzw. des Haupttierarztes des *Bezirkslandwirtschaftsrates*[8]) erteilt.

(4) Die Genehmigung kann allgemein erteilt oder auf bestimmte Erreger von übertragbaren Krankheiten beschränkt werden.

§ 8

(1) Die Genehmigung wird schriftlich erteilt. Sie muß enthalten:

Name des Leiters und Bezeichnung der Einrichtung,
Arbeitsort,
Umfang der Arbeiten,
Gültigkeitsdauer der Genehmigung,
Festlegung der für das Personal erforderlichen Schutzimpfungen.

(2) Eine Ausfertigung der erteilten Genehmigung sowie der Auflagen, die diese Einrichtung betreffen, erhält die zuständige Bezirks-Hygieneinspektion[5]) bzw. der Haupttierarzt des *Bezirkslandwirtschaftsrates*[8]), die die in ihren Tätigkeitsbereich befindlichen genehmigten Einrichtungen registrieren.

§ 9

Die genehmigende Stelle hat mindestens einmal jährlich eine fachliche Kontrolle der Einrichtungen zu veranlassen. Das Ergebnis ist schriftlich festzuhalten.

§ 10

Die erteilte Genehmigung kann entzogen werden, wenn die Voraussetzungen, die für die Erteilung der Genehmigung maßgebend waren, nicht mehr bestehen. Für das Verfahren gilt § 8 sinngemäß.

§ 11

Vor baulichen Veränderungen der Arbeitsräume, die zu grundsätzlichen Abänderungen der Arbeitsorganisation führen, muß die Zustimmung hierzu bei der Stelle eingeholt werden, von der die Genehmigung zum Arbeiten mit Erregern von übertragbaren Krankheiten erteilt worden ist.

§ 12

Der Zutritt zu den Arbeitsräumen ist nur Personen gestattet, die mit der Durchführung der in diesen Räumen vorzunehmenden Arbeiten bzw. mit ihrer Beaufsichtigung beauftragt sind. Müssen andere Personen (z. B. Handwerker) die Arbeitsräume betreten, sind die erforderlichen Vorsichtsmaßnahmen zu treffen.

§ 13

(1) Für die Arbeit mit Versuchstieren müssen hygienisch einwandfreie Ställe und gute Trennmöglichkeiten der infizierten von den nichtinfizierten Tieren sowie ein einwandfreier Sektionsraum vorhanden sein. Die Desinfektion der verwendeten Tierkäfige, die hygienisch einwandfreie, gefahrlose Beseitigung von Kadavern, Tierkörperteilen sowie tierischen Ausscheidungen und infektiösem Material muß gewährleistet sein.
(2) Infizierte Tiere dürfen Unbefugten nicht zugänglich sein.

§ 14

Die Mitarbeiter der Einrichtung, die beauftragt sind, mit Erregern von übertragbaren Krankheiten zu arbeiten, müssen vorbeugend gegen diejenigen übertragbaren Krankheiten, mit deren Erregern gearbeitet wird, geimpft sein, sofern ein anerkanntes Impfverfahren zum Schutze von Menschen gegen diese Erreger zur Verfügung steht und Gegenindikationen nicht vorliegen. Unberührt hiervon bleiben die einschlägigen Bestimmungen des Gesundheits- und Arbeitsschutzes.

§ 15

(1) Kulturen und Stämme von Erregern übertragbarer Krankheiten sind so aufzubewahren, daß sie Unbefugten nicht zugänglich sind.
(2) Produktionsbetriebe haben ihre Produktions- und Kontrollstämme in einer Stammsammlung aufzubewahren und listenmäßig zu erfassen. Diese Stämme dürfen Unbefugten ebenfalls nicht zugänglich sein.

§ 16

(1) Lebende Kulturen von Erregern übertragbarer Krankheiten dürfen nur an Einrichtungen abgegeben werden, die die Genehmigung zum Arbeiten mit ihnen haben. Die Abgabe ist zu registrieren. Als lebende Kulturen gelten auch lyophilisierte Kulturen.
(2) Die Abgabe und der Empfang von Kulturen der Erreger von Cholera, Gelbfieber, Pest und Pocken sowie von Erregern exotischer Tierseuchen ist dem Ministerium für Gesundheitswesen bzw. dem *Landwirtschaftsrat der Deutschen Demokratischen Republik*[6]) anzuzeigen.
(3) Für die Ein- und Ausfuhr dieser Kulturen ist die Genehmigung des Ministeriums für Gesundheitswesen bzw. des *Landwirtschaftsrates der Deutschen Demokratischen Republik*[6]) einzuholen.

§ 17

(1) Der Versand sowie der Transport von Erregern übertragbarer Krankheiten oder entsprechendem Untersuchungs- und wissenschaftlichem Material durch öffentliche Verkehrsmittel ist nur bei Einhaltung der Bestimmungen, welche die Gefahrlosigkeit des Transportes gewährleisten, erlaubt. Dabei sind die post- bzw. transportrechtlichen Bestimmungen zu beachten[12]).
(2) Der Versand von Kulturen der Erreger von Pest, Pocken, Cholera, Afrikanischer Schweinepest, Rotz, exotischer Maul- und Klauenseuche sowie Rinderpest ist unzulässig.
(3) Der Versand von sonstigen lebenden Kulturen hat in lyophilisiertem Zustand oder als flüssige Kultur in zugeschmolzenen oder in luftdicht mit Gummistopfen verschlossenen Glasgefäßen, die durch Verschnürung des Stopfens besonders gesichert sind, zu erfolgen. Feste Kulturen sind in zuparaffinierten Reagenzgläsern zu versenden. Die Glasgefäße bzw. Reagenzgläser sind in Hülsen und letztere wieder in Kästchen gesichert unterzubringen. Die Kästchen sind in Watte verpackt so in einen festen Behälter zu legen, daß sie bruchsicher liegen und nicht aneinander stoßen. In die Kiste ist ein Verzeichnis der Kulturen

zu legen. Die Sendung ist fest zu verschließen und mit genauer Anschrift des Empfängers und Absenders zu versehen. Der Versand hat unter Ausnutzung der schnellsten Beförderungs- oder Transportmöglichkeit zu erfolgen. Die Sendungen dürfen nur am Schalter eingeliefert werden.

(4) Untersuchungsmaterial (Auswurf, Blut, Erbrochenes, Kot, Eiter usw.) ist in Gefäßen zu versenden, die mit einem Stopfen fest verschlossen sind. Die Gefäße sind in eine gut verschließbare Hülse zu legen, die ihrerseits in einem Behälter mit Deckel unterzubringen ist. Bei Masseneinsendungen sind die Behälter in eine feste Kiste zu legen und die Zwischenräume zwischen den Gefäßen nötigenfalls mit Füllmaterial auszufüllen. Sollen einzelne Versandgefäße der üblichen Art mit Blut, Kot usw. versandt werden, sind sie in feste Umschläge zu packen, die gegebenenfalls durch abgerundete Metallklammern zu verschließen sind.

(5) Größere Körperteile von Tieren (z. B. Kopf eines tollwutverdächtigen Tieres) und Kadaver kleinerer Tiere sind für den Versand in ein festes, mit Desinfektionslösung getränktes Tuch zu verpacken, dann in eine wasserundurchlässige Hülle (Pergamentpapier, Plastebeutel u. ä.) zu wickeln und zu verschnüren. Nach abermaligem Umwickeln mit festem Tuch ist das Ganze mit genügend Holzwolle, Papier oder ähnlichem die Feuchtigkeit aufsaugendem Material so in eine Kiste zu bringen, daß der Inhalt vollkommen festliegt. Die Versendung solchen Materials hat unter Ausnutzung der schnellsten Beförderungs- oder Transportmöglichkeiten zu erfolgen.

(6) Der Versand von Objektträgern mit Abstrichen von Blut, Auswurf, Eiter usw. zur Untersuchung hat nach mehrmaligem Umwickeln mit Fließpapier und Watte in einem Holz-, Papp- oder Blechkästchen mit gut verschließbarem Deckel zu erfolgen.

(7) Die in den Absätzen 3 bis 6 aufgeführten Sendungen sind mit der Aufschrift „Vorsicht! Infektiöses Material" oder einem entsprechenden Etikett zu kennzeichnen.

(8) In jede der unter den Absätzen 4 und 5 aufgeführten Sendungen muß ein Begleitschein eingelegt werden mit genauen Angaben:

a) Vor- und Zuname, Alter und Anschrift (mit Angabe des Kreises) der Person, von der das Material stammt, oder bei vom Tier stammendem Material Signalement des Tieres mit Anschrift des Besitzers,

b) Art des Untersuchungsmaterials,

c) vermutete Krankheit bzw. Erreger, auf die zu untersuchen ist, Erkrankungstag. Bei Wiederholungsuntersuchung letzter Befund,

d) Tag und Stunde der Entnahme des Materials,

e) Todestag, falls Material von Leichen stammt,

f) Namen und Anschrift des Einsenders und Absenders.

(9) Für den Transport infektiösen Materials mit nicht öffentlichen Verkehrsmitteln gelten die vorstehenden Bestimmungen entsprechend.

§ 18

(1) Der Leiter der zum Arbeiten mit Erregern von übertragbaren Krankheiten berechtigten Einrichtung hat den Einsender des Untersuchungsmaterials von dem Ergebnis der mikrobiologischen bzw. serologischen Untersuchungen zu unterrichten. Der Eingang von Erregerkulturen ist dem Absender zu bestätigen.

(2) Über jeden Befund, der auf das Vorliegen einer zu meldenden übertragbaren Krankheit hinweist, ist außerdem unverzüglich die für den Herkunftsort des untersuchten Materials zuständige Kreis-Hygieneinspektion[5]) bzw. der Haupttierarzt des *Kreislandwirtschaftsrates*[9]) sowie das für den Kreis zuständige Hygieneinstitut des Bezirkes bzw. der Haupttierarzt des *Bezirkslandwirtschaftsrates*[8]) zu informieren. Bei Befunden, die auf das Vorliegen einer Erkrankung eines Menschen an Tuberkulose hinweisen, ist die zuständige *Kreisstelle für Tuberkulose und Lungenkrankheiten*[13]), bei Befunden, die auf das Vorliegen einer Geschlechtskrankheit bei einem Menschen hinweisen, der zuständige *Kreis-Dermato-Venerologe*[14]) zu benachrichtigen.

(3) Bei Ersuchen um Untersuchung auf Erreger von Aussatz, Cholera, Fleckfieber, Gelbfieber, Pest und Pocken oder um die Vornahme von serologischen Reaktionen, die auf das Vorliegen dieser Erkrankungen hinweisen, sind die für den Herkunftsort des Materials zuständige Kreis-Hygieneinspektion[5]) und das zuständige Hygieneinstitut des Bezirkes[5]) auch über das negative Ergebnis zu unterrichten. Das Ministerium für Gesundheitswesen kann diese Verpflichtung auf weitere übertragbare Krankheiten ausdehnen.

§ 21

Diese Durchführungsbestimmung tritt mit ihrer Verkündung in Kraft.[15])

[1]) Durch die Anpassungsanordnung, die am 1. 7. 1968 in Kraft trat, hat die in § 20 enthaltene Ordnungsstrafvorschrift eine neue Fassung erhalten. § 20 ist in dieser Sammlung nicht mit abgedruckt.

[2]) Die in § 19 enthaltene Beschwerderegelung wurde durch das Neufassungsgesetz, das am 1. 7. 1971 in Kraft trat, aufgehoben. Es gelten auch im Rahmen der 3. DB die allgemeinen Bestimmungen des Gesetzes zur Verhütung und Bekämpfung übertragbarer Krankheiten beim Menschen. § 19 ist in dieser Sammlung nicht mit abgedruckt.

[3]) Auszugsweise abgedruckt unter B **06 31**.

[4]) Jetzt: Minister für Land-, Forst- und Nahrungsgüterwirtschaft.

[5]) S. hierzu die VO über die Staatliche Hygieneinspektion, abgedruckt unter B **06** 10.

[6]) Jetzt: Ministerium für Land-, Forst- und Nahrungsgüterwirtschaft.

[7]) In Betracht kommen hierbei vor allem die Organe der Staatlichen Hygieneinspektion.

[8]) Jetzt: Rat des Bezirkes, Abteilung Land-, Forst- und Nahrungsgüterwirtschaft.

[9]) Jetzt: Rat des Kreises.

[10]) S. hierzu Verf. über das Statut des Staatlichen Veterinärmedizinischen Prüfungsinstitutes, abgedruckt unter C **06 09** 79.

[11]) Jetzt: Facharzt für Mikrobiologie.

[12]) S. hierzu die Postordnung; auszugsweise abgedruckt unter I **90** 21.

[13]) Jetzt: Poliklinische Abteilung für Lungenkrankheiten und Tuberkulose (PALT); s. hierzu auch § 3 Abs. 2 von B **06** 44.

[14]) Jetzt: Beratender Arzt für Dermato-Venerologie (s. VuMMfGe 1981 Nr. 9 S. 109).

[15]) In Kraft getreten am 12. 1. 1966.

Verordnung zur Verhütung und Bekämpfung der Tuberkulose

vom 26. Oktober 1961
(GBl II Nr. 80 S. 509)

i. d. F. der Verordnung zur Anpassung der geltenden Ordnungsstraf- und Übertretungsstrafbestimmungen — Anpassungsverordnung —

vom 13. Juni 1968
(GBl. II Nr. 62 S. 363; Ber. GBl. II Nr. 103 S. 827)[1]),

der Verordnung über die Neufassung von Regelungen über Rechtsmittel gegen Entscheidungen staatlicher Organe vom 24. Juni 1971
(GBl. II Nr. 54 S. 465)[2])

und der Zweiten Verordnung vom 15. Mai 1975
(GBl. I Nr. 28 S. 521)[3])

— Auszug —

I.

Allgemeine Bestimmungen

§ 1 Grundsätze

(1) Die Tuberkulose ist eine ansteckende, langdauernde und für den einzelnen wie für die Allgemeinheit folgenschwere Krankheit. Die Verhütung und Bekämpfung der Tuberkulose als einer immer noch häufigen Krankheit sind von großer gesellschaftlicher und ökonomischer Bedeutung. Unter den sozialistischen Verhältnissen in der Deutschen Demokratischen Republik ist die Beseitigung dieser Krankheit möglich.
(2) Die Verhütung und Bekämpfung der Tuberkulose ist Aufgabe des Staates und der Gesellschaft. Die Verhütungs- und Bekämpfungsmaßnahmen werden geleitet von den Organen des staatlichen Gesundheitswesens. Sie erfordern die Unterstützung und das Zusammenwirken aller staatlichen Organe und Einrichtungen, der Ärzte in eigener Praxis, der Betriebe und gesellschaftlichen Organisationen in ihren Bereichen sowie die Mitwirkung der gesamten Bevölkerung.

§ 2 Einrichtungen zur Verhütung und Bekämpfung der Tuberkulose

(1) Die Maßnahmen für die Verhütung und Bekämpfung der Tuberkulose werden vom Ministerium für Gesundheitswesen festgelegt. Dabei wird es durch das ihm unterstellte Forschungsinstitut für Lungenkrankheiten und Tuberkulose Berlin-Buch sowie durch weitere Experten fachlich beraten.

AAR 5. Lieferung

(2) Die Bezirksstelle für Lungenkrankheiten und Tuberkulose als Zentrum der Verhütung und Bekämpfung der Tuberkulose und der Lungenkrankheiten im Bezirk wird einer *bezirksgeleiteten Einrichtung*[4]) zugeordnet. Der Leiter der Bezirksstelle untersteht dem Leiter der Einrichtung, der die Bezirksstelle zugeordnet ist. Er berät den Bezirksarzt auf dem Gebiet der Lungenkrankheiten und Tuberkulose.
(3) Die Kreisstellen für Tuberkulose und Lungenkrankheiten werden als Poliklinische Abteilungen für Lungenkrankheiten und Tuberkulose einer Poliklinik zugeordnet. Der Leiter der Poliklinischen Abteilung untersteht dem Leiter der Poliklinik. Er berät den Kreisarzt auf dem Gebiet der Lungenkrankheiten und Tuberkulose.[5])

§ 3 Begriffsbestimmungen über Tuberkulose

(1) Tuberkulose ist die bei Mensch und Tier durch Tuberkelbakterien hervorgerufene Infektionskrankheit.
(2) Tuberkulosekrank sind Personen, bei denen durch Tuberkelbakterien bedingte Veränderungen Maßnahmen der Behandlung und in Zusammenhang mit diesen gegebenenfalls auch Maßnahmen beruflicher und sozialer Art notwendig werden, um die Wiedereingliederung des Kranken in das tätige Leben zu sichern und Verschlechterungen des tuberkulösen Prozesses zu vermeiden.
(3) Ansteckend tuberkulös sind Personen, in deren Ausscheidungen Tuberkelbakterien nachweisbar sind oder bei denen nach dem ärztlichen Befund und dem Krankheitsverlauf mit der Möglichkeit der Ansteckung anderer Personen zu rechnen ist.
(4) Tuberkuloseverdächtig sind Personen mit Krankheitserscheinungen oder Organveränderungen, deren tuberkulöse Natur wahrscheinlich ist, aber zunächst noch nicht geklärt werden kann.

§ 5 Röntgenreihenuntersuchungen

(1) Für die Früherkennung, die Ansteckungsverhütung und die Frühbehandlung jeder Lungentuberkulose sowie anderer Erkrankungen des Brustkorbes sind regelmäßig allgemeine Röntgenreihenuntersuchungen der Bevölkerung (Volksröntgenreihenuntersuchungen) durchzuführen. Zur Verhütung und endgültigen Beseitigung der für den Einzelnen und für die Gemeinschaft folgenschweren Tuberkulose besteht die Verpflichtung jedes einzelnen sich diesen wiederholten Röntgenuntersuchungen zu unterziehen. Zur erfolgreichen Durchführung dieser Vorbeugungsmaßnahmen ist der Aufforderung zur Untersuchung in der angegebenen Untersuchungsstelle und zur festgesetzten Zeit nachzukommen.

(2) Über die Röntgenreihenuntersuchungen gemäß Abs. 1 hinaus haben sich Personen,

a) die bei ihrer Ausbildung oder bei Ausübung ihrer beruflichen Tätigkeit besonders tuberkulosegefährdet sind,
b) die bei der besonderen Art einer beruflichen Tätigkeit im Falle ihrer Erkrankung an Tuberkulose für die Umgebung eine erhöhte Gefahr der Ansteckung bedeuten würden,

zu Beginn ihrer Ausbildung oder beruflichen Tätigkeit einer Röntgenuntersuchung und im weiteren Verlauf häufigeren Wiederholungen dieser Untersuchung zu unterziehen. Die zur Untersuchung aufgeforderten Personen sind verpflichtet, der Aufforderung im Interesse der Vorbeugung Folge zu leisten.[6])
(3) Bei Beendigung einer Tätigkeit in einer Tuberkuloseeinrichtung oder einer Einrichtung, in der mit tuberkulösen Tieren oder tuberkulösem Material gearbeitet wird, sind eine abschließende Untersuchung und weitere Nachuntersuchungen in bestimmten Zeitabständen vorzunehmen.
(4) Andere Röntgenreihenuntersuchungen der Brustorgane sind nicht gestattet, soweit sie nicht durch andere gesetzliche Bestimmungen angeordnet sind.[7])

§ 6[8]) Tuberkuloseschutzimpfungen

(1) Für die Verhütung von Tuberkuloseerkrankungen sind Tuberkuloseschutzimpfungen bei Personen mit fehlender Tuberkuloseallergie sowie bei allen Neugeborenen durchzuführen. Durch die Teilnahme an der Tuberkuloseschutzimpfung beugt jeder Geimpfte einer Tuberkuloseerkrankung vor und trägt dadurch zur allgemeinen Verhütung der Weiterverbreitung bei. Daraus ergibt sich für die zu impfenden Personen die Verpflichtung, sich den Testungen der Allergie und der Impfung zu unterziehen. Hierzu ist es erforderlich, daß der Aufforderung zur Testung oder Impfung in der angegebenen Stelle und zur festgesetzten Zeit Folge geleistet wird.
(2) In die Impfungen gemäß Abs. 1 sind Personen mit negativer Tuberkuloseallergie einzubeziehen,

a) die bei ihrer Ausbildung oder bei Ausübung ihrer beruflichen Tätigkeit besonders tuberkulosegefährdet sind,
b) die in Anbetracht ihrer besonderen beruflichen Tätigkeit im Falle ihrer Erkrankung an Tuberkulose eine erhöhte Gefahr der Ansteckung für die Umgebung bedeuten würden.

Die aufgeforderten Personen, bei denen für die Durchführung der Vorbeugungsmaßnahmen eine Testung und bei Fehlen der Allergie eine Schutzimpfung notwendig sind, haben diese vornehmen zu lassen.
(3) Zu impfende Kinder aus tuberkulösem Milieu sind bis zum Eintritt des Impfschutzes von der Infektionsquelle zu trennen.

§ 33 Inkrafttreten

(1) Diese Verordnung tritt am 1. Januar 1962 in Kraft

(2) ...

[1]) Durch die Anpassungs-VO haben die Ordnungsstrafbestimmungen des § 29 — in dieser Sammlung nicht mit abgedruckt — eine veränderte Fassung erhalten.

[2]) Durch die VO vom 24. 6. 1971 haben die Bestimmungen der §§ 27 und 28 — in dieser Sammlung nicht mit abgedruckt — eine veränderte Fassung erhalten.

[3]) Durch die 2. VO hat § 2 die hier abgedruckte Fassung erhalten.

[4]) Gemäß RKO (AO vom 14. 11. 1979 über die Rahmenkrankenhausordnung, GBl. SDr. Nr. 1032) sind gegenwärtig sowohl Kreis- als auch Bezirkskrankenhäuser den Räten der Kreise und nur bestimmte Fachkrankenhäuser den Räten der Bezirke unterstellt. Hiernach werden die Bezirksstellen jetzt in der Regel kreisgeleiteten Einrichtungen zugeordnet sein.

[5]) Der Leiter der Bezirksstelle ist beauftragter Arzt im Sinne von II 1 und 2 der Anw. vom 7. 9. 1981 über die Arbeit der Bezirks- und Kreisärzte mit beauftragten und beratenden Ärzten sowie mit beratenden Gremien im Gesundheits- und Sozialwesen (VuM MfGe Nr. 9 S. 109). Er trägt hiernach eine direkte über die Beratung des Bezirksarztes hinausgehende Verantwortung für die Erfüllung der Aufgaben des Fachgebietes.

[6]) S. hierzu § 3 der 12. DB zur Tuberkulose-VO; auszugsweise abgedruckt unter B **06** 44.

[7]) S. hierzu § 3 Abs. 5 der 12. DB zur Tuberkulose-VO; auszugsweise abgedruckt unter B **06** 44.

[8]) S. hierzu die 13. DB zur Tuberkulose-VO — Tuberkuloseschutzimpfungen; abgedruckt unter B **06** 45.

Zwölfte Durchführungsbestimmung zur Verordnung zur Verhütung und Bekämpfung der Tuberkulose — Röntgenreihenuntersuchungen —

vom 2. Juni 1975

(GBl. I Nr. 28 S. 522)

— Auszug —

Die Erfolge bei der Verhütung und Bekämpfung der Tuberkulose in der Deutschen Demokratischen Republik ermöglichen es, die Durchführung der Röntgenreihenuntersuchungen neu zu gestalten. Auf Grund des § 31 der Verordnung vom 26. Oktober 1961 zur Verhütung und Bekämpfung der Tuberkulose (GBl. II Nr. 80 S. 509) in der Fassung der Zweiten Verordnung vom 15. Mai 1975 (GBl. I Nr. 28 S. 521)[1]) wird im Einvernehmen mit den Leitern der zuständigen zentralen staatlichen Organe und in Übereinstimmung mit dem Bundesvorstand des FDGB folgendes bestimmt:

§ 1 Begriffsbestimmung der Röntgenreihenuntersuchungen

Röntgenreihenuntersuchungen im Sinne dieser Durchführungsbestimmung sind Röntgenuntersuchungen der Brustorgane mit Anfertigung von Aufnahmen im Schirmbild- oder Großformat für einen größeren oder kleineren Personenkreis innerhalb von zeitlich und örtlich begrenzten wiederholten Aktionen. Sie dienen der frühzeitigen Erkennung von Lungenkrankheiten tuberkulöser und nichttuberkulöser Ursache bei bisher Lungengesunden und bei Bürgern mit erhöhtem Krankheitsrisiko.

§ 2 Verpflichtung der Bürger zur Teilnahme an Röntgenreihenuntersuchungen

(1) Die Teilnahme an Röntgenreihenuntersuchungen ist eine gesellschaftliche Pflicht jedes Bürgers.

(2) Für die Durchführung von Röntgenreihenuntersuchungen ist erforderlich, daß der Bürger entsprechend der Aufforderung in der festgesetzten Zeitspanne bzw. zu einem der festgesetzten Termine in der angegebenen Untersuchungsstelle zur Untersuchung erscheint. Ist er aus dringenden Gründen verhindert, so hat er baldmöglichst die auffordernde Stelle hiervon zu informieren, um einen anderen, den beiderseitigen Möglichkeiten entsprechenden Termin zu vereinbaren.

(3) Die Röntgenreihenuntersuchungen sind für den Bürger unentgeltlich.

(4) Befreiungen einzelner Personengruppen von der Teilnahme an den Röntgenreihenuntersuchungen regelt der Minister für Gesundheitswesen.

§ 3 Arten der Röntgenreihenuntersuchungen und die zur Teilnahme verpflichteten Personengruppen

(1) Bei allen in der Deutschen Demokratischen Republik lebenden Bürgern ab 15 Jahren sind in zweijährlichen Abständen Röntgenreihenuntersuchungen der Brustorgane durch Schirmbild vorzunehmen (Volksröntgenreihenuntersuchung, nachstehend VRRU genannt).
(2) Bei bestimmten Gruppen von gesunden Befundträgern[2]) ist die Röntgenreihenuntersuchung zusammen mit einer bakteriologischen und gegebenenfalls klinischen Untersuchung nach Einzelaufforderung in den Poliklinischen Abteilungen für Lungenkrankheiten und Tuberkulose (im folgenden PALT genannt) jährlich durchzuführen. Diese Personengruppen bestimmt der Minister für Gesundheitswesen.
(3) Um Bürger mit behandlungsbedürftigen Lungen- und Bronchialkrankheiten – vor allem auch Bürger mit Bronchialkrebs – möglichst frühzeitig zu erfassen, sind entsprechend den örtlichen Möglichkeiten in den Jahren zwischen den VRRU Röntgenreihenuntersuchungen derjenigen Personengruppen, bei denen erfahrungsgemäß ein erhöhtes Risiko im Hinblick auf Lungenkrankheiten besteht, zu organisieren. Diese Untersuchungen finden in der PALT oder, soweit erforderlich, durch Einsatz mobiler Geräte der Bezirksstelle für Lungenkrankheiten und Tuberkulose statt. Die Bürger werden grundsätzlich persönlich zur Teilnahme aufgefordert. Entsprechend dem jeweiligen Stand der Forschung wird durch das Ministerium für Gesundheitswesen der Personenkreis festgelegt, welcher ein erhöhtes Risiko besitzt.
(4) Zu den Bürgern, die sich gemäß § 5 Abs. 2 der Verordnung zur Verhütung und Bekämpfung der Tuberkulose bei Beginn ihrer Ausbildung oder beruflichen Tätigkeit einer Röntgenuntersuchung und im weiteren Verlauf häufigeren Wiederholungen dieser Untersuchung zu unterziehen haben, gehören:

a) Beschäftigte in Einrichtungen der Tuberkulosebekämpfung sowie in Einrichtungen, in denen mit tuberkulösen Versuchstieren oder tuberkulösem Material gearbeitet wird.

   Wiederholungsuntersuchungen: Während des ersten Jahres der Tätigkeit in 4monatigen Abständen, anschließend in 6monatigen Abständen.

   Bei Ausscheiden aus der Tätigkeit: Eine Abschlußuntersuchung und anschließend je eine weitere Röntgenuntersuchung nach 6 und 12 Monaten.

   Beschäftigte, die auf besonders gefährdeten Arbeitsplätzen tätig sind, können in kürzeren Abständen untersucht werden.

b) Beschäftigte und Praktikanten in Pathologischen Instituten.

   Wiederholungsuntersuchungen: In 6monatigen Abständen.

c) Beschäftigte, die die Rinder in den von den Räten der Bezirke bestätigten und als solche besonders gekennzeichneten Tuberkulose-Reagentennutzungsbetrieben betreuen, sowie die mit der Schlachtung Beschäftigten in Notschlachtungsbetrieben und Tierkörperverwertungsanstalten.

Wiederholungsuntersuchungen: In 6monatigen Abständen.

d) Alle Tierärzte sowie andere Werktätige, die Rinderbestände in landwirtschaftlichen Produktionsgenossenschaften, volkseigenen Gütern und in Betrieben und Einrichtungen für industriemäßige Rinderproduktion betreuen, soweit sie nicht zu den unter Buchst. c genannten Beschäftigten in bestätigten Tuberkulose-Reagentennutzungsbetrieben gehören.

Wiederholungsuntersuchungen: In 12monatigen Abständen.

(5) Als durch Sonderbestimmungen angeordnete Röntgenreihenuntersuchungen der Brustorgane gemäß § 5 Abs. 4 der Verordnung zur Verhütung und Bekämpfung der Tuberkulose gelten:

a) die Röntgenreihenuntersuchungen innerhalb der bewaffneten Organe gemäß den Festlegungen des § 32 dieser Verordnung;

b) die Röntgenreihenuntersuchungen im Rahmen der medizinischen Untersuchungen zur Feststellung der Diensttauglichkeit für den Wehrdienst, die durch den Minister für Gesundheitswesen geregelt werden,

c) die durch die Rechtsvorschriften über arbeitsmedizinische Tauglichkeits- und Überwachungsuntersuchungen vorgeschriebenen Röntgenreihenuntersuchungen der Brustorgane. Diese werden in den Jahren, in denen VRRU stattfinden, im Rahmen der VRRU durchgeführt, sofern diese Rechtsvorschriften nicht ausdrücklich Röntgengroßaufnahmen vorsehen.

§ 10

(1) Diese Durchführungsbestimmung tritt am 1. Juli 1975 in Kraft.

[1]) Auszugsweise abgedruckt unter B 06 41.

[2]) Anm. im GBl.: Gesunde Befundträger sind Bürger mit einem von der Norm abweichenden, aber nicht behandlungsbedürftigen Lungenbefund, sofern diese Bürger nicht im Anschluß an eine Tuberkulose oder eine nichttuberkulöse Lungenkrankheit in besonderer Betreuung einer PALT stehen.

Dreizehnte Durchführungsbestimmung zur Verordnung zur Verhütung und Bekämpfung der Tuberkulose — Tuberkulose-Schutzimpfungen —

vom 2. Juni 1975
(GBl. I Nr. 28 S. 524)

Die Erfolge bei der Verhütung und Bekämpfung der Tuberkulose in der Deutschen Demokratischen Republik ermöglichen es, die Tuberkulose-Schutzimpfungen neu zu gestalten. Auf Grund des § 31 der Verordnung vom 26. Oktober 1961 zur Verhütung und Bekämpfung der Tuberkulose (GBl. II Nr. 80 S. 509) in der Fassung der Zweiten Verordnung vom 15. Mai 1975 (GBl. I Nr. 28 S. 521)[1]) des § 21 des Gesetzes vom 20. Dezember 1965 zur Verhütung und Bekämpfung übertragbarer Krankheiten beim Menschen (GBl. I 1966 Nr. 3 S. 29)[2]) und der Zweiten Durchführungsbestimmung vom 27. Februar 1975 zum Gesetz zur Verhütung und Bekämpfung übertragbarer Krankheiten beim Menschen – Schutzimpfungen und andere Schutzanwendungen – (GBl. I Nr. 21 S. 353)[3]) wird im Einvernehmen mit den Leitern der zuständigen zentralen staatlichen Organe folgendes bestimmt:

§ 1

(1) Der Kreisarzt ist für die Durchführung der Tuberkulose-Schutzimpfung (nachfolgend auch BCG-Impfung genannt) und damit für die Sicherung der dafür erforderlichen personellen, materiellen und organisatorischen Voraussetzungen verantwortlich.
(2) Im Auftrag des Kreisarztes hat der Leiter der Poliklinischen Abteilung für Lungenkrankheiten und Tuberkulose (PALT), der *beratende Arzt*[7]) für das Fachgebiet Lungenkrankheiten und Tuberkulose ist,

- die BCG-Impfungen zu organisieren und die möglichst vollständige Erfassung der Impfpflichtigen zu überwachen,
- die im Kreis tätigen BCG-Impfschwestern und -Impffürsorgerinnen anzuleiten und zu kontrollieren sowie für ihre ständige Fortbildung zu sorgen,
- die in den Schwangeren- und Mütterberatungsstellen tätigen Fürsorgerinnen, die Hebammen, die Schwestern der Entbindungsabteilungen und die Gemeindeschwestern in regelmäßigen Abständen über die Bedeutung der Tuberkulose-Schutzimpfung zu belehren und sie zur Mitwirkung bei der diesbezüglichen Aufklärung der Schwangeren und Mütter anzuhalten,
- mit dem für die Einschulungsuntersuchungen verantwortlichen Arzt eng zusammenzuarbeiten, damit dieser die wenigen bis dahin noch nicht BCG-geimpften Kinder noch vor der Einschulung der Tuberkulose-Schutzimpfung zuführt.

§ 2

(1) Die Tuberkulose-Schutzimpfung wird bei folgenden Personen durchgeführt, wenn die Voraussetzungen gemäß § 3 gegeben sind:

a) Neugeborene,
b) Säuglinge, die nicht als Neugeborene erfaßt wurden,
c) Kleinst- und Kleinkinder in Einrichtungen, die der Betreuung von Kindern dienen, soweit sie nicht nach Buchstaben a oder b erfaßt wurden,
d) Schulpflichtige, die bis zur ärztlichen Einschulungsuntersuchung noch nicht nach Buchstaben a bis c erfaßt wurden, vor der Einschulung,
e) alle Schüler der 10. Klasse und die Berufsschüler, die im Kalenderjahr das 16. Lebensjahr vollenden,
f) Personen aus der Umgebung Tuberkulosekranker, die vom Leiter der PALT als gefährdet angesehen und in Betreuung genommen werden, soweit sie nicht schon unter den Personenkreis gemäß Buchstaben a bis e fallen,
g) Beschäftigte in Tuberkuloseeinrichtungen sowie sonstige Personen, die in ihrer Ausbildung oder beruflich mit Tuberkulosekranken, tuberkulösem Material oder mit tuberkulösen Tieren umzugehen haben,
h) Beschäftigte, die noch nicht sanierte Rinderbestände in landwirtschaftlichen Produktionsgenossenschaften und volkseigenen Gütern betreuen,
i) Personen bis zum Alter von 30 Jahren, die für mehr als 6 Monate in ein Land mit größerer Tuberkulosehäufigkeit reisen.

(2)[4])

(3) Außer den im Abs. 1 aufgeführten Impfpflichtigen sind auf ihren eigenen Wusch auch Personen anderer Alters- bzw. Berufsgruppen zu testen und gegebenenfalls zu impfen, wenn die Voraussetzungen gemäß § 3 gegeben sind.

§ 3

(1) Tuberkulose-Schutzimpfungen als Erst- bzw. Wiederholungsimpfungen sind nur bei Personen durchzuführen, die noch nicht mit Tuberkelbakterien infiziert sind oder die ihre Infektions- oder Impfallergie wieder verloren haben (Personen ohne Tuberkulose-Allergie).
(2) Ob Tuberkulose-Allergie vorliegt, ist durch Testung festzustellen. Testungen vor der BCG-Impfung sind jedoch nicht erforderlich bei Neugeborenen sowie bei Säuglingen, Kleinst- und Kleinkindern, außer bei solchen in der Umgebung Tuberkulosekranker und solchen, bei denen nicht geklärt werden kann, ob sie bereits einer BCG-Impfung unterzogen wurden.
(3) Wenn nachgewiesen ist, daß

a) durch eine Testung innerhalb der letzten 2 Jahre eine Tuberkulose-Allergie festgestellt wurde oder
b) innerhalb der letzten 2 Jahre eine Tuberkulose-Schutzimpfung stattgefunden hat,

entscheidet der Leiter der PALT, ob eine erneute Testung bzw. Impfing vorzunehmen ist.

§ 4

(1) Von der BCG-Impfung sind zurückzustellen:

a) akut erkrankte Personen,
b) mit Infektionskrankheiten inkubierte Personen,
c) Rekonvaleszenten nach ernsten Erkrankungen für die Dauer von 6 Wochen,
d) Frühgeborene mit einem Geburtsgewicht von weniger als 2000 g. Unreife Kinder sollen erst mit einem Gewicht von etwa 2500 g der BCG-Impfung unterzogen werden, möglichst vor Entlassung aus der klinischen Einrichtung,
e) Personen mit bakteriellen Hauterkrankungen wegen der Gefahr einer Superinfektion der Impfstelle. Konstitutionell bedingte Hautleiden wie Ekzeme, Psoriasis u. a. stellen keine Gegenindikation dar.

(2) Während größerer Epidemien von akuten Infektionskrankheiten entscheidet der Kreisarzt nach Rücksprache mit dem im § 1 Abs. 2 genannten Leiter der PALT, ob die BCG-Impfungen weitergeführt oder vorübergehend eingestellt werden sollen. Die Impfungen der Neugeborenen bleiben hiervon unberührt.

(3) Testungen und Impfungen sind unverzüglich nachzuholen, wenn die Gründe für die Zurückstellung entfallen.

§ 5

(1) Nach anderen Immunisierungsmaßnahmen ist ein zeitlicher Abstand von 4 Wochen bis zur BCG-Impfung einzuhalten. Nach einer Schutzimpfung gegen Poliomyelitis oder gegen Tetanus ist ein zeitlicher Abstand grundsätzlich nicht erforderlich.

(2) Im Anschluß an die BCG-Impfung sind weitere Immunisierungen für 2 Monate auszusetzen, ausgenommen sind die Schutzimpfungen gegen Poliomyelitis und gegen Tetanus.

§ 6

Testungen auf Tuberkulose-Allergie und BCG-Impfungen sind auf der BCG-Karteikarte und im Impfausweis bzw. im Ausweis für Arbeit und Sozialversicherung bzw. im Versicherungsausweis einzutragen. Auf der BCG-Karteikarte ist außerdem auch die benutzte Impfstoff-Charge anzugeben.

§ 7

Testungen auf Tuberkulose-Allergie und Tuberkulose-Schutzimpfungen dürfen nur mit einem staatlich zugelassenen Testmittel bzw. Impfstoff vorgenommen werden. Die Methode der Testung und der Impfung und die Art des Testmittels und des Impfstoffes bestimmt der Minister für Gesundheitswesen.

§ 8

(1) Intrakutane Tuberkulin-Testungen vor Tuberkulose-Schutzimpfungen dürfen nur von Ärzten oder den von ihnen damit beauftragten Personen vorgenommen werden, die über die erforderliche Erfahrung auf dem Gebiet der Tuberkulin-Testung und -Ablesung verfügen.
(2) BCG-Impfungen dürfen im Einvernehmen mit dem im § 1 Abs. 2 genannten Leiter der PALT nur von Ärzten sowie von Impfschwestern und Impffürsorgerinnen vorgenommen werden, die nach erfolgreichem Abschluß eines vorgeschriebenen Impflehrganges im Besitz der Test- und Impferlaubnis sind.

§ 9

Die Testungen und Impfungen sind unentgeltlich.

§ 10

Die Betriebe und Einrichtungen unterstützen die Durchführung der Impfungen insbesondere dadurch, daß sie sich durch Einsicht in die Ausweise für Arbeit und Sozialversicherung bzw. Versicherungsausweise von der Teilnahme der Verpflichtungen an den Testungen und Impfungen überzeugen. Die Namen der Impfpflichtigen, die der Aufforderung zur Testung bzw. Impfung nicht nachgekommen sind, sind der PALT mitzuteilen.

§ 11

Das Verfahren bei Gesundheitsschädigungen im Zusammenhang mit der Durchführung von Testungen und Impfungen regelt sich nach § 21 des Gesetzes zur Verhütung und Bekämpfung übertragbarer Krankheiten beim Menschen[5]) und den §§ 9 bis 15 der Zweiten Durchführungsbestimmung zum Gesetz zur Verhütung und Bekämpfung übertragbarer Krankheiten beim Menschen — Schutzimpfungen und andere Schutzanwendungen —[6]). Die Ermittlungen bei diesen Gesundheitsschädigungen sind von dem im § 1 Abs. 2 genannten Leiter der PALT durchzuführen und der Kreis-Hygieneinspektion zur weiteren Veranlassung zuzuleiten.

§ 12

(1) Diese Durchführungsbestimmung tritt am 1. Juli 1975 in Kraft.
(2) Gleichzeitig treten außer Kraft:

— die Dritte Durchführungsbestimmung vom 30. Juli 1962 zur Verordnung zur Verhütung und Bekämpfung der Tuberkulose — Tuberkulose-Schutzimpfung — (GBl. II Nr. 60 S. 515),

— die Siebente Durchführungsbestimmung vom 15. September 1966 zur Verordnung zur Verhütung und Bekämpfung der Tuberkulose — Tuberkulose-Schutzimpfung — (GBl. II Nr. 107 S. 691).

[1]) Auszugsweise abgedruckt unter B 06 41.
[2]) Auszugsweise abgedruckt unter B 06 31.
[3]) Abgedruckt unter B 06 33.
[4]) Wegen Zeitablaufs gegenstandslos.
[5]) Auszugsweise abgedruckt unter B 06 31.
Die Entschädigungsregelungen sind insbesondere in § 38 des Gesetzes enthalten.
[6]) Abgedruckt unter B 06 33.
[7]) Der Leiter der PALT ist gemäß II 1 und 2 der Anw. vom 7. 9. 1981 über die Arbeit der Bezirks- und Kreisärzte mit beauftragten und beratenden Ärzten sowie mit beratenden Gremien im Gesundheits- und Sozialwesen (VuM MfGe Nr. 9 S. 109) beauftragter Arzt für das genannte Fachgebiet und trägt hiernach über die Beratung des Kreisarztes hinausgehende direkte Verantwortung für die Erfüllung der Aufgaben des Fachgebietes.

Ergänzungsinhaltsverzeichnis

Kapitel C

Arzneimittelrecht

Anordnung (Nr. 1) über den Blutspende- und Transfusionsdienst

vom 7. März 1962
(GBl. II Nr. 18 S. 158)

i. d. F. der Anordnung Nr. 2 über den Blutspende- und Transfusionsdienst
vom 2. März 1967
GBl. II Nr. 23 S. 144)[1])

und der Anordnung (Nr. 1) über die künstliche Erzeugung und Gewinnung von blutgruppenspezifischen Antiseren vom 18. Mai 1967

(GBl. II Nr. 54 S. 357)[2])
— Auszug —

§ 1 Aufgaben und Organisation

(1) Dem Blutspende- und Transfusionsdienst obliegt die Versorgung aller Bedarfsträger mit Blut-, Blutplasma- und anderen Blutderivatkonserven. Hierzu führt er die Blutentnahmen bei geworbenen Blutspendern, die Konservierung von Blut sowie die Herstellung von Blutderivatkonserven aus und nimmt immunohämatologische sowie blutgruppenserologische Untersuchungen vor. Er leitet fachlich die medizinischen Behandlungseinrichtungen in Fragen der Bluttransfusion an und arbeitet praktisch und theoretisch auf dem Gesamtgebiet des Blutspende- und Transfusionswesens.

(2) Aufbau, Organisation sowie Anleitung und Kontrolle des Blutspende- und Transfusionsdienstes ist Aufgabe der staatlichen Organe des Gesundheitswesens unter Leitung des Ministeriums für Gesundheitswesen. Zur fachlichen Unterstützung wird bei den Räten der Bezirke, Abteilung Gesundheits- und Sozialwesen, ein Facharzt für Blutspende- und Transfusionswesen mit der Bezeichnung Bezirksbeauftragter für das Blutspende- und Transfusionswesen eingesetzt.[12])

(3) Einrichtungen des Blutspende- und Transfusionsdienstes sind:

a) die Bezirks-Institute für Blutspende- und Transfusionswesen,
b) die Bezirks-Blutspendezentralen,
c) die Gebiets-Blutspendezentralen,
d) die Blutkonservendepots.

Bezirks-Institute und Blutspendezentralen

§ 2 Bezirks-Institute

(1) In jedem Bezirk ist ein Bezirks-Institut für Blutspende- und Transfusionswesen zu unterhalten. Das Bezirks-Institut ist dem Rat des Bezirkes, Abteilung Gesundheits- und Sozialwesen, unterstellt.

(2) Aufgaben, Organisation, Leitung und Arbeitsweise der Bezirks-Institute regelt das Statut der Bezirks-Institute für Blutspende- und Transfusionswesen (Anlage).
(3) Der Leiter des Bezirks-Instituts soll zugleich der Bezirksbeauftragte für das Blutspende- und Transfusionswesen beim zuständigen Rat des Bezirkes, Abteilung Gesundheits- und Sozialwesen[12]), sein.
(4) Die Bezirks-Institute erfüllen ihre Aufgaben in enger Zusammenarbeit mit den medizinischen Fakultäten der Universitäten und den Medizinischen Akademien, die sich im Bezirk befinden. Der Minister für Gesundheitswesen und der *Staatssekretär für das Hoch- und Fachschulwesen*[3]) legen in einer gemeinsamen Anweisung Einzelheiten der Zusammenarbeit fest.

§ 3 Bezirks-Blutspendezentralen

(1) Der Rat des Bezirkes, Abteilung Gesundheits- und Sozialwesen, kann mit Zustimmung des Ministeriums für Gesundheitswesen in seinem Bereich eine oder mehrere Bezirks-Blutspendezentralen errichten.
(2) Die Bezirks-Blutspendezentralen sind dem Rat des Bezirkes, Abteilung Gesundheits- und Sozialwesen, unterstellt. Sie unterstützen das Bezirks-Institut für Blutspende- und Transfusionswesen bei der Erfüllung der diesem obliegenden Aufgaben nach den Regelungen des Rates des Bezirkes, Abteilung Gesundheits- und Sozialwesen.
(3) Die Bezirks-Blutspendezentralen werden von einem Arzt geleitet, der Facharzt für Blutspende- und Transfusionswesen sein muß. In Ausnahmefällen dürfen andere auf dem Gebiet des Blutspende- und Transfusionswesens erfahrene Ärzte zum Leiter der Bezirks-Blutspendezentrale bestellt werden.

§ 4 Gebiets-Blutspendezentralen

(1) Entsprechend der Größe und der Bevölkerungszahl des Bezirkes sind in Übereinstimmung mit den medizinischen Bedürfnissen Gebiets-Blutspendezentralen zu errichten.
(2) Über die Errichtung von Gebiets-Blutspendezentralen entscheidet der Rat des Bezirkes, Abteilung Gesundheits- und Sozialwesen, nach Abstimmung mit den Räten der Kreise, Abteilung Gesundheits- und Sozialwesen, deren medizinische Behandlungsstellen von der Gebiets-Blutspendezentrale versorgt werden sollen.
(3) Die Gebiets-Blutspendezentralen sind vorwiegend in Kreiskrankenhäusern einzurichten Sie können auch in Bezirkskrankenhäusern, Universitätskliniken oder Kliniken der Medizinischen Akademien eingerichtet werden. Die Einrichtung in Polikliniken oder Betriebs-Polikliniken darf nur erfolgen, wenn diese die hierzu erforderlichen personellen und fachlichen Voraussetzungen besitzen.
(4) Die Gebiets-Blutspendezentralen gehören als Fachabteilungen zu den medizinischen Behandlungseinrichtungen, in denen sie eingerichtet sind Sie werden von einem Arzt geleitet, der Facharzt für Blutspende- und Transfusionswesen sein muß. In Ausnahme-

fällen dürfen andere auf dem Gebiet des Blutspende- und Transfusionswesens erfahrene Ärzte zum Leiter von Gebiets-Blutspendezentralen bestellt werden.
(5) Der ärztliche Leiter der medizinischen Behandlungseinrichtung, in der sich eine Gebiets-Blutspendezentrale befindet, hat durch geeignete Organisationsmaßnahmen zu sichern, daß die Blutspendezentrale die ihr nach den Bestimmungen dieser Anordnung übertragenen allgemeinen Aufgaben und die gemäß § 6 Abs. 6 erteilten besonderen Aufgaben und Auflagen erfüllt. Ihm obliegt Anleitung und Kontrolle der Tätigkeit der Gebiets-Blutspendezentrale. Die fachliche Anleitung und Kontrolle der zuständigen Bezirks-Institute für Blutspende- und Transfusionswesen (§ 2 Abs. 2) bleibt hiervon unberührt.

§ 6 Gemeinsame Aufgaben der Bezirks-Institute und der Blutspendezentralen

(1) Die Bezirks-Institute für Blutspende- und Transfusionswesen und die Blutspendezentralen erfassen und betreuen die Blutspender ihres Einzugsbereiches.
(2) Sie führen Blutentnahmen durch und stellen Blut- und Blutderivatkonserven zur Versorgung der medizinischen Behandlungseinrichtungen ihres Versorgungsbereiches und anderer vom Ministerium für Gesundheitswesen im Einvernehmen mit den zuständigen zentralen Organe des Staatsapparates bestimmter Bedarfsträger her. Sie versorgen die medizinischen Behandlungseinrichtungen mit Blutübertragungs- und Blutplasma-Infusionsgeräten.
(3) Sie nehmen immunohämatologische und blutgruppenserologische Untersuchungen, insbesondere Blutformelbestimmungen, vor.
(4) Sie beraten, leiten fachlich an und kontrollieren in ihrem Versorgungsbereich die vorhandenen Blutkonservendepots bei der Aufbewahrung und Ausgabe von Blut- und Blutderivatkonserven und die medizinischen Behandlungseinrichtungen in Fragen der Methodik und Klinik der Bluttransfusion.
(5) Sie wirken bei der Aus- und Fortbildung der Ärzte und des mittleren medizinischen Personals auf dem Gesamtgebiet des Blutspende- und Transfusionswesens in ihrem Bereiche mit.
(6) Der Minister für Gesundheitswesen und der zuständige Rat des Bezirkes, Abteilung Gesundheits- und Sozialwesen, erteilen den Einrichtungen des Blutspende- und Transfusionsdienstes zu den in Absätzen 1 bis 5 genannten allgemeinen Aufgaben besondere Aufgaben und Auflagen.

§ 8 Ausgabe von Blut- und Blutderivatkonserven

(1) Die Bezirks-Institute und die Blutspendezentralen haben über alle Blut- und Blutderivatkonserven, die von ihnen hergestellt werden, Aufzeichnungen zu führen. Die Aufzeichnungen müssen die laufende Nummer, den Tag der Herstellung und der Ausgabe der Konserve sowie den Namen der Einrichtung enthalten, an welche die Konserve ausgegeben ist.

(2) Jeder Konserve ist der *Vordruck für ein Protokoll über die Blutentnahme und Bluttransfusion*[4]) sowie für eine *Versicherung des Blutspenders*[5]) *beizulegen.*
(3) Blut- und Blutderivatkonserven müssen gekennzeichnet sein. Die Kennzeichnung der Blutkonserven muß mindestens folgende Angaben enthalten:

a) laufende Nummer der Konserve,
b) Inhalt insgesamt, davon ml Stabilisator und ml Blut,
c) Blutformel,
d) Vor- und Zuname des Blutspenders,
e) Nummer des Spenderausweises,
f) Tag der Blutentnahme,
g) Verfallstermin.

Die Kennzeichnung der Blutplasmakonserven muß mindestens folgende Angaben enthalten:

a) laufende Nummer der Konserve,
b) Angabe, ob gruppengleiches oder Universalblutplasma,
c) bei gruppengleichem Blutplasma die Angabe der Blutgruppe,
d) Tag der Herstellung,
e) Verfallstermin.

Für die Kennzeichnung anderer Blutderivatkonserven finden die Bestimmungen für Blutkonserven entsprechende Anwendung.
(4) Der Transport von Konserven zu den Bedarfsträgern wird mit Spezialfahrzeugen vorgenommen. Die Berechnung der Konserven hat nach den geltenden Bestimmungen zu erfolgen[6]).

Die Blutspender

§ 10 Auswahl, Erfassung und ärztliche Untersuchung der Blutspender

(1) Die Bezirks-Institute und die Blutspendezentralen müssen über eine genügende Anzahl von Blutspendern innerhalb ihres Versorgungs- und Einzugsbereiches verfügen. Es dürfen nur Blutspender des jeweiligen Einzugsbereiches zur Blutspende herangezogen werden. Ein Blutspender darf nicht in mehreren Einrichtungen zugleich als Blutspender geführt werden.
(2) Für die allgemeinen und gesundheitlichen Voraussetzungen, welche die Blutspender erfüllen müssen, und die ärztliche Untersuchung gelten die Richtlinien des Ministers für Gesundheitswesen.
(3) Die Blutspender sollen von den Einrichtungen des Blutspende- und Transfusionsdienstes über die Bedeutung des Blutspendens aufgeklärt werden, so daß sie sich ihrer Pflichten und Verantwortung bewußt sind.

(4) Die Bezirks-Institute und die Blutspendezentralen führen eine Spenderkartei, in der für jeden erfaßten Blutspender eine Karteikarte nach einem Vordruck[7]) anzulegen ist. *Jeder Blutspender erhält einen Spenderausweis*[8]).

§ 11 Blutspende

(1) Das Heranziehen des Spenders zur Blutspende richtet sich nach dem ärztlichen Ermessen der jeweiligen Einrichtung des Blutspende- und Transfusionsdienstes. Der Blutspender darf in der Regel höchstens viermal im Jahr zur Spende herangezogen werden. Der Zeitraum zwischen den Blutentnahmen soll mindestens 12 Wochen betragen. In ärztlich zugelassenen Ausnahmefällen darf zwischen den Blutentnahmen ein kürzerer Zeitraum, jedoch nicht weniger als 8 Wochen, liegen.
(2) Dem Spender dürfen bei jeder Blutentnahme nicht mehr als 450 ml Blut entnommen werden. Hierbei sind die Entnahmen für Kontrollblutproben mit einbegriffen.
(3) Bei jeder Blutentnahme ist der sich auf die Blutentnahme beziehende Teil des Vordruckes für ein Protokoll über die Blutentnahme und Bluttransfusion (§ 8 Abs. 2) auszufüllen und darauf hinzuwirken, daß der Spender die im gleichen Vordruck enthaltene Versicherung abgibt.

§ 14 Staatliche Zuwendung für Blutspender

(1) Blutspender erhalten auf Antrag eine staatliche Zuwendung. Die staatliche Zuwendung beträgt bei Transfusionsblut 1,20 *DM*[9]) für 10 ml gespendetes Blut.[2])
(2) Die staatliche Zuwendung ist von der Einrichtung des Blutspende- und Transfusionsdienstes zu zahlen, welche die Blutspende entgegengenommen hat.

§ 17 Unfallversicherung der Blutspender

Bei Zwischenfällen anläßlich von Blutentnahmen richtet sich der Unfallversicherungsschutz nach den geltenden Bestimmungen über die Erweiterung des Versicherungsschutzes bei Unfällen[10]).

Die Bluttransfusion

§ 18 Organisation des Transfusionswesens in den medizinischen Behandlungseinrichtungen

(1) Dem ärztlichen Leiter einer medizinischen Behandlungseinrichtung obliegt es, das Transfusionswesen in der von ihm geleiteten Einrichtung zu organisieren, zu beaufsichtigen und die Einhaltung der hierbei zu beachtenden Vorschriften zu kontrollieren. Er hat für die systematische Aus- und Fortbildung des bei der Aufbewahrung und Ausgabe von Konserven und des bei Transfusionen beteiligten ärztlichen und mittleren medizinischen Personals zu sorgen. Hierbei arbeitet er eng mit dem Bezirks-Institut für Blutspende- und

Transfusionswesen oder der Bezirks- oder Gebiets-Blutspendezentrale zusammen, zu deren Versorgungsbereich die Behandlungseinrichtung gehört.
(2) Der ärztliche Leiter hat durch geeignete Organisationsmaßnahmen insbesondere sicherzustellen, daß vor Ausführung jeder Bluttransfusion die erforderlichen Untersuchungen und Proben vorgenommen werden (§ 21 Abs. 3). Die Verantwortung des die Bluttransfusion ausführenden Arztes (transfundierender Arzt) und der übrigen an der Transfusion beteiligten Angehörigen der medizinischen Berufe bleibt hiervon unberührt.
(3) Transfusionszwischenfälle sind nach den vom Minister für Gesundheitswesen erlassenen Richtlinien zu melden und zu untersuchen.

§ 19 Blutkonservendepots

(1) In medizinischen Behandlungseinrichtungen, in denen die Transfusion von Blut oder Blutderivaten durchgeführt wird, sind Blutkonservendepots einzurichten. Das gilt nicht für medizinische Behandlungseinrichtungen, in denen eine Gebiets-Blutspendezentrale vorhanden ist. Blutkonservendepots sind Teile der Behandlungsstelle, in welcher sie eingerichtet sind.
(2) Der Minister für Gesundheitswesen erläßt Richtlinien über Aufbewahrung und Ausgabe der Blut- und Blutderivatkonserven in den Blutkonservendepots.
(3) Der ärztliche Leiter der Behandlungseinrichtung hat für die rechtzeitige Beschaffung, ausreichende Bevorratung und ordnungsgemäße Aufbewahrung der für die Einrichtung erforderlichen Blut- oder Blutderivatkonserven im Blutkonservendepot zu sorgen. Er hat durch Organisationsmaßnahmen zu sichern, daß Blut- und Blutderivatkonserven, die an die Fachabteilungen ausgegeben werden, mit den angeforderten übereinstimmen und nach ihrer äußeren Beschaffenheit den anerkannten Regeln entsprechen.

§ 20 Transfusionsärzte

(1) Der ärztliche Leiter einer medizinischen Behandlungseinrichtung kann mit der Durchführung der in den §§ 18 und 19 genannten Aufgaben einen oder mehrere im Blutspende- und Transfusionswesen erfahrene Ärzte beauftragen (Transfusionsärzte). Die Verantwortung des ärztlichen Leiters im Rahmen seiner Dienstaufsicht, die sich aus den Rechten und Pflichten seiner Leitungstätigkeit ergibt, bleibt hiervon unberührt.
(2) Der ärztliche Leiter einer medizinischen Behandlungseinrichtung hat die Beauftragung eines Trunsfusionsarztes dem zuständigen Bezirks-Beauftragten für das Blutspende- und Transfusionswesen mitzuteilen.

§ 21 Transfundierende Ärzte

(1) Bluttransfusionen dürfen nur von Ärzten ausgeführt werden, die ausreichende wissenschaftliche Kenntnisse auf dem Gebiet des Blutspende- und Transfusionswesens besitzen und die Technik der Bluttransfusion sicher beherrschen.

(2) Blut- und Blutderivatkonserven sind rechtzeitig vor der Transfusion vom transfundierenden Arzt beim Blutkonservendepot der Behandlungseinrichtung oder der für die Versorgung zuständigen Einrichtung des Blutspende- und Transfusionsdienstes auf einem Anforderungsschein[11]) anzufordern. Wird bei lebensbedrohlichen Fällen die Konserve mündlich oder fernmündlich angefordert, so ist der Anforderungsschein unverzüglich nachzureichen
(3) Für Untersuchungen und Proben vor der Transfusion und für die Durchführung der Transfusion gelten die Richtlinien des Ministers für Gesundheitswesen. Jede Transfusion von Blut oder Blutderivaten ist mit allen erforderlichen Angaben in die Krankheitsgeschichte des Empfängers einzutragen.
(4) Nach der Bluttransfusion hat der transfundierende Arzt den sich auf die Transfusion beziehenden Teil des Vordruckes für ein *Protokoll über die Blutentnahme und Bluttransfusion* (§ 8 Abs. 2) auszufüllen, innerhalb von 24-Stunden nach der Transfusion abzuschließen und derjenigen Einrichtung des Blutspende- und Transfusionsdienstes zu übermitteln, von der die Konserve bezogen wurde.

§ 22 (Auszug) Fachausschuß für Blutspende- und Transfusionswesen

(1) Beim Ministerium für Gesundheitswesen ist ein Fachausschuß für Blutspende- und Transfusionswesen zu bilden, der das Ministerium für Gesundheitswesen in Fragen der Koordinierung der Forschungs- und Entwicklungsarbeiten auf dem Gesamtgebiet des Blutspende- und Transfusionswesens berät.

§ 24 Schlußbestimmungen

(1) Diese Anordnung tritt am 1. April 1962 in Kraft.

Anlage
zu § 2 Abs. 2 vorstehender Anordnung

Statut der Bezirks-Institute für Blutspende- und Transfusionswesen
— Auszug —

§ 1 Rechtliche Stellung

(1) Die Bezirks-Institute für Blutspende- und Transfusionswesen, im folgenden Institute genannt, sind juristische Personen und Rechtsträger von Volkseigentum.
(2) Die Institute sind dem jeweiligen Rat des Bezirkes, Abteilung Gesundheits- und Sozialwesen, unterstellt, zu dessen Bereich sie gehören.

§ 2 Aufgaben

(1) Als Zentrum für das Blutspende- und Transfusionswesen leiten die Institute fachlich unter der Anleitung und Kontrolle des Rates des Bezirkes, Abteilung Gesundheits- und Sozialwesen, den gesamten Blutspende- und Transfusionsdienst im Bezirk. Hierbei obliegen ihnen insbesondere folgende Aufgaben:

a) fachliche Beratung, Anleitung und Kontrolle der praktischen und theoretischen Arbeit aller anderen Einrichtungen des Blutspende- und Transfusionsdienstes im Bezirk. Befinden sich diese in medizinischen Behandlungseinrichtungen, so bedarf es hierbei der Abstimmung mit den ärztlichen Leitern dieser Einrichtungen;

b) Organisation und fachliche Leitung der Versorgung der medizinischen Behandlungseinrichtungen im Bezirk und anderer vom Minister für Gesundheitswesen im Einvernehmen mit den zuständigen zentralen Organen des Staatsapparates bestimmter Bedarfsträger mit Blut- und Blutderivatkonserven;

c) fachliche Beratung, Anleitung und Kontrolle der praktischen und theoretischen Arbeit der medizinischen Behandlungseinrichtungen im Bezirk auf dem Gesamtgebiet des Bluttransfusionswesens, insbesondere Überwachung der Methodik der Bluttransfusion und der Immunohämatologie;

d) Ausarbeitung von Vorschlägen für die Planung, den Ausbau, die Ausgestaltung und die Ausstattung von Einrichtungen des Blutspende- und Transfusionsdienstes im Bezirk;

e) fachliche Leitung und Mitwirkung bei der Ausbildung der Ärzte und der Aus- und Fortbildung der Angehörigen der mittleren medizinischen Berufe auf dem Gebiet des Blutspende- und Transfusionswesens;

f) Mitwirkung bei der Klärung von Transfusionszwischenfällen nach den Richtlinien des Ministers für Gesundheitswesen (§ 18 Abs. 3 der Anordnung);

g) Organisation und Durchführung der Berichterstattung über die Tätigkeit aller Einrichtungen des Blutspende- und Transfusionsdienstes im Bezirk entsprechend den Richtlinien des Ministers für Gesundheitswesen (§ 23 der Anordnung).

(2) Die Institute arbeiten praktisch und theoretisch auf dem Gesamtgebiet des Blutspende- und Transfusionswesens. Hierzu haben sie insbesondere folgende Aufgaben:

a) Bearbeitung von Forschungsaufgaben im Rahmen der staatlichen Forschungspläne;

b) wissenschaftliche Zusammenarbeit mit den Fachabteilungen des Bezirkskrankenhauses und der Einrichtungen des Hochschulwesens im Bezirk;

c) Verbreitung wissenschaftlicher Kenntnisse und Erfahrungen auf dem Gebiet des Blutspende- und Transfusionswesens.

(3) Die Institute führen folgende Aufgaben des Blutspende- und Transfusionsdienstes zentral für den gesamten Bezirk aus:

a) bakteriologische und biologische Kontrolle der in allen Einrichtungen des Blutspende- und Transfusionsdienstes hergestellten Blut- und Blutderivatkonserven;
b) zentrale Versorgung der Blutspendezentralen mit sterilen und pyrogenfreien mit Stabilisatorlösung versehenen Blutkonservenflaschen und mit Blutentnahmegeräten;
c) immunohämatologische Untersuchungen zur Verhütung fetaler Erythroblastosen.

(4) Die Institute erfassen und betreuen die Blutspender ihres Einzugsbereiches. Hierbei fallen ihnen insbesondere folgende Aufgaben zu:

a) Unterstützung der Bezirkskomitees des Deutschen Roten Kreuzes in der Deutschen Demokratischen Republik bei der Aufklärung der Bevölkerung über die Bedeutung des Blutspendens und der Werbung von Blutspendern;
b) karteimäßige Erfassung und Führung sowie ärztliche Untersuchung der Blutspender ihres Bereiches.

(5) Die Institute versorgen die medizinischen Behandlungseinrichtungen ihres Versorgungsbereiches und andere Bedarfsträger (§ 2 Abs. 1 Buchst. b) mit Blut- und Blutderivatkonserven. Sie erfüllen hierzu insbesondere folgende Aufgaben:

a) Durchführung von Blutentnahmen bei den Blutspendern im Einzugsbereich;
b) Konservierung von Blut und Herstellung von Blutplasma und anderen Blutderivatkonserven;
c) Vornahme immunohämatologischer und blutgruppenserologischer Untersuchungen, insbesondere von Blutformelbestimmungen.

(6) Der Minister für Gesundheitswesen weist den Instituten bei Bedarf weitere Aufgaben und Tätigkeiten zu.

[1]) Gemäß § 4 Abs. 2 der AO Nr. 2, in Kraft getreten am 15. 3. 1967 und abgedruckt unter C 02 04 02, ist der 2. Satz des § 10 Abs. 4 der AO (Nr. 1) für einen bestimmten Personenkreis nicht mehr anzuwenden (s. dort).

[2]) Durch die AO vom 18. 5. 1967, in Kraft getreten am 15. 6. 1967 und abgedruckt unter C 02 01 01, trat § 14 Abs. 1 Buchstaben b bis d außer Kraft.

[3]) Jetzt: Minister für Hoch- und Fachschulwesen.

[4]) Jetzt: Begleitschein für Blut- und Blutbestandteilkonserven mit unterschiedlichen Vordrucknummern für die einzelnen Blutformeln.

[5]) Die Blutspender erhalten jetzt „Merkblatt und Verpflichtungsschein für Blutspender" ausgehändigt, dessen inhaltliche Kenntnisnahme sie auf einem Exemplar durch Unterschriftsleistung bestätigen.

[6]) S. hierzu Anweisung Nr. 1 vom 13. 2. 1964 über die Berechnung von Blutkonserven (VuM MfGe Nr. 14 S. 135); abgedruckt unter C 02 04 07.

[7]) Zu beziehen beim Vordruckleitverlag Dresden unter der Bestellnummer 2124.

[8]) Spenderausweise werden in den in § 1 Abs. 1 Buchst. a und b der AO 2, abgedruckt unter C 02 04 02, genannten Fällen nicht mehr ausgegeben, dafür „Nothilfepaß".

[9]) Jetzt: M.

[10]) Zur Zeit gilt die VO vom 11. 4. 1973 über die Erweiterung des Versicherungsschutzes bei Unfällen in Ausübung gesellschaftlicher, kultureller oder sportlicher Tätigkeiten (GBl. I Nr. 22 S. 199); abgedruckt unter I **03** 60; und die AO vom 6. 8. 1973 über die Erweiterung des zusätzlichen Unfallversicherungsschutzes durch die Staatliche Versicherung der DDR bei Unfällen in Ausübung gesellschaftlicher, kultureller oder sportlicher Tätigkeiten (GBl. I Nr. 38 S. 404); abgedruckt unter I **03** 61.

[11]) Vordrucke zu beziehen beim Vordruckleitverlag Dresden unter der Bestellnummer 2123.

[12]) Gemäß II 1 und 2 der Anweisung vom 7. 9. 1981 über die Arbeit der Bezirks- und Kreisärzte mit beauftragten und beratenden Ärzten sowie mit beratenden Gremien im Gesundheits- und Sozialwesen (VuM MfGe Nr. 9 S. 109) sind die Direktoren der Bezirksinstitute für Blutspende- und Transfusionswesen beauftragte Ärzte des Bezirksarztes. In dieser Eigenschaft tragen sie eine über die Beratung der Bezirksärzte hinausgehende Verantwortung für die Erfüllung der Aufgaben des Blutspende- und Transfusionswesens des Bezirkes.

Anordnung Nr. 2 über den Blutspende- und Transfusionsdienst

vom 2. März 1967

(GBl. II Nr. 23 S. 144)[1])

— Auszug —

§ 1

(1) Blutspenden und ärztliche Untersuchungen der Blutspender sind für

a) Personen, die der Pflichtversicherung zur Sozialversicherung der Arbeiter und Angestellten bzw. zur Sozialversicherung *bei der Deutschen Versicherungs-Anstalt*[2]) unterliegen, in den Ausweis für Arbeit und Sozialversicherung bzw. in den Versicherungsausweis

b) Familienangehörige der unter Buchst. a genannten Personen in den Versicherungsausweis für Familienangehörige

c) Personen, die bei der *Deutschen Versicherungs-Anstalt*[2] freiwillig auf Krankheitskosten versichert sind, in den Spenderausweis[4]) (§ 10 Abs. 4 zweiter Satz der Anordnung (Nr. 1) vom 7. März 1962 über den Blutspende- und Transfusionsdienst [GBl. II S. 158])[1])

d) Personen, die nicht unter Buchstaben a bis c aufgeführt sind, gleichfalls in den Spenderausweis[4])

einzutragen.

(2) Die Spenderausweise der unter Abs. 1 Buchstaben a und b genannten Personen sind abzuschließen mit dem Vermerk:

„abgeschlossen am .... weitere Eintragungen im Ausweis für Arbeit und Sozialversicherung/Versicherungsausweis“[3])

Die abgeschlossenen Spenderausweise verbleiben bei den Spendern.

(3) Bei Personen gemäß Abs. 1 Buchst. c ist folgender Vermerk auf der Seite 2 des Versicherungsscheines anzubringen:

„Als Blutspender registriert.
Besitzt Spenderausweis[4]).“

§ 2

(1) Die Eintragungen über Blutspenden und ärztliche Untersuchungen sind in den Ausweisen (§ 1 Abs. 1 Buchstaben a und b) auf den Seiten „Heilbehandlung“ wie folgt vorzunehmen:

— Datum (der Blutspende bzw. der ärztlichen Untersuchung)
— „Blutspende“ unter Angabe der entnommenen Blutmenge in ml

- „Große Blutspenderuntersuchung“, wenn gleichzeitig mit der Blutspende eine über das gesetzlich festgelegte Mindestmaß (Anordnung (Nr. 1))[1]) hinausgehende Spenderuntersuchung vorgenommen worden ist
- „Unentgeltlich“, wenn der Blutspender keinen Anspruch auf die Auszahlung der staatlichen Zuwendung erhoben hat
- Stempel der Behandlungseinrichtung des staatlichen Gesundheitswesens, in der während eines Außenabnahmetermins die Blutspende erfolgte
- Stempel der Einrichtung des Blutspende- und Transfusionsdienstes einschließlich Unterschrift.

Die Eintragung einer jeden Spende bzw. ärztlichen Untersuchung ist so vorzunehmen, daß nicht mehr als eine Zeile des jeweiligen Versicherungsausweises verwendet wird.
(2) Personen, die als Blutspender (Transfusionsblut) dauernd oder für einen begrenzten Zeitraum nicht geeignet sind, erhalten eine Eintragung in ihren Ausweis für Arbeit und Sozialversicherung bzw. Versicherungsausweis oder in den Spenderausweis mit folgendem Inhalt:

„Als Transfusionsblutspender
nicht geeignet.“

Bei einer zeitlich begrenzten Nichteignung ist der in Frage kommende Zeitraum hinzuzufügen.
(3) Alle Eintragungen (außer der Unterschrift) sind durch roten Stempeleindruck vorzunehmen

§ 3

Personen gemäß § 1 Abs. 1 Buchst. a können in besonderen Fällen auch von anderen als im § 10 Abs. 1 der Anordnung (Nr. 1)[1]) genannten Bezirks-Instituten und Blutspendezentralen zur Blutspende herangezogen und von diesen als Blutspender geführt werden. Voraussetzung dafür ist die Vorlage des Ausweises für Arbeit und Sozialversicherung.

§ 4

(1) Diese Anordnung tritt am 15. März 1967 in Kraft.
(2) § 10 Abs. 4 zweiter Satz der Anordnung (Nr. 1) ist für die unter § 1 Abs. 1 Buchstaben a und b genannten Personen nicht mehr anwendbar.

[1]) AO Nr. 1, abgedruckt unter C 02 04 01.
[2]) Jetzt: bei der Staatlichen Versicherung der DDR.
[3]) Anm. im GBl.: Nichtzutreffendes ist zu streichen.
[4]) Spenderausweise werden nicht mehr ausgegeben, dafür „Nothilfepaß“.

Richtlinie Nr. 1 zur Anordnung über den Blutspende- und Transfusionsdienst

vom 5. Dezember 1967

(VuM MfGe 1968 Nr. 1 S. 1)

— Auszug —

Zur Anordnung (Nr. 1) vom 7. März 1962 über den Blutspende- und Transfusionsdienst (GBl. II Nr. 18 S. 158)[1]) in der Fassung der Anordnung Nr. 2 vom 2. März 1967 (GBl. II Nr. 23 S. 144)[2]) wird folgende Richtlinie erlassen:

Zu § 10 Abs. 2 der Anordnung

I. Auswahl der Blutspender

Als Spender von Blut, welches für therapeutische Zwecke Verwendung finden soll (Transfusionsblut), darf nur herangezogen werden, wer die nachfolgenden Bedingungen erfüllt:

1. Spender müssen das 18. Lebensjahr vollendet haben. Über die Heranziehung von Spendern, die das 60. Lebensjahr überschritten haben, entscheidet der die Spender Untersuchende.
2. Spender müssen frei sein von übertragbaren Krankheiten. Es dürfen insbesondere solche Personen nicht herangezogen werden, die
   a) innerhalb der letzten 5 Jahre an einer Hepatitis epidemica erkrankt waren oder in deren unmittelbarer Umgebung im letzten halben Jahr vor der Blutspende eine Hepatitis epidemica aufgetreten ist,
   b) an Lues oder Malaria erkrankt waren,
   c) an einer behandlungsbedürftigen Tuberkulose oder Silikose erkrankt waren,
   d) eine manifeste Erkrankung an Toxoplasmose durchgemacht haben,
   e) in den letzten 2 Jahren an Bruzellose, Leptospirose, Listeriose oder Ornithose und in den letzten 10 Jahren an einer Tropenkrankheit erkrankt waren,
   f) gegen Pocken oder Poliomyelitis geimpft wurden, bis zu 4 Wochen nach der Impfung.
3. Als Spender dürfen ferner Personen mit folgenden Krankheiten oder Körperbefunden nicht zugelassen werden:
   a) manifeste Geisteskrankheiten oder Nervenkrankheiten,
   b) allergische Krankheiten (Asthma, Heuschnupfen, Urtikaria, Ekzem),
   c) Blutkrankheiten,
   d) behandlungsbedürftige Stoffwechselkrankheiten,

e) dekompensierte Herz- und Kreislaufschäden,
f) Hb-Wert unter 12,8 g%, Hämatokritwert unter 38.

4. Während der Menstruation, der Schwangerschaft und sechs Monate nach der Geburt eines Kindes oder nach einer Fehlgeburt sowie während des Stillens dürfen Frauen nicht zum Spenden von Transfusionsblut herangezogen werden.

II. Untersuchungen des Gesundheitszustandes der Blutspender

A. Erstuntersuchung

Vor der Zulassung als Spender müssen folgende Prüfungen und Einzeluntersuchungen durchgeführt werden:

a) Prüfung der Identität des Spenders durch Einsichtnahme in den Deutschen Personalausweis,
b) Erhebung der Anamnese, Kontrolle des Ausweises für Arbeit und Sozialversicherung bzw. des Sozialversicherungs-Ausweises auf bisherige ärztliche Behandlungen,
c) klinische Untersuchung mit Blutdruckkontrolle,
d) Röntgenuntersuchung des Thorax, falls nicht der Nachweis über die Teilnahme an der Röntgenreihenuntersuchung erbracht wird (diese Untersuchung darf bis zu einem Jahr zurückliegen),
e) Hämoglobin- oder Hämatokritbestimmung,
f) serologische Untersuchung auf Lues,
g) Durchführung eines Siebtestes auf Hepatitis,
h) Feststellung der Blutgruppe, Bestimmung des Rhesusfaktors (bei Rh-negativen Spendern ist das Vorliegen der Antigene C, E und D^U auszuschließen. Spender, die diese Antigene besitzen, sind wie Rh-positive Spender zu behandeln),
i) Testung des Spenderserums auf das Vorliegen irregulärer Antikörper.

B. Nachuntersuchung

1. Vor jeder weiteren Blutspende ist eine Nachuntersuchung durchzuführen. Hierbei sind mindestens folgende Einzeluntersuchungen bzw. Prüfungen vorzunehmen:

a) Prüfung der Identität des Spenders durch Einsichtnahme in den Deutschen Personalausweis,
b) Erhebung der Zwischenanamnese,
c) Blutdruckkontrolle,
d) Hämoglobin- oder Hämatokritbestimmung,
e) serologische Untersuchung des Blutes auf Lues,
f) Überprüfung der Blutgruppenbestimmung im ABO-System,
g) Durchführung eines Siebtestes auf Hepatitis.

2. Mindestens einmal jährlich ist eine Röntgenuntersuchung der Lunge vorzunehmen, falls nicht der Nachweis über die jährliche Teilnahme an der Röntgenreihenuntersuchung erbracht wird.
3. Bei jeder Untersuchung eines Blutspenders hat sich der Untersuchende durch Einsichtnahme in den Ausweis für Arbeit und Sozialversicherung bzw. den Sozialversicherungs-Ausweis darüber zu informieren, ob der Blutspender seit der vorangegangenen Spende in ärztlicher Behandlung war.

II. Verabreichung von Eisenpräparaten

Zur Vorbeugung einer Eisenmangelanämie ist im jeweilig medizinisch angezeigten Falle ein geeignetes Arzneimittel zu verabreichen.

Zu § 18 Abs. 2 und § 21 Abs. 3 der Anordnung

Untersuchungen und Proben bei jeder Bluttransfusion

1. Vor jeder Bluttransfusion hat der transfundierende Arzt folgende Maßnahmen zu veranlassen:
   a) beim Empfänger Bestimmung der AB0-Blutgruppe und des Rhesusfaktors, soweit diese nicht zuverlässig bekannt sind,
   b) Durchführung einer vollständigen Kreuzprobe, die komplette und inkomplette Antikörper erfaßt. (Reste der Blutproben, die für die Kreuzprobe verwendet wurden, sind von der Stelle, welche die Kreuzprobe vorgenommen hat, für die Dauer von 8 Tagen nach der Kreuzprobe im Kühlschrank aufzubewahren.)
2. Unmittelbar vor bzw. bei Beginn einer Bluttransfusion hat der transfundierende Arzt folgende Maßnahmen selbst vorzunehmen:
   a) Untersuchung des Empfängers, besonders der Kreislauf- und Atmungsorgane auf Anzeichen, die als Kontraindikation zur Bluttransfusion zu werten sind,
   b) Prüfung der Verträglichkeit der Blutformel von Spender- und Empfängerblut durch Sichtvergleich des Befundes der Blutformelbestimmung des Empfängers mit der Kennzeichnung der Konserve,
   c) bei direkter Frischblutübertragung Prüfung der Verträglichkeit der Blutformel von Spender- und Empfängerblut durch Sichtvergleich der Blutformelbestimmungen bei Spender und Empfänger,
   d) Prüfung der ordnungsgemäß vorgenommenen Kreuzprobe durch Einsichtnahme in den hierüber ausgestellten Befund,
   e) Durchführung der biologischen Vorprobe nach Oehlecker, wenn der Empfänger bei Bewußtsein ist,
   f) eine zusätzliche Kontrolle der Befunde der AB0-Blutgruppenbestimmung bei Spender und Empfänger durch einen Bed-side-Test wird empfohlen.

3. Bei Bluttransfusionen in lebensbedrohlichen Fällen kann ausnahmsweise von den unter Ziff. 1 genannten Bestimmungen wie folgt abgewichen werden:
   a) Die Durchführung der Kreuzprobe darf unterbleiben, wenn im AB0-System verträgliches Blut, welches den Rhesusfaktor nicht besitzt (cde/cde), zur Verfügung steht.
   b) Die Durchführung der Blutgruppen- und Rhesusfaktorbestimmung beim Empfänger und die Kreuzprobe dürfen unterbleiben, wenn Blut der Gruppe 0 (cde—cde) zur Verfügung steht, das als „Universalspender" gekennzeichnet ist.

Zu § 18 Abs. 3 der Anordnung

Maßnahmen zur Klärung von Transfusionszwischenfällen[6])

1. Die Transfusion von Blut, Blutbestandteilen und Blutderivaten ist eine verantwortliche ärztliche Handlung, die bei Vernachlässigung der vorgesehenen Sicherungsmaßnahmen nicht nur ernste Komplikationen, sondern u. U. den Tod eines Kranken verursachen kann. Die Einrichtungen des Blutspende- und Transfusionsdienstes sind verpflichtet, sämtliche Fälle von Komplikationen nach Transfusion von Blut, Blutbestandteilen und Blutderivaten sorgfältig zu untersuchen und auszuwerten.
2. Ist es im unmittelbaren Zusammenhang mit der Transfusion zu einer leichten, nicht lebensbedrohlichen Komplikation gekommen, hat der transfundierende Arzt eine Kontrolluntersuchung durch das zuständige Bezirksinstitut für Blutspende- und Transfusionswesen oder die zuständige Bezirksblutspendezentrale zu veranlassen. Mit dem Transfusionsbericht sind einzusenden: Rest des Transfusionsgutes, 20 ml Empfängerblut, Reste der Blutproben, mit denen die Kreuzprobe durchgeführt wurde.
3. Bei hämolytischen Transfusionsstörungen, die serologisch nicht bestätigt werden können, ist zwei bis vier Wochen nach der Transfusion eine Kontrolluntersuchung des Empfängers durchzuführen. Gelingt die serologische Bestätigung wiederum nicht oder sind nachgewiesene Antikörper in ihrer Spezifität nicht zu identifizieren, ist das Referenzlaboratorium beim Bezirksinstitut für Blutspende- und Transfusionswesen, Berlin, zu konsultieren.
4. Besteht der Verdacht, daß Stabilisator-Bestandteile chemisch verunreinigt sind oder daß diese Substanz von der zubereitenden Stelle falsch deklariert wurde, sind Proben dieser Substanz dem *Deutschen Institut für Arzneimittelwesen, Berlin,*[3]) zu übersenden.
5. Todesfälle, Komplikationen mit lebensbedrohlichem Charakter sowie gehäuft auftretende Transfusionsstörungen sind sofort fernmündlich an den Leiter des für das Gesundheitswesen verantworlichen Organs im Kreis (Kreisarzt, Ärztlicher Direktor der Vereinigten Gesundheitseinrichtungen) und an den leitenden Arzt für Blutspende- und Transfusionswesen beim Rat des Bezirkes zu melden. Neben einem ausführlichen klinischen Bericht sind dem Bezirksinstitut für Blutspende- und Transfusionswesen einzusenden: Der Rest des Transfusionsgutes, 20 ml Blut des Empfängers, evtl.

Leichenblut, Reste der Blutsproben, mit denen die Kreuzprobe vorgenommen wurde, 50 ml Katheterurin.

6. Todesfälle, die im unmittelbaren Zusammenhang mit Transfusionen stehen, sind durch den *leitenden Arzt für Blutspende- und Transfusionswesen bei den Räten der Bezirke*[7]) unverzüglich fernmündlich dem Bezirksarzt und dem Ministerium für Gesundheitswesen, Abteilung Organisation des Gesundheitsschutzes, bekanntzugeben.

7. Gemäß *§ 8 der Anordnung über die ärztliche Leichenschau* ist in den unter Ziffer 6 genannten Fällen die Obduktion zu veranlassen[4]). Mit dieser ist ein Institut für gerichtliche Medizin zu beauftragen. Der Obduktionsbericht ist unverzüglich der Einrichtung, die die Obduktion veranlaßte, und dem *leitenden Arzt für Blutspende- und Transfusionswesen beim Rat des Bezirkes*[7]) zuzuleiten.

8. Todesfälle, die möglicherweise mit einer Transfusion im Zusammenhang stehen, sind durch eine Expertengruppe auszuwerten, die beim Rat des Bezirkes, Abteilung Gesundheits- und Sozialwesen, zu bilden ist. Leiter dieser Expertengruppe ist der leitende Arzt für Blutspende- und Transfusionswesen. Er zieht andere Fachärzte für Blutspende- und Transfusionswesen und klinisch tätige Ärzte, in deren Fachgebiet sich der Todesfall ereignet hat, hinzu.

9. Ergeben sich aus den Untersuchungen oder aus dem Ablauf des Geschehens Verdachtsmomente, die auf einen nichtnatürlichen Tod in Verbindung mit einer Transfusion von Blut, Blutbestandteilen oder Blutderivaten hinweisen, hat der leitende Arzt für Blutspende- und Transfusionswesen unverzüglich den für das Gesundheitswesen verantwortlichen Leiter im Kreis (Kreisarzt, Ärztlicher Direktor der Vereinigten Gesundheitseinrichtungen) und die zuständige Dienststelle der Deutschen Volkspolizei bzw. den Kreisstaatsanwalt zu verständigen.[5])

10. Nach Abschluß der Untersuchungen berichtet der leitende Arzt für Blutspende- und Transfusionswesen beim Rat des Bezirkes schriftlich zusammenfassend dem Bezirksarzt, dem Ministerium für Gesundheitswesen, Abteilung Organisation des Gesundheitsschutzes, und dem Ärztlichen Direktor der Einrichtung, in der sich der Todesfall ereignet hat.

11. Diese Richtlinie tritt am 1. Januar 1968 in Kraft. Die Richtlinien vom 26. März 1962 zur Anordnung über den Blutspende- und Transfusionsdienst werden aufgehoben.

[1]) Abgedruckt unter C **02 04** 01.

[2]) Abgedruckt unter C **02 04** 02.

[3]) Jetzt: Institut für Arzneimittelwesen der DDR.

[4]) Entsprechend der gegenwärtig geltenden Anordnung vom 4. Dezember 1978 über die ärztliche Leichenschau (GBl. I 1979 Nr. 1 S. 4), auszugsweise abgedruckt unter C **02 04** 25, richtet sich die Leichenöffnung jetzt in den unter Ziff. 6 genannten Fällen nach § 8 Ab. 2 Buchst. a in Verbindung mit § 5 Absätze 1 und 2 der Leichenschau-Anordnung.

[5]) S. hierzu auch § 5 Absätze 1 und 2 der Leichenschau-Anordnung; auszugsweise abgedruckt unter C **02 04** 25.

[6]) S. hierzu auch Verf. Nr. 73y/81 des IFAR vom 27. 11. 1981, in der zur Meldepflicht ergänzend festgelegt ist (Auszug):
„Sämtliche Transfusionsstörungen, bei denen der Verdacht auf
— Qualitätsmängel bei Hilfslösungen, Verpackungsmaterialien und Hilfsgeräten
— Mängel im Herstellungsprozeß
nicht ausgeschlossen werden kann, sind unabhängig vom sonstigen Meldesystem unverzüglich dem IFAR mitzuteilen."

[7]) S. hierzu § 1 Abs. 2 der AO (Nr. 1) über den Blutspende- und Transfusionsdienst, abgedruckt unter C 02 04 01.

Anordnung über die Erfassung von Ausgangsmaterialien für die Plasmafraktionierung

vom 31. Oktober 1967

(GBl. II Nr. 109 S. 758)

Im Einvernehmen mit dem Minister für Hoch- und Fachschulwesen und dem Minister der Finanzen wird folgendes angeordnet:

§ 1

(1) Um eine Verbesserung der Versorgung mit Plasmafraktionen (insbesondere Gamma-Globulin und Humanalbumin) zu erreichen, sind die entsprechenden Ausgangsmaterialien zu sammeln und der Verarbeitung zuzuführen.

(2) Ausgangsmaterialien für die Plasmafraktionierung im Sinne dieser Anordnung sind:

a) Retroplazentarserum[2])
b) Serumreste von Blutproben[2])
c) Abfallplasma, trocken
d) Flüssigplasma (klinisch verwendbar)
e) Flüssigplasma (klinisch nicht verwendbar)
f) Überstand-Fraktion-Cohn-I (anfraktioniertes Plasma)
g) durch Resuspension gewonnenes Restplasma aus Erythrozytensedimenten.

§ 2

Die Erfassung der Ausgangsmaterialien obliegt ausschließlich dem *Forschungsinstitut*[3]) *für Impfstoffe, Dessau.* Eine Abgabe an andere Institute, Betriebe usw. ist nicht gestattet.

§ 3

Zur Regelung der Einzelheiten der Sammlung und Erfassung der Ausgangsmaterialien schließen die Einrichtungen des Gesundheitswesens und des Hochschulwesens, in denen die im § 1 Abs. 2 genannten Materialien anfallen, unter Berücksichtigung der örtlichen Gegebenheiten Vereinbarungen mit *Forschungsinstitut*[3]) *für Impfstoffe, Dessau* ab.

§ 4

(1) Die Erstattung der Kosten für die Sammlung der Ausgangsmaterialien richtet sich nach den vom Amt für Preise bestätigten Preisen.

(2) Zur Förderung einer möglichst vollständigen Sammlung der im § 1 Abs. 2 Buchstaben a

und b genannten Ausgangsmaterialien[2]) sind den sammelnden Mitarbeitern Sammelprämien in folgender Höhe zu gewähren:

Retroplazentarserum 5 M je Liter
Serumreste von Blutproben 15 M je Liter.

(3) Für die Gewinnung von Restplasma aus Erythrozytensedimenten durch Resuspension mit einem Eiweißgehalt von 3% ist eine Sammelprämie in Höhe von 5 M je Liter zu gewähren, wenn die Gewinnung außerhalb der Arbeitszeit erfolgt.

(4) Die Auszahlung der Sammelprämien erfolgt aus den Einnahmen für die abgelieferten Ausgangsmaterialien.

§ 5

Die Leiter der für das Gesundheits- und Sozialwesen verantwortlichen Organe in den Bezirken und Kreisen haben die Sammlung und Erfassung des Materials in ihren Bereichen anzuleiten und zu kontrollieren.

§ 6

Diese Anordnung tritt mit ihrer Verkündung in Kraft.[1])

[1]) In Kraft getreten am 23. 11. 1967.
[2]) Durch Festlegungen in Gütevorschriften nicht mehr als Ausgangsmaterialien zugelassen.
[3]) Jetzt: Institut für Impfstoffe Dessau.

Anordnung (Nr. 1) über die künstliche Erzeugung und Gewinnung von blutgruppenspezifischen Antiseren

vom 18. Mai 1967

(GBl. II Nr. 54 S. 357)

Im Einvernehmen mit dem Minister der Finanzen, dem Minister der Justiz und in Übereinstimmung mit dem Bundesvorstand des Freien Deutschen Gewerkschaftsbundes wird folgendes angeordnet:

Zentren zur künstlichen blutgruppenspezifischen Immunisierung

§ 1

Künstliche blutgruppenspezifische Immunisierungen sind durch besondere Zentren zu organisieren und durchzuführen. Diese tragen die Bezeichnung: Zentrum zur künstlichen blutgruppenspezifischen Immunisierung.

§ 2

(1) Zentren sind Bezirks-Institute für Blutspende- und Transfusionswesen oder dazu bestimmte andere staatliche Einrichtungen des Gesundheitswesens.

(2) Der Minister für Gesundheitswesen bestimmt auf Vorschlag der Immunisierungskommission (§ 4) und in Übereinstimmung mit dem Leiter des für das Gesundheits- und Sozialwesen verantwortlichen staatlichen Organs im Bezirk (Bezirksarzt), welche anderen Einrichtungen Zentren im Sinne des § 1 sind.

§ 3 Aufgaben der Zentren

(1) Die Zentren haben folgende Aufgaben:

a) Registrierung der blutgruppenserologisch immunisierten Personen ihres Bereiches, Erfassung der für die künstliche blutgruppenspezifische Immunisierung geeigneten Personen.

b) Durchführung entsprechender Maßnahmen zur künstlichen Immunisierung oder Bildung und Anreicherung blutgruppenspezifischer Antikörper.

(2) Bei der Durchführung der Aufgaben gemäß Abs. 1 ist der Leiter des Zentrums unmittelbar verantwortlich für die

a) Einhaltung der gesetzlichen Bestimmungen über das Immunisierungswesen und der Empfehlungen der Immunisierungskommission (§ 4)

b) Aufstellung von Immunisierungsplänen für jede durchzuführende künstliche Immunisierung, Kontrolle der Einhaltung und Durchführung der Weiterführung bzw. des Abbruchs der jeweiligen künstlichen Immunisierung
c) Beauftragung anderer geeigneter Ärzte mit der Durchführung der erforderlichen Untersuchungen, Einspritzungen und Blutentnahmen.

§ 4 Kommission für künstliche blutgruppenspezifische Immunisierung

(1) Für die fachliche und wissenschaftliche Koordinierung der Aufgaben des Immunisierungswesens im Sinne dieser Anordnung ist eine Kommission für die künstliche blutgruppenspezifische Immunisierung (Immunisierungskommission) zu bilden, die dem Ministerium für Gesundheitswesen untersteht. Sie hat insbesondere folgende Aufgaben:

- fachliche Anleitung der Tätigkeit der Zentren
- Ausarbeitung von Empfehlungen zur Durchführung und Überwachung von künstlichen Immunisierungen
- Auswertung der Arbeitsergebnisse der Zentren
- Analyse der Arbeitsberichte der Zentren und jährliche Berichterstattung an das Ministerium für Gesundheitswesen.

Einzelheiten der Arbeitsweise werden gesondert geregelt. Der Immunisierungskommission können durch den Minister für Gesundheitswesen weitere Aufgaben übertragen werden.
(2) Die Immunisierungskommission setzt sich zusammen aus den Leitern aller Zentren. Der Vorsitzende der Kommission wird aus der Mitte der Kommissionsmitglieder durch den Minister für Gesundheitswesen ernannt.

§ 5 Meldung von Personen mit irregulären blutgruppenspezifischen Antikörpern

Medizinische Untersuchungs- und Behandlungseinrichtungen haben Personen, in deren Blut anläßlich von Blutuntersuchungen irreguläre blutgruppenspezifische Antikörper festgestellt worden sind, dem für den Wohnort, gegebenenfalls Nebenwohnung, dieser Personen zuständigen Bezirks-Institut für Blutspende- und Transfusionswesen zu melden. Dieses gibt die Meldung weiter, sofern es nicht selbst das zuständige Zentrum ist.

§ 6 Voraussetzung für die künstliche blutgruppenspezifische Immunisierung

(1) Künstliche blutgruppenspezifische Immunisierungen dürfen nur bei Personen durchgeführt werden, die sich hierzu ausdrücklich freiwillig zur Verfügung stellen.
(2) Künstlich immunisiert werden dürfen:

a) Männer zwischen dem 20. und 65. Lebensjahr

b) Frauen, die sich nicht mehr im gebärfähigen Alter befinden, jedoch das 65. Lebensjahr noch nicht überschritten haben, und Frauen, die unfruchtbar sind
c) Personen, für die die Immunisierungskommission eine Ausnahmegenehmigung erteilt hat.

(3) Vor Beginn jeder Immunisierung hat der Arzt, der diese vornimmt, die zu immunisierende Person gemäß den Empfehlungen der Immunisierungskommission zu untersuchen, sie über das Wesen und den Zweck der Immunisierung sowie der nach Erreichen des erforderlichen Immunisierungsgrades vorzunehmenden Blutentnahmen und über dabei möglicherweise auftretende Reaktion aufzuklären. Die zu immunisierende Person ist ferner darüber zu belehren, daß sie

a) bei auftretenden Reaktionen sofort den die Immunisierung durchführenden Arzt bzw. das Zentrum benachrichtigen muß
b) Blut ausschließlich für das Zentrum spenden darf, welches die künstliche Immunisierung durchgeführt hat
c) im Falle eigener Erkrankung oder eigenen Unfalles dem behandelnden Arzt unter Vorlage des Immunisierungsausweises Kenntnis von der Immunisierung geben muß
d) den Immunisierungsausweis ständig bei sich führen muß.

(4) Die zu immunisierende Person hat die Vornahme der Aufklärung und Belehrung zu bestätigen und die schriftliche Erklärung gemäß Anlage 1 zu unterschreiben. Mit der künstlichen Immunisierung darf erst begonnen werden, wenn die Erklärung unterschrieben ist.

§ 7 Durchführung künstlicher blutgruppenspezifischer Immunisierungen

(1) Jede zu immunisierende Person ist vor Verabreichung der ersten Immunisierungsgabe ärztlich zu untersuchen und während der gesamten Immunisierungszeit sowie des Zeitraums, in dem sie zur Antiserenspende herangezogen wird, zu überwachen.

(2) Die Überwachung gemäß Abs. 1 und die Durchführung der Immunisierung richtet sich nach den Empfehlungen der Immunisierungskommission und nach den besonderen Festlegungen des Leiters des Zentrums. Der die Immunisierung durchführende Arzt hat sich an diese Weisungen zu halten.

(3) Während der Immunisierungszeit ist regelmäßig bis zu 10 ml Probeblut zu entnehmen und durch das Zentrum auf Höhe des Titers sowie auf sonstige Beschaffenheit zu untersuchen.

(4) Die Antiserenspender dürfen in den vorangegangenen 12 Monaten keine Blutübertragungen erhalten haben. Bei ihrer Überwachung ist besondere Sorgfalt geboten, um die Übertragung von Krankheiten auf die zu immunisierende Person zu vermeiden.

(5) Erkranken künstlich immunisierte Personen und besteht der Verdacht, daß die Erkrankung im Zusammenhang mit der künstlichen Immunisierung steht, hat der behandelnde Arzt unverzüglich das Zentrum zu verständigen, bei dem die künstlich immunisierte Person registriert ist.

§ 8 Registrierung der künstlich immunisierten Personen bei den Zentren

(1) Künstlich immunisierte Personen sind bei dem Zentrum zu registrieren, welches die künstliche Immunisierung durchgeführt hat bzw. durchführt.
(2) Die Zentren führen für jede künstlich immunisierte Person eine Akte, aus der alle erhobenen Befunde und die durchgeführten Maßnahmen ersichtlich sind. Diese Akte ist bei Beginn der Immunisierung anzulegen.
(3) Künstlich zu immunisierende Personen erhalten zu Beginn der Immunisierung einen Ausweis gemäß Anlage 2, den sie in ihren Personalausweis einzulegen haben.
(4) Scheidet eine künstlich immunisierte Person als Spender von blutgruppenspezifischen Antiseren aus oder wird die künstliche Immunisierung abgebrochen, ist sie entsprechend dem ärztlichen Ermessen weiterhin ärztlich zu überwachen. Der Leiter des Zentrums entscheidet, ob und gegebenenfalls bis zu welchem Zeitpunkt die künstlich immunisierte Person an die Verpflichtungen gemäß § 6 Abs. 3 gebunden ist.
(5) Bei Wechsel des Wohnortes (gegebenenfalls Nebenwohnung) der künstlich immunisierten Person ist die Immunisierungsakte dem für den neuen Aufenthaltsort zuständigen Zentrum zuzuschicken. Die Erklärung gemäß § 6 Abs. 4 ist entsprechend abzuändern.

§ 9 Staatliche Zuwendungen

(1) Spender von blutgruppenspezifischen Antiseren können für 100 ml Vollblut staatliche Zuwendungen in folgender Höhe erhalten:

Testseren zur Bestimmung der ABO-Blutgruppen ohne künstliche Immunisierung	30,– M
Seren von künstlich immunisierten Personen zur Bestimmung der ABO-Blutgruppen, Seren mit seltenen Spontanantikörpern und Immunseren, die unverdünnt verwendet werden	50,– M
durch künstliche Immunisierung gewonnene Immunseren mit Verdünnungsmöglichkeit	
bis 1: 5	100,– M
bis 1:10	150,– M
bis 1:20	200,– M

Bei anerkannt seltenen Seren kann der doppelte Betrag gezahlt werden. Werden Seren durch Plasmaphorese gewonnen, sind zwei Drittel der vorgenannten Beträge zu zahlen.
(2) Für jede Probeblutentnahme bis zu 10 ml erhalten die künstlich immunisierten Personen und die Spender von Antigenblut 5 M. Für jede weiteren 10 ml sind 2,50 M zu zahlen.
(3) Wird im Ergebnis einer Immunisierung die zur Gewinnung von Antiseren erforderliche Höhe des Titers nicht erreicht oder läßt der Gesundheitszustand des Spenders eine Fortsetzung der Immunisierung bis zur Blutentnahme oder nach deren Abschluß eine Blutentnahme dauernd oder in absehbarer Zeit nicht zu, so erhält dieser eine einmalige Zuwendung in Höhe von 250 M.

(4) Für die Freistellung von der Arbeit, die Vergütung der ausgefallenen Arbeitszeit und der Fahrtkosten zur Wahrnehmung der Immunisierungstermine sowie der Antigen- und Antiserumspenden und der damit in Zusammenhang stehenden ärztlich angeordneten Untersuchungen und Behandlungen sowie für die Bereitstellung eines Spenderimbisses gelten die entsprechenden Bestimmungen über den Blutspende- und Transfusionsdienst.[2])

§ 10 Unfallversicherung

Bei Zwischenfällen im Zusammenhang mit Immunisierungsmaßnahmen und Blutentnahmen zur Gewinnung von menschlichen Antiseren richtet sich der Unfall-Versicherungsschutz nach den geltenden Bestimmungen über die Erweiterung des Versicherungsschutzes bei Unfällen.[3])

§ 11 Schlußbestimmungen

(1) Diese Anordnung tritt am 15. Juni 1967 in Kraft.
(2) Gleichzeitig tritt § 14 Abs. 1 Buchstaben b, c und d der Anordnung vom 7. März 1962 über den Blutspende- und Transfusionsdienst (GBl. II S. 158) außer Kraft.

Anlage 1

zu vorstehender Anordnung

Erklärung

Ich, ... geb. am .... wohnhaft in .... habe mich freiwillig zur Vornahme der künstlichen Immunisierung zur Verfügung gestellt und versichere, daß ich den immunisierenden Arzt über meinen Gesundheitszustand jederzeit wahrheitsgemäß Auskunft geben und mich den angeordneten Untersuchungen unterziehen werde.
Über die geltenden gesetzlichen Bestimmungen wurde ich ausführlich belehrt und verpflichte mich:

- bei auftretenden Reaktionen sofort den Immunisierungsarzt oder das Zentrum in .... zu verständigen
- Blut ausschließlich für das Zentrum in .... zur Gewinnung von Antiseren zu spenden und anderen Anforderungen zur Blutspende nicht Folge zu leisten. Mir ist bekannt, daß es bei Übertragung meines Blutes auf einen anderen Menschen zu schweren Störungen beim Blutempfänger kommen kann
- im Falle eigener Erkrankung oder eigenen Unfalles dem behandelnden Arzt unter Vorlage des Immunisierungsausweises Kenntnis von der Immunisierung zu geben
- den Immunisierungsausweis ständig bei mir zu führen.

Datum ....
Unterschrift

Anlage 2

zu vorstehender Anordnung

Immunisierungsausweis

(rote Faltkarte, die in die Schutzhülle des DPA eingeschoben werden kann)

1 Seite: Immunisierungsausweis
Der Inhaber dieses Ausweises wurde künstlich blutgruppenspezifisch zwecks Testserumgewinnung immunisiert. Sein Blut darf nicht für Transfusionszwecke Verwendung finden. Sind für ihn Transfusionen erforderlich, müssen die serologischen Hinweise dieses Ausweises (Seite 3) beachtet werden.

2. Seite: Name: .... Vorname: ....
Geburtsdatum und Geburtsort: ....
DPA-Nr.: ....
Antikörperspezifität: ....

3. Seite: Blutformel der immunisierten Person: ....
Blutformel von Transfusionsblut: ....
Erforderliche Kreuzprobentechnik: ....

4. Seite: Der Immunblutspender wird vom Zentrum

(Stempel der Einrichtung)

betreut.

....
Datum der Ausstellung Leiter des Zentrums

[1]) S. hierzu § 2 und Anl. der Anordnung vom 7. 3. 1962 über den Blutspende- und Transfusionsdienst (GBl. II Nr. 18 S. 158), abgedruckt unter C **02 04** 01.

[2]) S. hierzu Anordnung vom 7. 3. 1962 über den Blutspende- und Transfusionsdienst (GBl. II Nr. 18 S. 158), abgedruckt unter C **02 04** 01.

[3]) Zur Zeit gilt die VO vom 11. 4. 1973 über die Erweiterung des Versicherungsschutzes bei Unfällen in Ausübung gesellschaftlicher, kultureller oder sportlicher Tätigkeiten (GBl. I Nr. 22 S. 199) und die AO vom 6. 8. 1973 über die Erweiterung des zusätzlichen Unfallversicherungsschutzes durch die Staatliche Versicherung der DDR bei Unfällen in Ausübung gesellschaftlicher, kultureller oder sportlicher Tätigkeiten (GBl. I Nr. 38 S. 404); abgedruckt unter I **03** 60 bzw. I **03** 61.

Anordnung Nr. 2[1]) über die künstliche Erzeugung und Gewinnung von blutgruppenspezifischen Antiseren

vom 14. Juni 1968

(GBl. II Nr. 69 S. 518)

§ 1

Zentren im Sinne des § 2 der Anordnung (Nr. 1) vom 18. Mai 1967 über die künstliche Erzeugung und Gewinnung von blutgruppenspezifischen Antiseren (GBl. II Nr. 54 S. 357)[1]) sind die in der Anlage aufgeführten Bezirks-Institute für Blutspende- und Transfusionswesen.

§ 2

Diese Anordnung tritt am 1. Juli 1968 in Kraft.

Anlage

zu § 1 vorstehender Anordnung Nr. 2

Bezirks-Institut Rostock für die Bezirke Schwerin, Rostock und Neubrandenburg
Bezirks-Institut Magdeburg für die Bezirke Magdeburg und Potsdam
Bezirks-Institut Berlin für das *Gebiet von Groß-Berlin*[2]) und die Bezirke Cottbus und Frankfurt/O.
Bezirks-Institut Halle für die Bezirke Halle und Leipzig
Bezirks-Institut Erfurt für die Bezirke Gera, Erfurt und Suhl
Bezirks-Institut Dresden für den Bezirk Dresden
Bezirks-Institut Karl-Marx-Stadt für den Bezirk Karl-Marx-Stadt

[1]) AO (Nr. 1) abgedruckt unter C 02 04 60.
[2]) Jetzt: Berlin, Hauptstadt der DDR.

Erste Durchführungsbestimmung zur Pflanzenschutzverordnung

vom 16. Oktober 1978

(GBl. I Nr. 37 S. 406)

— Auszug —

Auf Grund des § 22 der Pflanzenschutzverordnung vom 10. August 1978 (GBl. I Nr. 28 S. 309) wird zur einheitlichen Leitung, Planung und Organisation des Pflanzenschutzwesens in der Deutschen Demokratischen Republik im Einvernehmen mit den Leitern der zuständigen zentralen Staatsorgane folgendes bestimmt:

I.

Aufgaben, Rechte und Pflichten der Leiter des Pflanzenschutzes

§ 1 Aufgaben, Rechte und Pflichten des Leiters des Pflanzenschutzes des Ministeriums für Land-, Forst- und Nahrungsgüterwirtschaft

(1) Der Leiter des Pflanzenschutzes des Ministeriums für Land-, Forst- und Nahrungsgüterwirtschaft ist verantwortlich für die Durchsetzung aller in Rechtsvorschriften festgelegten Aufgaben zur Gewährleistung eines gezielten Pflanzen- und Vorratsschutzes und der Pflanzenquarantäne.

. . .

§ 2 Aufgaben, Rechte und Pflichten der Leiter des Pflanzenschutzes der Räte der Bezirke

(1) Die Leiter des Pflanzenschutzes der Räte der Bezirke haben insbesondere folgende Aufgaben:

— Wahrnehmung der staatlichen Aufgaben des Pflanzenschutzwesens in den Bezirken,

. . .

§ 3 Aufgaben, Rechte und Pflichten der Leiter des Pflanzenschutzes der Räte der Kreise

(1) Die Leiter des Pflanzenschutzes der Räte der Kreise haben insbesondere folgende Aufgaben:

— Wahrnehmung der staatlichen Aufgaben des Pflanzenschutzwesens in den Kreisen,
— staatliche Leitung, Planung, Koordinierung und Kontrolle des Pflanzen- und Vorrats-

schutzes und der Binnenquarantäne sowie Durchsetzung des wissenschaftlich-technischen Fortschritts auf diesen Gebieten,
- Sicherung des Informationssystems Pflanzen- und Vorratsschutz und Binnenquarantäne,
- Koordinierung und Kontrolle der Aufgaben zur Sicherung des Gesundheits- und Arbeitsschutzes, des Brandschutzes sowie des Umweltschutzes und der Einhaltung der Rechtsvorschriften beim Umgang mit Pflanzenschutzmitteln und Mitteln zur Steuerung biologischer Prozesse,
- Anleitung und Kontrolle der Betriebspflanzenschutzagronomen der Produktionsgenossenschaften, Betriebe und Einrichtungen der Pflanzenproduktion (nachfolgend Betriebspflanzenschutzagronomen genannt) und der Leiter der Abteilungen Pflanzenschutz der agrochemischen Zentren,
- Einflußnahme auf die erforderliche Aus- und Weiterbildung der auf den Gebieten Pflanzen- und Vorratsschutz und Binnenquarantäne tätigen Kader,
- Zusammenarbeit mit den Abteilungen Gesundheits- und Sozialwesen der Räte der Kreise bei der Aus- und Weiterbildung von Giftbeauftragten und Personen, die Umgang mit Pflanzenschutzmitteln und Mitteln zur Steuerung biologischer Prozesse haben, die als Gifte eingestuft sind,
- Förderung der wirkungsvollen Arbeit der Pflanzenschutzkommissionen.

(2) Die Leiter des Pflanzenschutzes der Räte der Kreise sind verpflichtet,

- die sich aus den Rechtsvorschriften ergebenden Aufgaben und die zu ihrer Durchführung durch die Räte der Kreise sowie durch den Leiter des Pflanzenschutzes des Rates des Bezirkes erlassenen Weisungen zur Gewährleistung eines gezielten Pflanzen- und Vorratsschutzes und der Binnenquarantäne durchzusetzen,
- in enger Zusammenarbeit mit den Abteilungen der Räte der Kreise und anderen Einrichtungen des Kreises alle Voraussetzungen zur gezielten und qualitätsgerechten Durchführung der notwendigen Pflanzenschutzmaßnahmen zu schaffen,

. . .

(3) Die Leiter des Pflanzenschutzes der Räte der Kreise sind in Durchführung ihrer Aufgaben berechtigt,

- gegenüber den Vorsitzenden der Produktionsgenossenschaften bzw. den Leitern der Betriebe und Einrichtungen Maßnahmen zur Durchführung des Pflanzenschutzes anzuweisen und Maßnahmen der Binnenquarantäne festzulegen sowie kurzfristig von ihnen Informationen zum Auftreten und zum Stand der Bekämpfung von Schaderregern, zum Stand des Einsatzes der Pflanzenschutzmittel sowie zum Stand der Einsatzbereitschaft der Pflanzenschutztechnik abzufordern,
- Kontrollgruppen unter Einbeziehung von Mitarbeitern der Pflanzenschutzstellen bei den Räten der Kreise (nachfolgend Pflanzenschutzstellen genannt), von Betriebspflanzenschutzagronomen und von Mitarbeitern der agrochemischen Zentren zu bilden und entsprechend den aktuellen Erfordernissen des Pflanzen- und Vorratsschutzes und der Binnenquarantäne zur Durchführung von Kontrollen einzusetzen.

II.

Aufgaben, Rechte und Pflichten der staatlichen Einrichtungen des Pflanzenschutzes und der Pflanzenquarantäne

Zentrales Staatliches Amt für Pflanzenschutz und Pflanzenquarantäne beim Ministerium für Land-, Forst- und Nahrungsgüterwirtschaft

§ 4

Das Zentrale Staatliche Amt für Pflanzenschutz und Pflanzenquarantäne beim Ministerium für Land-, Forst- und Nahrungsgüterwirtschaft (nachfolgend Zentrales Pflanzenschutzamt genannt) hat insbesondere folgende Aufgaben:

1. auf dem Gebiet des Pflanzenschutzes

   – Sicherung der Schaderregerüberwachung, Schaderregerprognose und Signalisation sowie Auswertung deren Ergebnisse

   ...

   – wissenschaftliche und methodische Anleitung der Pflanzenschutzämter,
   – Unterstützung der Pflanzenschutzämter bei der Leitung, Planung, Vorbereitung und Organisation der Durchführung der erforderlichen Maßnahmen des Planzen- und Vorratsschutzes sowie der Pflanzenquarantäne,
   – Durchführung von Aufgaben im Auftrag des Ministeriums für Land-, Forst- und Nahrungsgüterwirtschaft, wie

     operative Kontrollen und Analysen zur Durchsetzung von erforderlichen Maßnahmen des Pflanzen- und Vorratsschutzes

   ...

2. auf dem Gebiet der Pflanzenquarantäne

   – Sicherung einer einheitlichen straffen staatlichen und wissenschaftlichen Leitung der Pflanzenquarantäneinspektionen beim Zentralen Staatlichen Amt für Pflanzenschutz und Pflanzenquarantäne (nachfolgend Pflanzenquarantäneinspektionen genannt),

   ...

3. Sicherung der Durchführung von labordiagnostischen und anderen Untersuchungen bei Objekten der Pflanzenquarantäne und anderen gefährlichen Schaderregern und Durchführung von spezifischen Untersuchungen über Pflanzenschutzmittelrückstände;

4. Koordinierung der von den Pflanzenschutzämtern durchzuführenden Aufgaben zur staatlichen Prüfung von Pflanzenschutzmitteln und Mitteln zur Steuerung biologischer Prozesse sowie labordiagnostische Untersuchungen.

   ...

Pflanzenquarantäneinspektionen

§ 6

(1) Die Pflanzenquarantäneinspektionen mit ihren Quarantänestationen haben

- zum Schutze der Pflanzenproduktion in der Land- und Forstwirtschaft und der eingelagerten pflanzlichen Produkte vor der Einschleppung von Objekten der Pflanzenquarantäne die Importe und Transite von Pflanzensendungen,
- Pflanzensendungen im grenzüberschreitenden Verkehr beim Export auf die Einhaltung der phytosanitären Bedingungen der Import- bzw. Transitländer

zu kontrollieren. Diese Kontrollen haben sich auch auf Verpackungsmaterialien, Füllmaterialien, Erdbeimischungen sowie andere Gegenstände, die Überträger von Objekten der Pflanzenquarantäne sein können, und Transportmittel zu erstrecken.

...

Pflanzenschutzämter

§ 12

Die Pflanzenschutzämter haben insbesondere folgende Aufgaben:

- Sicherung der Schaderregerüberwachung ...
- Ermittlung der Ursachen von Pflanzenschäden regionaler Bedeutung und Erarbeitung von notwendigen Gutachten;
- Anleitung und Unterstützung der Betriebspflanzenschutzagronomen bei der Bestandsüberwachung, Erarbeitung von Befallsanalysen und Schaderregerprognosen in enger Zusammenarbeit mit den Pflanzenschutzstellen;
- Durchführung labordiagnostischer und anderer Untersuchungen von Pflanzen- und Bodenproben auf Schaderreger und von Bodenproben auf Rückstände von Pflanzenschutzmitteln;
- Durchführung von Versuchen und Untersuchungen im Rahmen der staatlichen Prüfung von Pflanzenschutzmitteln und Mitteln zur Steuerung biologischer Prozesse sowie Mitwirkung bei der Prüfung von Pflanzenschutzmaschinen und -geräten entsprechend den staatlichen Vorgaben, Durchführung bzw. Überwachung von Großversuchen zur Sicherung einer schnellen Einführung des wissenschaftlich-technischen Fortschritts im Pflanzenschutz in die Praxis;
- wissenschaftliche und methodische Anleitung und Unterstützung der Pflanzenschutzstellen bei der Leitung, Planung, Vorbereitung und Organisation der Durchführung der erforderlichen Maßnahmen des Pflanzen- und Vorratsschutzes sowie der Binnenquarantäne;

...

Pflanzenschutzstellen

§ 14

Die Pflanzenschutzstellen haben insbesondere folgende Aufgaben:

– Sicherung der Gewinnung der Primärdaten im Rahmen der Schaderregerüberwachung und Übermittlung an das Pflanzenschutzamt sowie Signalisation entsprechend den Vorgaben;

– Veranlassung und Durchsetzung von Maßnahmen der Bestandsüberwachung im Pflanzen- und Vorratsschutz und in der Binnenquarantäne gegenüber den Vorsitzenden der Produktionsgenossenschaften, den Leitern der Betriebe und Einrichtungen und den Bürgern;

– Anleitung und Unterstützung der Betriebspflanzenschutzagronomen bei der Bestandsüberwachung;

– regelmäßige Einschätzung der phytosanitären Situation in den Kulturpflanzenbeständen im Kreisgebiet mit den Betriebspflanzenschutzagronomen;

– Anleitung, Beratung und Kontrolle der Produktionsgenossenschaften, Betriebe und Einrichtungen und der agrochemischen Zentren bei der Planung, Vorbereitung und Durchführung von Maßnahmen des Pflanzen- und Vorratsschutzes und der Binnenquarantäne, Kontrolle des ordnungsgemäßen Umgangs mit Pflanzenschutzmitteln und Mitteln zur Steuerung biologischer Prozesse einschließlich der Einhaltung der Karenzzeiten sowie Mitarbeit bei der Ermittlung des Bedarfs und der Planung der notwendigen materiell-technischen Fonds und Kapazitäten zur Sicherung eines termingerechten und gezielten chemischen Pflanzenschutzes;

– Durchführung bzw. Mitwirkung bei der Durchführung von Groß- und Demonstrationsversuchen zur schnellen Einführung von Ergebnissen des wissenschaftlich-technischen Fortschritts und fortgeschrittener Erfahrungen und von Versuchen zur Prüfung von Pflanzenschutzmitteln und Mitteln zur Steuerung biologischer Prozesse sowie Pflanzenschutzmaschinen und -geräten;

– Durchführung bzw. Mitwirkung bei der Durchführung angeordneter Maßanhmen der Pflanzenquarantäne und Mitwirkung bei der phytosanitären Abfertigung von Importen und Exporten von Pflanzensendungen sowie bei der Anfertigung von Gutachten;

– Mitwirkung bei der Durchführung von Weiterbildungsveranstaltungen und Erfahrungsaustauschen sowie Aufklärung und Beratung der Bürger in Fragen des Pflanzen- und Vorratsschutzes und der Binnenquarantäne.

...

III.

Aufgaben, Rechte und Pflichten der Betriebspflanzenschutzagronomen und Aufgaben der agrochemischen Zentren

Betriebspflanzenschutzagronomen

§ 18

Die Betriebspflanzenschutzagronomen haben insbesondere folgende Aufgaben:

– Durchführung bzw. Sicherung der Planung der notwendigen Pflanzenschutzmaßnahmen

. . .

– Durchführung der Überwachung der Kulturpflanzenbestände und der Wildpflanzen, die als Wirtspflanzen dienen, auf Schaderreger unter Beachtung der Hinweise und Warnungen aus der Schaderregerüberwachung und auf abiotisch bedingte Schadsymptome;
– Sicherung der Durchführung notwendiger Maßnahmen zur Bekämpfung von Schaderregern;
– Leitung der von den LPG, GPG, VEG und deren kooperativen Einrichtungen durchzuführenden Pflanzenschutzmaßnahmen und Kontrolle und Bewertung der durchgeführten Pflanzenschutzmaßnahmen, die von Kooperationspartnern auf vertraglicher Grundlage durchgeführt werden;

. . .

– Durchführung bzw. Durchsetzung angewiesener Maßnahmen des Pflanzen- und Vorratsschutzes und der Binnenquarantäne;
– Sicherung der erforderlichen Entnahme von Boden- und Pflanzenproben für Untersuchungen mit Übergabe an die Pflanzenschutzstelle bzw. an das Pflanzenschutzamt, Durchführung einfacher Untersuchungen;
– Führung der Pflanzenschutzkarte und anderer erforderlicher Dokumentationen einschließlich der Führung der Nachweisunterlagen der Gifte der Abteilungen 1 und 2, sofern sie als Giftbeauftragte mit der Lagerhaltung beauftragt wurden;
– Information gegenüber dem Leiter des Pflanzenschutzes des Rates des Kreises und der Pflanzenschutzstelle;
– Sicherung einer ständigen engen Zusammenarbeit mit dem agrochemischen Zentrum und der Pflanzenschutzstelle.

§ 20 Agrochemische Zentren

Die agrochemischen Zentren haben auf dem Gebiet des Pflanzenschutzes insbesondere folgende Aufgaben:

– normativ-, termin- und qualitätsgerechte Durchführung der Pflanzenschutzmaßnahmen

. . .

— Planung der Pflanzenschutzmittel und Mittel zur Steuerung biologischer Prozesse sowie Zwischenlagerung der Arbeitsvorräte in Zusammenarbeit mit den VEB Kombinat materiell-technische Versorgung,

. . .

— enge Zusammenarbeit mit den Betriebspflanzenschutzagronomen und mit dem Leiter des Pflanzenschutzes des Rates des Kreises sowie der Pflanzenschutzstelle bei der Sicherung komplexer Pflanzenschutzmaßnahmen einschließlich der gegenseitigen Information,
— Gewährleistung von Sicherheit und Ordnung, des Gesundheits- und Arbeitsschutzes sowie Brandschutzes und des Umweltschutzes unter Berücksichtigung der Rechtsvorschriften bei der Lagerung, dem Umschlag und der Anwendung von Pflanzenschutzmitteln und Mitteln zur Steuerung biologischer Prozesse sowie beim Einsatz der Pflanzenschutztechnik.

. . .

Anordnung über die Gewinnung, den Aufkauf und die Lieferung von tierischen Drüsen und anderen tierischen Organen für die Produktion von pharmazeutischen und chemisch-technischen Präparaten

vom 9. Mai 1979
(GBl. I Nr. 14 S. 111)

Im Einvernehmen mit den Leitern der zuständigen zentralen Staatsorgane wird folgendes angeordnet:

§ 1 Geltungsbereich

(1) Diese Anordnung gilt für die Gewinnung, den Aufkauf und die Lieferung aus Schlachtungen anfallender tierischer Drüsen und anderer tierischer Organe (nachstehend Schlachtnebenprodukte genannt) für die Produktion von pharmazeutischen und chemisch-technischen Präparaten.
(2) Schlachtnebenprodukte im Sinne dieser Anordnung sind:

- endokrine Drüsen von Schweinen (Pankreas, Hyphophysen, Schilddrüsen, Ovarien, Nebennieren);
- endokrine und exokrine Drüsen von Rindern (Pankreas, Schilddrüsen, Hoden, Ovarien, Nebennieren, Galle und Gallenblasenhäutchen);
- endokrine und exokrine Drüsen von Kälbern (Pankreas, Thymusdrüsen, Galle);
- endokrine und exokrine Drüsen von Schafen und Ziegen (Pankreas, Nebennieren, Galle);
- endokrine Drüsen von Pferden (Pankreas, Hypophysen, Nebennieren);
- Rückenmark von Rindern und Schweinen;
- Magenschleimhäute von Schweinen;
- Labmägen von Kälbern.

Diese Anordnung gilt auch für die Schlachtnebenprodukte, deren Aufkauf und Lieferung die im § 5 Abs. 2 genannten Vertragspartner vereinbart haben.
(3) Die Gewinnung von Rinderunterbeinen für die Produktion von Rohklauenöl wird gesondert geregelt.

§ 2 Gewinnung

(1) Für die Gewinnung der Schlachtnebenprodukte sind die Betriebe der VEB Kombinat Fleischwirtschaft, die Sanitätsschlachtbetriebe und Pferdeschlachtbetriebe (nachstehend Schlachtbetriebe genannt) verantwortlich.
(2) Zu gewinnen sind die Schlachtnebenprodukte von Tierkörpern, die bei der Fleischunter-

suchung als tauglich oder minderwertig beurteilt wurden. Die Pflicht zur Gewinnung besteht auch für:

- Labmägen von Kälbern, bei denen wegen hochgradiger Wäßrigkeit oder vollständiger Abmagerung Untauglichkeit festgestellt wurde;
- Pankreas von Tierkörpern, die als tauglich nach Behandlung oder als minderwertig nach Behandlung beurteilt wurden;
- Pankreas von Tierkörpern, die gemäß § 12 Abs. 1 Ziffern 9, 11 und 14 sowie Abs. 3 und § 13 der Fleischuntersuchungsanordnung vom 5. November 1971 (GBl. II Nr. 75 S. 644) als untauglich beurteilt wurden, nur zur Herstellung von chemisch-technischen Präparaten.

(3) Alle Schlachtnebenprodukte (außer Labmägen von Kälbern und Galle) sind durch die Schlachtbetriebe zu frosten. Pankreas für die Insulingewinnung sind innerhalb 1 Stunde nach der Schlachtung mindestens mit einer Temperatur von —16 °C zu frosten. Besteht in Sanitätsschlachtbetrieben keine Frostmöglichkeit, so sind Pankreas für die Herstellung von chemisch-technischen Präparaten zu salzen.
(4) Labmägen von Kälbern sind zu trocknen.

§ 3 Aufkauf

(1) Die Schlachtnebenprodukte, die in den Schlachtbetrieben gewonnen werden, sind von den

- VEB Pharmazeutische Rohstoffe Leipzig,
- VEB Tarus Gera,
- VEB Berlin-Chemie

(nachstehend Aufkaufbetriebe genannt)

für die Produktion von pharmazeutischen und chemisch-technischen Präparaten aufzukaufen, sofern nicht die zuständigen staatlichen bzw. wirtschaftsleitenden Organe dieser Betriebe andere Vereinbarungen treffen. Die Aufkaufbetriebe haben die Aufkaufgebiete und die aufzukaufenden Schlachtnebenprodukte zu vereinbaren.
(2) Die Aufkaufbetriebe sind für die Abholung der Schlachtnebenprodukte verantwortlich. Ihnen obliegt die Bereitstellung der Transportverpackung.

§ 4 Aufkauf von Labmägen von Kälbern und Pankreas aus Hausschlachtungen

Die VEB tierische Rohstoffe haben Labmägen von Kälbern (getrocknet) und Pankreas (gesalzen) aus Hausschlachtungen aufzukaufen und an die Betriebe der pharmazeutischen Industrie zu liefern.

§ 5 Wirtschaftsverträge

(1) Über den Aufkauf und die Lieferung von Schlachtnebenprodukten sind zwischen den Schlachtbetrieben, den Aufkaufbetrieben sowie den Betrieben der pharmazeutischen und chemischen Industrie entsprechend den Bilanzen der VVB Kühl- und Lagerwirtschaft Wirtschaftsverträge abzuschließen. Über Schlachtnebenprodukte, die nicht bilanziert werden, sind Wirtschaftsverträge in Höhe des Bedarfs abzuschließen.
(2) Über den Aufkauf und die Lieferung von Schlachtnebenprodukten, die im § 1 Abs. 2 nicht genannt sind, sind entsprechend dem volkswirtschaftlichen Bedarf Wirtschaftsverträge zwischen den Betrieben der VEB Kombinat Fleischwirtschaft, dem VEB Pharmazeutische Rohstoffe Leipzig und dem VEB Tarus Gera sowie den Betrieben der pharmazeutischen und chemischen Industrie abzuschließen.

§ 6 Qualitätssicherung

(1) Die Betriebe der pharmazeutischen und chemischen Industrie haben mindestens einmal jährlich die Qualität der aufgekauften Schlachtnebenprodukte und die Kooperationsbeziehungen mit den Schlachtbetrieben und Aufkaufbetrieben auszuwerten und entsprechende Hinweise zur sachgemäßen Gewinnung und Behandlung der Schlachtnebenprodukte zu geben.
(2) Der VEB Berlin-Chemie ist zur Sicherung einer hohen Qualität der Insulinproduktion berechtigt, die Schlachtbetriebe über die Gewinnung und Lagerung von Pankreas anzuleiten ind Kontrollen durchzuführen.

§ 7 Schlußbestimmungen

(1) Diese Anordnung tritt an 1. Juli 1979 in Kraft.
(2) Gleichzeitig tritt die Anordnung vom 5. Oktober 1955 über die Sammlung von tierischen Drüsen und anderen tierischen Organen (Schlachtnebenprodukte) aus beschaupflichtigen Schlachtungen für die Herstellung von pharmazeutischen und chemisch-technischen Präparaten (GBl. I Nr. 85 S. 678) außer Kraft.

Verfügung über die Tätigkeit des Beauftragten des Ministeriums für das Blutspende- und Transfusionswesen

vom 28. Mai 1981
(VuM MfGe Nr. 6 S. 83)

Im Einvernehmen mit dem Minister für Hoch- und Fachschulwesen und in Übereinstimmung mit dem Präsidenten der Akademie der Wissenschaften der DDR verfüge ich:

I.

Zur Sicherung der weiteren planmäßigen Entwicklung eines leistungsfähigen Blutspende- und Transfusionswesens der DDR auf hohem wissenschaftlichen Niveau einschließlich einer bedarfsgerechten Bereitstellung von Hämotherapeutika wird der Beauftragte des Ministers für das Blutspende- und Transfusionswesen (nachstehend Beauftragter des Ministers) eingesetzt.

II.

Der Beauftragte des Ministers hat folgende Aufgaben:

- Anleitung und Kontrolle bei der Realisierung der Aufgaben des Blutspende- und Transfusionswesens,
- Mitwirkung an der Erarbeitung der Planteile Blutspende- und Transfusionswesen der Fünfjahrpläne und Jahrespläne,
- Mitwirkung an der Aufschlüsselung der Planaufgaben auf die Bezirke,
- Erarbeitung von Analysen zur Qualität und Wirksamkeit der Arbeit im Blutspende- und Transfusionswesen sowie entsprechender Vorschläge für die weitere Entwicklung,
- Unterbreitung von Anforderungen zum Bildungsinhalt und für Maßnahmen in der Aus-, Weiter- und Fortbildung der Fachkräfte im Blutspende- und Transfusionswesen,
- Einflußnahme auf den wissenschaftlich-technischen Fortschritt im Blutspende- und Transfusionswesen durch Vorbereitung von Leitungsentscheidungen, Gutachten und Empfehlungen zur Durchführung von Forschungsaufgaben sowie zur Überführung von Forschungsergebnissen in die Praxis des sozialistischen Gesundheitsschutzes,
- Einflußnahme auf die bedarfsgerechte Produktion und Bereitstellung von spezifischen Verbrauchsmaterialien und Ausrüstungen.

III.

Zur Sicherung der operativen Bereitstellung von Hämotherapeutika ist der Beauftragte des Ministers berechtigt, den Bezirksbeauftragten für das Blutspende- und Transfusionswesen Weisungen zu erteilen.

IV.

Der Beauftragte des Ministers wird durch einen Fachbeirat für Blutspende- und Transfusionswesen unterstützt.

V.

Der Beauftragte des Ministers führt regelmäßig Arbeitsberatungen mit den Bezirksbeauftragten für das Blutspende- und Transfusionswesen durch. Über die Ergebnisse werden der Minister, die Bezirksärzte sowie die Prorektoren für Medizin der Universitäten und die Rektoren der Medizinischen Akademien informiert.

Information Nr. 4/75 für Bezirksapotheker aus dem Institut für Arzneimittelwesen der DDR

vom 15. April 1975

— Auszug —

Betr.: Kontrolle des Verkehrs mit Gesundheitspflegemitteln[1])

Die 11. DB zum AMG ermöglicht eine Ausdehnung der Berechtigung zum Verkehr mit Gesundheitspflegemitteln. Zur Lösung der daraus resultierenden Überwachungsprobleme haben sich Vereinbarungen auf Bezirksebene bewährt. Nachstehend wird eine solche Vereinbarung auszugsweise wiedergegeben:

Vereinbarung

über die Zusammenarbeit der Kreisapotheker und der Kreishygieneinspektionen des Bezirkes .... auf dem Gebiet der Überwachung des Verkehrs mit Gesundheitspflegemitteln

...

Auf der Grundlage des Arzneimittelgesetzes vom 5. Mai 1964, des Lebensmittelgesetzes vom 30. November 1962 und der zu beiden Gesetzen erlassenen Durchführungsbestimmungen wird nachstehende Vereinbarung zwischen dem

...

und der

Bezirkshygieneinspektion

getroffen.

1. In Groß- und Einzelhandelseinrichtungen des Lebensmittelhandels, die der Überwachung durch die Kreishygieneinspektion (KHI) unterliegen, erfolgt die Kontrolle des Verkehrs mit Gesundheitspflegemitteln durch die KHI.
2. Die übrigen Groß- und Einzelhandelseinrichtungen werden in Verantwortung des Kreisapothekers kontrolliert. Hinsichtlich der Kontrolle der Drogerien erfolgt eine Abstimmung entsprechend den vorhandenen Voraussetzungen auf örtlicher Ebene.
3. Der Kreisapotheker benennt der KHI die Lebensmittelgroß- und -einzelhandelseinrichtungen, in denen eine Kontrolle entsprechend Punkt 1. erforderlich ist.
4. Die Kontrollen umfassen folgende Schwerpunkte:
   - die von anderen Waren getrennte, zweckmäßige und übersichtliche Lagerung und Anpreisung sowie die einwandfreie Kennzeichnung,
   - Unterlassung jeder unsachgemäßen und irreführenden Werbung und Anpreisung, insbesondere aller Hinweise, die geeignet sind, zu einer laienhaften Behandlung von Krankheiten zu verleiten,

– Einhaltung des gesetzlich vorgeschriebenen bzw. ausdrücklich genehmigten Sortiments (2. und 11. DB sowie Richtlinie Nr. 1 zum Arzneimittelgesetz vom 5. Mai 1964),
– Sperrung überlagerter oder offensichtlich verdorbener Ware,
– Beachtung von Verfügungen des Institutes für Arzneimittelwesen der DDR (Chargensperrungen), soweit sie das von der Handelseinrichtung geführte Sortiment betreffen.

5. Die Mitarbeiter der KHI sind verpflichtet, Feststellungen, Sperrungen, Verstöße gegen gesetzliche Bestimmungen und Auflagen unverzüglich dem Kreisapotheker mitzuteilen.
6. Entsprechend den gesetzlichen Bestimmungen ist der Kreisapotheker für die Einleitung der notwendigen Maßnahmen, wie Probenahme, vorläufige Chargensperrung und Information übergeordneter Organe, verantwortlich.
7. Die Anzahl der Kontrollen richtet sich nach den von der KHI vorgegebenen Kontrollempfehlungen und dem von der KHI festgelegten Kontrollturnus (in der Regel einmal jährlich).
8. Nach Abstimmung mit dem Pharmazeutischen Zentrum ist die BHI berechtigt, mikrobiologische Untersuchungen bei Gesundheitspflegemitteln vorzunehmen.[2])
9. Bei Meinungsverschiedenheiten entscheiden die Leiter der vereinbarungsschließenden Institutionen gemeinsam.

[1]) S. a. H. *Frenzel* „Zur Überwachung des Verkehrs mit Gesundheitspflegemitteln und ausgewählten nicht rezeptpflichtigen Arzneimitteln im Territorium", Pharmaz. Praxis **35** (1980), S. 159.

[2]) Mitteilung an die Hersteller erfolgt **nur** durch IFAR.

Verordnung über Kurorte, Erholungsorte und natürliche Heilmittel — Kurortverordnung —

vom 3. August 1967
(GBl. II Nr. 88 S. 653

i. d. F. der Anpassungsverordnung vom 13. Juni 1968
(GBl. II Nr. 62 S. 363; Ber. GBl. II Nr. 103 S. 827)[1])

und der Verordnung vom 24. Juni 1971 über die Neufassung von Regelungen über Rechtsmittel gegen Entscheidungen staatlicher Organe

(GBl. II Nr. 54 S. 465; GBl. II Nr. 61 S. 544)[2]
— Auszug —

Zur weiteren Erhöhung der Qualität der medizinischen Betreuung in Einrichtungen des Kur- und Bäderwesens sowie zur Qualifizierung des Erholungswesens und der schrittweisen Anwendung der Grundsätze des neuen ökonomischen Systems der Planung und Leitung im Kur- und Erholungswesen wird folgendes verordnet:

I.

Aufgaben

§ 1

(1) Das Kur- und Bäderwesen löst mit den spezifischen Mitteln der Balneologie (natürliche Heilmittel, bioklimatische Bedingungen, Kurortmilieu), der Diätetik und anderer medizinischer Behandlungsmethoden wichtige Aufgaben der Vorbeugung, Behandlung und Nachsorge bei Krankheiten und erzieht die Kurpatienten zu gesunder Lebensweise. Die Kureinrichtungen sind dazu auf der Grundlage fortgeschrittener wissenschaftlicher Erkenntnisse weiter zu entwickeln, und die Qualität der Betreuung der Kurpatienten ist ständig zu erhöhen.
(2) Das Erholungswesen trägt durch eine sinnvolle Urlaubsgestaltung durch Körperkultur, Sport, Touristik und ein kulturvolles Leben zur Erhaltung der Gesundheit der Bevölkerung bei. Zur Verbesserung der Qualität der Betreuung der Urlauber in den Erholungseinrichtungen ist durch die Träger des Erholungswesens die aktive Erholung immer mehr durchzusetzen.

§ 2

(1) Zur Erfüllung der Aufgaben des Kur- und Erholungswesens ist in den Kur- und Erholungsorten zu sichern, daß gesundheitsfördernde bioklimatische Bedingungen, ein gutes Ortsmilieu und eine gesicherte Trink- und Brauchwasserversorgung vorhanden sind. Die natürlichen Heilmittel sind besonders zu schützen. Für die Durchsetzung dieser Bedingungen sind die örtlichen staatlichen Organe verantwortlich. Alle erforderlichen Maßnahmen sind von ihnen zu planen, zu leiten und durchzuführen.
(2) Die Gestaltung der Kurorte, die Schaffung und Erhaltung des Kurortmilieus sowie die Entwicklung und Sicherung der Kurorthygiene haben unter Beachtung der wissenschaftlichen Erkenntnisse und Erfahrungen sowie der medizinischen Zielsetzung der Kureinrichtungen den Erfordernissen einer zweckmäßigen Kurgestaltung (Kurregime) und dem notwendigen Schutz der natürlichen Heilmittel zu entsprechen.
(3) Die Gestaltung der Erholungsorte, das Ortsmilieu sowie die orts- und wohnhygienischen Bedingungen haben Gesundheit und Wohlbefinden der Erholungssuchenden zu fördern.

II.

Begriffsbestimmungen

§ 3 Kuren und Erholungsaufenthalte

(1) Kuren sind medizinische Maßnahmen zur Erhaltung, Förderung und Wiederherstellung der Gesundheit und Leistungsfähigkeit der Bevölkerung. Sie werden unter ärztlicher Betreuung bei kurmäßiger Anwendung natürlicher Heilmittel und anderer medizinischer Verfahren (Kurbehandlung) bei gleichzeitiger Erziehung zur gesunden Lebensweise (aktive Gesundheitspflege) und geistig-kultureller Betätigung durchgeführt.[3,4])
(2) Erholungsaufenthalte tragen durch Maßnahmen der aktiven Erholung bei gleichzeitiger Erziehung zur gesunden Lebensweise und geistig-kultureller Betätigung zur gesundheitsfördernden und zweckmäßigen Gestaltung des Urlaubs und der Ferien bei.

§ 4 Kureinrichtungen und Erholungseinrichtungen

(1) Kureinrichtungen sind ärztlich geleitete Einrichtungen des Gesundheitswesens zur Durchführung von Heilkuren, prophylaktischen Kuren und Genesungskuren, die im Rahmen ihrer speziellen Heilanzeigen (Indikationen) der medizinischen Behandlung und der Unterbringung der Kurpatienten dienen. Sie verfügen über entsprechende medizinisch und balneotechnisch geeignete Anlagen zur kurmäßigen Anwendung natürlicher Heilmittel und die erforderlichen sonstigen Einrichtungen für Diagnostik und Therapie.[3])
(2) Erholungseinrichtungen (Erholungsheime, Kinderferienlager, Jugendherbergen, Zelt- und Campingplätze) sind von den Trägern des Erholungswesens, den Betrieben oder den örtlichen staatlichen Organen geleitete Einrichtungen, die der zweckmäßigen Durchführung des Erholungsurlaubs aller Bürger dienen.

§ 5 Kurorte und Erholungsorte

(1) Kurorte einschließlich Seeheilbäder verfügen über staatlich anerkannte natürliche Heilmittel, über Kureinrichtungen und über die notwendigen hygienischen Voraussetzungen. Sie zeichnen sich durch ihre landschaftliche Lage und durch günstige bioklimatische Bedingungen aus. Die Gesamtgestaltung der Orte entspricht der medizinischen Zielsetzung der Kureinrichtungen.[3])
(2) Erholungsorte einschließlich Seebäder zeichnen sich durch eine günstige landschaftliche Lage und erholungsfördernde bioklimatische Bedingungen aus. Sie verfügen über die notwendigen hygienischen Voraussetzungen und die erforderlichen Unterbringungs- und Beköstigungsmöglichkeiten, über genügend Einrichtungen für die medizinische und kulturelle Betreuung und über Möglichkeiten für die Ausübung von Spiel, Sport und Touristik.
(3) Luftkurorte verfügen über wissenschaftlich anerkannte und durch Erfahrungen bewährte klimatische Eigenschaften, über Kur- oder Erholungseinrichtungen und über die notwendigen hygienischen Voraussetzungen. Sie zeichnen sich durch ihre landschaftliche Lage aus. Luftkurorte können sowohl Kurorte als auch Erholungsorte sein. Entscheidend für die staatliche Anerkennung ist die überwiegende Aufgabenstellung des Ortes.[3])
(4) Kurorte gemäß den Absätzen 1 und 3 und Erholungsorte gemäß den Absätzen 2 und 3 sind Orte, welche die vorgenannten Voraussetzungen besitzen und als Kurort oder Erholungsort staatlich anerkannt sind.

§ 6 Natürliche Heilmittel

Natürliche Heilmittel sind

a) natürlich vorkommende Wässer (Heilwässer)
b) Torfe, Schlamme und Erden (Badetorfe oder andere Peloide)
c) natürliche Gasausströmungen aus der Erde und aus Wässern (Exhalationen) und natürliche Bestandteile der Luft
d) die bestimmenden bioklimatischen Bedingungen eines Gebietes (Heilklima eines Kurortes und des ihn umgebenden Gebietes).

Sie müssen sich zur medizinischen Anwendung eignen und staatlich anerkannt sein.

Rechte und Pflichten des Ministeriums für Gesundheitswesen

§ 15

(1) Das Ministerium für Gesundheitswesen ist auf der Grundlage der Perspektiv- und Volkswirtschaftspläne für die Gesamtentwicklung des Kur- und Bäderwesens und für die ständige Vervollkommnung der Arbeitsweise der Kureinrichtungen nach wissenschaftlichen Grundsätzen sowie für die Durchsetzung der gesundheitsfördernden Betreuung der Urlauber in den Erholungsorten verantwortlich.

(2) Das Ministerium für Gesundheitswesen sichert, daß die in den Kureinrichtungen vorhandenen speziellen Behandlungsmöglichkeiten in das System des Gesundheitsschutzes eingegliedert und wirkungsvoll für die Verbesserung des Gesundheitszustandes und der Leistungsfähigkeit der Bevölkerung eingesetzt werden. Es plant und leitet die wissenschaftliche Arbeit und sichert die praktische Anwendung neuer wissenschaftlicher Erkenntnisse.

(3) Das Ministerium für Gesundheitswesen legt die Indikationen für die Behandlung von Kurpatienten in den einzelnen Kureinrichtungen fest und veröffentlicht sie in einem Verzeichnis.[5])

§ 16

Der Minister für Gesundheitswesen erläßt grundsätzliche Regelungen über

a) die staatliche Anerkennung als Kur- und Erholungsort[6])

b) den Inhalt und die Form des Statuts für einen Kur- oder Erholungsort (Rahmenstatut)

c) die Gestaltung, das Milieu und die Hygiene in den Kur- und Erholungsorten[7])

d) das Verfahren bei Auffinden bzw. bei Anträgen zur Erkundung, Erschließung, staatlichen Anerkennung und Nutzung natürlicher Heilmittel[8])

e) die Beschaffenheit und Technologie der zur Anwendung natürlicher Heilmittel erforderlichen balneotechnischen Anlagen sowie die hygienischen Bedingungen bei ihrer Nutzung[9])

f) die Tätigkeit der Zentralen Kommission für natürliche Heilmittel und Kurortschutzgebiete[10])

g) den Schutz natürlicher Heilmittel einschließlich der Schutzgebietserklärungen und Nutzungsbeschränkungen[11])

h) die Führung des „Registers für Schutzgebiete“

i) die zweckmäßige Durchführung von Kuren und deren Gestaltung (Kurregime)

k) die Auswahl und Einweisung der Kurpatienten zu In- und Auslandskuren im Einvernehmen mit dem Bundesvorstand des Freien Deutschen Gewerkschaftsbundes und der Deutschen Versicherungs-Anstalt[12])

l) die Aufnahme von Kurpatienten aus dem Ausland im Einvernehmen mit den zuständigen zentralen staatlichen Organen

m) die Durchführung von Maßnahmen zur Förderung der Gesundheit der Urlauber in den Erholungsorten in Übereinstimmung mit den Trägern des Erholungswesens.

§ 17

Die dem Ministerium für Gesundheitswesen obliegenden speziellen Aufgaben im Kur- und Bäderwesen sind in den §§ 18ff. geregelt.

V.

Erkundung, Erschließung, staatliche Anerkennung und Nutzung der natürlichen Heilmittel[8])

§ 19 Geologische Untersuchungsarbeiten und Auffinden natürlicher Heilmittel

(1) Entsprechend dem Bedarf an natürlichen Heilmitteln für die Kurbehandlung und unter besonderer Berücksichtigung derjenigen Krankheiten, die nach den Perspektivplänen des Gesundheitswesens Schwerpunkte in der Krankheitsbekämpfung einschließlich der Prophylaxe sind, veranlassen die Räte der Bezirke nach Abstimmung mit dem Ministerium für Gesundheitswesen die Aufnahme entsprechender geologischer Untersuchungsarbeiten in die Perspektiv- und Volkswirtschaftspläne der zuständigen staatlichen Organe.

(2) Geologische Untersuchungsarbeiten zum Nachweis von mineralischen Rohstoffen, die als natürliche Heilmittel oder als Mineralwässer für den unmittelbaren menschlichen Genuß (Tafelwässer) Verwendung finden sollen, bedürfen, soweit sie nicht auf Grund der Bestimmungen des Abs. 1 durchgeführt werden, der Genehmigung der Räte der Bezirke und des Ministeriums für Gesundheitswesen. Andere Bestimmungen, nach denen zur Durchführung geologischer Untersuchungen die Pflicht zur Einholung von Genehmigungen oder Zustimmungen oder zu bestimmten Meldungen besteht, werden hiervon nicht berührt.

(3) Der Genehmigung gemäß Abs. 2 bedürfen auch geologische Untersuchungsarbeiten für andere als die im Abs. 2 genannten Zwecke innerhalb bestimmter von den zuständigen zentralen Staatsorganen bekanntgemachter Gebiete, in denen nach geologischen Erfahrungen mit dem Vorkommen von natürlichen Heilmitteln oder von Mineralwässern gerechnet werden muß (höffige Gebiete).

(4) Werden bei der Durchführung geologischer Untersuchungsarbeiten oder auf andere Weise bisher nicht bekannte Wässer, Torfe, Schlamme, Erden oder natürliche Gasausströmungen aus der Erde bzw. aus Wässern, die für eine Nutzung als natürliche Heilmittel oder als Mineralwässer für den unmittelbaren menschlichen Genuß geeignet sein können aufgefunden, sind derartige Vorkommen dem zuständigen Rat des Kreises zu melden.

§ 20 Erschließung natürlicher Heilmittel

(1) Die vorläufige und die endgültige Erschließung von Wässern, Torfen, Schlammen und Erden sowie natürlichen Gasausströmungen aus der Erde oder aus Wässern, die für eine Nutzung als natürliche Heilmittel geeignet sind oder geeignet sein können, bedürfen der Genehmigung der Räte der Bezirke und des Ministeriums für Gesundheitswesen. § 19 Abs. 2 Satz 2 findet entsprechende Anwendung.

(2) In Zweifelsfällen entscheidet das Ministerium für Gesundheitswesen, ob die im Abs. 1 genannten Stoffe für eine Nutzung als natürliches Heilmittel geeignet sind oder geeignet sein können.

§ 21 Staatliche Anerkennung und Nutzung natürlicher Heilmittel

(1) Natürliche Heilmittel werden vom Ministerium für Gesundheitswesen staatlich anerkannt. Fallen später Voraussetzungen für die staatliche Anerkennung fort, so kann diese zurückgenommen werden.
(2) Wässer, Torfe, Schlamme und Erden sowie natürliche Gasausströmungen aus der Erde oder aus Wässern dürfen medizinisch nur angewendet werden, wenn sie als natürliche Heilmittel staatlich anerkannt sind und das Ministerium für Gesundheitswesen die Genehmigung zur Nutzung erteilt hat.
(3) Einer Genehmigung des Ministeriums für Gesundheitswesen bedarf auch die Nutzung von Wässern, Torfen, Schlammen und Erden sowie natürlichen Gasausströmungen aus der Erde bzw. aus Wässern, die für eine Verwendung als natürliche Heilmittel geeignet sind oder geeignet sein können, für andere als die im Abs. 2 genannten Zwecke.

§ 22 Zentrale Kommission für natürliche Heilmittel und Kurortschutzgebiete

(1) Beim Ministerium für Gesundheitswesen ist eine Zentrale Kommission für natürliche Heilmittel und Kurortschutzgebiete (Zentrale Kommission) zu bilden.[10])
(2) Die Zentrale Kommission berät das Ministerium für Gesundheitswesen bei Entscheidungen über die Erschließung und staatliche Anerkennung als natürliche Heilmittel und über die Rücknahme der Anerkennung sowie bei Erklärungen zu Schutzgebieten und deren Änderungen oder Aufhebungen.

VI.

Schutz der natürlichen Heilmittel[11])

§ 23 Maßnahmen zum Schutz der natürlichen Heilmittel

(1) Der Schutz der balneologischen Nutzungsfähigkeit der natürlichen Heilmittel ist von ihrer Erschließung bis zur medizinischen Anwendung durch die zuständigen staatlichen Organe und Einrichtungen zu sichern. Die Kureinrichtungen, die staatlichen Organe des Gesundheitswesens und die anderen zuständigen staatlichen Organe oder Einrichtungen haben die erforderlichen wissenschaftlichen Untersuchungen, Beobachtungen und anderen notwendigen Maßnahmen für einen dauerhaften Schutz vorzunehmen bzw. zu veranlassen.

(2) Bei unmittelbarer erheblicher Gefahr für den Bestand, die Beschaffenheit oder die Ergiebigkeit natürlicher Heilmittel haben die Kureinrichtungen bzw. die zuständigen staatlichen Organe dem verantwortlichen Mitglied des Rates des Bezirkes und dem Ministerium für Gesundheitswesen unverzüglich Mitteilung zu machen und in der Zwischenzeit die erforderlichen Maßnahmen, die keinen Aufschub dulden (Sofortmaßnahmen), einzuleiten.
(3) Der Vorsitzende des Rates des Bezirkes entscheidet auf der Grundlage von Empfehlungen des Ministers für Gesundheitswesen, die mit den zuständigen zentralen Organen abgestimmt sind, nach Beratung mit den zuständigen örtlichen staatlichen Organen und nach Klärung der Bereitstellung erforderlicher materieller und finanzieller Mittel über die zu treffenden Maßnahmen endgültig.

§ 24 Schutzgebiete

Grundstücke bzw. Territorien sind zu Schutzgebieten zu erklären, soweit sie notwendig sind, um

a) natürliche Heilmittel zu erschließen, zu gewinnen, balneologisch zu nutzen oder ihre balneologische Nutzungsfähigkeit zu sichern
b) bestimmende bioklimatische Bedingungen eines Kur- oder Erholungsortes und des ihn umgebenden Gebietes zu erhalten
c) das Milieu im Kur- bzw. Erholungsort oder eines Teiles des Ortes, der zur näheren Umgebung der Kureinrichtung gehört, zu gewährleisten
d) die Trink- und Brauchwasserversorgung des Kur- bzw. Erholungsortes oder eines Teiles des Ortes unter Eingliederung der auf Grund des Wassergesetzes festzulegenden Schutzzonen und bei Beachtung der zusätzlichen ortshygienischen Belange in Kur- bzw. Erholungsorten zu sichern.

§ 25 Schutzgebietserklärung

(1) Die Erklärung zu Schutzgebieten sowie deren Änderung und Aufhebung erfolgt durch den Rat des Bezirkes im Einvernehmen mit den Leitern der beteiligten zentralen staatlichen Organe nach Abstimmung mit den Räten der Kreise, Städte und Gemeinden sowie den *Bezirks- und Kreislandwirtschaftsräten*[20]), den staatlichen Forstwirtschaftsbetrieben und der VVB Forstwirtschaft, in deren Gebiet das Schutzgebiet gebildet werden soll oder gebildet worden ist.
(2) Der Vorsitzende des zuständigen Rates des Kreises sichert, daß vor der Erklärung zu Schutzgebieten den Betrieben und Einrichtungen sowie den Bürgern, deren Grundstücke von der Schutzgebietserklärung betroffen sind, die Notwendigkeit der vorgesehenen Maßnahmen erläutert und mit ihnen die zweckmäßigste Festlegung der Schutzgebiete beraten wird.

(3) Die Schutzgebietserklärung bewirkt, daß

a) jedes innerhalb eines Schutzgebietes liegende Grundstück und Gebäude bestimmten Nutzungsbeschränkungen unterworfen werden kann oder die Vornahme bestimmter Nutzungen und anderer Maßnahmen auf dem Grundstück sowie am Gebäude einer Genehmigung bedarf
b) dem Rechtsträger, Eigentümer, Besitzer und Nutzungsberechtigten jedes innerhalb eines Schutzgebietes liegenden Grundstücks und Gebäudes oder den Inhabern von dinglich gesicherten sowie vertraglichen Rechten in bezug auf diese Grundstücke und Gebäude (im folgenden Berechtigte am Grundstück genannt) Auflagen erteilt werden können, die sie zur Duldung der Vornahme bestimmter Schutzmaßnahmen auf dem Grundstück und am Gebäude verpflichtet
c) den Berechtigsten am Grundstück Auflagen zur eigenen Vornahme von Schutzmaßnahmen gemäß Buchst. b erteilt werden können.

Voraussetzung für Regelungen gemäß Buchstaben a bis c ist, daß das zur Sicherung der im § 24 genannten Zwecke erforderlich ist und im Falle Buchst. c den betroffenen Berechtigten am Grundstück zugemutet werden kann.
(4) Im Falle von Nutzungsbeschränkungen und Auflagen gemäß Abs. 3 ruhen die sich aus der Rechtsträgerschaft, aus dem Eigentum, aus dinglich gesicherten oder vertraglichen Rechten ergebenden Befugnisse zur Ausübung des Besitzes bzw. der Nutzung, wenn sie dem Zwecke der Nutzungsbeschränkungen oder der Auflagen zuwiderlaufen.

Nutzungsbeschränkungen und Auflagen

§ 26

(1) Bei der Erklärung zu Schutzgebieten sind Art und Umfang der Nutzungsbeschränkungen, denen die innerhalb des Schutzgebietes liegenden Grundstücke und Gebäude unterworfen werden sollen, mit festzulegen. Sind einheitliche Nutzungsbeschränkungen für das gesamte Schutzgebiet nicht erforderlich, können innerhalb des Schutzgebietes Schutzzonen mit nach Art und Umfang abgestuften Nutzungsbeschränkungen festgelegt werden. In besonderen Fällen können Nutzungsbeschränkungen auch außerhalb von Schutzgebieten vereinbart werden.
(2) Soweit die Festlegung einheitlicher Nutzungsbeschränkungen innerhalb von Schutzgebieten und Schutzzonen nicht möglich oder zur Sicherung der im § 24 genannten Zwecke nicht ausreichend ist, sind erforderliche Nutzungsbeschränkungen für jedes betroffene Grundstück und Gebäude gemäß § 27 gesondert festzulegen.

§ 27

(1) In den Fällen des § 26 Abs. 2 ist anzustreben, daß der Berechtigte am Grundstück sich vertraglich zu den erforderlichen Nutzungsbeschränkungen verpflichtet.
(2) Eine vertragliche Verpflichtung des Berechtigten am Grundstück ist auch dann an-

zutreben, wenn zur Sicherung der im § 24 genannten Zwecke die dauernde oder zeitweilige Vornahme bestimmter Schutzmaßnahmen auf dem Grundstück und am Gebäude erforderlich ist.

(3) Kommt ein Vertrag gemäß Absätzen 1 und 2 nicht zustande oder ist sein Abschluß aus anderen Gründen nicht möglich, so kann durch staatlichen Bescheid eine der im § 25 Abs. 3 genannten Maßnahmen angeordnet werden. Das gleiche gilt, wenn die Berechtigte am Grundstück seinen Pflichten aus einem Vertrag gemäß den Absätzen 1 und 2 nicht nachkommt.

(4) Unterliegt der Berechtigte am Grundstück den Bedingungen des Gesetzes vom 25. Februar 1965 über das Vertragssystem in der sozialistischen Wirtschaft — Vertragsgesetz — (GBl. I S. 107), ist in den Fällen des Abs. 3 die Entscheidung des Staatlichen Vertragsgerichts herbeizuführen.

§ 28 Zuständigkeitsregelungen

(1) Zuständig für den Abschluß vertraglicher Vereinbarungen gemäß § 27 Absätzen 1 und 2 und zur Erteilung von Bescheiden gemäß § 27 Abs. 3 ist der Vorsitzende des Rates des Kreises. Er trifft seine Maßnahmen nach Abstimmung mit dem Rat des Bezirkes und gegebenenfalls mit weiteren beteiligten staatlichen Organen.

(2) Der Rat des Kreises ist auch zuständig für die Entscheidung über Anträge auf Genehmigung zur Vornahme bestimmter Nutzungen, Veränderungen oder anderer Maßnahmen innerhalb eines Schutzgebietes, soweit nach dem Inhalt der festgelegten Nutzungsbeschränkungen hierfür eine Genehmigung erforderlich ist (§ 25 Abs. 3 Buchst. a).

(3) Regelungen gemäß Absätzen 1 und 2, die eine Leistungspflicht der Kureinrichtung oder anderer begründen können (§ 30 Abs. 1), bedürfen deren Zustimmung.

§ 29 Wirksamkeit von Schutzgebietserklärungen

(1) Schutzgebietserklärungen, Nutzungsbeschränkungen und Verpflichtungen innerhalb von Schutzgebieten, die auf dieser Verordnung beruhen, werden nicht im Grundbuch eingetragen. *Das gilt nicht, soweit in den Fällen des § 27 Absätze 1 oder 2 die Eintragung einer beschränkten persönlichen Dienstbarkeit oder einer anderen Grundstücksbelastung im Grundbuch vereinbart wird.*[13])

(2) Nutzungsbeschränkungen gemäß § 26 Abs. 1 und § 27 Abs. 3 in Verbindung mit § 25 Abs. 3 Buchst. a sowie Auflagen zur Duldung der Vornahme bestimmter Schutzmaßnahmen gemäß § 27 Abs. 3 in Verbindung mit § 25 Abs. 3 Buchstaben b oder c wirken auch ohne Eintragung im Grundbuch gegen die jeweiligen Berechtigten am Grundstück.

(3) Bei nicht volkseigenen Grundstücken innerhalb von Schutzgebieten ist unbeschadet der Bestimmungen des Abs. 1 im Grundbuchheft ein Vermerk anzubringen. Einzelheiten hierzu regelt der Minister des Innern im Einvernehmen mit dem Minister für Gesundheitswesen.[14])

§ 30 Entschädigung

(1) Zum Ausgleich wirtschaftlicher Nachteile im Zusammenhang mit Nutzungsbeschränkungen oder Verpflichtungen innerhalb von Schutzgebieten, die auf dieser Verordnung beruhen, ist eine Entschädigung zu leisten. Die Entschädigung ist bei Schutzgebieten im Interesse von Kureinrichtungen von diesen zu planen und zu leisten, in allen anderen Fällen von demjenigen, in dessen Interesse der Schutz erfolgt.
(2) Die Höhe der Entschädigung und die Bedingungen ihrer Zahlung sind in den Fällen des § 27 Absätze 1 und 2 im Vertrag mit zu vereinbaren. In allen anderen Fällen werden Entschädigungen und die Bedingungen ihrer Zahlung durch den Rat des Kreises festgesetzt. Die Entschädigung ist dem Antragsteller schriftlich mitzuteilen.
(3) Staatliche Organe und staatliche Einrichtungen erhalten keine Entschädigung.

VII.

Überwachung der natürlichen Heilmittel[11])

§ 32 Balneologische Überwachung

(1) Die Überwachung und Sicherung des Bestandes, der Ergiebigkeit und der Beschaffenheit der natürlichen Heilmittel von ihrer Erschließung bis zu ihrer Anwendung, der zu ihrer Gewinnung, Verteilung und Anwendung vorhandenen balneotechnischen Anlagen sowie der Schutzgebiete (balneologische Überwachung) obliegt dem Ministerium für Gesundheitswesen, den für die staatliche Leitung des Gesundheitswesens zuständigen Organen in den Bezirken und Kreisen, dem Forschungsinstitut für Balneologie und Kurortwissenschaft[15]) und anderen staatlichen Instituten, die der Minister für Gesundheitswesen durch besondere Regelung damit beauftragt hat.
(2) Die Überwachung der Schutzgebiete obliegt auch den Kureinrichtungen des Kurortes.
(3) Zur Durchsetzung der Bestimmungen über den Schutz natürlicher Heilmittel sind die für die Überwachung und Sicherung zuständigen Organe, Institute und Einrichtungen im Rahmen der ihnen übertragenen Überwachungsaufgaben befugt, in Kureinrichtungen und auf Grundstücken, auf denen Heilmittel erschlossen werden oder erschlossen werden sollen, auf denen sich Gewinnungs- und Verteilungsanlagen natürlicher Heilmittel sowie sonstige balneotechnische Anlagen befinden oder die zu Schutzgebieten gehören, Kontrollen vorzunehmen, zweckdienliche Auskünfte, die Beseitigung von Mängeln und die Erfüllung anderer erforderlicher Maßnahmen zu verlangen und für deren Durchführung Fristen zu setzen.
(4) Die Kontrollbeauftragten der für die Überwachung und Sicherung zuständigen Organe, Institute und Einrichtungen sind zur Erfüllung der ihnen obliegenden Aufgaben berechtigt, die im Abs. 3 genannten Grundstücke, Einrichtungen und Anlagen zu betreten und zu besichtigen, in Aufzeichnungen über die zum Schutz natürlicher Heilmittel vorgeschriebe-

nen wissenschaftlichen Untersuchungen und Beobachtungen Einsicht zu nehmen sowie sonstige Ermittlungen vorzunehmen.

(5) Die Kontrollbeauftragten der Kureinrichtungen sind berechtigt, die innerhalb von Schutzgebieten gelegenen Grundstücke und Anlagen zu betreten und zu besichtigen oder sonstige Ermittlungen vorzunehmen, soweit das zur Erfüllung der ihnen gemäß Abs. 2 obliegenden Aufgaben erforderlich ist.

(6) Im Rahmen ihres dienstlichen Auftrages sind die Kontrollbeauftragten befugt, die Erfüllung von Maßnahmen gemäß Abs. 3 vorläufig zu verfügen.

§ 33 Hygienische Überwachung

(1) Die hygienische Überwachung der Kur- und Erholungsorte, der Kur- und Erholungseinrichtungen und der natürlichen Heilmittel von ihrer Erschließung bis zu ihrer Anwendung, der zu ihrer Gewinnung, Verteilung und Anwendung vorhandenen balneotechnischen Anlagen sowie der Schutzgebiete obliegt der Staatlichen Hygieneinspektion beim Ministerium für Gesundheitswesen,[16]) dem Forschungsinstitut für Mikrobiologie und Hygiene, Bad Elster, und den Bezirks- und Kreishygieneinspektionen. In Bereichen zentraler staatlicher Organe mit besonderen Hygieneinspektionen sind diese für die hygienische Überwachung ihrer eigenen Kur- und Erholungseinrichtungen zuständig.

(2) Aufgaben und Befugnisse der im Abs. 1 genannten Organe und Institute richten sich hierbei nach den Bestimmungen über die Hygieneinspektion.[16]) Die Bestimmungen über die hygienische Überwachung der Brunnen[17]) und der zentralen Wasserversorgungsanlagen[18]) finden für die hygienische Überwachung der Heilwässer sowie deren Gewinnungs- und Verteilungsanlagen entsprechende Anwendung.

§ 39 (Auszug)

Inkrafttreten und Außerkrafttreten anderer Bestimmungen

(1) Diese Verordnung tritt mit ihrer Verkündung in Kraft.[19])

[1]) Durch die Anpassungsverordnung, die am 1. 7. 1968 in Kraft trat, wurden die Ordnungsstrafbestimmungen in § 37 der Kurortverordnung neu gefaßt.
§ 37 ist in dieser Sammlung nicht mit abgedruckt.

[2]) Durch die Verordnung vom 24. 6. 1971, die am 1. 7. 1971 in Kraft trat, haben die §§ 35 und 36 der Kurverordnung eine neue Fassung erhalten. §§ 35 und 36 sind in dieser Sammlung nicht mit abgedruckt.

[3]) S. hierzu die gleichlautende Begriffsbestimmung in der Definition für Planung, Rechnungsführung und Statistik der Staatlichen Zentralverwaltung für Statistik, Teil 6, Berlin 1973, i. d. F. der 4. Ergänzung zum Teil 6, Berlin 1978, Staatsverlag der DDR. Dabei enthält die Definition der Kuren noch folgende Ergänzung:

Es werden angewandt:

- Heilkuren
- prophylaktische Kuren.

[4]) Nach der RL vom 1. 10. 1978 für die medizinische Auswahl von Patienten zur Kur (VuM MfGe 1979 Nr. 1 S. 4) sind Kuren medizinische und soziale Maßnahmen, die der Förderung, Erhaltung und Wiederherstellung der Gesundheit und Leistungsfähigkeit der Bürger dienen. Sie werden in staatlichen Kureinrichtungen sowie in Erholungsheimen des Feriendienstes der Gewerkschaften und der Betriebe als Leistungen der Sozialversicherung bei der Staatlichen Versicherung der DDR durchgeführt. Dabei stehen folgende Kurarten zur Verfügung:

1. Heilkuren in Bädern und Sanatorien
2. Genesungskuren in Genesungsheimen sowie in Bädern und Sanatorien
3. Prophylaktische Kuren in Kurheimen sowie in Erholungsheimen des Feriendienstes der Gewerkschaften und der Betriebe.

Die RL sind in dieser Sammlung nicht abgedruckt.

[5]) Zur Zeit gilt nach der Anweisung vom 1. 10. 1978 zur Einführung eines Verzeichnisses „Die Indikation der Bäder und Sanatorien“ (VuM MfGe 1979 Nr. 1 S. 4) vom 1. 7. 1979 an die Ausgabe 1978 des Verzeichnisses der Indikationen der Bäder und Sanatorien.

[6]) S. hierzu 1. DB vom 6. 3. 1968 zur Kurortverordnung (GBl. II Nr. 27 S. 115). In dieser Sammlung nicht abgedruckt.

[7]) S. hierzu RL für die Gestaltung, das Milieu und die Hygiene in den Kur- und Erholungsorten, Anl. zur 1. DB zur Kurortverordnung, Anm. 6.
In dieser Sammlung nicht abgedruckt.

[8]) S. hierzu die 2. DB vom 6. 3. 1968 zur Kurortverordnung; abgedruckt unter C 04 01 53.

[9]) S. hierzu Bekanntmachung der Empfehlungen der „Grundsätzlichen Anforderungen an die Beschaffenheit und Technologie der zur Anwendung natürlicher Heilmittel erforderlichen balneotechnischen Anlagen sowie die hygienischen Bedingungen bei ihrer Nutzung in Einrichtungen des Kur- und Bäderwesens (Bäder und Sanatorien)“ vom 24. 6. 1971 (VuM MfGe Nr. 11 S. 57).
In dieser Sammlung nicht abgedruckt.

[10]) S. hierzu Anweisung vom 1. 8. 1970 über die Bildung der Zentralen Kommission für natürliche Heilmittel und Kurortschutzgebiete (VuM MfGe Nr. 16/17 S. 103).
In dieser Sammlung nicht abgedruckt.

[11]) S. hierzu die 3. DB vom 6. 3. 1968 zur Kurortverordnung; abgedruckt unter C 04 01 54 und die RL vom 1. 9. 1969 für die Überwachung natürlich vorkommender Wässer/Heilwässer (VuM MfGe Nr. 20 S. 127 i. d. F. der RL Nr. 2 vom 30. 3. 1970, VuM MfGe Nr. 9 S. 71).
In dieser Sammlung nicht abgedruckt.

[12]) S. hierzu die RL vom 1. 10. 1978 für die medizinische Auswahl von Patienten zur Kur (VuM MfGe 1979 Nr. 1 S. 4).
In dieser Sammlung nicht abgedruckt.

[13]) Diese im Geltungsbereich des früheren BGB erlassenen Bestimmungen können nach Inkrafttreten des ZGB vom 19. 6. 1975 (GBl. I Nr. 27 S. 465) ab 1. 1. 1976 nur noch modifiziert angewandt werden.
Für die vertragliche Vereinbarung von Nutzungsbeschränkungen bei Grundstücken und Gebäuden gem. § 27 Absätze 1 und 2 der Kurortverordnung gelten jetzt die Bestimmungen des § 321 ZGB über Mitbenutzungsrechte an Grundstücken entsprechend.
Derartige Vereinbarungen werden indes nicht mehr im Grundbuch eingetragen, so daß § 29 Satz 2 schon aus diesem Grunde ab 1. 1. 1976 gegenstandslos geworden ist. Soweit vor dem 1. 1. 1976 eine beschränkte persönliche Dienstbarkeit oder eine andere Grundstücksbelastung nach dem BGB eingetragen wurde, gelten gem. § 6 des Einführungsgesetzes zum ZGB vom 19. 6. 1975 (GBl. I Nr. 27 S. 517) hierfür die entsprechenden Bestimmungen des BGB weiter. Für die Ausübung der sich hieraus ergebenden Rechte finden indes auch hier die allgemeinen Vorschriften des ZGB Anwendung (§ 6 Abs. 2 des Einführungsgesetzes zum ZGB). Ebenso ist das ZGB anzuwenden, wenn ab 1. 1. 1976 über ein solches Recht verfügt werden soll. Das ist z. B. dann der Fall, wenn das Eigentum des Grundstückes auf einen anderen übergeht.

Im übrigen bleiben die Vorschriften der Kurortverordnung über Nutzungsbeschränkungen bei Grundstücken und Gebäuden auch nach Inkrafttreten des ZGB bestehen. Hierfür ist § 321 Abs. 4 des ZGB maßgeblich, wonach für die Mitbenutzung von Grundstücken zum Zwecke der Durchführung staatlicher oder wirtschaftlicher Maßnahmen die dafür bestehenden besonderen Rechtsvorschriften gelten. S. hierzu auch § 29 Abs. 3 und Anm. 14.

[14]) S. hierzu Gemeinsame Anweisung vom 20. 10. 1968 über die Eintragung von Schutzgebietserklärungen nach der Kurortverordnung in das Grundbuch (VuM MfGe Nr. 22 S. 183). In dieser Sammlung nicht abgedruckt.
Nach der Gemeinsamen Anweisung wird im Grundbuch für das betroffene Grundstück oder Gebäude auf Antrag des Rates des Kreises folgender Vermerk eingetragen:
Das Grundstück liegt im Schutzgebiet gem. Kurortverordnung vom 3. 8. 1967 (GBl. II S. 653). Eingetragen am ...
Diese Eintragung ist nicht zivilrechtlichen Charakters und bleibt deshalb gem. § 321 Abs. 4 des ZGB von den Vorschriften des ZGB über Mitbenutzungsrecht an Grundstücken unberührt.
S. hierzu auch Autorenkollektiv Eigentumsrecht, Nutzung von Grundstücken und Gebäuden, Grundriß Zivilrecht H. 2, Staatsverlag der DDR, Berlin 1977, S. 106 und Autorenkollektiv, Bodenrecht der DDR, Lehrbuch, Staatsverlag der DDR, Berlin 1976, S. 510ff.

[15]) S. hierzu die AO vom 6. 3. 1968 über das Forschungsinstitut für Balneologie und Kurortwissenschaft (GBl. II Nr. 27 S. 128).
In dieser Sammlung nicht abgedruckt.

[16]) S. die VO über die Staatliche Hygieneinspektion vom 11. 12. 1975; abgedruckt unter B 06 10.

[17]) VO vom 23. 8. 1951 über die hygienische Überwachung der Brunnen (GBl. Nr. 102 S. 795) sowie die hierzu erlassene 1. DB vom 23. 8. 1951 (GBl. Nr. 102 S. 797).

[18]) VO vom 23. 8. 1951 über die hygienische Überwachung der zentralen Wasserversorgungsanlagen (GBl. Nr. 102 S. 794) sowie die hierzu erlassene 1. DB vom 23. 8. 1951 (GBl. Nr. 102 S. 795).

[19]) In Kraft getreten am 22. 9. 1967.

[20]) Jetzt: Rat des Bezirkes bzw. Kreises, Abteilung Land-, Forst- und Nahrungsgüterwirtschaft.

Zweite Durchführungsbestimmung zur Kurortverordnung — Verfahren bei Auffinden bzw. bei Anträgen zur Erkundung, Erschließung, staatlichen Anerkennung und Nutzung natürlicher Heilmittel —

vom 6. März 1968
(GBl. II Nr. 27 S. 121)

Auf Grund der §§ 16 und 38 der Kurortverordnung vom 3. August 1967 (GBl. II S. 653)[1]) wird im Einvernehmen mit den Leitern der zuständigen zentralen staatlichen Organe und dem Bundesvorstand des Freien Deutschen Gewerkschaftsbundes folgendes bestimmt:

Zu den §§ 19 bis 22 der Kurortverordnung[1]):

§ 1

(1) Anträge auf Genehmigung zur Durchführung geologischer Untersuchungsarbeiten (Erkundungen) gemäß den Bestimmungen des § 19 Absätze 2 und 3 der Kurortverordnung[1]) sind beim Rat des Bezirkes und beim Ministerium für Gesundheitswesen zu stellen. Eine Durchschrift des Antrags ist dem zuständigen Rat des Kreises zu übermitteln. Über den Antrag ist in einer gemeinsamen Festlegung des Rates des Bezirkes und des Ministeriums für Gesundheitswesen unter Mitwirkung des Rates des Kreises innerhalb von 6 Wochen zu entscheiden. Der Rat des Bezirkes ladet dazu die Beteiligten zur Beratung, die möglichst mit einer Ortsbesichtigung verbunden sein soll, ein.
(2) Genehmigungen gemäß Abs. 1 werden dem Antragsteller mit gleichzeitiger Übergabe einer Zweitschrift zur Weiterreichung an den Betrieb oder die Einrichtung, welche die geologische Untersuchungsarbeit (Erkundung) durchführt, erteilt.
(3) Die im Abs. 2 genannten Betriebe oder Einrichtungen dürfen geologische Untersuchungsarbeiten (Erkundungen) erst dann beginnen, wenn ihnen die Zweitschrift der Genehmigung zugegangen ist.
(4) Geologische Untersuchungsarbeiten zwecks Aufschluß oder Gewinnung medizinisch nutzbarer mineralischer Rohstoffe mittels Bohrung, Schächten oder Stollen unterliegen zusätzlich der Bergaufsicht durch die Bergbehörden.

§ 2

(1) Wässer im Sinne des § 19 Abs. 4 der Kurortverordnung sind:

1. Natürlich vorkommende Mineralwässer

   Als natürlich vorkommende Mineralwässer gelten solche, die aus natürlicher oder künstlicher Fassung gewonnen werden und mindestens 1 g/kg natürlich gelöste feste Bestandteile enthalten. Die Einteilung erfolgt nach folgenden Gruppen, wobei das Katbzw. Anion, das in der mval-%-Bilanz am meisten vorhanden ist, berücksichtigt wird:

Chloridwässer

a) Alkalichloridwässer
b) Erdalkalichloridwässer
c) Solewässer; sie müssen mehr als 260 mval/kg Natrium- und Chlorionen enthalten

Hydrogenkarbonatwässer

a) Alkalihydrogenkarbonatwässer
b) Erdalkalihydrogenkarbonatwässer

Karbonatwässer
Sulfatwässer

a) Alkalisulfatwässer
b) Erdalkalisulfatwässer
c) Eisen-Aluminium-Sulfatwässer (Alaunwässer)

2. Wässer, die bei geringerer Gesamtkonzentration als 1 g/kg mindestens einen der folgenden unteren Grenzwerte erreichen:

a) eisenhaltige Tiefenwässer	10,0 mg Fe/kg
b) arsenhaltige Wässer	0,7 mg As/kg
c) jodhaltige Wässer	1,0 mg J/kg
d) schwefelhaltige Wässer	1,0 mg S titr./kg
e) radioaktive Wässer	29 nC/1 = 80 Mache-Einheiten
f) radiumhaltige Wässer	10^{-7} mg Ra/kg
g) Kohlensäure-Wässer (Säuerlinge)	1,0 g gelöstes freies CO_2/kg

3. Warme Wässer (Thermen)
Termen sind natürliche Grundwässer mit einer Temperatur von +20°C und mehr.

(2) Handelt es sich bei dem Finder nicht um eine Person, einen Betrieb oder eine Einrichtung, die geologische Untersuchungen gewerbsmäßig betreibt, so besteht die Meldepflicht gemäß § 19 Abs. 4 der Kurortverordnung[1]) dann, wenn natürlich vorkommende Wässer aufgefunden werden, die einen salzigen, bitteren oder sonstigen spezifischen Geschmack besitzen oder durch Geruch, Farbe oder Temperatur auffallen.

(3) Meerwasser, das im Rahmen der Durchführung von Kuren zum Trinken, Inhalieren und Baden genutzt oder als Arzneimittel bzw. Gesundheitspflegemittel nach den Bestimmungen des Arzneimittelgesetzes vom 5. Mai 1964 (GBl. I S. 101)[2]) und seiner Durchführungsbestimmunsen als Arzneimittel oder Gesundheitspflegemittel in den Verkehr gebracht wird, gilt als Heilwasser gemäß § 6 Buchst. a der Kurortverordnung.[1])

§ 3

Als natürliche Gasausströmungen aus der Erde oder aus Wässern im Sinne des § 19 Abs. 4 der Kurortverordnung[1]) gelten sowohl spontane als auch durch technische Maßnahmen erschlossene Ausströmungen von Gasen, die für Heilzwecke Verwendung finden können (z. B. Kohlendioxyd, Schwefelwasserstoff, Radon).

§ 4

(1) Peloide (Torfe, Schlamme oder Erden) im Sinne des § 19 Abs. 4 der Kurortverordnung[1]) sind Stoffe, die in der Natur infolge von geologischen oder biologischen Vorgängen entstanden sind und mit natürlichem oder zusätzlichem Wassergehalt in Form von Suspensionen bis zu breiiger Konsistenz in unterschiedlichen Therapieformen (z. B. Badekuren, Packungen oder Tampons) für Heilzwecke Verwendung finden können.
(2) Zu den Peloiden gemäß Abs. 1 gehören u. a.:

a) Humolithe
b) Saprolithe
c) Biolithe
d) Kalziolithe
e) Heilerden
f) Pelithe.

§ 5

(1) Die Meldung gemäß § 19 Abs. 4 der Kurortverordnung[1]) ist schriftlich an den Rat des Kreises zu richten, in dessen Gebiet das Vorkommen festgestellt wurde, und hat eine genaue Ortsangabe und den Tag des Auffindens (Datum) zu enthalten. Eine Durchschrift der Meldung ist gleichzeitig an das Forschungsinstitut für Balneologie und Kurortwissenschaft, Bad Elster, zu senden.
(2) Der Rat des Kreises überprüft die Meldung durch eine Besichtigung des Auffindungsortes, veranlaßt erste Ermittlungen über die Ergiebigkeit und Güte, die Bebauungs- und hygienischen Verhältnisse der Umgebung, über die Besitz- und Eigentumsverhältnisse und sonstige für eine Erschließung und Nutzung wichtige Umstände und gibt die Meldung mit dem Ergebnis der Ermittlungen an den Rat des Bezirkes weiter.
(3) Der Rat des Bezirkes überprüft die Meldung einschließlich der beigefügten Unterlagen und übermittelt diese mit Stellungnahme und Vorschlägen dem Forschungsinstitut für Balneologie und Kurortwissenschaft.
(4) Das Forschungsinstitut für Balneologie und Kurortwissenschaft nimmt die erforderlichen wissenschaftlichen Untersuchungen und Erhebungen vor oder empfiehlt dem Rat des Bezirkes, deren Durchführung zu veranlassen. Zu den wissenschaftlichen Untersuchungen und Erhebungen gehören insbesondere:

a) geologische und hydrogeologische Bearbeitung des Aufschlusses mit Vorratsermittlung

b) physikalische Untersuchung
c) chemische Analyse
d) mikrobiologische Analyse (nicht bei Exhalationen)
e) hygienisches Gutachten (nicht bei Exhalationen)
f) bioklimatisches Gutachten.

Das hygienische Gutachten ist vom Forschungsinstitut für Mikrobiologie und Hygiene, Bad Elster, das bioklimatische Gutachten vom Metereorologischen Dienst der Deutschen Demokratischen Republik, Forschungsinstitut für Bioklimatologie, Berlin-Buch, anzufertigen.

§ 6

(1) Die Projektierungsunterlagen für Objekte zur Erschließung der Vorkommen von mineralischen Rohstoffen gemäß § 20 Abs. 1 der Kurortverordnung[1]) sind im Rahmen der Investitionsbestimmungen auszuarbeiten und dem Forschungsinstitut für Balneologie und Kurortwissenschaft zur Beurteilung vorzulegen. Dieses kann veranlassen, daß die Unterlagen weiteren Instituten zur Stellungnahme zugeleitet werden.
(2) Anträge zur Genehmigung der Erschließung (z. B. Bohrlochausbau, Brunnenfassung, Lagerstättenaufschluß mit Transportanlagen) des Vorkommens von mineralischen Rohstoffen gemäß § 20 Abs. 1 der Kurortverordnung[1]) sind an das Forschungsinstitut für Balneologie und Kurortwissenschaft zu richten und

a) bei Erschließung zu balneologischen Zwecken von der Kureinrichtung oder einer anderen Gesundheitseinrichtung
b) bei Erschließung zu anderen Zwecken von demjenigen, der die Erschließung oder spätere Nutzung betreiben will oder ein berechtigtes Interesse an der Erschließung oder späteren Nutzung hat,

zu stellen.
(3) Das Forschungsinstitut für Balneologie und Kurortwissenschaft nimmt, soweit das nicht bereits gemäß § 5 Abs. 4 oder in anderer Weise erfolgt ist, die erforderlichen wissenschaftlichen Untersuchungen und Erhebungen vor oder empfiehlt dem Antragsteller, deren Durchführung zu veranlassen. Die Bestimmungen des § 5 Abs. 4 Satz 2 finden entsprechende Anwendung.
(4) Das Forschungsinstitut für Balneologie und Kurortwissenschaft übermittelt über den Rat des Kreises dem Rat des Bezirkes den Antrag mit allen Unterlagen und seiner Empfehlung, die Erschließung zu genehmigen oder abzulehnen. Die Empfehlung ist zu begründen. Der Rat des Bezirkes entscheidet gemeinsam mit dem Ministerium für Gesundheitswesen unter Mitwirkung des Rates des Kreises. Der Rat des Bezirkes ladet dazu die Beteiligten zur Beratung, die möglichst mit einer Ortsbesichtigung verbunden sein soll, ein.

§ 7

(1) Erscheint ein entsprechend § 5 gemeldetes oder ein anderweitig bekanntgewordenes Vorkommen von im § 6 Buchstaben a bis c der Kurortverordnung genannten mineralischen Rohstoffen auf Grund seiner Eigenschaften nach dem Ergebnis der wissenschaftlichen Untersuchungen als natürliches Heilmittel zur balneologischen Nutzung geeignet, so beantragt der Rat des Bezirkes nach Abstimmung mit dem Rat des Kreises bei der Zentralen Kommission für natürliche Heilmittel und Kurortschutzgebiete beim Ministerium für Gesundheitswesen, daß eine klinische Erprobung vorgenommen werden sollte. Dem Antrag sind die Ergebnisse aller vorhandenen wissenschaftlichen Untersuchungen und eine vom Forschungsinstitut für Balneologie und Kurortwissenschaft einzuholende zusammenfassende Beurteilung sowie die Stellungnahmen des Rates des Kreises und des Rates des Bezirkes beizufügen.
(2) Die Zentrale Kommission für natürliche Heilmittel und Kurortschutzgebiete beurteilt den aufgefundenen mineralischen Rohstoff auf der Grundlage der vorgelegten Unterlagen und empfiehlt dem Ministerium für Gesundheitswesen, die klinische Erprobung zu veranlassen oder davon abzusehen. Die Zentrale Kommission kann besondere Hinweise für Art und Durchführung der klinischen Erprobung geben.
(3) Auf der Grundlage der Empfehlungen der Zentralen Kommission für natürliche Heilmittel und Kurortschutzgebiete entscheidet das Ministerium für Gesundheitswesen, ob eine klinische Erprobung vorgenommen werden soll. Soweit es für die klinische Erprobung erforderlich ist, ersucht das Ministerium für Gesundheitswesen den Rat des Bezirkes, die vorläufige Erschließung des aufgefundenen mineralischen Rohstoffes vornehmen zu lassen.

§ 8

(1) Bei zustimmender Entscheidung des Ministeriums für Gesundheitswesen (§ 7 Abs. 3) veranlaßt der Rat des Bezirkes gemeinsam mit dem Rat des Kreises und fachlicher Unterstützung durch das Forschungsinstitut für Balneologie und Kurortwissenschaft die klinische Erprobung in hierzu geeigneten Einrichtungen des Gesundheitswesens. Nach Vorliegen des Ergebnisses der klinischen Erprobung gibt das Forschungsinstitut unter Auswertung und Würdigung aller vorliegenden Gutachten und Unterschungsergebnisse eine wissenschaftiche Beurteilung zur Frage der Eignung des aufgefundenen mineralischen Rohstoffes als natürliches Heilmittel ab und reicht diese mit sämtlichen Unterlagen über den Rat des Kreises und Rat des Bezirkes bei der Zentralen Kommission für natürliche Heilmittel und Kurortschutzgebiete ein. Die Beurteilung soll enthalten:

a) Belege über reproduzierbare klinische Erfolge mit dem Heilmittel
b) wissenschaftliche Begründung seiner Indikationen und Gegenindikationen
c) Darlegung der zweckmäßigsten Anwendungsart
d) medizinische und wirtschaftliche Begründung einer erforderlichenfalls neu zu schaffenden Behandlungseinrichtung (z. B. Spezialsanatorium).

(2) Die Zentrale Kommission für natürliche Heilmittel und Kurortschutzgebiete prüft die vom Forschungsinstitut für Balneologie und Kurortwissenschaft gegebene Beurteilung auf der Grundlage aller vorhandenen Unterlagen und empfiehlt dem Ministerium für Gesundheitswesen, den aufgefundenen mineralischen Rohstoff als natürliches Heilmittel staatlich anzuerkennen oder die Anerkennung zu versagen.
(3) Das Ministerium für Gesundheitswesen entscheidet über die staatliche Anerkennung und gibt seine Entscheidung im Gesetzblatt der Deutschen Demokratischen Republik bekannt. Die Entscheidung des Ministeriums für Gesundheitswesen ist endgültig.
(4) Mit der staatlichen Anerkennung als natürliches Heilmittel sind nicht verbunden

a) die Berechtigung oder Verpflichtung für dessen Nutzung
b) die staatliche Anerkennung als Kurort für die Orte, in denen das natürliche Heilmittel aufgefunden oder gewonnen wird oder die das natürliche Heilmittel nutzen.

(5) Natürliche Heilmittel, die bereits bei Inkrafttreten dieser Durchführungsbestimmung

a) in Kureinrichtungen genutzt werden
b) nach den Bestimmungen über den Verkehr mit Arzneimitteln als Arzneimittel oder Gesundheitspflegemittel registriert sind,

gelten ohne zusätzliches Anerkennungsverfahren als staatlich anerkannt. Die Unterlagen über die Ergebnisse der wissenschaftlichen Untersuchungen und Erhebungen gemäß § 5 Abs. 4 Satz 2 müssen beim Nutzer vorliegen. Die Bestimmungen des Abs. 4 finden entsprechende Anwendung.
(6) Bei der Rücknahme der staatlichen Anerkennung finden die Bestimmungen der Absätze 2 und 3 entsprechende Anwendung.

§ 9

(1) Für Nutzungsgenehmigungen gemäß § 21 Absätze 2 und 3 der Kurortverordnung[1]) finden die Bestimmungen des § 6 Absätze 2 bis 4 und § 8 Abs. 5 entsprechende Anwendung. Anträge auf staatliche Anerkennung natürlicher Heilmittel können mit dem Antrag zur Genehmigung ihrer medizinischen Nutzung bzw. des Versandes verbunden werden. Bei Anträgen für den Versand natürlicher Heilmittel sind die Bestimmungen des Arzneimittelgesetzes vom 5. Mai 1964[2]) und der Zweiten Durchführungsbestimmung vom 15. Mai 1964 zum Arzneimittelgesetz — Gesundheitspflegemittel — (GBl. II S. 502)[3]) zu beachten.
(2) Anträge zur Nutzung bzw. zum Versand staatlich anerkannter natürlicher Heilmittel müssen Angaben über vorgesehene Therapieformen und Indikationsgebiete enthalten.
(3) Änderungen der Indikationsgebiete bedürfen der Genehmigung des Ministeriums für Gesundheitswesen nach Abstimmung mit dem Rat des Bezirkes. Änderungsanträge sind an das Forschungsinstitut für Balneologie und Kurortwissenschaft, Bad Elster, zu richten.

§ 10

Für die Auswahl, Gewinnung und Aufbereitung sowie die staatliche Anerkennung und Genehmigung einer medizinischen Nutzung bzw. des Versandes von Meerwasser gemäß § 2 Abs. 3 finden die §§ 5 bis 9 sinngemäß Anwendung.

§ 11

In Durchführung der Aufgaben sind die berg- und wasserrechtlichen Bestimmungen zu beachten.

§ 12

Die Institute und Dienststellen, die nach den Prinzipien der wirtschaftlichen Rechnungsführung arbeiten, sind berechtigt, die Gutachten, wissenschaftlichen Stellungsnahmen u. a. den Auftraggebern in Rechnung zu stellen.

§ 13

Diese Durchführungsbestimmung tritt mit ihrer Verkündung in Kraft.[4])

[1]) Abgedruckt unter C **04 01** 51.
[2]) Abgedruckt unter C **01** 01.
[3]) In der jetzt geltenden Fassung abgedruckt unter C **01** 03.
[4]) In Kraft getreten am 26. 3. 1968.

Dritte Durchführungsbestimmung zur Kurortverordnung — Schutz natürlicher Heilmittel und Verfahren bei Anträgen für Erklärungen zu Schutzgebieten —

vom 6. März 1968
(GBl. II Nr. 27 S. 123)
— Auszug —

Auf Grund der §§ 16 und 38 der Kurortverordnung vom 3. August 1967 (GBl. II S. 653)[1]) wird im Einvernehmen mit den Leitern der zuständigen zentralen staatlichen Organe und dem Bundesvorstand des Freien Deutschen Gewerkschaftsbundes folgendes bestimmt:

Zu den §§ 23 bis 31 der Kurortverordnung:

§ 1

(1) Die Kureinrichtungen haben die von ihnen genutzten oder zur Nutzung vorgesehenen natürlichen Heilmittel regelmäßig auf ihre Beschaffenheit und Ergiebigkeit zu überprüfen. Hierzu sind, falls erforderlich, in den Kureinrichtungen den territorialen Bedingungen entsprechende Laboratorien einzurichten. Die in den Laboratorien eingesetzten Fachkräfte sind vom Forschungsinstitut für Balneologie und Kurortwissenschaft, Bad Elster, für diese Tätigkeit speziell zu qualifizieren. Die Lösung dieser Aufgaben hat im Rahmen der Volkswirtschafts- und Haushaltspläne zu erfolgen.
(2) Bei natürlich vorkommenden Heilwässern und Peloiden sind turnusmäßige Messungen und Beobachtungen durchzuführen. Das Forschungsinstitut für Balneologie und Kurortwissenschaft legt für jede Kureinrichtung Art und Umfang dieser Messungen oder Beobachtungen, Meßort, Meßmethodik und die Zeitabstände fest, in denen die Messungen und Beobachtungen zu wiederholen sind.
(3) Für die hygienische Überwachung der natürlichen Heilmittel und ihrer Gewinnungs-, Aufbereitungs- und Verteilungsanlagen einschließlich der Lagerstätten, Moortaschen usw. durch die örtlich zuständigen Organe der Hygieneinspektion werden vom Forschungsinstitut für Mikrobiologie und Hygiene, Bad Elster, Art und Umfang der erforderlichen hygienischen Untersuchungen und die Zeitabstände ihrer Wiederholung festgelegt.
(4) Die bestimmenden bioklimatischen Bedingungen eines Kur- oder Erholungsgebietes sind zu erfassen. Hierzu haben die Kur- und Erholungseinrichtungen Vereinbarungen mit dem Meteorologischen Dienst der Deutschen Demokratischen Republik, Forschungsinstitut für Bioklimatologie, Berlin-Buch, zu treffen. Dieses Forschungsinstitut legt Art und Umfang der zur Erfassung und Kontrolle notwendigen Beobachtungen und die Zeitabstände ihrer Wiederholung fest.
(5) Messungs- und Beobachtungsergebnisse gemäß Absätzen 2 bis 4 sind in den festgelegten Zeitabständen — wenn Gefahr für die Heilmittel besteht, sofort — dem Forschungsinstitut für Balneologie und Kurortwissenschaft und dem Forschungsinstitut für Mikrobiologie

und Hygiene zu melden. Dabei sind Meßreihen sowohl in Tabellenform als auch in grafischer Darstellung vorzulegen.
(6) Die von den Kureinrichtungen zu Zwecken der Betriebskontrolle vorzunehmenden bakteriologischen Untersuchungen an natürlichen Heilmitteln bzw. am Trinkwasser unterliegen der Anleitung und Auswertung der Ergebnisse durch das Forschungsinstitut für Mikrobiologie und Hygiene.
(7) Das Forschungsinstitut für Balneologie und Kurortwissenschaft und das Forschungsinstitut für Mikrobiologie und Hygiene haben regelmäßig – wenn Gefahr für die Heilmittel besteht, unverzüglich – zu den Meß- und Beobachtungsergebnissen Stellung zu nehmen und sie entsprechend auszuwerten. Eine Ausfertigung der Stellungnahmen ist den Nutzern des natürlichen Heilmittels zuzuliefern.
(8) Die Kureinrichtungen haben die erforderlichen Maßnahmen zu treffen, um die sich aus den Stellungnahmen ergebenden praktischen Schlußfolgerungen zu verwirklichen. Bei unmittelbarer erheblicher Gefahr für den Bestand, die Beschaffenheit oder die Ergiebigkeit der natürlichen Heilmittel richten sich die Verpflichtungen der Kureinrichtungen nach den Bestimmungen des § 23 Abs. 2 der Kurortverordnung.[1])

§ 9

(1) Zur Sicherung von Vorkommen natürlicher Heilwässer sind für deren qualitativen und hygienischen Schutz folgende Schutzzonen innerhalb des Schutzgebietes zu bilden:

Schutzzone I	Fassungsbereich
Schutzzone II	engere Schutzzone
Schutzzone III	weitere Schutzzone.

(2) Zur Schutzzone I gehört der unmittelbare Fassungsbereich einschließlich der zur Nutzung des Wassers erforderlichen Anlagen in einem Umkreis von etwa 10 m bis 100 m vom Quellaustritt. Die Größenausdehnung wird von den geologischen und hydrogeologischen Gegebenheiten, insbesondere vom Aufbau der Deckschichten (Untergrundverhältnisse), bestimmt. Sie umfaßt das Gebiet, aus dem infolge des geringen Fließweges von oben eindringende Verunreinigungen bis zur Fassungsanlage gelangen können. Das Gebiet der Schutzzone I soll Volkseigentum sein und sich in Rechtsträgerschaft der nutzenden Kureinrichtung oder des Versandbetriebes befinden. Soweit eine solche nicht vorhanden ist, ist die Rechtsträgerschaft des Rates der Gemeinde anzustreben.
(3) Die Schutzzone II soll in ihrer Ausdehnung so bemessen sein, daß die Schutzzone I vor allen Verunreinigungen und Beeinträchtigungen geschützt ist, die durch menschliche Tätigkeit in der Schutzzone III eintreten können und unter den gegebenen Verhältnissen durch die Reinigungswirkung des Untergrundes während des Fließweges durch die Schutzzone II eliminiert werden. Eine Verweildauer von 50 Tagen kann als ausreichend angesehen werden.

(4) Zur Schutzzone III gehört das übrige oberirdische Einzugsgebiet bis zur ersten Wasserscheide, jedoch nicht über die hydrogeologischen Grenzen der Mineralwasservorkommen hinaus.
(5) Zum quantitativen Schutz natürlicher Heilwässer können bei Bedarf weitere oder von den Schutzzonen des qualitativen Schutzes (Schutzzonen bis III) unabhängige Schutzzonen bis zur Grenze der Mineralwasservorkommen ausgewiesen werden.
(6) Zum Schutz des Meerwassers für balneotherapeutische und Badezwecke können bestimmte Abschnitte des Küstengebietes zu Schutzzonen erklärt werden. Ihre Abgrenzung richtet sich nach den jeweiligen Strömungsverhältnissen.

§ 10

(1) Für die innerhalb der Schutzzonen liegenden Grundstücksflächen sind gemäß § 25 Abs. 3 der Kurortverordnung in den Schutzgebietserklärungen für natürlich vorkommende Heilwässer Beschränkungen festzulegen, die sicherstellen, daß

a) in der Schutzzone I keine vorhersehbaren Gefahren für das Heilwasser, die Quell- bzw. Brunnenfassung, das Grundwasser und die darüberliegenden Bodenschichten auftreten können. Es dürfen keine betriebsfremden Anlagen außer denen, die zur Nutzung der Quellen bzw. Brunnen erforderlich sind, in der Schutzzone I liegen
b) in der Schutzzone II unter Berücksichtigung des Aufbaues der Deckschichten keine direkte Verschmutzung des Grundwassers erfolgt. Es ist besonders auf dichte Kanalleitungen und funktionstüchtige Deckschichten zu achten
c) in der Schutzzone III alle Verschmutzungsmöglichkeiten des Grundwassers vermieden werden, für die die Reinigungswirkung des Untergrundes der Schutzzone II nicht ausreicht
d) in den Schutzzonen des quantitativen Schutzes alle Eingriffe in die Struktur des Bodens vermieden werden bzw. nur unter geologischer Kontrolle geschehen, die zu einem Rückgang der Schüttungsmenge, des Mineralisationsgrades oder anderer das Heilwasser charakterisierender Größen führen können
e) in den Schutzzonen für das Meerwasser unter Berücksichtigung der Strömungsverhältnisse Abwassereinflüsse ausgeschaltet werden.

(2) Der Abs. 1 gilt nicht für unbedingt notwendige Maßnahmen, die im Interesse der öffentlichen Ordnung und Sicherheit durchgeführt werden müssen. In diesen Fällen ist gemeinsam mit den Nutzern der natürlichen Heilmittel eine Regelung herbeizuführen.

§ 11

(1) Die zur Sicherung von Badetorf- oder anderen Peloidlagerstätten gebildeten Schutzgebiete sollen in der Regel die gesamte Lagertätte oder bestimmte Teile davon und gegebenenfalls noch ihre Randgebiete umfassen.

(2) Für Schutzgebiete gemäß Abs. 1 werden im einzelnen Falle Art und Umfang der Beschränkungen, denen die Grundstücksflächen unterworfen werden sollen, festgelegt. Beschränkungen dieser Art können insbesondere sein:

a) Untersagung bestimmter Nutzungsarten der Oberfläche der Lagerstätte und der in der Schutzzone einbezogenen Randgebiete (z. B. für Feldbau oder Tierhaltung)
b) Untersagung von Trockenlegungs- und Meliorationsmaßnahmen auf den Flächen der Lagerstätten und der in die Schutzzone einbezogenen Randgebiete
c) Verbot der Einleitung bestimmter Stoffe und der Verlegung von Rohrleitungen in den Lagerstätten (z. B. Einleitung von Schmutzstoffen in das Nährgewässer limnischer Sedimente, Verlegung für Gas-, Öl- oder Abwasserleitungen oder Behälter mit toxischen Stoffen).

§ 12

(1) Zur Sicherung derjenigen bestimmenden bioklimatischen Bedingungen eines Kur- oder Erholungsgebietes, die der medizinischen Zielsetzung des Kur- bzw. Erholungsortes förderlich sind, sind die im bioklimatischen Gutachten festgestellten und geforderten Bedingungen zu schützen oder herzustellen. Bioklimatisch bestimmend sind

a) das thermische Milieu und seine Veränderlichkeit (Lufttemperatur, Luftfeuchtigkeit, Luftbewegung und Wärmestrahlung)
b) das fotoaktinische Milieu und seine Veränderlichkeit (UV-Strahlung und Licht)
c) das luftchemische Milieu und seiner Veränderlichkeit (Luftbeimengungen verursacht durch Abgase von Hausbrand, Industrie, Gewerbe und Verkehr sowie weitere spezielle Kenngrößen der Luftbeschaffenheit)
d) die Wettertypen und ihre meteorologisch-physiologische und meteorologisch-pathologische Wirksamkeit im Kurbereich.

(2) Für Schutzgebiete zur Sicherung der im Abs. 1 genannten bioklimatischen Bedingungen eines Kur- oder Erholungsgebietes werden entsprechend den Vorschlägen im bioklimatischen Gutachten im einzelnen Falle Art und Umfang der Beschränkungen festgelegt, denen die Grundstücksflächen unterworfen werden sollen.
(3) Der Schutz erfolgt, soweit das Kur- oder Erholungsgebiet und seine Umgebung mit Wald bedeckt ist, durch Einstufung der im bioklimatischen Gutachten ausgewiesenen Waldungen in die Gruppe der Schonforsten.

§ 13

Die zur Sicherung des Milieus im Kur- oder Erholungsort gebildeten Schutzgebiete sollen in der Regel den gesamten Kur- bzw. Erholungsort umfassen. Sie können auf den Kur- oder Erholungsbereich beschränkt bleiben, wenn das zur Schaffung und Erhaltung des erforderlichen Milieus ausreichend ist.

§ 16

(1) Veränderungen an den Gewinnungs-, Aufbereitungs- und Verteilungsanlagen natürlicher Heilmittel, die über den Umfang der laufenden Instandhaltung und die Reparatur schadhafter Teile hinausgehen, wie Generalreparaturen, Rekonstruktionen oder Erweiterungen, sowie baulich und sonstige Maßnahmen, die zur Sicherung und Nutzung des natürlichen Heilmittels oder Mineralwassers dienen und in die Schutzzone I fallen, bedürfen der fachlichen Begutachtung durch das Forschungsinstitut für Balneologie und Kurortwissenschaft und das Forschungsinstitut für Mikrobiologie und Hygiene.
(2) Die Bestimmungen des Abs. 1 finden auch Anwendung auf Veränderungen an Trink- und Betriebswassergewinnungsanlagen sowie Abwasserbehandlungsanlagen in den Kurorten. Diese Veränderungen bedürfen der Abstimmung mit der zuständigen Oberflußmeisterei und dem VEB Wasserversorgung und Abwasserbehandlung.

§ 18

In Durchführung der Aufgaben sind die berg- und wasserrechtlichen Bestimmungen zu beachten.

§ 19

Die Institute und Dienststellen, die nach den Prinzipien der wirtschaftlichen Rechnungsführung arbeiten, sind berechtigt, die Gutachten, wissenschaftlichen Stellungnahmen u. a. den Auftraggebern in Rechnung zu stellen.

§ 20

Diese Durchführungsbestimmung tritt mit ihrer Verkündung in Kraft.

[1]) Abgedruckt unter C 04 01 51.

Anweisung über die Rückgewinnung von Sipal und Dentargam

vom 22. Juni 1981
(VuM MfGe Nr. 6 S. 78)

In Durchführung des § 6 des Edelmetallgesetzes vom 12. 7. 1973 (GBl. I Nr. 33 S. 338) und des § 11 der dazu erlassenen Ersten Durchführungsbestimmung vom 12. 7. 1973 (GBl. I Nr. 33 S. 340) wird im Interesse einer vollständigen Erfassung der Rückgewinnung von Silber-Palladium-Legierungen (Sipal) und Dentargam im Einvernehmen mit den Leitern der zuständigen zentralen Staatsorgane folgendes angewiesen:

1.

Die Leiter der Einrichtungen des Gesundheitswesens, in denen eine stomatologische Betreuung von Patienten durchgeführt wird (nachstehend staatliche Einrichtungen genannt), und die in eigener Praxis niedergelassenen Zahnärzte sind verpflichtet zu sichern, daß ausgegliedertes Sipal und Dentargam sowie alle bei der Bearbeitung anfallenden Rückstände gesammelt und der Rückgewinnung zugeführt werden.

2.

(1) Sipal, das **nach** dem 1. Juli 1974 eingegliedert wurde, und Sipalabfälle, die bei der Bearbeitung entstehen, sind in den staatlichen Einrichtungen zu sammeln und dem VEB Münze der DDR, 1020 Berlin, Molkenmarkt 1–3, anzubieten, der Sipal ankauft. Ein Umtausch erfolgt nicht.
(2) Die staatlichen Einrichtungen sind berechtigt, von den vereinnahmten Mitteln den an der Sammlung des Sipal-Materials beteiligten Mitarbeiter eine Sammelprämie in Höhe von 2,– M/g Sipal zu zahlen.
(3) Sipal, das **vor** dem 1. Juli 1974 eingegliedert wurde und damit Eigentum des Patienten ist, haben die staatlichen Einrichtungen und die in eigener Praxis niedergelassenen Zahnärzte dem Patienten zusammen mit einem Ankaufsangebot des VEB Münze der DDR zu übergeben.
(4) Die in eigener Praxis niedergelassenen Zahnärzte sind verpflichtet, Sipalabfälle, die bei der Verarbeitung entstehen, zu sammeln und dem VEB Münze der DDR zum Umtausch anzubieten.
(5) Die in eigener Praxis niedergelassenen Zahnärzte haben Sipalarbeiten, die **nach** dem 1. Juli 1974 angefertigt wurden, nach erfolgter Ausgliederung dem VEB Münze der DDR anzubieten. Ein Umtausch erfolgt nicht. Dafür erhalten sie eine Sammelprämie in Höhe

von 2,— M/g Sipal und sind berechtigt, diese an die an der Sammlung beteiligten Mitarbeiter auszuzahlen.
(6) Die an die beteiligten Mitarbeiter der staatlichen Einrichtungen sowie die an in eigener Praxis niedergelassenen Zahnärzte und deren Mitarbeiter gezahlten Sammelprämien sind gemäß § 3 Abs. 1 Ziff. 7 der Verordnung vom 22. 12. 1952 zur Besteuerung des Arbeitseinkommens steuerfrei.

3.

(1) Die in den staatlichen Einrichtungen und von den in eigener Praxis niedergelassenen Zahnärzten gesammelten reinen Dentargamabfälle sind dem Bezirksfachgeschäft des Versorgungsdepots für Pharmazie und Medizintechnik Karl-Marx-Stadt, 9001 Karl-Marx-Stadt, Elisenstr. 29 anzubieten und von diesem aufzukaufen. Ein Umtausch erfolgt nicht.
(2) Die staatlichen Einrichtungen sind berechtigt, von den vereinnahmten Mitteln den an der Sammlung beteiligten Mitarbeitern eine Sammelprämie in Höhe von 50,— M/kg Dentargamabfälle zu zahlen. Die in eigener Praxis niedergelassenen Zahnärzte erhalten von dem Bezirksfachgeschäft für Pharmazie und Medizintechnik in Karl-Marx-Stadt für die Sammlung der reinen Dentargamabfälle ebenfalls diese Sammelprämie in Höhe von 50,— M/kg Dentargamabfälle.
(3) Die Differenz zu dem staatlichen Ankaufpreis wird durch das Bezirksfachgeschäft für Pharmazie und Medizintechnik in Karl-Marx-Stadt an den Staatshaushalt abgeführt.

4.

In den staatlichen Einrichtungen erfolgt der Nachweis über die vereinnahmten Mittel und gezahlten Prämien gemäß Ziff. 2 Abs. 2 und Ziff. 3 Abs. 2 nach den Festlegungen der Anweisung des Ministers für Gesundheitswesen vom 26. 6. 1975 über die Durchführung von Zahlungen an staatliche Einrichtungen des Gesundheits- und Sozialwesens zur Vergütung an Mitarbeiter außerhalb zweckgebundener Fonds (Verf. u. Mitt. Nr. 14 S. 102).

5.

Die Anweisung vom 18. Juni 1975 über die Verwaltung und Verarbeitung von Edelmetallen in der stomatologischen Betreuung (Verf. u. Mitt. Nr. 13 S. 86)[1]) wird wie folgt geändert:

1. Ziff. 6 Abs. 2 erhält folgende Fassung:

„(2) Über den Empfang von patienteneigenem Edelmetall ist dem Patienten von der Einrichtung eine Quittung auszustellen. Reste von patienteneigenem Edelmetall sind dem Patienten zurückzugeben. Der Empfang des zurückgegebenen Edelmetalls ist durch den Patienten schriftlich auf der Edelmetallabrechnung zu bestätigen. Ein Ankauf von Edel-

metallresten sowie von ausgegliederten prothetischen Arbeiten aus Edelmetall durch die Einrichtung ist nicht statthaft. Ausgegliederte prothetische Arbeiten in Goldlegierungen sind in jedem Falle dem Patienten zurückzugeben. Über die Rückgabe ist eine Austragung in die Karteikarte des Patienten vorzunehmen, die von diesem gegenzuzeichnen ist. Nach dem 1. Juli 1974 verarbeitete Silber-Palladium-Legierungen sind nach notwendiger Ausgliederung der prothetischen Arbeit von den Einrichtungen dem VEB Münze der DDR zum Ankauf anzubieten."
2. In Ziff. 7 Abs. 2 ist der letzte Satz und in Abs. 3 „bzw. zum Umtausch" zu streichen.

6.

Diese Anweisung tritt am 1. August 1981 in Kraft.

[1]) Abgedruckt unter C **03 02** 05.

Anordnung Nr. 1 über die Anerkennung natürlicher Heilmittel

vom 31. Juli 1970
(GBl. II Nr. 71 S. 509)
— Auszug —

Gemäß § 21 Abs. 1 der Kurortverordnung vom 3. August 1967 (GBl. II S. 653)[1]) in Verbindung mit § 8 Abs. 3 der Zweiten Durchführungsbestimmung vom 6. März 1968 zur Kurortverordnung — Verfahren bei Auffinden bzw. bei Anträgen zur Erkundung, Erschließung, staatlichen Anerkennung und Nutzung natürlicher Heilmittel — (GBl. II S. 121)[2]) wird folgendes angeordnet:

§ 1

(1) Das in den Absätzen 2 und 3 näher bezeichnete natürlich vorkommende Peloid (Badetorf) wird als natürliches Heilmittel staatlich anerkannt.
(2) Das natürlich vorkommende Peloid (Badetorf), das als natürliches Heilmittel gemäß Abs. 1 staatlich anerkannt wird, ist ein Niederungsmoor und besitzt:

eine Wasserkapazität von 7 g/g Trockenmasse
ein Sedimentvolumen von 15 cm^3 des natürlichen Torfes
eine Wärmehaltung von 820 s
einen Huminsäuregehalt von 25%.

(3) Der Standort des Torflagers befindet sich in der Gemeinde 1312 Falkenberg (Mark), Ortsteil Amalienhof, Kreis Freienwalde, Bezirk Frankfurt (Oder). Er umfaßt im Flur 1 der Gemarkung Falkenberg (Mark) die in der Anlage[3]) bezeichneten Flurstücke mit den entsprechenden Eintragungen im Liegenschafts- und Grundbuchblatt.

§ 2

Diese Anordnung tritt am 1. September 1970 in Kraft.

[1]) Abgedruckt unter C 04 01 51.
[2]) Abgedruckt unter C 04 01 53.
[3]) Die Anlage ist in dieser Sammlung nicht mit abgedruckt.

Anordnung über die Approbation elektrotechnischer Importerzeugnisse in der Deutschen Demokratischen Republik

vom 2. August 1965
(GBl. II Nr. 82 S. 623)

i. d. F. der Anordnung Nr. 2 vom 11. Dezember 1967
(GBl. II Nr. 122 S. 874),[1])

der Anordnung Nr. 3 vom 8. März 1971
(GBl. II Nr. 33 S. 273)[2])

und der Anordnung Nr. 4 vom 2. Dezember 1971
(GBl. II Nr. 80 S. 715)[3])

— Auszug —

§ 1 Approbationspflicht

(1) Der Approbationspflicht unterliegen im Falle ihres Importes

a) diejenigen elektrotechnischen Erzeugnisse, die in der nach den Rechtsvorschriften über die staatliche Qualitätskontrolle vom *Deutschen Amt für Meßwesen und Warenprüfung (DAMW)*[4]) festgelegten Nomenklatur der anmeldepflichtigen und prüfpflichtigen Erzeugnisse als prüfpflichtig genannt sind:[5])

b) diejenigen Erzeugnisse, die in dem als Anlage beigefügten Zusatz-Verzeichnis der approbationspflichtigen Erzeugnisse enthalten sind.[2])

(2) Die Approbationspflicht gemäß Abs. 1 besteht nicht

a) für Erzeugnisse, deren Import im Rahmen der Realisierung von Spezialisierungs- oder Kooperationsvereinbarungen zwischen den Mitgliedländern des RGW erfolgt; für diese Erzeugnisse gelten hinsichtlich der Qualitätsforderungen und deren Kontrollen die Festlegungen der genannten Vereinbarungen;

b) soweit es sich um Einzel- und Kleinserienerzeugnisse, Sondererzeugnisse, Erzeugnisse für den Forschungsbedarf und für die bewaffneten Organe der Deutschen Demokratischen Republik sowie um Erzeugnisse handelt, die durch die Anwender von Anlagen bezogen werden und in die Anlagen beim Anwender eingehen;

c) für Erzeugnisse, die hinsichtlich der Prüfung ihrer Eignung für den vorgesehenen Gebrauch in der Deutschen Demokratischen Republik einer Kontrolle, Zulassung, Abnahme oder Freigabe durch die Deutsche Schiffs-Revision und Klassifikation (DSRK), die Deutsche Post, die Deutsche Reichsbahn oder die Oberste Bergbehörde der Deutschen Demokratischen Republik unterliegen.[3])

(3) Bei Vorliegen dringender volkswirtschaftlicher Belange kann die Einbeziehung weiterer elektronischer Importerzeugnisse in die Approbationspflicht oder die befristete oder un-

befristete Aufhebung der Approbationspflicht für gemäß Abs. 1 approbationspflichtige Importerzeugnisse angewiesen werden. Die Einbeziehung und die unbefristete Aufhebung erfolgen durch den Präsidenten des *Deutschen Amtes für Meßwesen und Warenprüfung (DAMW)*[4]) im Einvernehmen mit dem Minister für Elektrotechnik und Elektronik, die befristete Aufhebung durch den Leiter der Fachabteilung *Elektronik*[9]) des *DAMW*[4]) im Einvernehmen mit dem zuständigen bilanzierenden Organ bzw., wenn das bilanzierende Organ ein volkseigener Betrieb ist, mit dem Generaldirektor der zuständigen Vereinigung Volkseigener Betriebe (VVB).[1])

§ 2 Anmeldung zur Approbation

(1) Approbationspflichtige Erzeugnisse, die in die Deutsche Demokratische Republik eingeführt werden sollen, sind vom ausländischen Hersteller oder dessen Vertreter in der Deutschen Demokratischen Republik beim *DAMW*,[4]) Fachabteilung *Elektrotechnik*[9,6]) zur Approbation anzumelden. Sofern die Anmeldung nicht durch den Hersteller selbst, sondern durch seinen Vertreter in der Deutschen Demokratischen Republik erfolgt, ist eine Vollmacht des Herstellers vorzulegen.
(2) Erfolgt für ein approbationspflichtiges Erzeugnis, dessen Import aus volkswirtschaftlichen Gründen notwendig ist, keine Anmeldung gemäß Abs. 1, so hat das für dieses Erzeugnis zuständige bilanzierende Organ die Anmeldung vorzunehmen. Die Anmeldung kann auch vom Besteller vorgenommen werden. Der Antragsteller übernimmt damit alle Rechte und Pflichten, die sich aus den §§ 3 bis 5 und 7 ergeben.

§ 3 Approbationsprüfung

(1) Das *DAMW*[4]) bestätigt dem Antragsteller die Anmeldung zur Approbation und fordert ihn zur Einreichung der Prüfmuster einschließlich der dazugehörigen Dokumentation auf. Die geforderten Unterlagen sind in deutscher Sprache einzureichen, andernfalls erfolgt die Übersetzung auf Kosten des Antragstellers.
(2) Die Approbationsprüfung erfolgt nach den in der Deutschen Demokratischen Republik gültigen Prüfvorschriften und Sicherheitsbestimmungen.
(3) Bei Änderung der in der Deutschen Demokratischen Republik gültigen Prüfvorschriften und Sicherheitsbestimmungen wird die Approbationsprüfung wiederholt, um festzustellen, ob die approbierten Erzeugnisse den geänderten Bestimmungen weiterhin entsprechen.
(4) Bei wesentlichen Änderungen der in der Deutschen Demokratischen Republik gültigen Prüfvorschriften und Sicherheitsbestimmungen wird die Approbation unter Einhaltung einer angemessenen Frist für ungültig erklärt.

§ 4 (Auszug) Approbation

(1) Die Approbation wird vom *DAMW*[4]) nach bestandener Approbationsprüfung erteilt. Sie kann mit Auflagen verbunden oder befristet erteilt werden.
(4) Mit Erteilung der Approbation erhält das *DAMW*[4]) das Recht, auf Kosten des Her-

stellers sowohl in der Produktion als auch im Handel Proben zu entnehmen und ihre Übereinstimmung mit dem Approbationsmuster zu kontrollieren.
(5) Bei Nichtbeachtung der im Abs. 3 getroffenen Festlegungen kann die Approbation widerrufen und die Approbationsurkunde zurückgezogen werden.

§ 5 Approbationszeichen

(1) Das *DAMW*[4]) erteilt mit der Approbation dem Antragsteller die Berechtigung zur Führung des Approbationszeichens des *DAMW*[4]) (s. Anlage).[7])
(2) Diese Berechtigung gilt nur für den Antragsteller und für diejenigen Erzeugnisse, welche in der Approbationsurkunde aufgeführt sind und den vorgelegten Prüfmustern in allen Punkten entsprechen. Sie kann vom *DAMW*[4]) in begründeten Fällen entzogen werden.
(3) Die nach der Approbation in die Deutsche Demokratische Republik importierten Erzeugnisse müssen mit dem Approbationszeichen des *DAMW*[4]) dauerhaft gekennzeichnet sein.

§ 8 Schlußbestimmungen

(3) Diese Anordnung gilt für alle elektrotechnischen Importerzeugnisse, die vom 1. Januar 1966 an in die Deutsche Demokratische Republik eingeführt werden.[8]) Das *DAMW*[4]) kann für Lieferungen aus Importverträgen, die vor diesem Zeitpunkt abgeschlossen wurden und deren Änderung zur Anpassung an dieser Anordnung nicht durchgesetzt werden kann, Ausnahmen zulassen.

Anlage (Auszug)

zu vorstehender Anordnung

Zusatz-Verzeichnis der approbationspflichtigen Erzeugnisse

13681211 Aufnahmetische, Patientenlagerungstische für medizinische Röntgenaufnahmen
13681212 Aufnahmestative für medizinische Röntgenaufnahmen
13681219 Sonstige Geräte für medizinische Röntgenaufnahmen
13681300 Röntgenröhrenschutzgehäuse für Diagonstik-Einrichtungen
13681470 Röntgen-Bewegungsvorrichtung für Streustrahlenraster
13681600 Röntgenfilm-Betrachtungseinrichtungen
13682000 Therapeutische Röntgeneinrichtungen
13683000 Medizinische Strahlungsmeßeinrichtungen
13684000 Medizinische Hochvoltbestrahlungseinrichtungen
13685000 Medizinische Infrarot-Licht- und Ultraviolett-Bestrahlungseinrichtungen
13686200 Elektronische Meß- und Registriereinrichtungen und -geräte für medizinisch-physikalische Größen

13686300 Elektronische Meß- und Registriereinrichtungen und -geräte für thermisch-physiologische Größen
13686400 Elektronische Meß- und Registriereinrichtungen und -geräte für chemisch-physiologische Größen
13687100 Geräte zur nichtelektrischen Reizung
13687200 Geräte zur elektrischen Reizung (Reizstromgeräte)
13687300 Iontophorese-, Elektroherdtest-Geräte
13688000 Medizinisch-elektronische Hilfs-, Substitutions-, Regel- und Recheneinrichtungen und -geräte
13689000 Spezialzubehör, Einzel- und Ersatzteile für radiologische und medizinisch-elektronische Erzeugnisse
13736000 Elektroakustische Verstärker (ohne für kommerzielle Tonfilmzwecke)
13858250 Spezialkameras

[1]) Durch die AO Nr. 2, in Kraft getreten mit ihrer Veröffentlichung am 22. 12. 1967, wurde § 1 Abs. 2 neu gefaßt, hat Abs. 3 die vorliegende Fassung erhalten und wurde an § 2 der Abs. 2 angefügt.

[2]) Durch die AO Nr. 3, in Kraft getreten mit ihrer Veröffentlichung am 26. 3. 1971, hat § 1 Abs. 1 die vorliegende Fassung erhalten. Für Erzeugnisse, für die die Approbationspflicht neu eingeführt wurde, findet die Approbationsordnung keine Anwendung auf Lieferungen aus Importverträgen, die vor Veröffentlichung der AO Nr. 3 bereits abgeschlossen waren. Für die übrigen der Approbationsordnung neu unterstellten Erzeugnisse trat die AO Nr. 3 erst vier Monate nach ihrer Veröffentlichung in Kraft.

[3]) Durch die AO Nr. 4, in Kraft getreten mit ihrer Veröffentlichung am 20. 12. 1971, hat § 1 Abs. 2 die vorliegende Fassung erhalten.

[4]) Jetzt: Amt für Standardisierung, Meßwesen und Warenprüfung (ASMW).

[5]) Hierfür gilt gegenwärtig die AO vom 20. 10. 1980 über die Anmeldepflicht und Prüfpflicht auf dem Gebiet der staatlichen Qualitätskontrolle (GBl. SDr. Nr. 803/4).

[6]) Anm. im GBl.: Anschrift: DDR 8027 Dresden, Georg-Schumann-Str. 7.

[7]) Gemäß TGL 3933 „Gütezeichen, Approbationszeichen“ Ausgabe Nr. 12/1973 gilt als Approbationszeichen ein auf der Basis stehendes Dreieck mit abgerundeten Ecken und der Inschrift $\overset{A}{SMW}$.

[8]) Bei elektrotechnischen Konsumgüter-Importen aus der UdSSR entfällt die Approbation (VuM ASMW Nr. 2/1973 S. 11).

[9]) Jetzt: Fachabteilung Elektronik und Elektrotechnik.

Information Nr. 6/76 für Bezirksapotheker aus dem Institut für Arzneimittelwesen der DDR

vom 11. Mai 1976
— Auszug —

Betr.: Freigabe von chargenweise im Apothekenwesen hergestellten Zubereitungen bei Qualitätsmängeln

Bei Vorliegen von Qualitätsmängeln chargenweise hergestellter Zubereitungen in den Versorgungszentren sollte bis auf weiteres wie folgt verfahren werden:
Stellt die Struktureinheit „Qualitätssicherung" beim Versorgungszentrum fest, daß eine ... hergestellte Charge nicht den Anforderungen der Gütevorschrift entspricht, kann über die eventuelle Freigabe mit Ausnahmegenehmigung die Abteilung Qualitätssicherung und Standardisierung der Bezirksdirektion[1]) (ggf. nach Rückfrage beim IFAR), entscheiden.
Dabei wird davon ausgegangen, daß die Rezepturen für die subindustrielle Produktion vorrangig die SR darstellen, für die im Band Rezepturen des Arzneibuches der DDR Gütevorschriften vorhanden sind (bzw. laufend erarbeitet werden).
Für territoriale Vorschriften müßten Gütevorschriften erarbeitet werden, sofern die Querschnittsnormen des AB-DDR allein nicht ausreichend sind.

[1]) Bezeichnung z. Z. nicht einheitlich.

Verfügung Nr. 25/72 des Deutschen Institutes für Arzneimittelwesen[1])

vom 24. Mai 1972

Betr.: Injektions- und Infusionslösungen, die in Apotheken oder Einrichtungen des Blutspende- und Transfusionswesens hergestellt worden sind.

Bei aus Gründen von Qualitätsbeanstandungen erfolgenden Einsendungen von angebrochenen Behältnissen an das IFAR ist nach Möglichkeit ein Originalbehältnis derselben Charge mitzureichen. Dies ist erforderlich, weil Umfang und Zahl der in den genannten Einrichtungen gefertigten Chargen die Haltung von Rückstellmustern im Regelfall nicht zulassen.

[1]) Jetzt: Institut für Arzneimittelwesen der DDR.

Information Nr. 6/78 für TKO(P)-Leiter aus dem Institut für Arzneimittelwesen der DDR

vom 14. Dez. 1978
— Auszug —

Betr.: Deklaration von Konservierungsmitteln bei Arznei- und Gesundheitspflegemitteln

Mit Schreiben des Institutes für Arzneimittelwesen der DDR vom 13. Dez 1978 wurden die in Betracht kommenden Hersteller von Arznei- und Gesundheitspflegemitteln beauflagt, mit Wirkung vom 1. Juli 1979 alle eingesetzten Konservierungsmittel zu deklarieren.
Diese Forderung wird in Übereinstimmung mit Anregungen von Ärzten und Apothekern zur Absicherung der Verträglichkeit von Arznei- und Gesundheitspflegemitteln und zwecks eindeutiger Erkennbarkeit der Verwendbarkeitsdauer angebrochener Injektionspräparate in Mehrdosenbehältern (s. 2. AB-DDR) erhoben.
Die „Information Nr. 14/78 für Bezirksapotheker aus dem Institut für Arzneimittelwesen der DDR" vom 13. Dez. 1978 enthält hierzu folgenden Zusatz:

Die gem. 2. AB-DDR **unterschiedliche Verwendbarkeitsdauer für konservierte und nicht konservierte Injektionszubereitungen in angebrochenen Mehrdosenbehältern** (XIV, 13. 0. 4.) gilt **nicht generell für Injektionszubereitungen**, sondern **nur dann, wenn** diese Injektionszubereitungen **in Mehrdosenbehältern** enthalten sind. Mehrdosenbehälter, d. h. zur mehrmaligen Entnahme bestimmte bzw. geeignete Behältnisse für Injektionszubereitungen sind Injektionsflaschen. Einfache Ampullen, die z. B. nach Entnahme der für einen bestimmten Patienten erforderlichen Dosis noch soviel Injektionslösung enthalten, daß ein weiterer Patient versorgt werden könnte, werden auch dann nicht zum Mehrdosenbehälter im Sinne der genannten Festlegung, wenn die enthaltene Injektionszubereitung ein Konservierungsmittel enthält. In beiden Fällen könnte zwar unmittelbar im Anschluß an die Entnahme der ersten Hälfte des Ampulleninhaltes für den Patienten A, die zweite Hälfte für den Patienten B entnommen werden. Eine Aufbewahrung des Restinhaltes einer angebrochenen Ampulle zur späteren Applikation innerhalb der für Mehrdosenbehälter geltenden Fristen ist aber im Interesse des Gesundheitsschutzes keinesfalls diskutabel, und wir hoffen, daß es heute keine Fälle mehr gibt, in denen mit Pflaster verklebte angebrochene Ampullen für eine wiederholte Entnahme aufbewahrt werden.

Information Nr. 1/78 für Bezirksapotheker aus dem Institut für Arzneimittelwesen der DDR

vom 16. Januar 1978
— Auszug —

Betr.: Quecksilber(II)-chlorid-Lösung, Kennzeichnung

Es wird darauf hingewiesen, daß mit Inkrafttreten des 2. AB-DDR nur noch die 0,1%ige Quecksilber(II)-chlorid-Lösung offiziell ist.
In den SR 75 ist sie als „Solutio Hydrargyri bichlorati 0,1%" enthalten. Da es sich um ein Arzneimittel handelt, entfällt auf den Behältnissen dieser Flaschen die Kennzeichnung als Gift.[1])

[1]) Gilt z. Z. für Arzneifertigwaren, Standardrezepturen und Arzneien.

Verfügung 47/65 des Institutes für Arzneimittelwesen der DDR

vom 9. Dezember 1965
i. d. F. vom 1. Januar 1982

Betr.: Verlängerung der Verwendbarkeitsdauer von Arzneimitteln

Arzneimittel können über die deklarierte Verwendbarkeitsdauer hinaus abgegeben werden, wenn sie mit entsprechenden Verlängerungsetiketten versehen sind.
Diese Aufklebeetiketten müssen so auf den Packungen angebracht werden, daß die durch das Arzneimittelgesetz vorgeschriebenen Kennzeichnungen nicht verdeckt werden.
Die Etiketten dürfen nur für solche Arzneimittel verwendet werden, die vom Institut für Arzneimittelwesen der DDR pharmazeutisch überprüft und freigegeben worden sind. Ferner muß gewährleistet sein, daß die mit Verlängerungsetiketten versehenen Arzneimittel seit ihrer Herstellung ordnungsgemäß gelagert worden sind. Ein Inverkehrbringen abgelaufener Arzneimittel ohne Verlängerungsetiketten ist nicht zulässig. Eine Verlängerung der deklarierten Verwendbarkeitsdauer ist im Regelfall nur einmal möglich.
Anträge zur Überprüfung länger gelagerter Arzneimittel können drei Monate vor Ablauf der Verwendbarkeitsdauer gestellt werden von

a) Bezirksapothekern für die Apotheken und sonstigen Bestände (ausgenommen VD)
b) Versorgungsdepots[1])
c) sonstigen Dienststellen außerhalb des Bereiches des Ministeriums für Gesundheitswesen.

Aus den Anträgen muß die Menge der zur Überprüfung anstehenden Arzneimittelcharge hervorgehen. Mit den Anträgen ist ein repräsentatives Muster des Arzneimittels dem Institut für Arzneimittelwesen der DDR einzusenden.
Die Entscheidung über die Anträge wird mitgeteilt:

a) den antragstellenden Dienststellen
b) allen Bezirksapothekern

Bezirksapotheken wird ein Vorrat an Verlängerungsetiketten übergeben, über dessen Verwendung gem. Anlage ein Nachweis zu führen ist.
Nachbestellung von Etiketten muß sechs Monate vor dem Bedarfsfall im Institut für Arzneimittelwesen der DDR vorliegen, ausgenommen Verlängerungsaktionen, die die normale Vorratshaltung von Etiketten überschreiten.
Im Rahmen der jährlichen Berichterstattung ist dem Institut für Arzneimittelwesen der DDR die Summe – ausgedruckt in TM – der durch die Verlängerungen erhaltenen Werte mitzuteilen.

[1]) Einzelheiten regelt eine Vereinbarung SVPM/IFAR vom 1. 9. 1979.

Anlage

Muster eines Nachweises der Verlängerungsetiketten für eine Frist von .... Monaten

Nummer der IFAR-Mitteilg.	Arzneimittel	Charge	Zahl der Packungen	Wert der verl. Pack. (EVP)	Buchstabe und Nummer der Etiketten*)		Empfänger (Entfällt bei Ausfüllg. durch VD)	Datum der Weitergabe (Entfällt bei Ausfüllg. durch VD)
					von	bis		

*) Entfällt bei Haftetiketten.

Information Nr. 2/76 für Bezirksapotheker aus dem Institut für Arzneimittelwesen der DDR

vom 9. Februar 1976
— Auszug —

Betr.: Etiketten zur Verfalldatenüberwachung

Der VEB Pharmapack Dresden ist bereit, Etiketten des abgebildeten Musters in der Größe 58 × 95 mm zu drucken. Das Etikett erleichtert dem Apotheker die Kontrolle von Arzneimitteln auf Stationen etc. und hilft insbesondere bei der Überwachung der Verfalldaten der in diesem Bereich lagernden Arzneimittel. Es sollte an Kühlschränken, Regalen, Arzneimittelschränken angebracht werden.
Da eine Aufnahme in den Etikettenkatalog nicht erfolgt, müßten die Bestellungen der Bezirke an den VEB Pharmapack Dresden gerichtet werden.

Prüfungstermine für verfallbedrohte Arzneimittel

Tag/Monat/Jahr	durchgeführt von
1.	
2.	
3.	
4.	
5.	

Es wird empfohlen, nach durchgeführter Prüfung den nächsten Termin in der folgenden Zeile vorzumerken!

Verfügung 5/70 des Institutes für Arzneimittelwesen der DDR

vom 27. Januar 1970

Betr.: Anbringen der Gebrauchsanweisung auf Arzneifertigwaren in Sonderfällen

Soweit bei Arzneifertigwaren aller Art die Anbringung der Gebrauchsanweisung auf der inneren Umhüllung eines Arzneimittels gemäß § 24 Absatz 4 der 1. DB zum AMG nicht möglich ist und sich auch das Verfahren nach Ziffer 7.2 der Richtlinie Nr. 1 zum AMG nicht anwenden läßt, ist die Gebrauchsanweisung nach folgendem Muster[1]) auf einem gesonderten Formular zu vermerken, das dem Patienten mitgegeben wird:

Herr/Frau/Kind ☐☐ Anfangsbuchstaben Vor- und Familienname

Gebrauchsanweisung zum Arzneimittel:

mal täglich	Tabletten
morgens	Dragees
mittags	Kapseln
abends	Tropfen
am Tag	Eßlöffel
ab Tag	Teelöffel
ab Tag	Ampullen
bei Bedarf	Zäpfchen einführen
	Globuli einführen
	einreiben
	vor/nach den Mahlzeiten
	Zutreffendes kenntlich machen!

Andere Arzneimittel nur mit Zustimmung Ihres Arztes anwenden!

Formblatt bei Abholung des Arzneimittels in der Apotheke vorlegen!
Bei erneuter Verordnung des Arzneimittels ist diese Gebrauchsanweisung Arzt und Apotheker vorzulegen.

[1]) Erhältlich beim Vordruck-Leitverlag Freiberg, Außenstelle Dresden, Bestell-Nr. 9656.

Rundschreiben Nr. 6/69
des Institutes für Arzneimittelwesen der DDR

vom 2. 6. 1969
i. d. F. vom 1. 7. 1980

Betr.: Abgabe von Plazebo-Präparaten

1. Bei erwünschter Verordnung von Plazebos sollte auf Arzneifertigwaren zurückgegriffen werden, die geeignete Wirkstoffe in hinreichend großer Verdünnung enthalten.
Die Präparate können je nach Wunsch des Arztes entweder als Original-Packung (Tabl., Tropfen) oder in einer rezepturmäßig daraus angefertigten noch größeren Verdünnung als Plazebo abgegeben werden.
2. Sollten die unter 1 genannten Arzneifertigwaren individuell nicht geeignet sein oder der Patient auf der Verschreibung bestimmter Wirkstoffe bestehen, ist vorzugsweise eine rezepturmäßige Anfertigung anzustreben, in der die Wirkstoffe in geeigneten Mengen zu einer Arzneiform verarbeitet werden (Konzentrationsangaben im Dezimal- bzw. Centesimalsystem; Verdünnungsvorschriften siehe Standard-Rezepturen.)
3. Soweit weder nach 1 oder 2 verfahren werden kann, ist im Einzelfall so vorzugehen, daß dem Arzt zur unmittelbaren Abgabe Plazebo-Präparate übergeben werden.
Als Deklaration ist zu wählen „gemäß Vorschrift Dr. (Name des Arztes)“. Keinesfalls darf eine Angabe gemacht werden, die beim Vorweisen der Packung bei anderen Ärzten oder in Apotheken zu Komplikationen und Zwischenfällen führen kann.
4. Festlegungen des ZGA im Zusammenhang mit der 12. DB zum AMG werden durch Ziff. 1 bis 3 nicht berührt.

Anordnung Nr. 2 über die Rahmenrichtlinie für die einheitliche Gestaltung und Anwendung des Zentralen Artikelkatalogs der Volkswirtschaft der DDR

vom 19. November 1976
(GBl.-SDr. Nr. 890)

i. d. F. der AO Nr. 3[1]) vom 11. September 1978
(GBl. I Nr. 32 S. 355)

— Auszug —

Zur weiteren Durchsetzung der einheitlichen Artikelkatalogisierung in der Volkswirtschaft wird im Einvernehmen mit den Leitern der zuständigen zentralen Staatsorgane folgendes angeordnet:

§ 1

Die Rahmenrichtlinie für die einheitliche Gestaltung und Anwendung des Zentralen Artikelkatalogs (Anlage) ist für alle Bereiche der Volkswirtschaft der DDR verbindlich.

§ 2

Die Minister und Leiter anderer zentraler Staatsorgane haben die für ihren Verantwortungsbereich herausgegebenen Richtlinien für die Artikelkatalogisierung der Neufassung der Rahmenrichtlinie anzupassen.

§ 3

(1) Diese Anordnung tritt mit ihrer Veröffentlichung in Kraft.
(2) Gleichzeitig tritt die Anordnung (Nr. 1) vom 13. November 1972 über die Rahmenrichtlinie für die einheitliche Gestaltung des Zentralen Artikelkatalogs der Volkswirtschaft der DDR (Sonderdruck Nr. 746 des Gesetzblattes) außer Kraft.

Berlin, den 19. November 1976

Anlage
zu vorstehender Anordnung

Rahmenrichtlinie für die einheitliche Gestaltung und Anwendung des Zentralen Artikelkatalogs der Volkswirtschaft der DDR (ZAK)

Gliederung Seite

0. Grundsätze

0.1. Der Zentrale Artikelkatalog der Volkswirtschaft der DDR ist ein verbindliches zentrales Arbeitsmittel zur Rationalisierung der vielfältigen Informationsprozesse, insbesondere

- in den Absatz- und Versorgungsprozessen aller Wirtschaftsbereiche (Anwendung für Wirtschaftsvertrag und Rechnungslegung), mit Ausnahme der Bestell- und Lieferbeziehungen zum Konsumgüterbinnenhandel und zwischen dem Konsumgütergroß- und -einzelhandel,
- in der Produktionsvorbereitung (Information über die lieferfähigen Artikelsortimente und zu anderen in diesen Bereichen geeigneten Zwecken),
- in der Planung, Bilanzierung, Rechnungsführung und Statistik, bezogen auf die verbindliche Zuordnung der Artikel zu den ELN-Positionen, wobei die Ausarbeitung der Volkswirtschaftspläne und die staatliche Berichterstattung auf der Grundlage der ELN erfolgt,

als wissenschaftlich-technische Dokumentation und Information.

0.2.1. Katalogisierungspflichtig sind alle bestell- und lieferfähigen Artikel aus der DDR-Produktion und aus Importen, die ständig wiederkehrend geliefert werden.

0.2.2. Nicht katalogisierungspflichtig sind spezifische Artikel, die auf Vorschlag der Herstellerbetriebe durch die BAK der zentralen Staatsorgane in Abstimmung mit dem ZBA festgelegt werden.
Dazu gehören z. B.:

- Artikel, die nur für den innerbetrieblichen Verbrauch produziert werden;
- Artikel, die nach besonderen Wünschen der Bedarfsträger gefertigt werden (z. B. Sonderfertigung);
- kurzzeitig (bis etwa 1 Jahr) wechselnde Artikel (z. B. modische Artikel, Kunstgewerbeartikel, Verlagserzeugnisse oder ähnliche Artikel);
- Artikel aus speziellen Importen;
- Artikel, die ausschließlich für den direkten Export bestimmt sind;
- komplette Industrieanlagen gemäß ALN-Positionen.

0.2.3. In Zweifelsfällen entscheidet über die Katalogisierungspflicht das für den Katalog verantwortliche zentrale Staatsorgan in Abstimmung mit dem Ministerium für Materialwirtschaft.

0.2.4. (1) Zur Durchsetzung einheitlicher durchgängiger Erzeugnisbezeichnungen in der Volkswirtschaft sind für alle bestell- und lieferfähigen Artikel aus der DDR-Produktion und aus Importen, einschließlich der Ersatzteile, 16stellige Artikelnummern und Bezeichnungstexte gemäß dieser Rahmenrichtlinie zu bilden.
(2) Die Büros bzw. die Verantwortlichen für Artikelkatalogisierung (BAK bzw. VAK) der zentralen staatlichen Organe sind verantwortlich für die Registratur aller vergebenen Artikelnummern. Die Verantwortung über die zu registrierenden Artikelnummernbereiche geht aus dem Abschnitt 10 hervor.
(3) Die von den BAK bzw. VAK vorgegebenen Artikelnummern und festgelegten Verschlüsselungsbedingungen sind für das zu numerierende Sortiment verbindlich anzuwenden.

0.2.5. Grundsätzlich sind für alle Artikel, die an die bewaffneten Organe geliefert werden, Artikelkatalogblätter auszuarbeiten. Für diese Artikelkatalogblätter gelten die Festlegungen dieser Rahmenrichtlinie. Besonderheiten der Verfahrensweise für die Erarbeitung und Weiterleitung sowie Änderung und Ergänzung dieser Artikelkatalogblätter sind vom Ministerium für Nationale Verteidigung mit den BAK bzw. VAK der zentralen staatlichen Organe festzulegen.

0.3.1. (1) Die Leiter der Betriebe, Kombinate und Einrichtungen aller Eigentumsformen (nachfolgend Herstellerbetriebe genannt), die katalogisierungspflichtige Artikel produzieren, bzw. die Leiter der Importbetriebe[2]), die katalogisierungspflichtige Artikel importieren, sind zur einheitlichen Artikelkatalogisierung gemäß dieser Rahmenrichtlinie verpflichtet.
(2) Betriebe des Produktionsmittelhandels oder andere Lieferbetriebe, die impor-

tierte Erzeugnisse vertreiben, sind zur Zuarbeit für die Artikelkatalogisierung gegenüber dem zuständigen Importbetrieb verpflichtet.

0.3.2. Die Herstellerbetriebe bzw. Importbetriebe sind dafür verantwortlich, daß für standardisierte Artikel die im Gesetzblatt Sonderdruck ST verkündeten staatlichen Standards (DDR- und Fachbereich-Standards) für die Artikelkatalogisierung zugrunde gelegt werden und daß generell die Festlegungen der Standardisierungsverordnung vom 21. November 1967 (GBl. II Nr. 90 S. 665)[3]) eingehalten werden.

0.3.3. Bei der Ausarbeitung der Kataloge ist durch die Herstellerbetriebe eine Abstimmung mit den hauptsächlichen Bedarfsträgern bzw. deren übergeordneten Organen herbeizuführen.

0.4. (1) Die Leiter der Herstellerbetriebe und Importbetriebe tragen die Verantwortung für den technischen und ökonomischen Inhalt des ZAK.

(2) Der Änderungsdienst für die Kataloge des ZAK hat mit der Abgabe der Katalogmanuskripte bei den BAK bzw. VAK zu beginnen. Dabei sind die Fristen gemäß Abschnitt 7.3. dieser Rahmenrichtlinie zu beachten.

0.5. (1) Für die Belange der Rationalisierung der technischen Produktionsvorbereitung (Projektierung, Konstruktion und Technologie) werden Kataloge mit erweitertem Informationsgehalt gemäß TGL 31343/01 bis 03 unter Einhaltung der Grundsätze dieser Rahmenrichtlinie zugelassen.

(2) Die Erarbeitung und Anwendung dieser Kataloge ist mit dem zuständigen AUTEVO-Forschungsleitzentrum abzustimmen und beim Ministerium für Materialwirtschaft zu beantragen.

(3) Ausgenommen von der Beantragung sind betriebliche Arbeitskataloge, die nicht für den zwischenbetrieblichen Bestell- und Lieferverkehr verwendet werden.

0.6. (1) Die einheitliche Artikelnummer und der einheitliche Bezeichnungstext sind datenverarbeitungsgerecht so aufzubauen, daß einem definierten Teil des Bezeichnungstextes ein entsprechender Teil der Artikelnummer zugeordnet ist. Das Einordnen von anderen Bestell-Nummern im einheitlichen Bezeichnungstext ist nicht zulässig.

Dabei ist zu berücksichtigen, daß die Bezeichnungstexte aus Merkmalskombinationen zusammengesetzt werden.

(2) In der einheitlichen Bezeichnung der Artikel können zusätzlich mit dem Vorsatz ZS (Zusatzspezifikation) zu Beginn einer neuen Zeile am Ende des Bezeichnungstextes alphanumerische Angaben aufgenommen werden, die nicht in der einheitlichen Artikelnummer erfaßt sind (Artikelgruppen mit sehr hoher Variantenzahl). Dabei ist zu beachten, daß technische Merkmale in der Zusatzspezifikation nicht preiswirksam werden. Ihre Anwendung bedarf der Zustimmung des Zentralen Büros für Artikelkatalogisierung.

(3) Bei Bildung des einheitlichen Bezeichnungstextes ist die Deskriptorenschreibweise anzuwenden (Methodische Rahmenregelung zur Erarbeitung von Thesauren vom Januar 1973 – ZIID –).

0.7. Entscheidungen über die Festlegung des Geheimhaltungsgrades „Nur für den Dienstgebrauch“ treffen die für die jeweiligen Kataloge verantwortlichen zentralen staatlichen Organe.

3. Gestaltung und Gliederung der Artikelkataloge

3.1. (1) Das Artikelsortiment der DDR ist gemäß Abschnitt 10 in Kataloge aufzuteilen. Die Unterteilung der Kataloge durch Register und Zwischenregister ist in der weiteren Stellengliederung der ELN mit deren Bezeichnung vom BAK vorzunehmen.
(2) Die in einem Katalog zu erfassenden Artikel sind grundsätzlich nach der Reihenfolge der Systematik der Erzeugnis- und Leistungsnomenklatur zu ordnen.

3.2. Als Ordnungsmittel für die Kataloge werden Mappen im Format A 5 mit Reißmechanik eingesetzt.

3.3. (1) In jedem Katalog ist im Register 0 das Übersichtsverzeichnis und in den Registern
0.1. das Inhaltsverzeichnis
0.2. das Sachwortverzeichnis
0.3. die Benutzeranleitung
0.4. das Herstellerverzeichnis und
0.5. die Hinweise zum Änderungsdienst
unterzubringen.
Weitere Untergliederungen sind zulässig.
(2) Die Register 1 bis n sind für die Artikelgruppen einzusetzen. Der Registersatz muß sich bei mehrbändigen Katalogen über alle Bände verteilen.

3.4. Als Sortiermerkmal für die Drucklegung und zur Einarbeitung von Änderungen und Ergänzungen der Kataloge sind die einzelnen Artikelkatalogblätter mit einer Seitennummer in der rechten unteren Ecke zu versehen.
Seitennummer besteht aus
Katalognummer XXX XX/ ,
Register bzw. Zwischenregister X.XXX/ ,
Seitenzahl innerhalb des Registers bzw.
Zwischenregister XXX.
Die angegebene Stellenzahl für die Katalog-, Register- und Zwischenregister-Nr. ist die maximal mögliche Stellenzahl. Die Seitenzahl kann — vorwiegend bei Ergänzungen — weiter dekadisch gegliedert werden.

4. Inhalt der Artikelkataloge

4.1. Jeder Katalog enthält in nachstehender Reihenfolge
Übersichtsverzeichnis
Inhaltsverzeichnis

Sachwortverzeichnis
Benutzeranleitung
Herstellerverzeichnis
Hinweise zum Änderungsdienst
und in den Registern 1 bis n
Preisblätter (soweit zugelassen)
Artikelkatalogblätter mit Artikelnummern
Zusatzinformationen

4.1.1. Das Inhaltsverzeichnis enthält für jeden Katalog alle Artikelgruppenbezeichnungen bzw. Artikelbezeichnungen der Artikelkatalogblätter mit Angabe der Register- und Seitennummer. Es ist in der Reihenfolge der Artikelkatalogblätter vom BAK bzw. VAK aufzustellen.

4.1.2. Das Sachwortverzeichnis ist in Deskriptorenschreibweise vom BAK bzw. VAK zu erarbeiten.
Es enthält alle Artikelbezeichnungen der Artikelkatalogblätter in alphabetischer Reihenfolge, ebenfalls mit Angabe der Register- und Seitennummer.

4.1.3. Die Benutzeranleitung besteht aus einem einheitlichen, vom ZBA herausgegebenen Teil und einem vom BAK bzw. VAK erarbeiteten katalogspezifischen Teil, in den alle methodischen Hinweise, die zur Arbeit mit dem Katalog erforderlich sind, aufgenommen werden.

4.1.4. Das Herstellerverzeichnis enthält die Betriebsnummern, die vollen Anschriften sowie Telefonnummern und Telex-Nummern aller Hersteller- und Importbetriebe, bzw. Lieferer, von denen Artikel im Katalog aufgenommen sind bzw. die Bestellungen entgegennehmen. Kurzzeichen für den Herstellerbetrieb können verwendet werden.

4.1.5. Unter Hinweise zum Änderungsdienst können Anleitungen für die Herstellerbetriebe zur Führung des Änderungsdienstes aufgeführt werden. Außerdem sind in diesem Register die Änderungsmitteilungen abzuheften.

4.1.6. Jedem Register für Artikelkatalogblätter sind Preisblätter voranzustellen, die die Seitennummernbezeichnung P 1 bis P n tragen.
Die Preisblätter müssen mindestens enthalten:

Artikelnummer, Seitennummer und Industrieabgabepreis bzw. Grundpreis mit Zuschlägen oder Abschlägen.

Die Angabe von mehreren Preisen, z. B. IAP und EVP, ist zulässig.
Über die Veröffentlichung von Preisen entscheiden die zuständigen Fachministerien.

4.2. In jedem Katalog können zusätzlich eingeordnet werden:

Lieferbedingungen, Gewährleistungsfragen,
Hinweise auf Rechtsvorschriften,

Lieferfristen, zusätzliche technische Informationen, Kundendiensthinweise, Projektierungs- und Konstruktionsrichtlinien.

4.3. Register in Katalogen, die vorläufig nicht belegt werden, sind im Inhaltsverzeichnis mit dem Grund der Nichtbelegung auszuweisen.

6. Gestaltung und Erarbeitung der Artikelkatalogblätter

6.1. (1) Die Artikelkatalogblätter sind nach der Methodik für die Herstellung des Zentralen Artikelkataloges der Volkswirtschaft der DDR vom Dezember 1975 zu gestalten (Herausgeber: Ministerium für Materialwirtschaft, Zentrales Büro für Artikelkatalogisierung).

(2) Sie müssen die Merkmale entsprechend Abschnitt 11 unter Berücksichtigung erzeugnisspezifischer Besonderheiten der Artikelgruppen enthalten.

(3) Ein Artikelkatalogblatt kann aus mehreren Seiten bestehen.

(4) Alle gleichartigen, sich wiederholenden Angaben, wie z. B.

- Schlüsselnummer ELN
- Hersteller und/oder Lieferer (wenn nicht identisch mit Hersteller)
- Bezeichnung des Artikels bzw. der Artikelgruppe
- TGL-Nr. des Erzeugnisstandards
- Gütezeichen gemäß gültiger Anordnung
- Preisbildungsbestimmungen

usw.

müssen immer an der gleichen Stelle des Artikelkatalogblattes zu finden sein.

(5) Die Maßeinheit (handelsüblich) ist zusätzlich mit der dreistelligen Schlüsselnummer der Anlage (Schlüssel ME) zu der Anordnung vom 18. Juli 1973 über die Einführung des Schlüssels der statistischen und physikalisch-technischen Maßeinheiten (Sonderdruck Nr. 761 des Gesetzblattes) anzugeben.
Der Abschnitt 12 dieser Rahmenrichtlinie enthält einen Auszug der für die Artikelkatalogisierung meistgebräuchlichen ME.

(6) Über die Angabe technischer und ökonomischer Parameter und Anhänge entscheiden die BAK der zentralen Staatsorgane.

(7) Bei standardisierten Artikeln können die Artikelkatalogblätter aufbauend auf den beigefügten Standards ausgearbeitet werden, wenn dadurch der Erfassungsprozeß bedeutend vereinfacht werden kann und den Katalognutzern kein zusätzlicher Suchaufwand entsteht.
Entscheidungen über die Aufnahme von Standards trifft das zuständige BAK bzw. der VAK.
Die zur Aufnahme vorgesehenen Standards müssen verkleinerungsfähig auf Format A 5 und reproduktionsfähig aufbereitet sein. Angaben im ZAK dürfen den staatlichen Standards nicht widersprechen.

(8) Spezifische industriezweigbedingte Kataloge, die für eine generelle Veröffentlichung nicht vorgesehen werden, sind nur in Abstimmung mit dem ZBA zulässig.

6.2. (1) Auf der rechten Seite des Artikelkatalogblattes ist in der Regel ein freier Raum für den Abdruck eines Halbtonbildes (Foto) oder einer Zeichnung in der Größe von maximal 50 × 60 mm vorzusehen. In besonderen Fällen können auch größere Bilder auf gesonderten Bildseiten vor dem Artikelkatalogblatt angeordnet werden. Die Bilder dürfen die Größe von 110 × 160 mm nicht überschreiten. In diesen Fällen ist im Artikelkatalogblatt auf der für das Bild vorgesehenen Fläche der Hinweis

Bild s. S. . . ./. . ./. . .

anzubringen.

(2) Maßbilder sind auf gesonderten Seiten hinter den Artikelkatalogblättern einzufügen. Unter dem auf dem Artikelkatalogblatt befindlichen Bild oder auf dem vorgesehenen Raum ist der Hinweis

Maßbild s. S. . . . . ./. . . ./. . .

anzubringen.

Die Maßbilder sind mit der Überschrift „Maßbild" und der Artikelbezeichnung zu versehen.

6.3. (1) Für jede Artikelgruppe, auch wenn sie mehrere Varianten und Ausführungsformen hat, ist eine einheitliche Gruppenbezeichnung als Überschrift zu verwenden.

Die Varianten und Ausführungsformen sind mit den veränderlichen Parametern in Tabellen mit evtl. Zwischenüberschriften zu bringen.

(2) Bei Bildung der Überschrift der Artikelkatalogblätter ist von der Standardbezeichnung und bei nicht standardisierten Erzeugnissen von den Erzeugnispositionen der ELN auszugehen. Es ist die Deskriptorenschreibweise anzuwenden.

6.4. (1) Zu jedem Artikelkatalogblatt ist ein Bezeichnungsbeispiel auf der letzten Seite des Artikelkatalogblattes zu bilden.

(2) Das Bezeichnungsbeispiel enthält die ausführliche Beschreibung eines aus dem im Artikelkatalogblatt erfaßten Erzeugnissortiment ausgewählten Artikels und darunter hinter dem Wort „Bezeichnung" den einheitlichen Bezeichnungstext für diesen Artikel in datenverarbeitungsgerechter Form. Dabei sind nur Großbuchstaben zu verwenden. Römische Zahlen sind in arabische Zahlen mit vorgesetztem ROM ohne Leertaste umzuwandeln. Umlaute sind als zwei Großbuchstaben (AE, OE, UE) zu schreiben.

(3) Unter dem einheitlichen Bezeichnungstext ist hinter der in Großbuchstaben geschriebenen Abkürzung „ART.-NR." die in Gruppen geschriebene Artikelnummer (XXX XX XX XXX XXXXXX) des bezeichneten Artikel zu setzen.

(4) Bei standardisierten Artikeln muß der Bezeichnungstext im Zentralen Artikelkatalog mit der Bezeichnung im Standard übereinstimmen.
Der Bezeichnungstext kann hinter dem standardisierten Text mit Variantenmerkmalen erweitert werden, sofern die Festlegungen des Standards diese Möglichkeit nicht ausschließen. Diese Merkmale über Ausführungsvarianten — soweit sie im Katalog fest vorgegeben werden — sind durch Kurzzeichen darzustellen.
Bei nichtstandardisierten Erzeugnissen ist die Bezeichnung auf der Grundlage der TGL 16223 zu bilden.
(5) Der einheitliche Bezeichnungstext darf 50 Zeichen einschließlich Leerstellen nicht überschreiten. Begründete Ausnahmen sind mit dem ZBA abzustimmen.
Die Einhaltung der Zeichenzahl ist im Bedarfsfall durch sinnvolle Abkürzungen zu erreichen, die auch für Übersetzungen in andere Sprachen eindeutig sein müssen.
Die Artikelnummer ist nicht Bestandteil der 50 Zeichen.

6.5. (1) Die Manuskripte für die Artikelkatalogblätter sind auf glattem weißen Papier Format A 4 (größer als A 4 ist zugelassen) zu schreiben. Dabei dürfen folgende Maße nicht überschritten werden:

	Hochformat	Querformat
Zeilenzahl pro Seite	58	36
Anschläge pro Zeile	70	113

diese Vorschrift entspricht dem Satzspiegel einer Seite im Format A 5 mit der Schriftgröße 8 Punkt.
(2) Bei reproduktionsfähigen Manuskripten darf der beschriebene Teil einer Seite das Maß
170 × 260 mm
nicht überschreiten.
(3) Für das Schreiben der Manuskripte ist die Methodik zur Herstellung des Zentralen Artikelkatalogs der Volkswirtschaft der DDR vom Dezember 1975 zugrunde zu legen.

6.6. (1) Es ist zulässig, auf den Artikelkatalogblättern rechts oben unter der ME die Dauer der Verbindlichkeit „ab" oder „bis" oder „vom-bis" anzugeben.

7. Grundsätze für den Änderungs- und Ergänzungsdienst

(1) Der Zentrale Artikelkatalog der Volkswirtschaft der DDR ist durch einen ständigen Änderungs- und Ergänzungsdienst auf dem neuesten Stand zu halten.
(2) Die Leiter der Herstellerbetriebe und Importbetriebe sind verpflichtet, den Änderungs- und Ergänzungsdienst zum Zentralen Artikelkatalog zu organisieren.

7.1. Änderungen

Eine Änderung von veröffentlichten Artikelkatalogblättern ist erforderlich, wenn z. B.
- ein Artikel durch Verbesserung oder Weiterentwicklung in seine technischen Parametern verändert wird,

- die äußere Form bzw. Abmessung des Artikels verändert werden,
- zur Produktion des Artikels andere Werkstoffe verwendet werden,
- ein DDR- oder Fachbereichsstandard herausgegeben, geändert oder ohne Ersatz zurückgezogen wird,
- der Verwendungszweck des Artikels erweitert oder eingeschränkt wird,
- eine Veränderung der ELN-Schlüsselnummer erfolgt,
- Produktionseinstellungen oder Produktionsverlagerungen erfolgen,
- die Auswechselbarkeit des Artikels in allen seinen Parametern nicht mehr gewährleistet ist und dadurch der neue Artikel eine andere Artikelnummer erhält,
- Preise, die im Artikelkatalog angeführt sind, verändert werden.

7.2. Ergänzungen

Ergänzungen zu veröffentlichten Artikelkatalogen sind erforderlich, wenn z. B.

- Erweiterungen von Ausführungsvarianten zu bereits im Zentralen Artikelkatalog enthaltenen Artikeln bzw. Artikelgruppen erfolgen,
- katalogisierungspflichtige Artikel in die Produktion aufgenommen werden, die bisher noch nicht katalogisiert sind,
- neue katalogisierungspflichtige Artikel importiert werden, die noch nicht katalogisiert sind, sofern sie für einen längeren Lieferzeitraum vertraglich gebunden werden,
- ein DDR- oder Fachbereichsstandard herausgegeben, geändert oder ohne Ersatz zurückgezogen wird.

7.3. Aufgaben und Verantwortlichkeit für den Änderungs- und Ergänzungsdienst

7.3.1. Herstellerbetriebe

Änderungen bereits veröffentlichter Artikelkatalogblätter und Ergänzungen der Kataloge müssen vom Herstellerbetrieb bzw. Importbetrieb mit Beginn der Produktion bzw. nach dem Erhalt des Erzeugnisses aus dem Import dem zuständigen BAK bzw. VAK schriftlich mitgeteilt werden. Die Anordnung vom 28. Mai 1975 über die Nomenklatur der Arbeitsstufen und Leistungen von Aufgaben des Planes Wissenschaft und Technik (GBl. I Nr. 23 S. 426)[4]) ist anzuwenden.
Änderungen erfolgen durch Änderungsmitteilungen entsprechend Abschnitt 7.8. der Methodik zur Herstellung des ZAK sowie in Form neuer Artikelkatalogblätter.

7.3.2. Büros bzw. Verantwortliche für Artikelkatalogisierung

(1) Die Büros bzw. Verantwortlichen für Artikelkatalogisierung haben die Aufgabe, die von den Herstellerbetrieben eingereichten Änderungsmitteilungen bzw. neuen Artikelkatalogblätter gemäß Abschnitt 7.8. der Methodik zur Herstellung des ZAK sofort zu prüfen.

(2) Nach maximal 8 Arbeitstagen ist der Herstellerbetrieb über den Eingang und die Richtigkeit der Änderungen bzw. Ergänzungen schriftlich (durch Rücksendung

eines Durchschlages mit Bestätigungsvermerk) zu informieren. Die BAK bzw. VAK entscheiden anhand der eingegangenen Änderungen darüber, welche als Schnellinformationen sofort dem Katalognutzer zugeleitet werden müssen. Fehlerberichtigungen sind generell als Schnellinformationen herauszugeben.
(3) Schnellinformationen sind sofort dem ZBA zu übergeben. Das ZBA organisiert den Druck und Versand an die Katalognutzer innerhalb von 18 Arbeitstagen.
(4) Die Büros bzw. Verantwortlichen für Artikelkatalogisierung stellen alle Änderungen und Ergänzungen zu Änderungs- und Ergänzungsdiensten nach Katalognummern zusammen und übergeben sie dem ZBA.
(5) Das ZBA organisiert den Druck und den Versand an die Katalognutzer.
(6) Der Bearbeitungszeitraum von Änderungen und Ergänzungen zum Zentralen Artikelkatalog darf vom Zeitpunkt der Annahmebestätigung durch das ZBA bis zur Auslieferung an die Katalognutzer

6 Wochen

nicht überschreiten.

7.4. Festlegungen für Produktionseinstellungen, Produktionsverlagerungen und Preisänderungen

7.4.1. Produktionseinstellungen

(1) Wird für Artikel die Einstellung der Produktion entsprechend der Verordnung vom 25. September 1975 über die Einstellung und Verlagerung der Produktion von Erzeugnissen und Leistungen (GBl. I Nr. 45 S. 729) festgelegt, dann ist diese dem Katalognutzer über eine Änderungsmitteilung bekanntzugeben (Durchlauf wie in Abschnitt 7.3. festgelegt).
(2) In der Änderungsmitteilung muß enthalten sein:

- Katalogseitennummer
- Artikelnummer
- Produktionseinstellung ab Datum
- Artikel wird ersetzt durch Artikelnummer auf Katalogseitennummer oder
- ohne Ersatz

(3) Für Artikel, deren Produktion eingestellt wird, gilt die Artikelnummer für Lagerbestände weiter. Bei Neudruck dieser Artikelkatalogblätter erscheint diese Artikelnummer nicht mehr im Katalog.

7.4.2. Produktionsverlagerungen

(1) Werden für Artikel Produktionsverlagerungen entsprechend der Verordnung vom 25. September 1975 vorgenommen, dann übernimmt der Betrieb, dem die Produktion übergeben wird, ab dem vereinbarten Termin die Verantwortung für die jeweiligen Artikelkatalogblätter im Zentralen Artikelkatalog.
(2) Der vereinbarte Produktionsverlagerungstermin ist von dem übernehmenden

Betrieb als Änderungsmitteilung bekanntzugeben (Durchlauf wie in Abschnitt 7.3. festgelegt).

In der Änderungsmitteilung muß enthalten sein:

- Katalogseitennummer,
- Artikelnummer,
- neuer Hersteller ab Datum,
- Betriebsanschrift und Betriebsnummer.

7.4.3. Preisveränderungen

Die Änderung von Preisen, die in gesonderten Preisblättern im Zentralen Artikelkatalog enthalten sind, erfolgt durch die Herausgabe neuer Preisblätter oder durch handschriftliche Änderungen über eine Änderungsmitteilung. Sie müssen enthalten:

- Katalogseitennummer,
- Artikelnummer,
- neuer Preis als IAP oder in anderen Preisformen,

Durchführung der Änderung wie in Abschnitt 7.3. festgelegt.

7.5. Einarbeitung von Änderungen und Ergänzungen

Die Nutzer der Kataloge des ZAK sind zur Erhaltung und Pflege sowie zur Absicherung der Aktualität verpflichtet. Alle Änderungen und Ergänzungen sind ständig in die Kataloge einzuarbeiten.

8. Einführung und Anwendung

8.1. Die Betriebe sind verpflichtet, die Einführung und Anwendung des ZAK rechtzeitig vorzubereiten.

8.2. (1) Der Zentrale Artikelkatalog der Volkswirtschaft der DDR ist in allen Bereichen der Volkswirtschaft der DDR — mit Ausnahme der Bestell- und Lieferbeziehungen zum Konsumgüterbinnenhandel — im zwischenbetrieblichen Bestell- und Lieferverkehr, beginnend ab 1. 1. 1979 lieferseitig und ab 1. 1. 1980 verbraucherseitig, einzuführen und anzuwenden.

(2) Die Lieferbetriebe — einschließlich des Produktionsmittelhandels — sind verpflichtet, bei allen Lieferungen auf der Grundlage der bis zum 31. 12. 1978 durch das Zentrale Büro für Artikelkatalogisierung für verbindlich erklärten Kataloge ab 1. 1. 1979 die Auftragsbestätigungen und Lieferdokumente (Lieferscheine, Rechnungen usw.) mit den Artikelnummern und den Bezeichnungstexten des Zentralen Artikelkatalogs zu versehen. Die Einführung und Anwendung der übrigen Kataloge erfolgt durch gesonderte Festlegungen des Zentralen Büros für Artikelkatalogisierung.

Ab 1. 10. 1979 ist der gesamte Artikelkatalog lieferseitig verbindlich anzuwenden.

(3) Die Verbraucher haben ab 1. 1. 1980 auf den Bestelldokumenten die Artikelnummern und Bezeichnungstexte des Zentralen Artikelkatalogs anzugeben. Die

Realisierung von Verträgen aus den Vorjahren erfolgt weiterhin auf der Grundlage der vorher angewandten Schlüsselsysteme.

8.3. (1) Der Zeitpunkt der Verbindlichkeit von Katalogen des Zentralen Artikelkatalogs wird durch Schnellinformation des Zentralen Büros für Artikelkatalogisierung in Abstimmung mit den Büros bzw. Verantwortlichen für Artikelkatalogisierung der zentralen staatlichen Organe festgelegt. Von diesem Zeitpunkt an sind die Lieferbetriebe — einschließlich des Produktionsmittelhandels — verpflichtet, entsprechend Abschnitt 8.2. Abs. 2 zu verfahren. Die Lieferbetriebe können mit den Verbrauchern die Anwendung der einheitlichen Artikelnummern und Bezeichnungstexte auf den Bestellungen vor dem Einführungstermin vereinbaren.

(2) Bei gegebenen Voraussetzungen kann die Anwendung der einheitlichen Artikelnummern ohne Anwendung des Bezeichnungstextes vereinbart werden.

(3) Für nicht katalogisierungspflichtige Artikel sind den Verbrauchern einheitliche 16stellige Artikelnummern und einheitliche Bezeichnungstexte auf Anforderung zu übergeben. Die dazu erforderlichen Artikelnummernserien sind von den Lieferbetrieben bei den zuständigen Büros bzw. Verantwortlichen für Artikelkatalogisierung anzufordern und von diesen bereitzustellen. Der erforderliche Änderungs- und Ergänzungsdienst für diese Artikel ist durch die Lieferbetriebe eigenverantwortlich durchzuführen."

8.4. Der Bestell- und Lieferverkehr mit dem Konsumgüterbinnenhandel erfolgt auf der Grundlage der Binnenhandelsschlüsselliste zum Warenumsatz und Warenfonds (HSL).

Auf den Bestell- und Lieferdokumenten sind deshalb die Schlüsselnummern der HSL anzugeben.

8.5. (1) Es ist zulässig, im Wirtschaftsvertrag zusätzlich zu den einheitlichen Artikeldaten aus dem ZAK Angaben zur betriebsinternen Abwicklung zu vereinbaren.

(2) Diese betriebsinternen Angaben sind in Klammern am Ende des Bezeichnungstextes rechtsbündig zu schreiben.

(3) Die Vertragspartner sind nicht verpflichtet, die in Klammern gesetzten Angaben auf Rechnungen und Lieferscheinen wiederzugeben.

8.6. (1) Den Vorsitzenden der Räte der Bezirke wird empfohlen, Informationsstellen für den Zentralen Artikelkatalog der Volkswirtschaft der DDR zur Sicherung des Informationsbedarfes der bezirksgeleiteten und örtlichgeleiteten Industrie in den Kreisen bis 31. Dezember 1978 einzurichten.

(2) Für die Einrichtung der Informationsstellen kann das „Organisationsprojekt zur Einrichtung von Informationsstellen für den Zentralen Artikelkatalog der Volkswirtschaft der DDR in den Kreisen der DDR" vom 28. November 1975 verwendet werden. Es ist beim Zentralen Büro für Artikelkatalogisierung in 7024 Leipzig, PSF 25, zu beziehen.

(3) Für die fachliche Unterstützung der Informationsstellen und die Lieferung der Kataloge des ZAK ist das ZBA verantwortlich.

9. Übergangsregelung

9.1. (1) Herstellerbetriebe, die bisher ihre Abnehmer durch betriebliche Kataloge, Werbeprospekte oder andere Informationsmittel über die lieferfähigen Sortimente informiert haben, müssen diese Information so lange aktualisieren, bis der für das lieferfähige Sortiment des Betriebes zuständige Katalog des Zentralen Artikelkatalogs herausgegeben ist.
(2) Danach ist das interne Informationsmaterial einzuschränken. Bei weiterer begründeter Herausgabe von internem Informationsmaterial dürfen die darin enthaltenen Angaben dem Zentralen Artikelkatalog nicht widersprechen.

11. Zu erfassende Merkmale katalogisierungspflichtiger Erzeugnisse, die für ihre eindeutige Indentifikation als bestell- und lieferfähige Artikel notwendig sind

Die erfaßten Merkmale sind für Artikelgruppen oder Artikeltypenreihen auf Artikelkatalogblättern, soweit zutreffend, in der folgenden Reihenfolge festzuhalten:

- Schlüsselnummer der Erzeugnis- und Leistungsnomenklatur
- handelsübliche Maßeinheit mit Schlüsselnummer
- Zuordnungsnummer für den Konsumgüterbinnenhandel (nur im Bestell- und Lieferverkehr mit Betrieben und Organen des Konsumgüterbinnenhandels erforderlich)
- verbale Bezeichnung oder Kurzzeichen des Herstellers
- einheitliche Betriebsnummer des Herstellers (verbale Bezeichnung und Betriebsnummer können auch in dem Herstellerverzeichnis des Katalogs aufgeführt sein)
- Bezeichnung des Artikels, der Artikelgruppe oder Typenreihe (anwendbar als Deskriptor)
- Standard
- Gütezeichen
- Schutzgütekennwerte nach ABAO 3/1
- Preisbildungsbestimmung
  und Preise auf gesonderten Preisblättern, soweit keine Festlegung des Amtes für Preise bzw. der zuständigen Ministerien die Preisveröffentlichung einschränkt bzw. verbietet
- Angaben über überwiegend verwendete Werkstoffe
- Ausführung über die Verwendung
- Technische Parameter
- Einheitliche Artikelnummern
- zusätzliche Angaben, wie z. B. Lieferfristen, Verpackungseinheiten, Lagerfähigkeit, Garantiebestimmungen usw.
- Bezeichnungsbeispiel eines Artikels

- Bezeichnungstext mit einheitlicher Artikelnummer
- Datum der Erarbeitung und Kurzzeichen des erarbeitenden Betriebes bzw. der Institution
- Seitennummer (Katalog-Nr./Register-Nr./Seitenzahl)

[1]) Abschn. 8.2. und 8. 3. der Anlage i. d. F. der AO Nr. 3, die am 29. 9. 1978 in Kraft trat.

[2]) Die Importbetriebe werden entsprechend den Festlegungen der Vierten Durchführungsverordnung vom 16. Mai 1973 zum Vertragsgesetz — Wirtschaftsverträge zur Sicherung des Exports und des Imports — (GBl. I Nr. 29 S. 277) durch das bilanzverantwortliche zentrale Staatsorgan benannt.

[3]) Abgedruckt unter C **06 05** 01.

[4]) Abgedruckt unter C **06 11** 04.

Information Nr. 15/75
für Bezirksapotheker aus dem Institut für Arzneimittelwesen der DDR

vom 8. Oktober 1975

— Auszug —

Betr.: Zusammenarbeit mit Dermatologen bei der Überwachung von Kosmetika

Bei der Zulassung und Überwachung von kosmetischen Erzeugnissen (Körperpflegemitteln) gibt es für das IFAR (und international ebenfalls) das Problem, daß die beigefügten Duftstoffe weitgehend unbekannt sind. Es werden zwischen 700—1100 verschiedene Stoffe bzw. Stoffgemische kombiniert, deren Reinheit häufig nicht feststellbar ist; eine Standardisierung ist in Anbetracht der Größe der Palette und der Fluktuation im Sortiment praktisch unmöglich. Aus Gründen des Schutzes der Rezepturen kann vielfach keine Auskunft über die Zusammensetzung der Duftstoffzusätze erhalten werden. Ausschluß, Nachweis oder Bestimmung einzelner Komponenten ist mit einem unvertretbaren analytischen Aufwand verbunden. Nicht selten zwingt auch die Eigenschaft der Wirk- und Hilfsstoffe von Körperpflegemitteln, die Import- oder Weltmarktsituation zu plötzlichen Änderungen der Rohstoffkombinationen.
Infolgedessen kann die Sicherheit des Verbrauchers gegenüber Duftstoffen mit schädlichen Effekten nur so gewährleistet werden, daß Unverträglichkeiten von kosmetischen Erzeugnissen/Körperpflegemitteln zur Einleitung weiterer Maßnahmen unverzüglich dem IFAR mitgeteilt werden. Hierzu erscheint es uns notwendig, in jedem Bezirk 2 bis 3 interessierte Dermatologen (evtl. auch Fachärzte für Allgemeinmedizin) dafür zu gewinnen, uns alle diesbezüglichen Beobachtungen regelmäßig mitzuteilen. Die betreffenden Kollegen werden von uns in vierteljährlichen Abständen ein Formblatt (s. Anlage) erhalten. Wir wären Ihnen für entsprechende Anschriften von Ärzten dankbar, die in dieser Weise mit uns zusammenarbeiten wollen. Es sei darauf hingewiesen, daß gegenwärtig ernste Gesundheitsschäden, hervorgerufen durch Duftstoffe, national und international nicht bekannt sind.

Anlage

Meldung schädlicher Wirkungen[1]) von Körperpflegemitteln (kosmetische Erzeugnisse)

Quartal/Jahr:

Arzt:

Name des Erzeugnisses	Charge, falls bekannt	Erscheinung	Datum

[1]) Soweit Art und Grad der schädlichen Wirkungen das unverzügliche Aus-dem-Verkehr-Ziehen des Erzeugnisses notwendig erscheinen lassen, bitten wir Sie, sich mit dem verantwortlichen Apotheker oder dem Institut für Arzneimittelwesen der DDR in Verbindung zu setzen.

Information Nr. 4/78
für TKO(P)-Leiter
aus dem Institut für Arzneimittelwesen der DDR

vom 7. April 1978

Betr.: Anwendung von Talcum[1])

Es kann nicht ausgeschlossen werden, daß das zur Herstellung von Arznei- und Gesundheitspflegemitteln zur Verfügung stehende Talcum mit Asbest verunreinigt ist[2]). Bei Einatmung von asbesthaltigen Stäuben ist eine Gesundheitsgefährdung einschließlich der unter ungünstigen Umständen gegebenen Möglichkeit einer kanzerogenen Wirkung in Betracht zu ziehen.
In Übereinstimmung mit dem internationalen Trend und unter Berücksichtigung der Tatsache, daß auch in Zukunft bei der gegebenen Weltmarktsituation ein kontinuierliches Angebot von asbestfreiem Talcum nicht möglich sein wird und andererseits der Nachweis geringer Asbestverunreinigungen problematisch ist, ist anzustreben, bei der Herstellung von Arznei- und Gesundheitspflegemitteln alle Möglichkeiten zur Substitution von Talcum durch andere geeignete Substanzen zu prüfen und zu nutzen. Besondere Beachtung ist dabei allen Arbeitsgängen und Arzneimitteln zu schenken, bei deren Durchführung bzw. Herstellung und Anwendung Stäube entstehen können (Tablettierung, Herstellung und Anwendung von Pudern, Pudersprays, Einpudern von Gummihandschuhen usw.). (Vgl. auch TGL 32601/03 vom Juli 1976 und 30058/01, Entwurf September 1977.)

1) Eine ähnliche Information mit Hinweis auf die Notwendigkeit der Einhaltung der Arbeitsschutzbestimmungen (TGL s. o.) erfolgte in der Information Nr. 6/80 für Bezirksapotheker vom 27. 6. 1980.

2) Die Nachweisgrenze liegt bei etwa 2%. Zu beachten sind auch Anteile von Quarz in Talcum.

Elfte Durchführungsbestimmung zum Zollgesetz Genehmigungsverfahren für die Aus- und Einfuhr von Gegenständen im grenzüberschreitenden Reiseverkehr — Genehmigungsverfahrensordnung —

vom 12. Dezember 1968
(GBl. II Nr. 132 S. 1057)
— Auszug —

Anlage 1

zu § 15 sowie zu den Abschnitten II und V vorstehender Genehmigungsverfahrensordnung

Ausfuhrverbote und -beschränkungen im grenzüberschreitenden Reiseverkehr (Auszug)

7. Rezeptpflichtige Arzneimittel und ihnen gleichgestellte Stoffe und Zubereitungen.
   Von diesem Verbot sind Arzneimittel ausgenommen, die der Reisende auf Grund seines glaubhaft gemachten Gesundheitszustandes für sich selbst während der Reise benötigt.[1])
8. Betäubungsmittel und Gifte.

Anlage 2

zu § 15 sowie zu den Abschnitten III und V vorstehender Genehmigungsverfahrensordnung

Einfuhrverbot und -beschränkungen im grenzüberschreitenden Reiseverkehr (Auszug)

4. Radioaktive Materialien.
8. Arzneimittel und ihnen gleichgestellte Stoffe oder Zubereitungen.
9. Betäubungsmittel und Gifte.
   Von diesem Verbot sind Arzneimittel ausgenommen, die der Reisende auf Grund seines glaubhaft gemachten Gesundheitszustandes für sich selbst während der Reise benötigt.[2])
10. Hygienewidrige Erzeugnisse und Erzeugnisse, die gesundheitlich nachteilig oder gesundheitsgefährdend sind.

[1]) Die 11. DB zum Zollgesetz ist am 1. 1. 1969 in Kraft getreten. Sie gilt z. Z. i. d. F. der 28. DB vom 30. 11. 1976 zum Zollgesetz (GBl. I Nr. 43 S. 501), die am 3. 12. 1976 in Kraft trat.

[2]) S. hierzu § 3 Abs. 2 der 24. DB vom 22. 5. 1975 zum Zollgesetz, abgedruckt unter C 05 12 80.

Information Nr. 9/76 für Bezirksapotheker aus dem Institut für Arzneimittelwesen der DDR

vom 5. Juli 1976

— Auszug —

Betr.: Verfügung gemäß § 29 Abs. 4 des AMG Sicherung einheitlicher Maßnahmen durch das IFAR

Zur Sicherung einheitlicher Maßnahmen durch das IFAR auf der einen und den Überwachungsorganen in den Bezirken auf der anderen Seite wird gegenüber den Territorien darauf hingewiesen, daß deren vorläufige Abgabe- oder Anwendungsverbote und Sicherstellungsverfügungen gemäß § 29 Abs. 2 in endgültige Maßnahmen des MfGe, das diese Befugnisse auf das IFAR übertragen hat, übergeleitet werden müssen. Die vorläufigen Anordnungen der Territorien sind daher dem IFAR unverzüglich zu melden und sollten auf solche Fälle beschränkt werden, die im Interesse des Gesundheitsschutzes absolut unerläßlich sind.

Soweit möglich, sind Mängelanzeigen über die Abteilung Qualitätssicherung des Versorgungszentrums für Pharmazie und Medizintechnik nach Abstimmung mit der BAI unter Musterübersendung an das IFAR zu geben. Zur besseren Entscheidungsfindung durch das IFAR sollen diese Mängelanzeigen Angaben über die Zahl der vorhandenen und der den Mangel aufweisenden Packungen enthalten. Diese Verfahrensweise wird in einigen Bezirken bereits angewandt.

Auf Grund der Mängelanzeige und Musterkontrolle wird dem Einsender und der BAI die Entscheidung des IFAR mitgeteilt, die künftig folgende Feststellungen enthalten kann:

1. — generelle Sperrung
2. — bei Vorliegen dringender versorgungspolitischer und volkswirtschaftlicher Belange Sperrung der Kategorie „Sperren — Sichten — Freigeben"
3. — Ware gleicher Art und Beschaffenheit entspricht nicht den festgelegten Qualitätsanforderungen, die Arzneimittel werden aber noch als verkehrsfähig betrachtet.
4. — Ware gleicher Art und Beschaffenheit ist nicht verkehrsfähig, da jedoch bisher keine weiteren Beanstandungen vorliegen, handelt es sich aus unserer Sicht um einen Einzelfall. Wir halten im konkreten Fall keine über Absetzung, Gutschrift oder Umtausch hinausgehende Maßnahme für erforderlich.
5. — Beim Fehlen ausreichender Informationen erhält der Einsender die Aufforderung: Bitte teilen Sie uns in Abstimmung mit der BAI mit, ob die festgelegten Mängel

einen Einzelfall darstellen, oder ob im Territorium größere Bestände derartiger Erzeugnisse vorhanden sind.
Gegebenenfalls Zusatz: Zwischenzeitlich haben wir gegen die Abgabe von Erzeugnissen gleicher Art und Beschaffenheit keine Einwände.
Diese ... abgestimmte Regelung bedeutet, daß regionale Sperrungen stets nur vorläufigen Charakter haben und erst nach Entscheidung des IFAR Konsequenzen gegenüber den Versorgungsdepots bzw. der Industrie entstehen können.

Anordnung über die Desinfektion auf dem Gebiet der Humanmedizin

vom 30. Oktober 1968
(GBl. II Nr. 119 S. 937)

Für die Durchführung der Desinfektionen auf dem Gebiet der Humanmedizin wird auf Grund des § 51 Abs. 1 in Verbindung mit § 23 Abs. 1 des Gesetzes vom 20. Dezember 1965 zur Verhütung und Bekämpfung übertragbarer Krankheiten beim Menschen (GBl. I 1966 S. 29) in der Fassung des Anpassungsgesetzes vom 11. Juni 1968 (GBl. I S. 242) folgendes angeordnet:

§ 1

Die Richtlinie über die Desinfektion auf dem Gebiet der Humanmedizin wird für verbindlich erklärt.

§ 2

(1) Diese Anordnung findet Anwendung auf

a) die Desinfektionen in allen Einrichtungen, die der medizinischen Betreuung Kranker, Krankheitsverdächtiger, Ansteckender und Ansteckungsverdächtiger gemäß §§ 1 und 2 der Ersten Durchführungsbestimmung vom 11. Januar 1966 zum Gesetz zur Verhütung und Bekämpfung übertragbarer Krankheiten beim Menschen — Spezielle Schutzmaßnahmen — (GBl. II S. 51) in der Fassung der Anpassungsanordnung vom 12. Juni 1968 (GBl. II S. 400) dienen

b) die durchzuführenden Desinfektionsmaßnahmen in anderen medizinischen Einrichtungen.

(2) Diese Anordnung ist sinngemäß anzuwenden

a) für durchzuführende Desinfektionsmaßnahmen in Röntgeneinrichtungen, Prosekturen, mikrobiologischen, serologischen und klinisch-chemischen Laboratorien, Versuchstierställen und Desinfektionsanstalten

b) für durchzuführende Desinfektionsmaßnahmen in Betrieben, Einrichtungen, Verkehrsmitteln, Gemeinschaftsunterkünften und Wohnungen.

§ 3

(1) Der ärztliche Direktor bzw. der Leiter der medizinischen Einrichtung hat dafür zu sorgen, daß die erforderliche Durchführung der Desinfektionsmaßnahmen gesichert ist, insbesondere

a) durch Überwachung der Tätigkeit der zur Durchführung der Desinfektion Verpflichteten und ihres Verhaltens zur Verhütung der Übertragung von Infektionskrankheiten, durch Instruktionen sowie durch Belehrungen im Abstand von 3 Monaten

b) durch regelmäßige Belehrung und Überwachung der in den unter § 2 Abs. 1 genannten Einrichtungen betreuten Personen

c) durch die vorschriftsmäßige Verwendung der Desinfektionsmittel.

(2) der ärztliche Direktor hat zu sichern, daß in Abteilungen, in denen Infektionsgefahr besteht, jede Person, die diese Abteilung betritt, zum Anlegen eines Schutzkittels, zum richtigen Verhalten innerhalb der Abteilung und zur Händedesinfektion vor Verlassen der Abteilung veranlaßt wird.

(3) Die Richtlinie über die Desinfektion auf dem Gebiet der Humanmedizin ist auszulegen

a) auf jeder Station sowie bei der Verwaltung der im § 2 Abs. 1 genannten Einrichtungen

b) in den unter § 2 Abs. 2 Buchst. a genannten Einrichtungen.

(4) Der ärztliche Direktor bzw. der Leiter der Einrichtung kann einen erfahrenen Arzt mit der Anleitung und Kontrolle der in den Absätzen 1 und 2 genannten Maßnahmen beauftragen.

§ 4

Zuwiderhandlungen gegen die Bestimmungen dieser Anordnung werden nach § 45 des Gesetzes zur Verhütung und Bekämpfung übertragbarer Krankheiten beim Menschen in der Fassung des Anpassungsgesetzes als Ordnungswidrigkeiten verfolgt oder ziehen nach §§ 47 und 49 des gleichen Gesetzes strafrechtliche Verantwortlichkeit nach sich.

§ 5

Diese Anordnung tritt mit ihrer Verkündung in Kraft.

Richtlinie[1]) über die Desinfektion auf dem Gebiet der Humanmedizin

vom 30. Oktober 1968
(VuM MfGe Nr. 24 S. 206)

Jegliches infektiöse Material muß so schnell wie möglich unschädlich gemacht werden, so daß eine Weiterverbreitung von Krankheitserregern mit höchstmöglicher Sicherheit verhindert wird. Zum Schutze der Patienten, des Personals der entsprechenden Einrichtungen und der übrigen Bevölkerung ist daher die konsequente Durchführung geeigneter Desinfektionsmaßnahmen erforderlich.

I.

Die Desinfektion in den medizinischen Einrichtungen

A. Voraussetzungen zur Desinfektion

1. Für die in § 2 Abs. 1 Buchst. a der Anordnung vom 30. Oktober 1968 über die Desinfektion auf dem Gebiet der Humanmedizin aufgeführten Einrichtungen soll ein geprüfter Desinfektor zur Verfügung stehen. Ist dies in kleineren Einrichtungen nicht möglich, müssen die mit der Desinfektion beauftragten Beschäftigten (z. B. Schwester) in diese Aufgaben nachweisbar eingewiesen sein.
2. Für die Desinfektion müssen einsatzfähig verfügbar sein
   a) mindestens ein Raumdesinfektionsapparat (Formaldehydverdampfer),
   b) mindestens eine Stabhandspritze oder Immerdruckspritze zum Versprühen von Desinfektionslösungen,
   c) eine Formaldehydkammer,
   d) eine Dampf- oder kombinierte Dampf- und Formaldehyddesinfektionsanlage mit reiner und unreiner Seite,
   e) ein Desinfektionsraum auf jeder Infektionsstation, mindestens jedoch ein solcher Raum auf jeder Infektionsabteilung, der leicht saubergehalten werden kann. Dieser Raum muß heizbar sein, einen wasserdurchlässigen Fußboden mit Abflußrinne, 2 m hoch abwaschbare Wände sowie für die Wäschedesinfektion einen ausreichend großen, fest eingebauten Behälter mit Abfluß besitzen. In diesem Raum müssen außerdem ein Arbeitsplatz für die Sputumdesinfektion, ausreichend Platz zum Abstellen der zu desinfizierenden Ausscheidungen (Urin, Kot, Sputum, Eiter usw.) sowie ein Ausgußbecken zum Wegspülen derselben nach der Desinfektion vorhanden sein. Es soll fließendes Wasser (kalt und warm) zur Verfügung stehen.

3. Die unter Buchstaben a bis e genannten Voraussetzungen können auch außerhalb der Einrichtung zur Verfügung stehen. Dabei ist für einen Transport der zu desinfizierenden Materialien unter keimdichten Bedingungen Sorge zu tragen.

B. Die laufende Desinfektion

Bei der laufenden Desinfektion sind alle Ausscheidungen des Kranken sowie Hände und alle Gegenstände und Zubereitungen, die mit dem Kranken selbst oder mit seinen Ausscheidungen in Berührung gekommen sind und die Krankheitserreger enthalten bzw. auf denen solche haften können (auch nach aerogener Infektion), zu desinfizieren. Die für den jeweiligen Zweck geeigneten Desinfektionsmittel sind der gültigen Liste der Desinfektionsmittel[4]) zu entnehmen. Bei allen Arbeiten mit infiziertem oder kontaminiertem Material, das der Desinfektion zugeführt wird, ist es empfehlenswert, Gummihandschuhe zu tragen. Nach Beendigung der Arbeiten sind die Hände zu desinfizieren.

1. Flächendesinfektion (Scheuerdesinfektion)

   Fußböden, Wände sowie Möbel und alle anderen von Kranken benutzten oder möglicherweise kontaminierten Gegenstände und Räume sind mit einer geeigneten Desinfektionslösung zu reinigen, die Fußböden täglich, Möbel, Fensterbretter, Scheuerleisten usw. alle 2—3 Tage. Türklinken sind täglich mehrmals mit Desinfektionslösung abzuwischen; das Umwickeln der Türklinken mit Mull hat grundsätzlich zu unterbleiben. Fegen und die Benutzung von Staubsaugern sind wegen der Staubentwicklung bzw. Keimaufwirbelung nicht gestattet.
   Bei geschlossener Tuberkulose sowie in Rekonvaleszentenzimmern entscheidet der verantwortliche Arzt über die Abstände der Desinfektion, es ist jedoch mindestens einmal in der Woche zu desinfizieren. Bei Fußböden darf auf die tägliche Desinfektion nur dann verzichtet werden, wenn sie regelmäßig mit Fußbodenpflegemitteln mit keimzahlvermindernder Wirkung[2]) behandelt werden.
   Die benutzten Wisch- und Scheuertücher sind nach dem Gebrauch für 5 Stunden in die verwendete Desinfektionslösung einzulegen. Sie können dann gereinigt werden.

2. Wäschedesinfektion

   a) Chemische Desinfektion

   Das Einsammeln der Wäsche in den Krankenzimmern erfolgt in keimdichten Beuteln. Die Wäschestücke werden beim Einsammeln gleichzeitig sortiert, indem man die unterschiedlichen Wäschearten in verschieden gekennzeichnete Sammelbeutel einlegt. Sie dürfen vor der Desinfektion nicht mehr entnommen werden, auch nicht zum Zwecke des Zählens. Die gefüllten Beutel sind in verschlossenem Zustande in den Desinfektionsraum zu transportieren, ohne daß sie dabei geworfen werden.

Das Einsammeln und der Transport der Wäsche können auch in mit Deckeln versehenen, leicht desinfizierbaren, gekennzeichneten Behältern erfolgen, die nur für diesen Zweck bestimmt sind.
Zur Desinfektion läßt man die Wäsche aus den Beuteln langsam in die Desinfektionslösung gleiten. Die Wäsche muß völlig von der Desinfektionsflüssigkeit bedeckt sein. Die geleerten Beutel werden in der gleichen Weise desinfiziert. Luftbläschen an den Wäschestücken sind durch wiederholtes Umrühren mit einem Holzstab, der im Desinfektionsgefäß verbleibt, zu beseitigen. Die Desinfektionslösung soll eine Temperatur von mindestens 20 °C, jedoch nicht über 50 °C, besitzen, im Winter ist die Desinfektion in einem geheizten Raum durchzuführen.
Nach dem Desinfektionsvorgang ist die Wäsche gründlich zu spülen, sie kann anschließend wie andere Wäsche gewaschen werden.
Die zur Wäschedesinfektion geeigneten Desinfektionsmittel, ihre Anwendungskonzentrationen und die erforderlichen Einwirkungszeiten sind der gültigen Liste der Desinfektionsmittel zu entnehmen.

b) Desinfektion durch Kochen

Die Wäsche wird auf den Stationen in keimdichten Beuteln eingesammelt, in ein Kochgefäß mit einem geeigneten Waschmittel eingebracht und 15 Minuten gekocht. Die Beutel werden ebenso behandelt. Die Wäsche der an Hepatitis und Milzbrand Erkrankten wird 60 Minuten gekocht. Das Kochen darf nur im Desinfektionsraum der Infektionsabteilung erfolgen. Anschließend kann die Wäsche wie üblich weitergewaschen werden.

c) Desinfektionswaschverfahren

Der Wäschedesinfektion mit Hilfe von Desinfektionswaschverfahren ist der Vorzug zu geben.
In diesem Verfahren werden der Desinfektions- und der Waschvorgang kombiniert. Nicht desinfizierte Wäsche aus den unter § 2 Abs. 1 Buchst. a der Anordnung genannten Einrichtungen ist nach einem Chemo-Thermo-Desinfektionswaschverfahren (CTD-Waschverfahren) in Wäschereien des Gesundheitswesens zu waschen. Für die Wäsche aus den im § 2 Abs. 1 Buchst. b der Anordnung genannten Einrichtungen kann neben dem CTD-Waschverfahren auch ein Thermodesinfektionswaschverfahren (TD-Waschverfahren) herangezogen werden.
Die infektiöse Wäsche wird auf den Stationen ohne vorheriges Zählen und Sortieren, aber getrennt nach Weißwäsche, Buntwäsche usw., in keimdichten Spezialsäcken, die nach dem Füllen mit einer wasserlöslichen Kordel bzw. mit einem Klebeband verschlossen werden, eingesammelt. Beim Transport dürfen diese Säcke nicht geworfen werden, auch nicht durch Wäscheschächte.
In der Wäscherei werden die Wäschesäcke in geschlossenem Zustande in die Waschmaschinen eingelegt, in denen sich die wasserlöslichen Sackverschlüsse nach wenigen Minuten öffnen und das Waschgut zur Desinfektionswäsche freigeben.

Bei diesem Verlagern der Desinfektion von infektiöser bzw. infektiösverdächtiger Wäsche in die Wäschereien des Gesundheitswesens wird der Grundsatz durchbrochen, nach dem kein Gegenstand ohne vorherige Desinfektion die Infektionsstation verlassen darf. Es muß daher als Voraussetzung für diese Verfahrensweise gewährleistet sein, daß

- der Transport der Wäsche in keimdichten Behältnissen und in Fahrzeugen, die eine Trennung von kontaminierter und gewaschener Wäsche garantieren, durchgeführt wird
- die Wäsche in der Wäscherei bis zur Beschickung der Waschmaschinen getrennt von anderen Wäschearten gelagert wird
- eine strenge Schwarz-Weiß-Trennung der Be- und Entladung der dafür eingesetzten Waschmaschinen besteht
- die Einhaltung aller hygienischen Erfordernisse durch eine qualifizierte Leitung der Wäscherei gesichert wird.

Wäsche aus anderen Einrichtungen des Gesundheitswesens darf in den gleichen Waschmaschinen, jedoch nur in von der Infektionswäsche getrennten Waschgängen, gewaschen werden. Zum Rücktransport ist die gewaschene Wäsche in infektionssicherer Verpackung in Fahrzeugen mit Schwarz-Weiß-Trennung zu befördern. Die Verpackung wird erst dann geöffnet, wenn die Wäsche gebraucht wird.
Die Fahrzeuge sind nach jedem Transport infektiöser Wäsche entsprechend Ziff. 1 zu desinfizieren.
Die Durchführung und Überwachung der Desinfektionswaschverfahren hat nach den gültigen Richtlinien über die Durchführung der Desinfektionswaschverfahren (s. Abschn. III Teil B) zu erfolgen.

3. Desinfektion von Kleidern, Matratzen, Decken usw.

Kontaminierte, waschbare Kleidung ist wie Wäsche zu desinfizieren. Nicht waschbare Kleidungsstücke, Matratzen u. dgl. sowie Decken werden im Dampfdesinfektionsapparat desinfiziert oder der Heißluftdesinfektion unterzogen; empfindliche Stücke, (Pelze, Kleidung aus Wolle oder synthetischen Fasern, Lederbekleidung) werden in der Formaldehydkammer desinfiziert. Dabei ist darauf zu achten, daß die Kleidungsstücke, Matratzen u. dgl. in der Kammer mit genügend großen Zwischenräumen aufgehängt bzw. aufgestellt werden, um eine gleichmäßige Einwirkung der Desinfektionsmedien zu gewährleisten.
In Ausnahmefällen können kontaminierte, empfindliche Kleidungsstücke und dgl. durch mehrfaches Befeuchten mit 3%iger Formaldehydlösung *DAB 7*[3]) desinfiziert werden.

4. Desinfektion von Eß- und Trinkgeschirr

Infektiöses Geschirr wird 15 Minuten in einem geeigneten Reinigungsmittel gekocht oder, falls das Kochen nicht vertragen wird, 2 Stunden in 1%ige Formaldehyd-Lösung

DAB 7[3]) bzw. 1,5%ige Fesiaform-Lösung eingelegt. In beiden Fällen ist darauf zu achten, daß das Geschirr völlig von der Lösung bedeckt ist. Man spült das Geschirr dann wie üblich.
Bei möglicher Kontamination mit Tuberkelbakterien wird nach der gleichen Weise verfahren. Transportgefäße sind mit den genannten Desinfektionsmitteln gründlich abzuwischen. Von Infektionskranken zurückgegebene Essenreste sind in gekennzeichneten Behältern zu sammeln und können nach einer Kochzeit von mindestens 30 Minuten verfüttert werden. Für in der Stationsküche zurückgebliebenes Essen gilt die gleiche Regelung.

5. Desinfektion sonstigen Materials

a) Wertlose Gegenstände, Lumpen, unbrauchbare Kleidungsstücke, benutztes Verbandzeug und dgl. sind zu verbrennen.
b) Bücher, Zeitungen und Zeitschriften sind zu verbrennen, soweit sie wertlos sind; wertvolle Exemplare sowie alle Briefe, die die Infektionsstation verlassen, werden mit Formaldehydgas desinfiziert. Sie müssen so aufgestellt oder aufgehängt werden, daß das desinfizierende Gas zwischen die Seiten gelangen kann.
c) Spielzeug wird in Desinfektionslösungen eingelegt, mit diesen Lösungen abgewischt oder mit Formaldehydgas desinfiziert. Wertloses Spielzeug wird verbrannt.
d) Gegenstände aus Schaumgummi sind mit Formaldehydgas zu desinfizieren.
e) Waschbecken, Spülgefäße, Badewannen und dgl. sind mit einer geeigneten Desinfektionslösung gut zu scheuern und mit reichlich Wasser nachzuspülen.
f) Toilettengegenstände (Kämme, Bürsten und dgl.) werden in eine formaldehydhaltige Desinfektionslösung (2–4%) eingelegt und anschließend mit Wasser abgespült.
g) Holz und Metallteile von Krankenwagen, Krankentragen und Krankenstühlen werden mit einem für die Flächendesinfektion empfohlenen Desinfektionsmittel gründlich gescheuert. Die feste Bespannung wird mit der gleichen Desinfektionslösung abgebürstet oder eingesprüht. Bezüge und Wäsche werden wie unter Ziff. 2 angegeben desinfiziert. Kopfkissen, Polsterkissen und Decken können entsprechend Ziff. 3 desinfiziert werden.
Im übrigen ist bei der Desinfektion von Krankenwagen usw. nach den Festlegungen des DRK für den Transport von Kranken mit übertragbaren Krankheiten zu verfahren.
h) Die den Hustenstößen und der unmittelbaren körperlichen Berührung durch infektiöse oder infektiösverdächtige Patienten ausgesetzten Teile der Röntgenapparaturen sind nach jeder Benutzung mit 60%iger n-Propanol- (Optal) oder mit 70%iger Äthanol-Lösung abzuwischen.
i) Das Abortbecken, der Fußboden, die Türgriffe, der Zuggriff und die Waschvorrichtung des Abortraumes sowie das Sitzbrett sind täglich mindestens zweimal mit einer geeigneten Desinfektionslösung abzuwaschen bzw. aufzuwischen.

6. Desinfektion von Stuhl, Urin, Erbrochenem und Eiter

Stuhl, Erbrochenes und Eiter werden mit der 2fachen Menge einer geeigneten Desinfektionslösung gut vermischt. Damit die Desinfektionslösung tief genug eindringen und allseitig einwirken kann, müssen die festen Anteile mit Hilfe von Stäben zerkleinert werden.
Die Desinfektionslösung muß mindestens 6 Stunden einwirken. Danach wird der Inhalt der Gefäße in einen dafür bestimmten Ausguß oder den Abort entleert. Die Gefäße werden anschließend mit der gleichen Konzentration des verwendeten Desinfektionsmittels und einer weichen Stielbürste gründlich gescheuert, wobei besonders die Ränder und Außenseiten zu berücksichtigen sind. Zur abschließenden Desinfektion sind die Gefäße mindestens 6 Stunden in ein großes Gefäß mit der gleichen Desinfektionslösung so einzulegen, daß sie völlig von dem Desinfektionsmittel bedeckt werden. Diese abschließende Desinfektion kann auch mit strömendem Wasserdampf von 100 °C während einer Stunde oder durch 30minutige Behandlung mit gespanntem, gesättigtem Wasserdampf von 105 °C und 1,2 kp/cm^2 durchgeführt werden.
Im Desinfektionsraum muß eine Tabelle aushängen, der die zur Desinfektion der obengenannten Materialien geeigneten Desinfektionsmittel sowie die erforderlichen Konzentrationen und Einwirkungszeiten zu entnehmen sind. Desgleichen müssen die zum Abmessen notwendigen Meßgeräte bereitstehen.
Die zum Zerkleinern benutzten Stäbe sind nach dem Gebrauch zu verbrennen bzw. durch 6stündiges Einlegen in die verwendete Desinfektionslösung zu desinfizieren.

7. Sputumdesinfektion

a) Chemische Sputumdesinfektion

Die Sputumgefäße werden vor ihrem Gebrauch etwa zu zwei Dritteln mit einer geeigneten Desinfektionslösung gefüllt. Frühestens 6 Stunden nach Einbringen des letzten Sputums wird der Inhalt in ein Sammelgefäß gegossen, das nach weiteren 6 Stunden in einen dafür bestimmten Ausguß oder in den Abort entleert wird. Bei Benutzung von Sputumgefäßen ohne Desinfektionsmittel wird nachträglich dem Sputum die doppelte Menge Desinfektionslösung zugesetzt; das Gemisch bleibt 6 Stunden stehen und wird wie oben weiterbehandelt.
Die leeren Sputumgefäße und ihre Deckel werden zur Desinfektion der Ränder und der kontaminierten Außenseiten in ein besonders dafür bestimmtes Gefäß, in dem sich die für die Sputumdesinfektion vorgesehene Desinfektionslösung befindet, so eingelegt, daß sie vollständig von dem Desinfektionsmittel bedeckt sind. Luftblasen dürfen hierbei nicht entstehen. Die Gefäße und Deckel sind 6 Stunden in der Desinfektionslösung zu belassen.
Die Desinfektion des Sputums hat im Desinfektionsraum zu erfolgen. An dem dafür vorgesehenen Arbeitsplatz muß eine Tabelle aushängen, der die anzuwendenden Konzentrationen und die Einwirkungszeiten der Sputumdesinfektionsmittel zu ent-

nehmen sind. Desgleichen muß ein Meßgefäß (Mensur) zum Abmessen der erforderlichen Einzelmengen bereitstehen.
Nach der Desinfektion werden die Sputumgefäße in heißem Wasser unter Zusatz eines geeigneten Reinigungsmittels gut gesäubert, erneut mit Desinfektionslösung gefüllt und zur Benutzung für die Kranken bereitgestellt.

b) Physikalische Sputumdesinfektion

Die Leerung, Desinfektion und Reinigung der Sputumgefäße kann auch im dafür vorgesehenen Dampfdesinfektionsapparat vorgenommen werden. Der thermischen Desinfektion ist der Vorzug zu geben.
Bei der Verwendung von flüssigkeitsdichten, nahtlosen Plastsputumgefäßen sind die Gefäße samt Inhalt zu verbrennen, wenn ein geeigneter Verbrennungsofen zur Verfügung steht. Im anderen Fall ist der Inhalt wie unter Buchst. a zu behandeln, nach dem Entleeren sind die Plastgefäße sofort zu verbrennen. Plastgefäße sind täglich mindestens einmal, bei Undichtigkeiten sofort durch neue zu ersetzen. Bei jedem Wechsel der Sputumgefäße ist die Umgebung der Gefäße mit dem für die Sputumdesinfektion benutzten Desinfektionsmittel zu desinfizieren.
Sputumgefäße samt Inhalt können auch durch 10 Minuten langes Kochen in einem geeigneten Reinigungsmittel desinfiziert werden. Dazu sind die Gefäße und ihre Deckel so in die Reinigungsmittellösung einzulegen, daß keine Luftblasen in ihnen verbleiben. Die Flüssigkeit muß alle Gegenstände bedecken.

8. Händedesinfektion

Für die Händedesinfektion sind Schüsseln mit Desinfektionslösung aufzustellen. Diese Lösungen sind in Abhängigkeit von der Anzahl der Benutzer, aber mindestens täglich einmal zu erneuern. Nach Möglichkeit sind anstelle der Schüsseln andere geeignete Vorrichtungen, z. B. mit dem Fuß zu betätigende Spritzflaschen, anzubringen.
Zur Desinfektion werden die Hände in die mit Desinfektionslösung gefüllte Schüssel eingetaucht und während der Einwirkungszeit von 2 Minuten unter Ausführung von Waschbewegungen in der Flüssigkeit belassen. Bei Benutzung einer anderen Vorrichtung sind die Hände gründlich mit der Desinfektionslösung zu befeuchten und ebenfalls 2 Minuten auf die obige Weise zu desinfizieren. Wird ein alkoholisches Desinfektionsmittel verwendet, sind die Hände so lange weiter gegeneinander zu reiben, bis das Mittel getrocknet ist.

C. Die Schlußdesinfektion

Die Schlußdesinfektion hat durch eine in der Desinfektion ausgebildete bzw. erfahrene Person zu erfolgen. Eine Schlußdesinfektion wird immer dann durchgeführt, wenn ein Patient die Infektionsabteilung verläßt (bei Entlassung, Verlegung oder Tod). Sie umfaßt eine gründliche, abschließende Desinfektion aller Gegenstände, mit denen der Kranke direkt oder indirekt Kontakt hatte; sie soll sämtliche im Krankenzimmer noch vorhande-

nen Krankheitserreger abtöten. Sinngemäß ist dieses bei Infektionskrankheiten in Wohnungen, Kindereinrichtungen, Arbeitsplätzen usw. anzuwenden.
Wird nur ein Bett frei, so ist das Bett und seine Umgebung, wird das Zimmer frei, so ist das ganze Zimmer zu desinfizieren. In Räumen, die mit mehreren Patienten belegt sind, muß alle 4–6 Wochen eine Desinfektion in Form einer Schlußdesinfektion vorgenommen werden.
Es gibt zwei Formen der Schlußdesinfektion: die Flächendesinfektion (Scheuerdesinfektion) und die Formaldehyddampfdesinfektion.
Einem gründlichen Scheuern mit einem geeigneten Desinfektionsmittel möglichst in Kombination mit der Verwendung eines Aerosolapparates ist der Vorzug zu geben. Bei allen durch Viren verursachten Erkrankungen und bei Tuberkulose ist die Schlußdesinfektion durch Verdampfen eines Gemisches aus Formaldehyd-Lösung und Wasser vorzunehmen. Über Ausnahmefälle entscheidet der verantwortliche Arzt bzw. der Kreis-Hygienearzt.

1. Flächendesinfektion (Scheuerdesinfektion)

Zur Vorbereitung für die Desinfektionsmaßnahmen werden die Möbel und sonstigen Einrichtungsgegenstände von den Wänden gerückt und die Matratzen aus den Betten herausgenommen. Alle Gegenstände, die Fußböden und die Wände werden mit einem geeigneten Desinfektionsmittel gründlich gescheuert bzw. abgewischt. Empfindliche Gegenstände, tapezierte oder mit Leimfarbe gestrichene Wände und dgl. können mit einer 3%igen Formaldehyd-Lösung *DAB 7*[3]) besprüht werden. Das Besprühen der Flächen soll mindestens zweimal mittels einer geeigneten Spritze erfolgen; es muß eine gleichmäßige Benetzung erzielt werden.
Nach Möglichkeit ist vor der Flächendesinfektion eine Keimzahlverminderung der Raumluft mit Hilfe eines Aerosolgerätes vorzunehmen. Im Anschluß an die Desinfektion ist nach der vorgeschriebenen Einwirkungszeit der Desinfektionsmittel gründlich zu lüften und zu reinigen.
Wäsche, Matratzen, Kleider und sonstige Gegenstände werden, wie bei der laufenden Desinfektion beschrieben, desinfiziert.

2. Formaldehyddampfdesinfektion

Das mengenmäßige Beschicken der Apparate zur Entwicklung der Formaldehyd-Wasserdämpfe erfolgt nach der jedem Apparat beiliegenden Tabelle. Die Verdampfung kann mittels eines Spiritusbrenners oder durch Zufuhr elektrischer Energie vorgenommen werden. Die Mengen für einen mittels Spiritusbrenner betriebenen Apparat sind unter Abschnitt III Teil D aufgeführt.
Zur Durchführung der Formaldehyddampfdesinfektion wird das Zimmer gut abgedichtet und so hergerichtet, daß der Formaldehyddampf überall hingelangen kann. Möbel werden von den Wänden gerückt, ihre Türen und Schubladen geöffnet. Matratzen, die nicht im Dampfdesinfektionsapparat bzw. durch Heißluftdesinfektion desinfiziert

werden können, werden im Bett senkrecht aufgestellt. Die vorher abgezogenen Kissen und Decken sowie Kleidungsstücke, Bettvorleger und dgl. sind auf Leinen zu hängen. Bei der Formaldehydentwicklung ist wegen der Brandgefahr eine Fläche von mindestens 0,5 m im Umkreis des Apparates freizuhalten. Ist der Raum dicht mit Möbeln bestellt, so muß das 2fache der in der Tabelle angegebenen Mengen verdampft werden.
Nach einer Desinfektionszeit von 6 Stunden bei einer Zimmertemperatur von mindestens 10 °C ist zur Bindung des Formaldehyds Ammoniak in den Raum einzuleiten. Die erforderliche Menge ist der Tabelle zu entnehmen. Im Anschluß an eine einstündige Einwirkungszeit ist der Raum gründlich zu lüften und zu reinigen.
Nach der Formaldehyddampfdesinfektion hat eine Scheuerdesinfektion zu erfolgen.

D. Desinfektion bei Viruserkrankungen

Die Maßnahmen für die laufende Desinfektion bei Viruserkrankungen bzw. Virusverdachtsfällen unterscheiden sich von den vorgenannten Maßnahmen nur dadurch, daß hier ausschließlich formaldehydhaltige Präparate (Formaldehyd *DAB 7*[3]), Fesia-form, Hydraform) oder Chloramin Verwendung finden. Die Schlußdesinfektion wird mit Formaldehyd-Wasserdampf vorgenommen (über Ausnahmen s. Teil C).

E. Sonstige Verfahren

Die fälschlich als Desinfektionsmaßnahmen bezeichneten Verfahren zur Keimzahlverminderung der Raumluft durch Aerosole, durch UV-Strahlen, durch Ozonisierung und ähnliche Verfahren sind für sich allein in ihrer Wirkung unzureichend. Ihre Anwendung wie auch die alleinige Verwendung von Reinigungsmitteln mit keimzahlvermindernder Wirkung zu Desinfektionsmaßnahmen im Sinne dieser Richtlinie ist daher nicht zulässig.

II.

Die Behandlung und Ableitung der Abwässer

A. Allgemeine Grundsätze

1. Die ordnungsgemäße Behandlung und Ableitung infektiöser Abwässer ist aus seuchenhygienischen Gründen notwendig.
2. Der Abschnitt II ist daher verbindlich für alle unter § 2 Abs. 1 der Anordnung sowie für die unter § 2 Abs. 2 Buchst. a genannten Einrichtungen, die in § 7 der Verordnung vom 23. Juli 1953 über die hygienische Überwachung von Wasser und Abwasser (GBl. S. 913) in der Fassung der Anpassungsverordnung vom 13. Juni 1968 (GBl. II S. 363) aufgeführt sind.
3. In Einrichtungen, die hinsichtlich der Behandlung und Ableitung der Abwässer nicht dem Abschn. II dieser Richtlinie genügen, sind die entsprechenden Voraussetzungen innerhalb einer angemessenen Frist zu schaffen.

B. Abwasserreinigung und -desinfektion

1. Voraussetzung für eine ausreichende und wirksame Abwasserbehandlung ist, daß bereits in den Einrichtungen alle Desinfektionsmaßnahmen sorgfältig unter Beachtung der vorgeschriebenen Konzentrationen von Desinfektionsmitteln durchgeführt werden.
2. Die Bemessungsgrundlagen für Klär- und Desinfektionsanlagen, die Reinigungsverfahren, die Festsetzungen, wann infektiöse Abwässer zu desinfizieren sind, die Desinfektionsverfahren sowie die Behandlung der Rückstände sind den einschlägigen DDR-Standards TGL 16334, 6466, 7762, 22022 zu entnehmen.

C. Wartung und Überwachung der Abwasserkläranlagen

1. Für die ständige Wartung, den einwandfreien Betrieb und die laufende Kontrolle der Kläranlage durch einen geeigneten Klärwärter ist der Leiter der Einrichtung verantwortlich.
2. Für die Wartung und den Betrieb der Kläranlage ist eine vom Projektanten aufgestellte und von der zuständigen Stelle der Wasserwirtschaft und der Kreis-Hygiene-Inspektion genehmigte Bedienungsvorschrift maßgebend; sie ist an einem gut sichtbaren Ort auszuhängen. Der Klärwärter ist vom Kreis-Hygienearzt mit dieser Bedienungsvorschrift vertraut zu machen.
3. Der Klärwärter hat über Wartung, Betrieb und Überwachung der Kläranlage ein Kontrollbuch zu führen. In diesem müssen alle wichtigen Ereignisse, wie z. B. betriebliche Vorgänge, insbesondere Desinfektionsmittelverbrauch, Chlornachweis im Ablauf, Betriebsstörungen jeder Art, Schlammblasen, Kompostumsetzen, Abwasser- und Lufttemperaturen, durchgeführte Probeentnahmen und Kontrollen, die in regelmäßigen Zeitabständen durchgeführt werden sollen, mit Ergebnissen und Befunden eingetragen werden. Die Eintragungen sind mit Datum und Tageszeit zu versehen. Das Kontrollbuch ist in jedem Monat vom eingesetzten Arzt oder vom Verwaltungsleiter abzuzeichnen.
4. Das Kontrollbuch muß den zuständigen Überwachungsorganen jederzeit zur Einsichtnahme zur Verfügung stehen. Durchgeführte Kontrollen und vorgefundene Mängel sind einzutragen.
5. Die einschlägigen Arbeitsschutzanordnungen sind zu beachten. Die in regelmäßigen Zeitabschnitten durchzuführenden Belehrungen des Klärwärters sind in das Kontrollbuch einzutragen und durch Unterschrift und Datum zu bestätigen.
6. Die Überwachung der Kläranlage und die Untersuchung des Abwassers am Ablauf der Anlage erfolgen durch die zuständige Gewässeraufsicht der Wasserwirtschaft und durch die Kreis-Hygieneinspektion. Dazu sind die Zu- und Abläufe der Absetzanlagen, die Abläufe der biologischen Anlagen, der Nachklärbecken und der Chloreinwirkungsbecken so zu gestalten, daß jederzeit Abwasserproben entnommen werden können.

III.

Desinfektionsmittel und -verfahren

A. Desinfektionsmittel

Die für die laufende und die Schlußdesinfektion zu verwendenden Desinfektionsmittel sind der gültigen Liste der Desinfektionsmittel[4]) zu entnehmen. Diese Liste wird vom Ministerium für Gesundheitswesen jährlich nach staatlicher Kontrolle bzw. Prüfung der Desinfektionsmittel im Forschungsinstitut für Mikrobiologie und Hygiene, Bad Elster, in den Verfügungen und Mitteilungen des Ministeriums für Gesundheitswesen veröffentlicht.

B. Desinfektionswaschverfahren

Die für die Durchführung und Überwachung der Desinfektionswaschverfahren gültigen Richtlinien werden in den Verfügungen und Mitteilungen des Ministeriums für Gesundheitswesen veröffentlicht.

C. Physikalische Desinfektionsverfahren

1. Desinfektion im Dampfdesinfektionsapparat unter Verwendung von
   a) strömendem, gesättigtem Wasserdampf von 100 °C bei einer Desinfektionszeit von mindestens 1 Stunde,
   b) gespanntem, gesättigtem Wasserdampf von 105 °C und 1,2 kp/cm^2 bei einer Desinfektionszeit von 30 bis 60 Minuten.
2. Desinfektion im Heißluftdesinfektionsapparat bei einer Temperatur von 120 °C und einer Desinfektionszeit von mindestens $2^1/_2$ Stunden.
3. Auskochen mit einer geeigneten Reinigungsmittellösung bei einer Desinfektionszeit von 10 bis 60 Minuten.
4. Verbrennen.

D. Formaldehyddampfdesinfektion

Raumgröße (m^3)	Desinfektion			Formaldehydbindung	
	Formaldehydlösung *DAB 7*[3]) (ml)	Wasser (ml)	Spiritus 90% (ml)	Konzentrierte Ammoniaklösung *DAB 7*[3]) (ml)	Spiritus 90% (ml)
20	500	750	250	400	80
30	625	935	315	500	100
40	750	1125	380	600	120

(Fortsetzung)

Raumgröße (m³)	Desinfektion			Formaldehydbindung	
	Formaldehyd-lösung *DAB 7*[3]) (ml)	Wasser (ml)	Spiritus 90% (ml)	Konzentrierte Ammoniak-lösung *DAB 7*[3]) (ml)	Spiritus 90% (ml)
50	875	1310	445	700	140
60	1000	1500	510	800	160
70	1125	1685	575	900	180
80	1250	1875	640	1000	200
90	1375	2000	705	1100	220
100	1500	2250	770	1200	240
110	1625	2435	835	1300	260
120	1750	2625	900	1400	280
130	1875	2810	965	1500	300
140	2000	3000	1030	1600	320
150	2125	3185	1095	1700	340

E. Überprüfung der Apparate zur physikalischen Desinfektion

Alle Apparate zur physikalischen Desinfektion sind vor Inbetriebnahme nach Reparaturen, mindestens aber einmal im Jahr, auf ihre Leistung zu überprüfen.

[1]) Für verbindlich erklärt durch die Anordnung vom 30. Oktober 1968 über die Desinfektion auf dem Gebiet der Humanmedizin (GBl. II S. 937).

[2]) Die alleinige Anwendung von Reinigungsmitteln mit keimzahlvermindernder Wirkung gilt nicht als Desinfektionsmaßnahme.

[3]) Jetzt: 2. AB-DDR.

[4]) Jährlich veröffentlicht in VuM MfGe, ab 1983 auch im Arzneimittelverzeichnis; in dieser Sammlung ist die Liste nach dem Stand von 1980 unter C 03 05 10 abgedruckt.

Anweisung über Maßnahmen bei Erkrankungen an Gasödem

vom 1. Mai 1977
(VuM MfGe Nr. 5 S. 34)

Zur gezielten, schnellen und umfassenden Therapie des Gasödems wird angewiesen:

Beim Auftreten eines Verdachts oder einer Erkrankung an Gasödem (Gasbrand, Gasphlegmone) ist durch den behandelnden Arzt wie folgt zu verfahren:

1. Sofortige Einleitung der diagnostischen und differentialdiagnostischen Maßnahmen (einschließlich der Bakterioskopie) und der Intensivtherapie.[1])
2. In allen Fragen der Klinik und Therapie des Gasödems stehen konsultativ zur Verfügung:

   – Chirurgische Klinik des Städtischen Krankenhauses im Friedrichshain, Berlin, Prof. Dr. Schmauss, Tel.-Nr. 4300913
   – Chirurgische Klinik, Traumatologische Abteilung der Martin-Luther-Universität Halle – Wittenberg, Prof. Dr. Sander, Tel.-Nr. 849440

   In allen Fragen der Mikrobiologie des Gasödemerregers steht konsultativ zur Verfügung:

   – Nationales Referenzlaboratorium für Clostridien der Bezirks-Hygieneinspektion, 50 Erfurt, Predigerstr. 6
   Leiter: Dr. Schau, Tel.-Nr. 502150/502151.

3. Bei begründetem Gasbrandverdacht ist nach Einleitung der therapeutischen Maßnahmen die fachgerechte Verlegung des Erkrankten in die Chirurgische Klinik des Städtischen Krankenhauses im Friedrichshain, Berlin, nach vorheriger Abstimmung durchzuführen.
4. Innerhalb von zwei Wochen nach Abschluß der Behandlung einer Erkrankung an Gasödem hat der Leiter der behandelnden Gesundheitseinrichtung die vollständigen Krankenunterlagen (einschließlich Röntgenbildern), verbunden mit einer zusammenfassenden Gesamteinschätzung, dem nationalen Referenzlaboratorium für Clostridien in Erfurt über die zuständige Bezirks-Hygieneinspektion und -institut zur Auswertung durch eine von mir benannte Expertengruppe zu übergeben.
5. Die Meldepflicht für Erkrankungen an Gasödem an die zuständige Kreis-Hygieneinspektion entsprechend § 11 Abs. 1 des Gesetzes vom 20. 12. 65 (GBl. I/1966 Nr. 3)

zur Verhütung und Bekämpfung übertragbarer Krankheiten beim Menschen bleibt von dieser Anweisung unberührt.

[1]) Schmauss, A. K., Bahrmann, E., und Fabian, W.:
Gasbrandbehandlung und hyberbare Oxydation, Zbl. Chir. 98 (1973) 912–925, Heft 25;
Bahrmann, E,, und Schmauss, A. K.: Ätiologie, Klinik, Diagnose und Therapie des Gasbrandes, Z. Militärmedizin 5 (1974), 277; Schmauss, A. K.: Gasbrand nach intramuskulären Injektionen, Z. Ärzt. Fortbildung 68, H. 1, 41.
Die Weiterbildung auf klinischem und diagnostischem Gebiet erfolgt im Rahmen der medizinisch-wissenschaftlichen Gesellschaften für Chirurgie sowie Mikrobiologie und Epidemiologie der DDR.

Gesetz über den Verkehr mit Lebensmitteln und Bedarfsgegenständen — Lebensmittelgesetz —

vom 30. November 1962
(GB. I Nr. 12 S. 111)[1])

i. d. F. des Gesetzes zur Anpassung von Strafbestimmungen und Ordnungsstrafbestimmungen – Anpassungsgesetz – vom 11. Juni 1968 (GBl. I Nr. 11 S. 242; Ber. GBl. II Nr. 103 S. 827)[1])

und des Gesetzes über die Neufassung von Regelungen über Rechtsmittel gegen Entscheidungen staatlicher Organe vom 24. Juni 1971 (GBl. I Nr. 3 S. 49)[2])

– Auszug –

Der Aufbau des Sozialismus in der Deutschen Demokratischen Republik legt auch den für die Versorgung der Bürger mit Lebensmitteln und Bedarfsgegenständen verantwortlichen staatlichen Organen sowie den staatlichen, genossenschaftlichen und privaten Betrieben der Produktion, des Transportwesens und des Handels eine große Verantwortung auf. In der Deutschen Demokratischen Republik sind entsprechend den ökonomischen und wissenschaftlichen Voraussetzungen einwandfreie und qualitativ hochwertige Lebensmittel nach den ernährungsphysiologischen und hygienischen Erfordernissen bereitzustellen sowie solche Bedarfsgegenstände in den Verkehr zu bringen, durch die die Gesundheit der Bürger nicht beeinträchtigt wird. Dadurch ist eine entscheidende Grundlage für das Wohlbefinden, die Erhaltung und Förderung der Gesundheit und Leistungsfähigkeit aller Bürger entsprechend ihren wachsenden Bedürfnissen und den gesellschaftlichen Erfordernissen geschaffen.
Es ist daher erforderlich, den Verkehr mit Lebensmitteln und Bedarfsgegenständen so zu gestalten und solche staatlichen Maßnahmen der Erziehung, Beratung und Überwachung durchzuführen, daß die bestmögliche Ernährung und die Bereitstellung gesundheitlich einwandfreier Bedarfsgegenstände für die Bevölkerung gesichert ist und ökonomische Verluste vermieden werden.
Die Volkskammer der Deutschen Demokratischen Republik beschließt daher das folgende Gesetz:

§ 1

Aufgaben

(1) Die Gewinnung und Herstellung einwandfreier Lebensmittel und Bedarfsgegenstände und der sonstige Verkehr mit diesen bis zum Verbrauch im Sinne der gesundheitlichen Erkenntnisse sind Aufgaben der Wirtschaft und der staatlichen und genossenschaftlichen

Organe, die an der Versorgung mit Lebensmitteln und Bedarfsgegenständen beteiligt sind. Sie haben diese Aufgaben in enger Zusammenarbeit zu lösen und sich dabei auf die Mitwirkung der Ausschüsse der Nationalen Front, des Freien Deutschen Gewerkschaftsbundes sowie anderer gesellschaftlicher Organisationen zu stützen. Die ständigen Kommissionen der Volksvertretungen haben auch auf diesem Gebiet wichtige Aufgaben zu erfüllen, bei deren Durchführung sie auf jede Weise zu unterstützen sind.

(2) Die Organe des staatlichen Gesundheitswesens haben in Zusammenarbeit mit den anderen hierfür zuständigen Organen durch Beratung und Erziehung sowie durch Maßnahmen der Überwachung des Verkehrs mit Lebensmitteln und Bedarfsgegenständen die einwandfreie Beschaffenheit und sachgemäße Verwendung derselben zu sichern.

(3) Bei diesen Maßnahmen sind die gesundheitlichen Erfordernisse sinnvoll mit den wirtschaftlichen Notwendigkeiten zu verknüpfen mit der Maßgabe, daß diese der Gesundheit der Bevölkerung zu dienen haben.

Begriffsbestimmungen

§ 2

(1) Lebensmittel sind Stoffe, die dazu bestimmt sind, zur Befriedigung des Nahrungsbedarfes oder zum Genuß in unverändertem, zubereitetem, be- oder verarbeitetem Zustand von Menschen gegessen, getrunken oder auf andere Weise aufgenommen zu werden.

(2) Diätetische Lebensmittel sind Lebensmittel, die nach Zusammensetzung und Eigenschaften für eine Ernährung bestimmt sind, die besonderen körperlichen Zuständen, besonderen Umweltbedingungen oder einem bestimmten Lebensalter Rechnung trägt.[3])

(3) Wasser, das unmittelbar oder als Bestandteil von Lebensmitteln genossen wird oder im Verkehr mit Lebensmitteln mit diesen in Berührung kommen kann, ist ein Lebensmittel im Sinne dieses Gesetzes.

(4) Den Lebensmitteln stehen gleich:

a) Tabak, tabakhaltige und tabakähnliche Erzeugnisse, die zum Rauchen, Kauen oder Schnupfen bestimmt sind;
b) Stoffe, die nach ihrer bestimmungsgemäßen Verwendung einen verbleibenden Bestandteil im Lebensmittel bilden.

§ 3

(1) Bedarfsgegenstände im Sinne dieses Gesetzes sind:

1. Gegenstände, die dazu bestimmt sind, im Verkehr mit Lebensmitteln (§ 5) oder beim Genuß von Lebensmitteln verwendet zu werden und dabei mit diesen in unmittelbare Berührung kommen;
2. Mittel und Gegenstände zur Reinigung, Pflege, Färbung oder Verschönerung der Haut, des Haares, der Nägel oder der Mundhöhle;

3. Bekleidungsgegenstände, Haushaltstextilien (wie Bettwäsche, Handtücher, Seifentücher), Spielwaren, Mal- und Zeichengeräte, Tapeten, Anstrichmittel, Masken, Künstlerschminken, Kerzen, künstliche Pflanzen und künstliche Pflanzenteile;
4. Farben, die zur Färbung von Bedarfsgegenständen bestimmt sind;
5. Mittel zur Reinigung und Pflege von Bedarfsgegenständen.

(2) Der Minister für Gesundheitswesen kann andere Gegenstände und Mittel zu Bedarfsgegenständen im Sinne dieses Gesetzes erklären, wenn dies aus Gründen des Gesundheitsschutzes erforderlich ist.

§ 4

(1) Fremdstoffe im Sinne dieses Gesetzes sind Stoffe, die den betreffenden Lebensmitteln nach Art und Menge und von Natur aus oder auf Grund herkömmlicher physikalischer Behandlungsverfahren nicht eigen sind und als Bestandteile der Lebensmittel mitgegessen, -getrunken, -gekaut bzw. -geraucht oder geschnupft werden.
(2) Als Fremdstoffe gelten nicht Stoffe, für deren Zugabe zu Lebensmitteln der Gehalt an Nährstoffen maßgeblich ist. Weiterhin gelten nicht als Fremdstoffe Vitamine, Provitamine, Würz-, Duft- und Geschmackstoffe natürlicher Herkunft und Stoffe, die diesen im chemischen Aufbau gleich sind, sowie Luft, Stickstoff, Kohlendioxyd und Aethylalkohol.
(3) Die Einzelheiten regelt der Minister für Gesundheitswesen.

Verkehr mit Lebensmitteln

§ 5

(1) Der Verkehr mit Lebensmitteln im Sinne dieses Gesetzes umfaßt die gewerbsmäßige Gewinnung, Herstellung, Zubereitung, Be- und Verarbeitung, Abmessung, Auswägung, Verpackung, Aufbewahrung, Beförderung, das gewerbsmäßige Anbieten, Abgeben oder jedes sonstige gewerbsmäßige Behandeln von Lebensmitteln.
(2) Die Bestimmungen des Abs. 1 gelten auch für zugelassene Fremdstoffe.

§ 6

(1) Der Verkehr mit Lebensmitteln ist so zu gestalten, daß bei bestimmungsgemäßem Verzehr der Lebensmittel eine Schädigung der menschlichen Gesundheit ausgeschlossen ist.
(2) Lebensmittel dürfen nicht durch Fremdkörper verunreinigt, verdorben oder sonstwie hygienewidrig sein.
(3) Die verwendeten Rohstoffe dürfen in keinem Stadium des Verkehrs hygienewidrige Zustände durchlaufen haben. Die verwendeten Rohstoffe müssen von handelsüblicher Beschaffenheit sein.
(4) Es ist untersagt, bei Lebensmitteln Änderungen der Zusammensetzung, des Gewinnungs- und Herstellungs-, des Be- und Verarbeitungs- und Behandlungsverfahrens,

der zulässigen Kennzeichnung oder Aufmachung vorsätzlich oder fahrlässig vorzunehmen, die eine Nachmachung, Verfälschung, Täuschung oder Irreführung darstellen.
(5) Bei Verfahren zur Gewinnung, Herstellung, Bearbeitung bzw. Verarbeitung von Lebensmitteln muß nachgewiesen sein, daß diese hygienisch und gesundheitlich unbedenklich sind. Die Anwendung dieser Verfahren ist nur zulässig mit Genehmigung des Ministeriums für Gesundheitswesen bzw. der von ihm beauftragten Organe. Die wissenschaftliche Überprüfung des Nachweises erfolgt durch die vom Ministerium für Gesundheitswesen bestimmten Einrichtungen.
(6) Lebensmittel dürfen Fremdstoffe nach Art und Menge nur enthalten, soweit diese durch den Minister für Gesundheitswesen zugelassen sind. Ferner finden die Bestimmungen der Absätze 2 und 3 auf Fremdstoffe Anwendung, die den Lebensmitteln zugesetzt werden.
(7) Es ist untersagt, Lebensmittel in den Verkehr zu bringen, die den Anforderungen der Absätze 1 bis 6 nicht entsprechen. Es ist ferner untersagt, Fremdstoffe, die den Lebensmitteln zugesetzt werden, in den Verkehr zu bringen, wenn sie den Anforderungen der Absätze 2 und 3 nicht entsprechen.

§ 7

(1) Lebensmittel sind so in den Verkehr zu bringen, daß sie dem Verbraucher in einem Zustand zur Verfügung stehen, der den hierfür geltenden gesetzlichen Bestimmungen und den festgelegten ernährungshygienischen Grundsätzen entspricht.
(2) Lebensmittel, die den Bestimmungen des Abs. 1 nicht entsprechen, ihre Zweckbestimmung als Lebensmittel jedoch noch erfüllen, gelten als wertgemindert und dürfen nur unter entsprechender Kenntlichmachung in den Verkehr gebracht werden, wenn dem keine hygienischen Bedenken entgegenstehen und eine Ausnahmegenehmigung gemäß § 15 Abs. 1 erteilt wurde.

§ 8

Gegenstände und Stoffe, die nicht Lebensmittel im Sinne des § 2 sind, dürfen nicht als Lebensmittel in den Verkehr gebracht werden.

§ 9 **Verkehr mit Bedarfsgegenständen**

(1) Bedarfsgegenstände sind derart herzustellen, zu be- und verarbeiten, abzumessen, abzuwägen, zu verpacken, aufzubewahren, zu befördern, anzubieten oder sonstwie zu behandeln, daß bei bestimmunssgemäßer oder vorauszusehender Verwendung weder durch Bestandteile oder Verunreinigungen eine Schädigung der menschlichen Gesundheit, noch durch Formgebung eine Verletzung des Körpers möglich ist.
(2) Bedarfsgegenstände gemäß § 3 Abs. 1 Ziff. 1 müssen so beschaffen sein, daß bei be-

stimmungsgemäßem oder vorauszusehendem Gebrauch eine nachteilige Beeinflussung von Lebensmitteln im Sinne des § 6 Absätze 1 und 5 ausgeschlossen ist.
(3) Es ist untersagt, Bedarfsgegenstände in den Verkehr zu bringen, die den Anforderungen der Absätze 1 und 2 nicht entsprechen.

§ 10 Kennzeichnung von Lebensmitteln

Lebensmittel sind im Verkehr nach Maßgabe der Durchführungsbestimmungen kenntlich zu machen bzw. zu kennzeichnen.

§ 28

(1) Dieses Gesetz tritt mit der Verkündung in Kraft.

[1]) Durch das Anpassungsgesetz, das am 1. 7. 1968 in Kraft trat, haben die in §§ 22—25 geregelten Straf- und Ordnungsstrafbestimmungen eine neue Fassung erhalten. Diese Bestimmungen sind in dieser Sammlung nicht mit abgedruckt.

[2]) Durch das Gesetz vom 24. 6. 1971, das am 1. 7. 1971 in Kraft trat, haben die in §§ 19 und 20 enthaltenen Bestimmungen über Verfügungen und das Beschwerdeverfahren eine neue Fassung erhalten. Diese Bestimmungen sind in dieser Sammlung nicht mit abgedruckt.

[3]) S. hierzu AO über diätetische Lebensmittel; abgedruckt unter C 06 02 05.

[4]) S. hierzu die Vorschriften über die Verwendung von Plasten für Bedarfsgegenstände, C 06 02 81, C 06 07 14, C 06 02 82 und die 2. DB zum AMG, abgedruckt unter C 01 03.

[5]) Das Gesetz ist in Übereinstimmung mit Artikel 65 der Verfassung der DDR, wonach Gesetze am 14. Tage nach ihrer Verkündung in Kraft treten, soweit sie nichts anderes bestimmen, mit der Verkündung am 6. 12. 1962 in Kraft getreten.

Anordnung über diätetische Lebensmittel

vom 28. November 1978
(GBl. I 1979 Nr. 3 S. 32)

Auf Grund des Lebensmittelgesetzes vom 30. November 1962 (GBl. I Nr. 12 S. 111) in der Fassung der Ziff. 35 der Anlage zum Anpassungsgesetz vom 11. Juni 1968 (GBl. I Nr. 11 S. 242) sowie Ziff. 5 der Anlage zum Gesetz vom 24. Juni 1971 über die Neufassung von Regelungen über Rechtsmittel gegen Entscheidungen staatlicher Organe (GBl. I Nr. 3 S. 49)[1]) wird folgendes angeordnet:

§ 1

(1) Diese Anordnung regelt die Anforderungen an diätetische Lebensmittel gemäß § 2 Abs. 2 des Lebensmittelgesetzes.
(2) Erzeugnisse, die nach dem Arzneimittelgesetz vom 5. Mai 1964 (GBl. I Nr. 7 S. 101)[2]) Arzneimittel oder Gesundheitspflegemittel sind, gelten nicht als diätetische Lebensmittel.

§ 2

(1) Diätetische Lebensmittel müssen sich von vergleichbaren Lebensmitteln in ihrer Zusammensetzung oder ihren Eigenschaften im Hinblick auf ihre diätetische Anwendung unterscheiden. Sie sind entsprechend ihrer Zweckbestimmung zu gewinnen, zu bearbeiten oder zu verarbeiten bzw. herzustellen.
(2) Die Anlagen 1 bis 6 dieser Anordnung regeln zusätzliche Anforderungen an die Zusammensetzung und Kennzeichnung einzelner Gruppen diätetischer Lebensmittel.

§ 3

Diätetische Lebensmittel dürfen nur mit Genehmigung des Ministeriums für Gesundheitswesen hergestellt und in den Verkehr gebracht werden.

§ 4

(1) Anträge auf Erteilung einer Genehmigung zur Herstellung und zum Vertrieb diätetischer Lebensmittel sind vom Herstellerbetrieb bzw. Abfüll- oder Abpackbetrieb bei der für den Sitz des Betriebes örtlich zuständigen Bezirks-Hygieneinspektion[3]) einzureichen.
(2) Anträge auf Erteilung einer Genehmigung zum Import diätetischer Lebensmittel sind vom Außenhandelsbetrieb bei der Zentralen Lebensmittelhygienischen Untersuchungsstelle Berlin einzureichen.

(3) Die Bezirks-Hygieneinspektionen[3]) bzw. die Zentrale Lebensmittelhygienische Untersuchungsstelle Berlin leiten nach Prüfung der Erzeugnisse die Anträge dem Ministerium für Gesundheitswesen zu.
(4) Das Ministerium für Gesundheitswesen erteilt die Genehmigung mit den erforderlichen Zulassungsbedingungen auf der Grundlage der Prüfungsergebnisse.
(5) Die Genehmigungen gelten bis auf Widerruf und können mit Befristungen und Auflagen verbunden werden.

§ 5

(1) Die Anträge gemäß § 4 müssen folgende Angaben enthalten:

a) Verwendungszweck,
b) vollständige Rezeptur,
c) Hinweise über das Herstellungsverfahren,
d) Muster der beabsichtigten Kennzeichnung einschließlich evtl. Gebrauchsanweisung und Werbematerial,
e) Prüfzeugnis der entsprechenden Fachgebiete des Amtes für Standardisierung, Meßwesen und Warenprüfung für Lebensmittel einheimischer Produktion bzw. für importierte diätetische Lebensmittel ein amtliches Gutachten einer staatlichen Untersuchungsstelle des ausführenden Landes.

(2) Den Anträgen sind Probemengen des Erzeugnisses entsprechend der Dritten Durchführungsbestimmung vom 18. Oktober 1963 zum Lebensmittelgesetz (GBl. II Nr. 106 S. 824) in der zur Abgabe an den Verbraucher vorgesehenen Zusammensetzung, Beschaffenheit und Verpackung beizufügen.
(3) Für die Anerkennung als diätetische Lebensmittel kann zusätzlich die Beibringung wissenschaftlicher Gutachten gefordert werden.

§ 6

(1) Der Betrieb ist verpflichtet, die Herstellung, Abfüllung oder Abpackung, Kennzeichnung und Werbung entsprechend der Genehmigung durchzuführen. Der Importeur ist zur Einfuhr entsprechend der Genehmigung verpflichtet.
(2) Vor jeder Änderung der Rezeptur, des Herstellungsverfahrens, der Verpackung, der Kennzeichnung, des Werbematerials, der Gebrauchsanweisung, des Produktions-, Abfüll- oder Abpackstandortes ist über die örtlich zuständige Bezirks-Hygieneinspektion[3]) beim Ministerium für Gesundheitswesen eine entsprechende Genehmigung zu beantragen.

§ 7

(1) Diätetische Lebensmittel sind zusätzlich zu den Festlegungen der Anordnung vom 14. November 1975 über die Kennzeichnung der Lebensmittel im Lebensmittelverkehr (GBl. I Nr. 47 S. 764) in der Fassung der Anordnung Nr. 2 vom 22. Juni 1976 (GBl. I

Nr. 26 S. 366) entsprechend den Anlagen zu dieser Anordnung zu kennzeichnen. Für die nicht in den Anlagen aufgeführten Lebensmittel gelten die vom Ministerium für Gesundheitswesen in den Genehmigungen festgelegten Kennzeichnungsforderungen.
(2) Diätetische Lebensmittel für verschiedene Diätformen sind entsprechend allen in Frage kommenden Diätformen zu kennzeichnen.
(3) Diätetische Lebensmittel, die unverpackt im Einzelhandel angeboten werden, sind vom Herstellerbetrieb bzw. Abfüll- oder Abpackbetrieb auf der Versandpackung entsprechend den Absätzen 1 und 2 zu kennzeichnen. Der Einzelhandel ist verpflichtet, an der ausgestellten Ware, am Stapel oder an den Verkaufsbehältnissen eine Bezeichnung des Erzeugnisses und/oder der Sorte sowie die Kennzeichnung der erforderlichen Hinweise über diätetische und sonstige Gebrauchseigenschaften vorzunehmen. Die gleichen Angaben sind auf Speisen- und Getränkekarten in Gaststätten und Einrichtungen der gesellschaftlichen Speisenwirtschaft erforderlich.
(4) Die Angabe des Energiegehaltes der diätetischen Lebensmittel erfolgt in Kilojoule je 100 g bzw. 100 ml Fertigerzeugnis.[4])
(5) Die Angabe der Hauptnährstoffe Eiweiß, Fett und Kohlenhydrate erfolgt in g je 100 g bzw. 100 ml Lebensmittel. Bei Verkaufseinheiten unter 100 g bzw. unter 100 ml sind diese Angaben auf die Verkaufseinheit zu beziehen. Hauptnährstoffe, deren Energiegehalt in den verzehrfertigen Lebensmitteln weniger als 5% beträgt oder deren Gehalt den Wert von 0,5% unterschreitet, sind in der Kennzeichnung nicht anzugeben.
(6) Lebensmittel, die nicht den Festlegungen dieser Anordnung entsprechen, dürfen nicht mit Hinweisen, die auf diätetische Eigenschaften Rückschlüsse zulassen, in den Verkehr gebracht werden. Ausgenommen hiervon ist die Angabe der Kohlenhydrateinheiten (KHE) im Rahmen der Angaben der Zusammensetzung des Lebensmittels. Der Gehalt an Glukose, Maltose, Laktose, Invertzucker, Saccharose, Stärkesirup und/oder Dextrinen darf in diesem Falle nicht mehr als insgesamt 5 g in 100 g Fertigerzeugnis betragen.

§ 8

(1) Die Herstellerbetriebe bzw. Abfüll- oder Abpackbetriebe sind durch die örtlich zuständigen Kreis-Hygieneinspektionen[3]) in mindestens halbjährlichen Abständen zu kontrollieren. Hierbei sind Proben aus der laufenden Produktion zu entnehmen und der Bezirks-Hygieneinspektion[3]) zur Prüfung zuzuleiten.
(2) Entsprechen die Kontroll- und Untersuchungsergebnisse nicht den Zulassungsbedingungen, hat die Bezirks-Hygieneinspektion[3]) dem Herstellerbetrieb entsprechende Auflagen zu erteilen. Die vorübergehende Einstellung der Produktion kann angeordnet und die Auslieferung der Ware untersagt werden. Wird die Produktion vorübergehend untersagt, ist die Staatliche Hygieneinspektion des Ministeriums für Gesundheitswesen[3]) unverzüglich hiervon zu informieren. Diese entscheidet über weitere Maßnahmen.

§ 9

(1) Diese Anordnung tritt am 1. Juli 1979 in Kraft.

(2) Gleichzeitig tritt die Anordnung vom 27. Januar 1967 über diätetische Lebensmittel (GBl. II Nr. 12 S. 76) außer Kraft.

Anlage 1

zu vorstehender Anordnung

Diabetiker-Lebensmittel

I.

Begriffsbestimmung

1. Diabetiker-Lebensmittel sind diätetische Lebensmittel, die insbesondere für die Ernährung an Diabetes mellitus erkrankter Personen bestimmt sind und die bei bestimmungsgemäßem Verzehr den Blutzuckerspiegel der Diabetiker nicht oder nur in nicht gesundheitsgefährdendem Grade erhöhen.
2. Als Diabetiker-Lebensmittel gelten auch Süßungsmittel für Diabetiker.

II.

Anforderungen an die Zusammensetzung

1. Diabetiker-Lebensmittel müssen sich durch einen verringerten Gehalt an verdaulichen Kohlenhydraten und/oder durch Verwendung der unter Ziff. 3 genannten Süßungsmittel von vergleichbaren Lebensmitteln maßgeblich unterscheiden.
2. Diabetiker-Lebensmitteln dürfen Glukose, Maltose, Laktose, Invertzucker, Saccharose, Stärkesirup und/oder Dextrine nicht zugesetzt werden. Der rohstoffbedingte Gehalt an diesen Stoffen darf folgende Grenzwerte nicht überschreiten:

Diabetiker-Erfrischungsgetränke	10 g/Liter
Diabetiker-Bier	10 g/Liter
Diabetiker-Obsterzeugnisse	10 g/100 g
Diabetiker-Süßmoste und -Obstgetränke	10 g/100 ml
übrige Diabetiker-Lebensmittel	5 g/100 g.

3. Als Süßungsmittel für Diabetiker dürfen einzeln oder in Kombination in den Verkehr gebracht werden:

   a) Zuckeraustauschstoffe

      Fruktose
      Sorbit
      Yylit;

b) Süßstoffe

Saccharin (Benzoesäuresulfimid und seine Natrium- oder Kalziumverbindung)
Zyklamat (Cyclohexylsulfaminsäure und ihre Natrium- oder Kalziumverbindung);

c) sonstige vom Minister für Gesundheitswesen genehmigte Süßungsmittel.

4. Der Gehalt an Süßstoffen in alkoholfreien Erfrischungsgetränken darf 0,6 g Zyklamat je Liter — berechnet als Natriumsalz der Cyclohexylsulfaminsäure — und 0,1 g Saccharin je Liter — berechnet als Natriumbenzoesäuresulfimid — nicht überschreiten.

III.

Anforderungen an die Kennzeichnung

1. Diabetiker-Lebensmittel sind zusätzlich zu den Festlegungen der Anordnung über die Kennzeichnung der Lebensmittel im Lebensmittelverkehr in nachstehender Weise zu kennzeichnen:

a) Angabe der Warenart und/oder Sorte in Verbindung mit dem Wort „Diabetiker" in einheitlicher Schriftgröße;
b) Kohlenhydrate — einschließlich der zugesetzten Zuckeraustauschstoffe;
c) Fett und Eiweiß;
d) Zuckeraustauschstoffe nach Art und Menge;
e) Art des eingesetzten Süßstoffes; bei Süßungsmittelkombination Zyklamat/Saccharin (10:1) „mit Zyklamat";
f) Energiegehalt;
g) Kohlenhydrateinheiten (KHE) je 100 g bzw. 100 ml Lebensmittel — berechnet aus den Kohlenhydraten gemäß Buchst. b;
1 KHE entspricht 10 g Kohlenhydraten. Angabe in halben und ganzen KHE;
Bei Diabetiker-Lebensmitteln, deren Gehalt an verdaulichen Kohlenhydraten weniger als 3 g in 100 g bzw. 100 ml bzw. weniger als 3 g je Verkaufseinheit beträgt, sind die Kohlenhydrateinheiten in der Kennzeichnung nicht anzugeben. In diesen Fällen ist zu kennzeichnen „Bis 100 g ohne Anrechnung auf KHE".
h) Beim Einsatz von Sorbit bzw. Xylit „Verzehr von mehr als 30 g Sorbit" bzw. „Xylit pro Tag nach ärztlicher Empfehlung".
i) Die Angaben gemäß Buchst. g sind bei Verkaufseinheiten unter 100 g auf die Verkaufseinheit zu beziehen.

2. Süßungsmittel für Diabetiker sind zusätzlich zu den Festlegungen der Anordnung über die Kennzeichnung der Lebensmittel im Lebensmittelverkehr in nachstehender Weise zu kennzeichnen:

a) Angabe des Energiegehaltes bei Zuckeraustauschstoffen;

b) Hinweise auf die Süßkraft bei Süßstoffen — bezogen auf Saccharose;
c) Zyklamat und Zyklamat-Saccharin-Mischungen in Pulver- oder Tablettenform bzw. als Lösung müssen in der Kennzeichnung den Zusatz enthalten:

„Für Schwangere, Säuglinge und Kleinkinder nicht geeignet.“

Anlage 2

zu vorstehender Anordnung

Kochsalzarme und natriumarme Lebensmittel sowie Diätsalze

I.

Begriffsbestimmung

1. Kochsalzarme Lebensmittel sind diätetische Lebensmittel, die gegenüber vergleichbaren gesalzenen Lebensmitteln keinen oder nur einen geringen Kochsalzzusatz enthalten und die auf Grund des Natriumgehaltes nicht den Anforderungen an natriumarme Lebensmittel entsprechen. Kochsalzarme Lebensmittel sind für eine Grunddiät geeignet.
2. Natriumarme Lebensmittel sind diätetische Lebensmittel mit sehr geringem Natriumgehalt. Natriumarme Lebensmittel sind nach ärztlicher Empfehlung für die Diät bei Herz-Kreislauf-Erkrankungen, bei bestimmten Nieren- oder Lebererkrankungen und bei bestimmten Hauterkrankungen geeignet.
3. Diätsalze sind Kochsalzersatzmittel, die aus Ammonium-, Kalium-, Kalzium- und Magnesiumsalzen der Adipin-, Bernstein-, Glutamin-, Kohlen-, Milch-, Wein-, Zitronen- und Salzsäure — einzeln oder als Mischung — bestehen.

II.

Anforderungen an die Zusammensetzung

1. Kochsalzarme Lebensmittel dürfen höchstens soviel Kochsalz enthalten, daß unter Berücksichtigung des durchschnittlichen täglichen Lebensmittelverbrauchs eine tägliche Aufnahmemenge von insgesamt 2 g Kochsalz nicht überschritten wird. Kochsalzarme Wurst- und Fleischwaren dürfen höchstens 0,9 g Kochsalz in 100 g Lebensmittel enthalten.
2. Natriumarme Lebensmittel dürfen höchstens 120 mg Natrium in 100 g bzw. 100 ml Fertigerzeugnis enthalten.

III.

Anforderungen an die Kennzeichnung

1. Kochsalzarme und natriumarme Lebensmittel müssen zusätzlich zu den Festlegungen der Anordnung über die Kennzeichnung der Lebensmittel im Lebensmittelverkehr folgende Angaben in der Kennzeichnung enthalten:

   a) „kochsalzarm“ bzw. „natriumarm“;

b) Kochsalzgehalt in g bzw. Natriumgehalt in mg je 100 g bzw. 100 ml Fertigerzeugnis;
c) Energiegehalt;
d) Eiweiß;
e) Fett;
f) Kohlenhydrate.

2. Diätsalz muß zusätzlich zur Kennzeichnung gemäß den lebensmittelrechtlichen Bestimmungen folgende Angaben enthalten:

a) Diätsalz;
b) Bestandteile des Kochsalzersatzmittels.

Anlage 3

zu vorstehender Anordnung

Energiereduzierte Lebensmittel[5])

I.

Begriffsbestimmung

Energiereduzierte Lebensmittel sind diätetische Lebensmittel, deren Energiegehalt maßgeblich unter dem Energiegehalt vergleichbarer Lebensmittel liegt, ohne daß eine nachteilige Veränderung der sensorischen Eigenschaften erfolgte. Energiereduzierte Lebensmittel sind für eine Reduktionsdiät geeignet.

II.

Anforderungen an die Zusammensetzung

1. Die Reduzierung des Energiegehaltes gegenüber vergleichbaren Lebensmitteln muß folgenden Mindestanforderungen entsprechen:

Mayonnaisen und Remouladen	mindestens 50%
alkoholfreie Erfrischungsgetränke	mindestens 40%
Koch-, Back- und Streichfette	mindestens 40%
Fleisch- und Wurstwaren	mindestens 20% (bezogen auf Fett)
Marmeladen und Konfitüren	mindestens 25%
Feinback- und Konditoreiwaren	mindestens 20% (bezogen auf Fett und/oder Zucker)
Speiseeis	mindestens 15%
alle übrigen Lebensmittel	mindestens 20%
Spezialbrot	mindestens 10%.

2. Energiereduzierte Lebensmittel, bei denen die Energiereduzierung durch Senkung des Zucker- bzw. Fettgehaltes erreicht wurde, können mit der Bezeichnung „zuckerreduziert" bzw. „fettreduziert" versehen werden.
3. Bei der Reduzierung des Energiegehaltes darf der Gehalt an Vitaminen und Mineralstoffen nicht und der Eiweißgehalt höchstens anteilmäßig gesenkt werden.

III.

Anforderungen an die Kennzeichnung

Energiereduzierte Lebensmittel müssen zusätzlich zu den Festlegungen der Anordnung über die Kennzeichnung der Lebensmittel im Lebensmittelverkehr folgende Angaben enthalten:

a) Aufdruck „energiereduziert" bzw. „zuckerreduziert" bzw. „fettreduziert";
b) Energiegehalt;
c) Eiweiß;
d) Fett;
e) Kohlenhydrate;
f) bei Verwendung von Süßstoffen Angabe der Art, z. B. „mit Zyklamat" bzw. bei Saccharin „mit Saccharin".

Anlage 4

zu vorstehender Anordnung

Glutenfreie Lebensmittel

I.

Begriffsbestimmung

Glutenfreie Lebensmittel sind diätetische Lebensmittel, die für die Ernährung von Patienten mit glutenbedingter Enteropathie (Zöliakie und einheimische Sprue) bestimmt sind.

III.

Anforderungen an die Kennzeichnung

1. Glutenfreie Lebensmittel müssen zusätzlich zu den Festlegungen der Anordnung über die Kennzeichnung von Lebensmitteln im Lebensmittelverkehr folgende Angaben enthalten:

a) Aufdruck „glutenfrei";
b) Energiegehalt;
c) Eiweiß;

d) Fett;
e) Kohlenhydrate.

2. Diätetische Lebensmittel, die für andere Diätformen bestimmt sind und gleichzeitig den Anforderungen nach Abschnitt II dieser Anlage entsprechen, können mit der zusätzlichen Bezeichnung „glutenfrei“ und „geeignet auch für die Diät bei Zöliakie und Sprue“ versehen werden.

Anlage 5

zu vorstehender Anordnung

Eiweißarme Lebensmittel

I.

Begriffsbestimmung

Eiweißarme Lebensmittel sind diätetische Lebensmittel, die insbesondere für die Ernährung von Patienten mit chronischer Niereninsuffizienz bestimmt sind.

II.

Anforderungen an die Zusammensetzung

1. Der Gesamteiweißgehalt der Fertigprodukte darf 3% nicht überschreiten.
2. Der Gesamteiweißgehalt der Fertigprodukte darf nicht mehr als die Hälfte vergleichbarer Erzeugnisse betragen.
3. Eiweißarme Lebensmittel können zur Verminderung der Phosphatresorption im Darm mit Zusatz von Aluminiumhydroxid hergestellt werden.
4. Eiweißarme Lebensmittel sind mit verringertem Kochsalzgehalt herzustellen, so daß bei zu erwartendem Gebrauch täglich insgesamt nicht mehr als 2 g Kochsalz — berechnet als Natriumchlorid — aufgenommen werden.

III.

Anforderungen an die Kennzeichnung

Eiweißarme Lebensmittel müssen zusätzlich zu den Festlegungen der Anordnung über die Kennzeichnung der Lebensmittel im Lebensmittelverkehr folgende Angaben enthalten:

a) Aufdruck „eiweißarm“;
b) Energiegehalt:
c) Eiweiß;
d) Fett;

e) Kohlenhydrate;
f) Aluminiumhydroxid in g[6]) je 100 g bzw. 100 ml Lebensmittel;
g) Kochsalz in g je 100 g bzw. 100 ml Lebensmittel.

Anlage 6

zu vorstehender Anordnung

Polyenfettsäurereiche Lebensmittel und cholesterinreduzierte Lebensmittel

I.

Begriffsbestimmung

Polyenfettsäurereiche Lebensmittel und cholesterinreduzierte Lebensmittel sind diätetische Lebensmittel, die für die Ernährung von Patienten mit bestimmten Herz-Kreislauf-Erkrankungen geeignet sind und bei deren Verwendung der Blutcholesterinspiegel gesenkt werden kann.

II.

Anforderungen an die Zusammensetzung

1. Bei Verwendung von Fetten für die Herstellung polyenfettsäurereicher Lebensmittel sind vorrangig Fette mit hohem Anteil ungesättigter Fettsäuren (z. B. Sonnenblumenöl) einzusetzen. Der Gehalt an Polyenfettsäuren muß mindestens 50% — bezogen auf den Gehalt an Fettsäuren — betragen.
2. Cholesterinreduzierte Lebensmittel dürfen höchstens 50 mg Cholesterin in 100 g bzw. 100 ml Lebensmittel enthalten.
3. Der Cholesteringehalt der Fertigprodukte darf nicht mehr als ein Drittel vergleichbarer Lebensmittel betragen.

III.

Anforderungen an die Kennzeichnung

Polyenfettsäurereiche Lebensmittel bzw. cholesterinreduzierte Lebensmittel müssen zusätzlich zu den Festlegungen der Anordnung über die Kennzeichnung der Lebensmittel im Lebensmittelverkehr folgende Angaben enthalten:

a) Aufdruck „polyenfettsäurereich" bzw. „cholesterinreduziert";
b) Energiegehalt;
c) Eiweiß;
d) Fett;

e) Kohlenhydrate;
f) Cholesterin in mg je 100 g bzw. 100 ml Lebensmittel;
g) Gehalt an Polyenfettsäuren in g je 100 g bzw. 100 ml Lebensmittel.

[1]) Auszugsweise abgedruckt unter C 06 02 01.

[2]) Abgedruckt unter C 01 01.
S. hierzu auch 2. DB zum AMG; abgedruckt unter C 01 03.

[3]) S. hierzu VO über die Staatliche Hygieneinspektion; abgedruckt unter B 06 10.

[4]) Hinweis im GBl.: Bis zum 31. 12. 1979 ist die Angabe des Energiegehaltes in Kilokalorien zulässig. Umrechnungsfaktor 4,2. (1 kcal = 4,2 kJ, aufgerundet).

[5]) Hinweis im GBl.: Bis 31. Dezember 1979 kann die Bezeichnung „kalorienreduziert" an Stelle von „energiereduziert" verwendet werden.

[6]) Hinweis im GBl.: Auf eine Dezimale genau.

DDR-Standard
TGL 22433 (Blatt 1); verbindlich 1. 1. 1973

Trinkwasser

Gütebedingungen

Dieser Standard gilt für Wasser im Sinne des Lebensmittelgesetzes.

1. Allgemeines

Die Inhaltsstoffe des Trinkwassers dürfen nicht die Gesundheit schädigen.
Trinkwasser muß zum Genuß, zur Verarbeitung von anderen Lebensmitteln, zur Reinigung der dazu benötigten Gegenstände und zur Körperpflege geeignet sein.
Die uneingeschränkte Eignung für gewerbliche oder industrielle Zwecke ist nicht gewährleistet, da hierfür im allgemeinen spezielle Qualitätsansprüche bestehen.

2. Allgemeine Gütebedingungen

Grenzwert-Überschreitungen, die nicht die organoleptischen, toxikologischen, mikrobiologischen und radiologischen Kriterien betreffen, können durch die zuständige Hygiene-Inspektion im Einvernehmen mit dem Hygiene-Institut des Bezirkes zugelassen werden.
Wasser, dessen Inhaltsstoffe die Konzentration der Grenzwerte überschreiten und für die eine Ausnahme nicht zugelassen werden kann, ist kein Trinkwasser.
Der Lieferer ist verpflichtet, die Abnehmer von dieser Tatsache zu informieren.

3. Richt- und Grenzwerte der Kriterien für Trinkwasser

Die bedeutendsten Inhaltsstoffe für Trinkwasser sind in der Tabelle unter Abschnitt 3.1. aufgeführt.
Die Richtwerte geben die grundsätzlich anzustrebende Konzentration der Inhaltsstoffe für Trinkwasser an.
Die Grenzwerte sind in der Konzentration festgelegt, daß selbst dann ein ständiger Genuß des Trinkwassers gesundheitlich unbedenklich ist, wenn gleichzeitig alle Grenzwerte der aufgeführten Inhaltsstoffe erreicht werden.
Die Kriterien sind nach den Vorschriften „Ausgewählte Methoden der Wasseruntersuchung", VEB Fischer-Verlag, Jena, herausgegeben vom Institut für Wasserwirtschaft, zu bestimmen.

3.1. Richt- und Grenzwerte

Nr.	Kriterium		Einheit	Richtwert	Grenzwert
1	Geruch		Intensität	0	I
2	Geschmack		Intensität	0	I
3	Farbgrad		Pt mg/l	$\leqq 5$	20
4	Trübungsgrad		SiO_2 mg/l	$\leqq 5$	10
5	Temperatur		°C	8 bis 12	$\geqq 3$ und $\leqq 20$
6	pH-Wert		—	6,8 bis 8,6	$\geqq 6$ und $\leqq 9$
7	Kalium-Permanganat-Verbrauch		$KMnO_4$ mg/l	$\leqq 12$	20
8	Chlorid-Ion	Cl^-	mg/l	$\leqq 250$	350
9	Fluorid-Ion	F^-	mg/l	1,0	1,3
10	Sulfat-Ion	SO_4^{2-}	mg/l	$\leqq 250$	400
11	Phosphat-Ion	PO_4^{3-}	mg/l	n. n.	0,1[1])
12	Nitrit-Ion	NO_2^-	mg/l	n. n.	0,2[1])
13	Nitrat-Ion	NO_3^-	mg/l	$\leqq 20$	40[1])
14	Ammonium-Ion	NH_4^+	mg/l	n. n.	0,1[1])
15	Kalium-Ion	K^+	mg/l	$\leqq 10$	10
16	Natrium-Ion	Na^+	mg/l	$\leqq 80$	150
17	Kalzium-Ion	Ca^{2+}	mg/l	$\leqq 100$	280[1])
18	Magnesium-Ion	Mg^{2+}	mg/l	$\leqq 70$	125[1])
19	Gesamthärte	GH	°dH	2 bis 25	40
20	Karbonathärte	KH	°dH	2 bis 25	25
21	Kalkaggressive Kohlensäure	CO_2	mg/l bei KH	0 bis 2 2° bis 3°	—
		CO_2	mg/l bei KH	0 bis 3 3° bis 6°	—
		CO_2	mg/l bei KH	0 bis 4 $>6°$	—
22	Sauerstoff, gelöst	O_2	mg/l	6 bis 10	$\geqq 4$ und $\leqq 14$
23	Eisen, gesamt	Fe	mg/l	$\leqq 0,1$	0,3[1])
24	Mangan	Mn^{2+}	mg/l	$\leqq 0,05$	0,1[1])
25	Aluminium	Al^{3+}	mg/l	n. n.	0,2[1])
26	Arsen	As	mg/l	n. n.	0,05
27	Blei	Pb	mg/l	n. n.	0,1
28	Kupfer	Cu	mg/l	n. n.	1,0
29	Zink	Zn	mg/l	$\leqq 2$	5,0
30	Kieselsäure	SiO_2	mg/l	$\leqq 15$	40
31	Abdampfrückstand		mg/l	$\leqq 1000$	1500
32	Phenole (HSN-Methode)		mg/l	n. n.	0,003
33	Schwefelwasserstoff	H_2S	mg/l	n. n.	n. n.
34	Chlor, freies	Cl_2	Geschmacks-intensität	I	II[1])
35	Detergentien, anionisch		mg/l	n. n.	1,0

(Fortsetzung)

Nr.	Kriterium	Einheit	Richtwert	Grenzwert
36	Radionuklide	—	—	entsprechend Strahlenschutzverordnung
37	Psychophilen-Keimzahl	Keime/ml	< 50	100
38	Mesophilen-Keimzahl	Keime/ml	< 5	20
39	Endokeimzahl	Keime/ml	n. n.	4
	davon Laktosepositive		n. n.	n. n.
40	Koliformen-Titer	ml	>100	>100
41	Fäkalkoli-Titer	ml	>111	>111
42	Enterokokken-Titer	ml	>111	>111
43	pathogene Bakterien	—	n. n.	n. n.
44	Parasiten-Entwicklungsstadien	—	n. n.	n. n.

Anmerkung:

n. n. = nicht nachweisbar nach den für Wasseruntersuchungen geltenden Analysenverfahren

3.2. Erläuterungen zu den Kriterien nach Tabelle

Die in Klammern angegebenen Zahlen entsprechen der Nummer unter Spalte 1 der Tabelle.

Geruch und Geschmack (1 und 2)

Trinkwasser soll geruchlos und ohne fremdartigen Geschmack sein. Die „Intensität I" läßt bei organoleptischer Prüfung einen „sehr schwachen" Fremdgeruch und einen durch Fremdstoffe hervorgerufenen typischen Geschmack erkennen.
Die Geschmacksintensität darf bei gechlortem Trinkwasser den Wert II erreichen.

Farbgrad (3)

Wasser mit einem Farbgrad bis 5 mg Pt/l erscheint farblos. Über 5 mg Pt/l läßt sich eine gelbliche und bei mehr als 20 mg Pt/l eine deutlich gelb-braune Färbung erkennen. Wasser mit einem Farbgrad über 20 wirkt unappetitlich und ist daher als Trinkwasser nicht zu verwenden.

Trübungsgrad (4)

Trübende Stoffe sollen möglichst fehlen. Ein Trübungsgrad entsprechend 10 mg SiO_2/l wirkt unästhetisch und ist daher unzulässig.

Temperatur (5)

Bei einer Temperatur zwischen 8 und 12 °C wird der Genuß als „erfrischend" empfunden. Wärmeres Trinkwasser besitzt meist einen faden Geschmack.

pH-Wert (6)

Trinkwasser soll möglichst den „Gleichgewichts-pH-Wert" besitzen. Ein niedrigerer Wert kann, bedingt durch überschüssige Kohlensäure oder Mineralsäure, Korrosionsschäden verursachen.

Chlorid-Ion (8)

Der Chloridgehalt ist insbesondere bei plötzlichem Anstieg als Verschmutzungsindikator zu werten.

Fluorid-Ion (9)

Der Richtwert stellt den optimalen kariesprotektiven Fluoridgehalt für Trinkwasser dar. Ein Dauergenuß von Trinkwasser mit einem Fluoridgehalt von über 1,3 mg/l kann dentalfluoritische Erscheinungen bewirken.

Sulfat-Ion (10)

Sulfat-Ionen in hohen Konzentrationen können laxierend wirken.

o-Phosphat-Ion (11)

Trinkwasser, das zur Bildung einer Schutzschicht phosphatiert wird und Wasser, dessen o-Phosphatgehalt nachweisbar geologisch bedingt ist, darf bis zu 7,0 mg PO_4^{3-}/l enthalten.

Nitrat-Ion (13)

Wasser mit mehr als 40 mg Nitrat/l kann bei Säuglingen Methämoglobinämie verursachen. Für die anderen Verbraucher kann ein Wasser mit einem Nitratgehalt bis zu 150 mg/l zugelassen werden.

Nitrit-Ion und Ammonium-Ion (12 und 14)

Die Grenzwerte ergeben sich aus der Bewertung der Ionen als Verschmutzungsindikatoren fäkaler Herkunft. Läßt sich ein anderer, unbedenklicher Ursprung einwandfrei ermitteln, so darf der Gehalt an Stickstoffverbindungen aus NH_4^+, NO_2^- und NO_3^-, berechnet als NO_2^-, insgesamt 15 mg/l nicht überschreiten. In die Rechnung darf nur die Hälfte des vorhandenen NO_3-Gehaltes einbezogen werden.

Kalium-Ion (15)

Kalium ist im allgemeinen in Konzentrationen unter 10 mg/l im Grundwasser enthalten. Den Grenzwert überschreitende Mengen deuten auf mangelhafte Absorption des Bodens infolge zu starker Belastung, bei Oberflächenwasser auf Abwassereinleitungen hin.

Natrium-Ion (16)

Der Grenzwert resultiert aus dem Geschmacks-Schwellenwert-Test, dessen Ergebnis für Natriumchlorid zwischen 300 und 500 mg NaCl/l liegt.

Magnesium-Ion (18)

Der Grenzwert für Magnesium entstand unter Berücksichtigung des Geschmacks-Schwellenwertes für Magnesiumchlorid.
Wird der Richt- oder der Grenzwert durch Magnesium-Ionen erreicht, darf die Differenz bis zum Richt- oder Grenzwert für die Gesamthärte, nach entsprechender Umrechnung, durch Kalzium-Ionen in Anspruch genommen werden.

Kalkaggressive Kohlensäure (21)

Trinkwasser soll im Kalk-Kohlensäure-Gleichgewicht stehen, da überschüssige Kohlensäure Korrosionsschäden verursachen kann. Nach neuesten Erkenntnissen dürfen die unter Richtwert genannten Kohlensäure-Überschüsse, als kalkaggressive CO_2 bestimmt, vorhanden sein, ohne einen nennenswerten Anstieg der Korrosion befürchten zu müssen.
Ein Grenzwert für kalkaggressive Kohlensäure wird nicht festgelegt, da sie nicht generell zu einer Beeinträchtigung des Wassers führt. Außerdem sind nachteilige Auswirkungen durch die Festlegung von Grenzwerten für andere Inhaltsstoffe, wie Trübung, Geschmack, Eisen, relativ leicht feststellbar.

Eisen und Mangan (23 und 24)

Bei gleichzeitiger Anwesenheit von Eisen und Mangan darf die Summe beider 0,3 mg/l nicht überschreiten.

Aluminium (25)

Der Aluminiumgehalt darf nach der Aufbereitung 0,2 mg/l höher sein als vor der Behandlung.

Arsen (26)

Arsen darf wegen seiner toxischen Eigenschaften nicht die Konzentration von 0,05 mg/l übersteigen.

Blei (27)

Trinkwasser mit einem Bleigehalt von mehr als 0,1 mg/l kann zu chronischen Vergiftungen führen.

Kupfer und Zink (28 und 29)

Kupfer- und Zinkgehalte, die den Grenzwert übersteigen, verleihen dem Wasser einen adstringierenden Geschmack.

Kieselsäure (30)

Die Richt- und Grenzwerte berücksichtigen den Silikatzusatz für Wasseraufbereitung und Korrosionsschutz.

Phenole (32)

Im Trinkwasser sollen Phenole nicht enthalten sein, da sie die Geschmacksintensität, besonders nach Chlorzusatz, erhöhen.
Der Grenzwert resultiert aus Geschmacks-Schwellentests, die mit Chlorphenolen durchgeführt wurden.

Freies Chlor (34)

Chlor wird im Bedarfsfall zur Desinfektion dem Trinkwasser zugesetzt, wodurch teilweise eine Geschmacksbeeinträchtigung zu verzeichnen ist. Sie darf im Normalfall die Intensität II nicht übersteigen.
In besonderen Fällen kann auf Anordnung der Hygiene-Inspektion der Grenzwert durch höheren Chlorzusatz überschritten werden.

Bakteriologische Kriterien (37 bis 44)

Die bakteriologischen Kriterien stellen einen Sicherheitsindikator dar, der mit hoher Wahrscheinlichkeit eine Infektion durch pathogene Keime ausschließt.

Hinweise

Wasserversorgung, Begriffe	siehe TGL 11076
Wasserversorgung, Zentrale Trinkwasserversorgung, Betrieb und Überwachung der Anlagen	siehe TGL 92-043
Schutz der Trinkwassergewinnung, Allgemeine Grundsätze für Wasserschutzgebiete	siehe TGL 24348 Bl. 1
Schutz der Trinkwassergewinnung, Wasserschutzgebiete für Grundwasser	siehe TGL 24348 Bl. 2
Schutz der Trinkwassergewinnung, Wasserschutzgebiete für Oberflächenwasser	siehe TGL 24348 Bl. 3

[1]) Zulässige Abweichung ist unter Abschn. 3.2. erläutert.

Anordnung über den Verkehr mit Konservierungsmitteln — Konservierungsmittelanordnung —

vom 24. Januar 1967
(GBl. II Nr. 13 S. 80)
i. d. F. der Anpassungsordnung
vom 12. Juni 1968
(GBl. II Nr. 62 S. 400)
— Auszug —

§ 1

Konservierungsmittel im Sinne dieser Anordnung sind Stoffe, die nach Art und Menge dazu bestimmt sind, mikrobiell bedingte nachteilige Veränderungen von Lebensmitteln, deren Rohstoffen und Zwischenprodukten (nachstehend als Lebensmittel bezeichnet) zu verzögern oder zu verhindern.

§ 2

(1) Als Konservierungsmittel sind folgende Stoffe zugelassen:

1. Benzoesäure sowie ihre Natriumverbindung;
2. para-Hydroxybenzoesäure-Äthylester und para-Hydroxybenzoesäure-Propylester (PHB-Ester) sowie deren Natriumverbindungen;
3. Ameisensäure sowie ihre Natrium-, Kalium- und Calciumverbindungen;
4. Sorbinsäure sowie ihre Natrium-, Kalium- und Calciumverbindungen;
5. Schwefeldioxid sowie schweflige Säure, Natriumsulfit, Natrium- und Kaliumhydrogensulfit, Natrium- und Kaliumpyrosulfit;
6. Hexamethylentetramin;
7. Diphenyl sowie o-Phenylphenol einschließlich dessen Natriumsalz;
8. oligodynamisch wirksames Silber (Silber, Silberchlorid, Natrium-Silberchlorid-Komplex, Silbersulfat);
9. Calciumpropionat und -acetat;
10. Pyrokohlensäurediäthylester.

(2) Als Konservierungsmittel gelten auch, soweit sie vom Minister für Gesundheitswesen zugelassen sind:

a) Keimhemmungs- und Fäulnisverhütungsmittel zur Behandlung von rohem Obst, Gemüse und Kartoffeln,
b) sonstige Stoffe mit einer Zweckbestimmung im Sinne des § 1.

§ 3

(1) Konservierungsmittel dürfen miteinander gemischt werden.
(2) Konservierungsmittel und Konservierungsmittelmischungen gemäß Abs. 1 dürfen auch mit nachstehenden Stoffen gemischt bzw. in diesen gelöst in den Verkehr gebracht werden:

Wasser, Äthylalkohol, Glycerin, Natriumcarbonat, Natriumhydrogencarbonat, Natriumchlorid, Kaliumcarbonat, Calciumcarbonat, Essigsäure, Milchsäure, Weinsäure und Zitronensäure.

§ 4

Die im § 2 Abs. 1 aufgeführten Konservierungsmittel sind nur als Zusatz zu den in der Anlage 1 aufgeführten Lebensmitteln zugelassen.

§ 5

(1) Der Gehalt an den im § 2 Abs. 1 aufgeführten Konservierungsmitteln in Lebensmitteln darf die in der Anlage 1 angegebenen Höchstmengen nicht übersteigen. Bei Verwendung der im § 2 Abs. 1 Ziffern 1 bis 5 und 7 aufgeführten Natrium-, Kalium- oder Calciumverbindungen ist die Anlage 2 zu beachten.
(2) In Lebensmittelzubereitungen, zu deren Herstellung konservierte Lebensmittel gemäß Anlage 1 verwendet werden, dürfen Konservierungsmittel höchstens in anteiligen Mengen enthalten sein.
(3) Bei Verwendung von Konservierungsmittelmischungen dürfen von jedem einzelnen zur Verwendung kommenden Konservierungsmittel nur so viel Prozent der jeweils zugelassenen Höchstmenge dieses Konservierungsmittels verwendet werden, daß die Summe dieser Prozente 100 nicht übersteigt (Beispiel s. Anlage 3). Ausgenommen hiervon ist Wein.

§ 6

Konservierungsmittel und die im § 3 genannten Stoffe müssen so beschaffen sein, daß bei ihrer Verwendung die Lebensmittel durch fremdartige Begleitstoffe nicht nachteilig beeinflußt oder die menschliche Gesundheit nicht geschädigt werden kann. Diese Forderung gilt als erfüllt, wenn Konservierungsmittel den Festlegungen des Deutschen Arzneibuches[1]) entsprechen.

§ 7

(1) Citrusfrüchte, die mit Konservierungsmitteln behandelt worden sind, müssen in der Kennzeichnung den Hinweis „Schale chemisch konserviert, Schale nicht verzehren" enthalten.

(2) Lebensmittel, die mit einem Konservierungsmittel behandelt oder unter Verwendung konservierter Lebensmittel hergestellt worden sind, dürfen nicht als rein oder naturrein bezeichnet oder mit einer gleichsinnigen Bezeichnung versehen werden. Ausgenommen hiervon ist Wein.

...

Anlage 1

zu vorstehender Anordnung (— Auszug —)

Höchstmengen an Konservierungsmittel in g/kg Lebensmittel

Art des Lebensmittels	Benzoesäure	PHB-Ester	Ameisensäure	Sorbinsäure	Schwefeldioxid	Sonstige Konservierungsmittel
14. Fruchtrohsäfte außer solchen, die zum unmittelbaren Genuß oder zur Herstellung von Süßmosten bestimmt sind	1,5	0	3,5	1,5	1,25[2])	0
15. Obstpulpen, Obstmark	1,5	0	0	1,5	1,25[2])	0
16. Flüssiges Obstpektin	1,5	0	0	1,5	1,25	0
17. Obstkonfitüren, -marmeladen und Obstgelees	0,1[3])	0,1[3])	0,1[3])	0,1[3])	0	0
	(nur zur Oberflächenbehandlung der fertig abgefüllten Erzeugnisse)					
18. Wein	0	0	0	0,25	0,3[4])	Pyrokohlensäurediäthylester 0,15
20. Trockenobst	0	0	0	0	2,00[5])	0
23. Grundstoffe für alkoholfreie Erfrischungsgetränke	1,5	0	1,5	1,5	0	0
24. Essenzen (Aromen), die weniger als 12% Alkohol enthalten	1,5	1,0	0	1,5	0	0
25. Rohmassen und Füllrohmassen der Süßwarenindustrie	3,0	2,0	0	3,0	0	0
27. Süßholzsaft	0	2,0	0	2,0	0	0
28. Trennemulsionen	1,0	1,0	0	1,0	0	0
29. Speisegelatine	0	0	0	0	1,25	0
33. Trinkwasser (in Vorratsbehältern)	0	0	0	0	0	oligodynamisches Silber 0,0001 berechnet als Silber
35. Citrusfrüchte (zur Oberflächenbehandlung)	0	0	0	0	0	Diphenyl 0,07 o-Phenylphenol 0,01

Anlage 2
zu vorstehender Anordnung

Verbindungen von Konservierungsmitteln

Konservierungsmittel	Zugelassene Verbindung dieses Konservierungsmittels	1 g Konservierungsmittel entsprechen ... g der Verbindung
Benzoesäure	Natriumbenzoat	1,18
PHB Ester	Natrium-Salze der Ester	1,12
Ameisensäure	Natriumformiat	1,48
	Kaliumformiat	1,83
	Calciumformiat	1,41
Sorbinsäure	Natriumsorbat	1,20
	Kaliumsorbat	1,34
	Calciumsorbat	1,17
Schwefeldioxid	Natriumsulfit · $7H_2O$	3,94
	Natriumsulfit wasserfrei	1,98
	Natriumhydrogensulfit	1,63
	Kaliumhydrogensulfit	1,88
	Natriumpyrosulfit	1,48
	Kaliumpyrosulfit	1,74
o-Phenylphenol	Natriumsalz des o-Phenylphenols	1,13

[1]) Jetzt: 2. Arzneibuch der DDR.

[2]) Für Importe der unter Ziffern 14 und 15 genannten Rohstoffe ist bis 30. Juni 1968 eine Höchstmenge von 2 g/kg, für Importe aus der SFR Jugoslawien 2,5 g/kg zulässig.

[3]) Je dm^2.

[4]) Davon höchstens 0,05 freies Schwefeldioxid.

[5]) Für Säuglingsnahrung nicht zugelassen.

Anordnung über Lebensmittelfarbstoffe

vom 18. Oktober 1963
(GBl. II Nr. 106 S. 826; Ber. GBl. II Nr. 8 S. 58/1964)
i. d. F. der Anpassungsanordnung vom 12. Juni 1968
(GBl. II Nr. 62 S. 400)
— Auszug —

...

§ 1

Lebensmittelfarbstoffe im Sinne dieser Anordnung sind Stoffe, Gemische oder Zubereitungen dieser Stoffe oder Gemische dieser Zubereitungen, die dazu bestimmt sind, Lebensmittel bei der Gewinnung, Herstellung, Zubereitung oder Verarbeitung unmittelbar oder mittelbar zu färben.

§ 2

(1) Zur Färbung von Lebensmitteln dürfen nur folgende Arten von Farbstoffen Anwendung finden:

a) natürliche organische Farbstoffe gemäß Anlage 1,
b) künstliche organische Farbstoffe gemäß Anlage 2,
c) künstliche organische Farbstoffe für besondere Anwendungszwecke gemäß Anlage 3,
d) anorganische Pigmentfarbstoffe für besondere Anwendungszwecke gemäß Anlage 4.

(2) Zusätze anderer Lebensmittel mit eigener Farbe dürfen zur Färbung von Lebensmitteln Verwendung finden, wenn diese Zusätze üblich sind und ausschließlich zum Zwecke der Färbung erfolgen.

§ 3

(1) Lebensmittelfarbstoffe dürfen weder Chromate, Quecksilber, Selen, freie aromatische Amine, höhere aromatische Kohlenwasserstoffe noch nachweisbare gesundheitlich bedenkliche Mengen von physiologisch unzuträglichen Lösungsmitteln oder anderen Stoffen enthalten.
(2) Lebensmittelfarbstoffe dürfen — berechnet auf Trockensubstanz — nicht mehr als

5 mg/kg (ppm) Arsen (als Element berechnet),

200 mg/kg (ppm) Antimon, Barium, Blei, Chrom, Cadmium, Kupfer, Thallium, Zink (als Element berechnet),

200 mg/kg (ppm) Cyan-Verbindungen und Nitrite (als Säure berechnet),

einzeln oder zusammen, enthalten.

(3) In wasserlöslichen Lebensmittelfarbstoffen dürfen nicht mehr als 0,2% ätherlösliche Bestandteile vorhanden sein.

§ 4

(1) Betriebe, die Lebensmittelfarbstoffe herstellen oder als solche in den Verkehr bringen, bedürfen der Zulassung des Ministeriums für Gesundheitswesen.

(2) Die Zulassung darf nur erteilt werden, wenn der Leiter des Betriebes die erforderliche Zuverlässigkeit und der für die Herstellung Verantwortliche die erforderliche Sachkenntnis und Zuverlässigkeit besitzt und der Betrieb über die erforderlichen technischen Einrichtungen verfügt.

(3) Die Zulassung gemäß Abs. 1 kann zurückgenommen werden, wenn

a) die Voraussetzungen für die Erteilung irrigerweise angenommen wurden,

b) die Voraussetzungen für die Erteilung später weggefallen sind, insbesondere wenn sich aus den Umständen ergibt, daß der Leiter des Betriebes nicht mehr die erforderliche Zuverlässigkeit und der für die Herstellung Verantwortliche nicht mehr die erforderliche Sachkenntnis oder Zuverlässigkeit besitzt oder der Betrieb nicht mehr über die erforderlichen technischen Einrichtungen verfügt.

...

§ 5

(1) Die Herstellung von Lebensmittelfarbstoffen, außer Gemischen und Zubereitungen registrierter Lebensmittelfarbstoffe, bedarf der Genehmigung.

(2) Die Einfuhr von Lebensmittelfarbstoffen, einschließlich Gemischen und Zubereitungen, bedarf gleichfalls der Genehmigung.

(3) Die Genehmigung gemäß Absätzen 1 und 2 erteilt das Ministerium für Gesundheitswesen.

(4) Anträge auf Erteilung der Genehmigung sind entweder von dem Hersteller oder demjenigen zu stellen, der den Lebensmittelfarbstoff in das Inland einführen will. Sie sind in zweifacher Ausfertigung bei der Lebensmittelchemischen und Chemischen Abteilung des Bezirks-Hygiene-Instituts einzureichen, das für das Gebiet, in dem der Antragsteller den Sitz seiner Hauptniederlassung hat, örtlich zuständig ist. Dem Antrag auf Genehmigung sind beizufügen:

a) eine Probe von mindestens 25 g des Lebensmittelfarbstoffes bzw. des Gemisches oder von mindestens 100 g der Zubereitung,

b) bei Gemischen bzw. Zubereitungen, die in das Inland eingeführt werden sollen, Angaben über deren mengenmäßige Zusammensetzung,

c) zwei Muster der Verpackung und der Kennzeichnung, der Gebrauchsanweisungen und des sonstigen Werbematerials, mit denen das Erzeugnis in den Verkehr gebracht werden soll,

d) Analysenatteste, aus denen hervorgeht, daß der zur Genehmigung eingereichte Farbstoff den Bestimmungen des § 3 entspricht.

...

(6) Das Ministerium für Gesundheitswesen erteilt mit der Genehmigung für jeden Lebensmittelfarbstoff eine besondere Registriernummer. Für Gemische oder Zubereitungen registrierter Lebensmittelfarbstoffe, die im Inland hergestellt werden, wird keine besondere Registriernummer erteilt.

§ 6

Es ist verboten, andere als die gemäß dieser Anordnung zugelassenen Lebensmittelfarbstoffe bei der Gewinnung, Herstellung, Zubereitung oder Verarbeitung von Lebensmitteln zu verwenden, sie anzubieten, zum Verkauf vorrätig zu halten, zu verkaufen oder sonst in den Verkehr zu bringen.

§ 7

(1) Mit Lebensmittelfarbstoffen gefärbt werden dürfen nur die in der Anlage 5 aufgeführten Lebensmittel.
(2) Die Art der zur Färbung zu verwendenden Lebensmittelfarbstoffe gemäß § 2 Abs. 1 sowie die Kennzeichnung der Färbung richten sich nach der Anlage 5.
(3) Lebensmittel dürfen unter sparsamster Verwendung von Farbstoffen nur insoweit gefärbt werden, als dies der Verbrauchererwartung unter Berücksichtigung der allgemeinen wissenschaftlichen Auffassung entspricht.

§ 8

(1) Soweit gefärbte Lebensmittel, für die die Kennzeichnung der Färbung vorgeschrieben ist, in Packungen oder Behältnissen in den Verkehr gebracht werden, muß auf diesen das Wort „gefärbt“ angebracht sein.

...

(3) Die Kennzeichnung der Färbung der Lebensmittel gemäß Absätzen 1 und 2 muß an deutlich sichtbarer Stelle in gut lesbarer Schrift erfolgen.

(4) Bezeichnungen wie „leicht gefärbt", „handelsüblich gefärbt", „unschädlich gefärbt" und ähnliche Bezeichnungen dürfen nicht verwendet werden.
(5) Soweit bei Lebensmitteln eine Färbung nicht vorgenommen wird, obwohl ein Farbstoffzusatz erlaubt ist, ist der Hinweis „ungefärbt" in der Kennzeichnung zulässig.

§ 9

(1) Als verfälscht anzusehen und auch bei Kennzeichnung vom Verkehr ausgeschlossen sind insbesondere Lebensmittel,

a) die entgegen den Bestimmungen des § 7 gefärbt sind,
b) die zur Verdeckung der Verdorbenheit oder einer minderwertigen Beschaffenheit oder zur Vortäuschung eines Gehalts bzw. eines höheren Gehalts an wertvollen Bestandteilen (z. B. Eier, Schokolade, Kakao) gefärbt sind.

(2) Als verfälscht und gegebenenfalls geeignet, die menschliche Gesundheit zu schädigen, sind Lebensmittel anzusehen, die unter Verwendung von Lebensmittelfarbstoffen, die den Bestimmungen der §§ 2, 3 oder 5 nicht entsprechen, gewonnen, hergestellt oder zubereitet worden sind. Derartige Lebensmittel sind auch bei Kennzeichnung vom Verkehr ausgeschlossen.
(3) Als irreführend bezeichnet sind insbesondere gefärbte Lebensmittel anzusehen, deren Färbung nicht entsprechend den Bestimmungen des § 8 gekennzeichnet ist.
(4) Die Bestimmungen der Absätze 1 bis 3 gelten auch für aus dem Ausland eingeführte Lebensmittel.

§ 10

(1) Lebensmittelfarbstoffe dürfen nur in Originalpackungen oder -behältnissen abgegeben werden.
(2) Auf den Packungen oder Behältnissen müssen in deutscher Sprache an deutlich sichtbarer Stelle und in gut lesbarer Schrift angegeben sein:

a) Bezeichnung als „Lebensmittelfarbstoff",
b) Registriernummer gemäß § 5 Abs. 6,
c) Bezeichnung der Art des Farbstoffes gemäß § 2 Abs. 1,
d) Name, Firma und Ort der gewerblichen Hauptniederlassung (Postanschrift) desjenigen, der den Lebensmittelfarbstoff hergestellt hat
(Bringt ein anderer als der Hersteller den Lebensmittelfarbstoff in der Packung oder in dem Behältnis unter seinem Namen oder seiner Firma in den Verkehr, so ist dessen Name oder Firma und der Ort seiner gewerblichen Hauptniederlassung anzugeben),
e) bei Lebensmittelfarbstoffen, die nach der Anlage 3 nur für besondere Anwendungszwecke zugelassen sind, zusätzlich die Angaben der Zweckbestimmung (z. B. Stempelfarbe, Ostereierfarbe).

(3) Zur Anbringung der Angaben gemäß Abs. 2 ist der Hersteller oder derjenige verpflichtet, der den Farbstoff in das Inland einführt oder in sonstiger Weise in den Verkehr bringt.
(4) Ohne die Angaben gemäß Abs. 2 dürfen Lebensmittelfarbstoffe nicht angeboten, zum Verkauf vorrätig gehalten, verkauft oder sonst in den Verkehr gebracht werden.
(5) Bezeichnungen, die auf einen Gehalt an besonders wertvollen Stoffen schließen lassen, wie „Kakaobraun", „Schokoladenbraun", „Kaffeebraun" oder „Eigelb" für Lebensmittelfarbstoffe oder deren Zubereitungen dürfen nicht verwendet werden.

...

Anlage 1

zu § 2 Abs. 1 Buchst. a vorstehender Anordnung

Natürliche organische Lebensmittelfarbstoffe

Lfd. Nr.	Farbton	Bezeichnung und Handelsname	Schultz-Nr. (7. Aufl. 1931)	Colour-Index-Nr. II (2. Aufl. 1956)
1[1])	gelb	Lactoflavin Riboflavin	—	—
2[1])	gelb	Curcumin Curcuma	1374	75300 Natural Yellow 3
3[1])	orange	Carotin Provitamin A	1403	75130 Natural Yellow 26
4	orange	Carotinoide Annatto Orleans	1387	75120 Natural Orange 4
5	rot	Karminsäure Cochenille (rot)	1381	75470 Red 4
6	rot	Orseille	1386	— Natural Red 28
7	rot (blau)	Anthocyane	1394	— —
8	grün	Chlorophyll	1403	75810 Natural Green 3
9	braun	Zuckercouleur Karamel	—	— Natural Brown 10

Anlage 2
zu § 2 Abs. 1 Buchst. b vorstehender Anordnung

Künstliche organische Lebensmittelfarbstoffe

Lfd. Nr.	Farbton	Bezeichnung	einige Handelsnamen	Chem. Bezeichnung	Schultz-Nr.	Colour-Index II
1	gelb	Echtgelb	Echtgelb extra, Acid Yellow G, Fast Yellow, Säuregelb R, Jaune solide, Solid Yellow, Giallo Solido Extra	4-Aminobenzol-3,4'-disulfosäure (Na-Salz) mit nicht mehr als 3% 4-Aminoazobenzol-4'-sulfosäure (Na-Salz)	172	13015 Food Yellow 2
2	gelb	Tartrazin	Tartrazin extra, Tartrazin XX FD & C Yellow No. 5, Hydrazingelb O Jaune tartrique	1-Aminobenzol-4-sulfosäure — → 1-(4'-Sulfophenyl)-5-pyrazolon-3-carbonsäure (Na-Salz)	737	19140 Food Yellow 4
3	gelb	Chinolingelb	Chinolingelb (wasserlöslich,) Chinolingelb extra, Quinoline Yellow, Giallo Chinolina	Chinophthalondisulfosäure (Na-Salz)	918	47005 Food Yellow 13
4	gelb	Chrysoin S	Tropäolin O, Resorcine Yellow Crisoina S	1-Aminobenzol-4-sulfosäure — → 1,3-Dioxybenzol (Na-Salz)	186	14270 Food Yellow 8
5	orange	Orange GGN	Orange GGL Meta Orange	1-Aminobenzol-3-sulfosäure — — → 2-Oxynaphthalin-6-sulfosäure (Na-Salz)	—	15980 Food Orange 2
6	orange	Gelborange S	Sunset Yellow FCF, FD & C Yellow No. 6, Giallo Arancio S, Tromonto FCF, Para Orange	1-Aminobenzol-4-sulfosäure — — → 2-Oxynaphthalin-6-sulfosäure (Na-Salz)	—	15985 Food Yellow 3
7	rot	Azorubin	Chromotrop FB Azorubin S, Carmoisine	1-Aminonaphthalin-4-sulfosäure — — → 1-Oxynaphthalin-4-sulfosäure (Na-Salz)	208	14720 Food Red 3

Fortsetzung)

Lfd. Nr.	Farbton	Bezeichnung	einige Handelsnamen	Chem. Bezeichnung	Schultz-Nr.	Colour-Index II
8	rot	Echtrot E	Naphtolrot GR Fast Red E, Solid Red E, Rosso Solido E	1-Aminonaphthalin-4-sulfosäure — — → 2-Oxynaphthalin-6-sulfosäure (Na-Salz)	210	16045 Food Red 4
9	rot	Naphtolrot S	Amaranth Bordeaux S, FD & C Red No. 2, Amaranto	1-Aminonaphthalin-4-sulfosäure — — → 2-Oxynaphthalin-3,6-disulfosäure (Na-Salz)	212	16185 Food Red 9
10	rot	Cochenille-rot A	Ponceau 4 R Neucoccin, Viktoria-scharlachrot, Viktoria-scharlach 4 R extra, Coccine nouvelle Brillantorange RC	1-Aminonaphthalin-4-sulfosäure — — → 2-Oxynaphthalin-6,8-disulfosäure (Na-Salz)	213	16255 Food Red 7
11	rot	Ponceau 6 R	Scarlet 6 R	1-Aminonaphthalin-4-sulfosäure — — → 2-Oxynaphthalin-3,6,8-trisulfosäure (Na-Salz)	215	16290 Food Red 8
12	rot	Scharlach GN	Scarlatto GN	1-Amino-2,4-dimethylbenzol-6-sulfosäure — — → 1-Oxynaphthalin-5-sulfosäure (Na-Salz)	—	14815 Food Red 2
13	blau	Indanthren-blau RS	Indanthrenblau RZ Azzuro di Idantrene	N,N'-Dihydro-1,2,1',2'-Anthrachinonazin	1228	69800 Vat Blue 4
14	blau	Indigotin I	Indigocarmin, Indigotin IA, FD & C Blue No. 2, Carmino d'Indaco	Indigodisulfosäure (Na-Salz)	1309	73015 Food Blue 1
15	schwarz	Brillant-schwarz BN	Nero Brilliante BN, Black PN	1-Aminobenzol-4-sulfosäure — — — → 1-Aminonaphthalin-7-sulfosäure — — → 1-Acetylamino-8-naphthol-4,6-disulfosäure (Na-Salz)	—	28440 Food Black 1

Anlage 3

zu § 2 Abs. 1 Buchst. c vorstehender Anordnung

Künstliche organische Lebensmittelfarbstoffe für besondere Anwendungszwecke[5,7])

Die nachfolgend genannten Lebensmittelfarbstoffe dürfen nur im Rahmen der Bestimmungen des Abschn. III der Anlage 5 zu § 7 Absätze 1 und 2 der Anordnung verwendet werden.

Lfd. Nr.	Farbton	Bezeichnung	einige Handelsnamen	Chem. Bezeichnung	Schultz-Nr.	Colour-Index II	
1	gelb	Hansagelb[6])	Hansagelb G	4-Methyl-2-nitro-1-aminobenzol — — → Acetessigsäureanilid	84	11680	Pigment Yellow 1
2	rot	Erythrosin J[3])	Erythrosin extra bläulich, Erythrosine BS, FD & C Red No. 3, Eritrosina AeB	Tetrajodfluorescein (Natrium- oder Kaliumsalz)	887	45430	Food Red 14
3	rot	Acilancrocein MOO	Brilliantcroceine MOO	4-Amidoazobenzol — — → 2-Oxynaphthalin-6,8-disulfosäure (Natriumsalz)	539	27290	Acid Red 73
4	rot	Litholrubin[4]) BK	Permanent Red 4 B	1-Methyl-4-aminobenzol-5-sulfosäure — — → 2-Oxynaphthalin-3-carbonsäure, Ca-Lack	194	15850	Pigment Red 57
5	violett	Methylviolett	Methylviolett B, Methyl Violet, Violetto di Metile	Pentamethyl-4,4′-diaminofuchsonimoniumchlorid im Gemisch mit der Tetra- und Hexamethylverbindung[2])	783	42535	Basic Violet 1
6	grün	Brillantgrün	Brillantgrün extra, Malachitgrün G, Brilliant Green crystal. Y., Verde Brilliante	Tetraäthyl-4-aminofuchsonimoniumsulfat	760	42040	Basic Green 1
7	blau	Viktoriablau B	Victoria Blue B	Tetramethyl-4″-phenylamino-4,4′-diamino-naphthofuchsonimoniumchlorid	822	44045	Basic Blue 26

Anlage 4
zu § 2 Abs. 1 Buchst. d vorstehender Anordnung

Anorganische Pigmentfarbstoffe für besondere Anwendungszwecke

Lfd Nr.	Farbton	Bezeichnung	Schultz-Nr.	Colour-Index II
1	weiß	Calciumcarbonat	1405	77220 Pigment White 18
2	weiß	Calciumsulfat	1407	77231 Pigment White 25
3	weiß	Titandioxyd	1418	77891 Pigment White 6
4	gelb, rot,	Eisenoxyde und -hydroxyde (Hydrate)	1470	77492 Pigment Yellow 42,43 77491 Pigment Red 101,102
	braun,		1428/29	77491 Pigment Brown 6,7
	schwarz		1458/59	77499 Pigment Black 11
5	silber	Aluminium	—	77000 Pigment Metal 1
6	silber	Silber	—	77820 —
7	gold	Gold	—	77480 Pigment Metal 3

Anlage 5
zu § 7 Absätzen 1 und 2 vorstehender Anordnung

Lebensmittel, deren Färbung mit Lebensmittelfarbstoffen zulässig ist

I.

. . .

(2) Die Färbung von Himbeersirup mit Kirschsaft ist erlaubt, sofern bei der Herstellung auf 9 Teile Himbeersaft höchstens 1 Teil Kirschsaft verwendet wird. Der mit Kirschsaft gefärbte Himbeersirup darf nur mit der Kennzeichnung „mit Kirschsaft gedunkelt" in den Verkehr gebracht werden.

II.

(1) Die Färbung folgender Lebensmittel mit natürlichen organischen Farbstoffen gemäß Anlage 1 oder mit künstlichen organischen Farbstoffen gemäß Anlage 2 ist erlaubt, wenn die Färbung durch den Hinweis „gefärbt" kenntlich gemacht wird:

...

4. Essenzen, Aromen und Grundstoffe, Limonadensirupe, Limonadenansätze

...

5. Limonaden und Brausen, Brausepulver und -tabletten, jedoch nicht Fruchtsaftgetränke und -limonaden,

...

8. a) Bonbons (wenn nur die Füllung gefärbt ist, gilt der Vermerk „Füllung gefärbt" als ausreichend),
   b) Fondantmassen (Halbfabrikate), Fondants und fondantähnliche Erzeugnisse,
   c) Oberfläche von dragierten Zuckerwaren und Drageedecken von Kaugummi,
   d) Gelee-Artikel, Gummipastillen und ähnliche Erzeugnisse.

...

[1]) Kann auch synthetisch hergestellt sein.
[2]) Der Farbstoff enthält 10% 4,4′,4″-Hexamethyltriaminofuchsonimoniumchlorid.
[3]) Für Oberflächenfärbung kandierter Früchte.
[4]) Für Käsewachs.
[5]) Außer lfd. Nr. 1 und 4 für Färbung der Schale von Eiern.
[6]) Für Zigarrenumblatt.
[7]) Außer lfd. Nr. 1, 2, 4 und 7 auch zur Kennzeichnung (Stempeln) von Fleisch, Fleisch- und Wurstwaren, Käserinde und Eiern zugelassen.
Durch Ber. in GBl. II (1964) Nr. 8 S. 58 zusätzlich auch Rhodamin 6 GDN zugelassen.

Verordnung über den Verkehr mit Blei, Zink, Kadmium, Antimon oder Kupfer enthaltenden Gegenständen

vom 27. Oktober 1950
(GBl. Nr. 134 S. 1167)

i. d. F. der Verordnung zur Änderung der Verordnung über den Verkehr mit Blei, Zink, Kadmium, Antimon und Kupfer enthaltenden Gegenständen vom 9. Juni 1951 (GBl. Nr. 71 S. 576) und der Anpassungsanordnung vom 12. Juni 1968

(GBl. II Nr. 62 S. 400)

— Auszug —

§ 1

Bei Eß-, Trink- und Kochgeschirren sowie anderen Gegenständen, die dazu bestimmt sind, bei der Gewinnung, Herstellung, Zubereitung, Abmessung, Auswägung, Verpackung, Aufbewahrung, Beförderung oder bei einer anderen Behandlung oder bei dem Genuß von Lebensmitteln verwendet zu werden, und die dabei mit Lebensmitteln bei bestimmungsgemäßem oder vorauszusehendem Gebrauch in unmittelbare Berührung kommen, gelten folgende Verbote:

a) Es ist verboten, sie ganz oder teilweise aus Blei, Zink, Kadmium oder aus einer Kadmium oder Zink oder mehr als 10 Gewichtshundertteile Blei enthaltende Legierung oder aus einer Mennige enthaltenden Masse herzustellen.

b) Sie dürfen nicht mit einer mehr als 1 Gewichtshundertteil Blei enthaltenden Legierung verzinnt oder mit einer Kadmium oder mehr als 10 Gewichtshundertteile Blei enthaltenden Legierung gelötet sein.

c) Es ist verboten, sie mit Glasur oder Email zu versehen, die bei halbstündigem Erhitzen mit einer in 100 ccm 4 g wasserfreie Essigsäure enthaltenden wässerigen Essigsäurelösung auf mindestens 95 °C aus den bei bestimmungsgemäßem oder vorauszusehendem Gebrauch mit Lebensmitteln in unmittelbare Berührung kommenden Teilen des Gefäßes oder Gerätes an die Essigsäurelösung Kadmium oder mehr als 2 mg Blei je l Rauminhalt des Gefäßes oder je 5 qdm Oberfläche der genannten Teile des Gerätes oder bei gleichem Erhitzen mit einer 3%igen wässerigen Weinsäurelösung an diese mehr als 3 mg dreiwertiges Antimon je l Rauminhalt des Gefäßes oder je 5 qdm Oberfläche der genannten Teile des Gerätes abgeben.

d) Ganze oder teilweise Herstellung der obengenannten Gegenstände aus Kupfer oder Messing ist verboten, wenn sie nicht mit einem dichten Überzug von Zinn oder anderen unschädlichen Metallen, Email oder sonstigen Werkstoffen versehen sind.

e) Sie dürfen nicht verrostet oder in ihrer Verzinnung oder in ihrem sonstigen Überzug so schadhaft sein, daß das darunterliegende Metall in größerer Ausdehnung sichtbar ist.

§ 2

Abweichend von den im § 1 Buchst. a und d genannten Bestimmungen werden zugelassen:

a) die Verwendung von Zink enthaltenden Legierungen, die bei halbstündigem Erhitzen mit einer in 100 ccm 4 g wasserfreie Essigsäure enthaltenden wässerigen Essigsäurelösung auf mindestens 95 °C aus den bei bestimmungsgemäßem oder vorauszusehendem Gebrauch mit Lebensmitteln in unmittelbare Berührung kommenden Teilen des Gefäßes oder Gerätes nicht mehr als 10 mg Zink je l Rauminhalt des Gefäßes oder je 5 qdm Oberfläche der genannten Teile des Gerätes an die Essigsäurelösung abgeben;

b) Leitungen, Zapfhähne und andere Armaturen für Trinkwasser aus Blei, Zink, Kupfer oder deren Legierungen oder solche mit einem Überzug aus Zinn oder Zink, wenn sie nach dem in der Untersuchungsanweisung vorgeschriebenen Verfahren nicht mehr als 0,1 mg Blei, 5 mg Zink oder 2 mg Kupfer an 1 l des untersuchten Wassers abgeben;

c) Gefäße und Geräte aus Kupfer oder Messing ohne Überzug im Sinne § 1 Buchst. d oder aus Zink, Zinklegierungen oder verzinkten Werkstoffen sowie Folien aus Zink zur Verpackung, Beförderung, Aufbewahrung, Zubereitung oder zu einer anderen Behandlung von trockenen, nicht Wasser anziehenden, neutralen, nicht säuernden und nicht salzigen Lebensmitteln (Kaffeemühlen, Mehlsiebe, Waageschalen, Mörser, Standgefäße u. dgl.), insbesondere zur Aufbewahrung von neutralen, wasserfreien Speisefetten und Ölen;

d) Gefäße und Geräte aus Zink oder Zinklegierungen oder verzinktem Eisen

   1. zum Verkochen von Gemüse bei der Herstellung von Gemüsekonserven, sofern das Kochwasser alsbald entfernt und nicht als Lebensmittel verwendet wird,

   . . .

e) Gefäße und Geräte aus Kupfer ohne Überzug im Sinne § 1 Buchst. d zur küchenmäßigen Bereitung von Speisen und Getränken für Brennereien, Brauereien, Konditorei-, Zucker- und Süßwaren-, Marmeladen- und Fruchtverwertungsbetriebe, außer zur Herstellung von Fruchtsäften und von Lebensmitteln unter Säurezusatz;

f) Lötmassen mit einem Bleigehalt von höchstens 40 Gewichtshundertteilen für das Außenlot bei Gefäßen, Sieben, Backformen und sonstigen Geräten aus Blech, auch wenn von dem Außenlot geringe technisch unvermeidbare Mengen in das Innere des Gefäßes oder Gerätes eindringen;

g) Lötmassen mit einem Bleigehalt bis zu 50 Gewichtshundertteilen für das Außenlot bei Konservendosen;

h) Gegenstände, die lediglich zur Ausschmückung von Schokoladen- und Zuckerwaren

u. dgl. dienen, aus Legierungen, die mehr als 10, jedoch nicht mehr als 40 Gewichtshundertteile Blei enthalten, sofern sie mit einem dichten gesundheitsunschädlichen Lacküberzug versehen sind."

§ 3

Gefäße und Geräte aus Kupfer oder Zink oder aus verzinkten Werkstoffen oder aus Kupfer oder Zink enthaltenden Legierungen dürfen nicht zur Aufbewahrung von anderen als den im § 2 Buchst. c genannten Lebensmitteln dienen, müssen sauber gehalten, vor und nach Gebrauch sorgfältig gereinigt und getrocknet werden.

§ 4

(1) Metalle und Legierungen, die mehr als 1 Gewichtshundertteil Blei enthalten, dürfen nicht verwendet werden zur Herstellung:

a) von Vorrichtungen, Gefäßen, Geräten und Leitungen zum Herstellen, Aufbewahren, Ab- oder Umfüllen oder Ausschenken oder Trinken von Bier, Wein, weinhaltigen oder weinähnlichen Getränken, Trinkbranntweinen, Fruchtsäften, Fruchtsirupen, kohlensäurehaltigen Getränken, Limonaden, Kunstlimonaden, Essig, Essigersatzmitteln, Ölen, Milch und Milcherzeugnissen, soweit sie mit den genannten Lebensmitteln bei bestimmungsgemäßem oder vorauszusehendem Gebrauch in unmittelbare Berührung kommen;

. . .

c) von Metalltuben zur Aufbewahrung von Lebensmitteln;
d) von Kapseln zum unmittelbaren Verschließen von Gefäßen, zur Aufbewahrung von Milch und Milcherzeugnissen und sauren Lebensmitteln.

(2) Metalltuben zur Aufbewahrung von kosmetischen Mitteln müssen, falls sie aus Blei oder aus einer Legierung hergestellt sind, die mehr als 1 Gewichtshundertteil Blei enthält, an der Innenseite mit einer haltbaren Schutzschicht aus Lack od. dgl. oder durch Plattieren mit einem Überzug aus Zinn versehen sein, der nicht mehr als 1 Gewichtshundertteil Blei enthält, so daß der Inhalt mit dem Metall der Tube nicht in unmittelbare Berührung kommen kann.

(3) Zur Verpackung von Lebensmitteln sowie von Kautabak dürfen Metallfolien, die mehr als 1 Gewichtshundertteil Blei enthalten, nicht verwendet werden. Zur Verpackung von trockenen, Wasser nicht anziehenden, nicht salzigen, nicht sauren, nicht öligen und nicht fettigen Waren dieser Art dürfen jedoch auch Metallfolien mit einem Bleigehalt von höchstens 40 Gewichtshundertteilen verwendet werden, sofern sie an der Innenseite mit einem Überzug aus dichtem Papier versehen sind.

. . .

§ 6

(1) Zur Herstellung von Mundstücken für Saugflaschen, von Beißringen und Warzenhütchen darf Blei oder Kadmium oder Antimon enthaltender Gummi nicht verwendet werden. Der Zinkgehalt dieser Gegenstände darf nicht mehr als 1 Gewichtsteil Zink in 100 Gewichtsteilen Gummimasse betragen.
(2) Gummi, der mehr als 1 Gewichtshundertteil Blei oder Zink enthält, darf nicht verwendet werden.

...

b) zur Herstellung von Vorrichtungen, Gefäßen und Geräten zum Verfertigen, Leiten, Verschließen, Verpacken und Aufbewahren von Konserven oder flüssigen Lebensmitteln der in § 4 Abs. 1 Buchst. a bezeichneten Art, soweit diese Gegenstände bei bestimmungsgemäßem oder vorauszusehendem Gebrauch mit den Lebensmitteln in unmittelbare Berührung kommen.

...

Verordnung über Orthotrikresylphosphat enthaltende Kunststoffe

vom 27. Oktober 1950
(GBl. Nr. 134 S. 1170)

i. d. F. der Anpassungsanordnung vom 12. Juni 1968

(GBl. II Nr. 62 S. 400)
— Auszug —

§ 1

(1) Aus Kunststoffen, bei deren Herstellung Weichmacher mit einem 6% übersteigenden Orthotrikresylphosphatgehalt verwendet worden sind, dürfen Gebrauchsgegenstände nicht hergestellt werden. Dieses Verbot gilt auch für Bedarfsgegenstände, die innerhalb industrieller und gewerblicher Lebensmittel-, pharmazeutischer und kosmetischer Betriebe Verwendung finden.
(2) Die Verbote des Abs. 1 gelten nicht für Bedarfsgegenstände, die in anderen industriellen und gewerblichen Betrieben bestimmungsgemäß nur Verwendung finden können.

§ 2

(1) Die nachstehend aufgeführten Gegenstände dürfen aus Kunststoffen, die mit orthotrikresylphosphathaltigen Stoffen weichgemacht worden sind, nicht hergestellt werden:

Wunddrains, Pessare, Folien für Verbände und Pflaster, Konservendosenringe, Flaschenscheiben und Verschlußeinlagen, Schweißleder für Hüte, Kindersauger und Kinderspielwaren, ausgenommen Bälle.

(2) Stopfen jeder Art (an Stelle von Korken), jede Art von Schläuchen sowie von Umhüllungen (auch Einwickelfolien) aus orthotrikresylphosphathaltigen Kunststoffen dürfen im Verkehr mit Lebensmitteln, pharmazeutischen und kosmetischen Mitteln nicht verwendet werden.

. . .

§ 4

(1) Hersteller von orthotrikresylphosphathaltigen Weichmachern haben vor dem Inverkehrbringen derselben an den Gefäßen oder Behältnissen an deutlich sichtbarer Stelle auf den Gehalt an Orthotrikresylphosphat hinzuweisen.
(2) Erzeugnisse von Kunststoffen und Kunststoffhalbfabrikaten, die mit orthotrikresylphosphathaltigen Weichmachern gefertigt worden sind und deren Orthotrikresylphosphatgehalt 6% übersteigt, müssen bei Inverkehrbringen unter Angabe des Herstellers und seiner Postanschrift einen kurz gehaltenen Hinweis auf den Erzeugnissen oder deren Umhüllungen haben, aus dem der Höchstgehalt an Orthotrikresylphosphat sowie die nach § 1 Abs. 1 und Abs. 2 sich ergebenden Herstellungs- oder Verwendungsverbote ersichtlich

sind (z. B.: ,,Vorsicht! Hergestellt mit 30% orthotrikresylphosphathaltigem Weichmacher. Verwendung nur für industrielle oder gewerbliche Betriebe, ausgenommen Lebensmittel-, pharmazeutische oder kosmetische Betriebe").

(3) Hersteller von Fertigerzeugnissen aus orthotrikresylphosphathaltigen Kunststoffen oder Kunststoffhalbfabrikaten haben unter Angabe des Herstellers und seiner Postanschrift an den Fertigerzeugnissen oder Halbfabrikaten einen kurz gehaltenen Hinweis über unzulässige Verwendungszwecke anzubringen (z. B.: ,,Bettunterlagen und Windelhöschen dürfen nicht ständig mit dem bloßen Körper in Berührung kommen").

(4) Die Bestimmungen der Abs. 1 bis 3 gelten auch für die zur Einfuhr gelangenden Erzeugnisse mit der Maßgabe, daß die entsprechende Kennzeichnung durch denjenigen zu erfolgen hat, der das Erzeugnis in der Deutschen Demokratischen Republik in den Verkehr bringt.

(5) Ohne die in den Abs. 2 und 4 aufgeführten Hinweise dürfen die genannten Erzeugnisse nicht in den Verkehr gebracht werden.

...

Vereinbarung zwischen dem Institut für Arzneimittelwesen der DDR (IFAR) und dem Amt für Standardisierung, Meßwesen und Warenprüfung (ASMW)

vom 4. April 1979

Betr.: Meßwesen

1. Für Betriebe und Einrichtungen, die Arzneimittel und diesen gleichgestellte Stoffe, Zubereitungen und Gegenstände sowie Gesundheitspflegemittel herstellen, vorrätig halten, abgeben oder in sonstiger Weise behandeln oder die solche Erzeugnisse begutachten oder die labordiagnostische Untersuchungen ausführen, sind für das Meßwesen in bezug auf die genannten Erzeugnisse und Untersuchungen grundsätzlich verbindlich:

   – die Vorschriften der jeweils gültigen Verordnung über das Meßwesen in Verbindung mit den dazu erlassenen Durchführungsbestimmungen und Anordnungen
   – die DDR-Standards TGL 31532, 31533, 31534, 31535/01 und 31536
   – die Vorschriften des jeweils gültigen Arzneibuches der DDR
   – spezielle Festlegungen des IFAR in Gütevorschriften, Verfügungen, Auflagen und Ordnungen.

2. Das ASMW gewährleistet, daß das IFAR entsprechend seiner Aufgabenstellung und Zuständigkeit als Überwachungsorgan für Betriebe und Einrichtungen, die Arznei- und Gesundheitspflegemittel oder diesen gleichgestellte Erzeugnisse herstellen, vorrätig halten, in den Verkehr bringen, in sonstiger Weise behandeln oder begutachten oder die labordiagnostische Untersuchungen durchführen, in die Abstimmung über gesetzliche Regelungen des Meßwesens einbezogen wird. Das IFAR stimmt mit dem ASMW Regelungen ab, die von ihm festgelegt werden und das Meßwesen betreffen.

3. Auf Grund der sich mit der Anordnung vom 10. 6. 1977 über die Liste der eichpflichtigen Meßgeräte ergebenden Änderungen bezüglich der Eichpflicht von Meßmitteln in Apotheken wird für eine Übergangszeit vereinbart:

3.1. Entsprechend der Anordnung vom 10. 6. 1977 über die Liste der eichpflichtigen Meßgeräte sind in Apotheken nur Waagen der Genauigkeitsklassen 1 und 2 und zugehörige Wägestücke eichpflichtig. Sie werden durch das ASMW oder zugelassene Meßtechnische Prüfstellen geeicht.

3.2. Das IFAR organisiert für die nicht mehr eichpflichtigen Waagen und Wägestücke, daß durch die Einrichtungen im Zuständigkeitsbereich über Instandhaltungs- und Serviceverträge die Richtigkeit der Meßmittel gewährleistet wird. Auftretende Probleme werden in Konsultationen beraten. Das ASMW unterstützt das IFAR bei der Lösung der Aufgabe.

3.3. Bis zur Schaffung dieser Voraussetzungen, längstens jedoch bis zum 31. 12. 1980 führt das ASMW die Eichung aller von den Apotheken angewendeten Waagen und Wägestücke durch, unabhängig davon, ob diese eichpflichtig sind oder nicht.

4. Die Vereinbarung kann nur im Einvernehmen beider Partner geändert werden. Die Änderung bedarf der Schriftform.

5. Die Vereinbarung tritt mit Wirkung vom 1. 5. 1979 in Kraft und ersetzt die „Gemeinsame Richtlinie des Deutschen Instituts für Arzneimittelwesen und des Amtes für Standardisierung, Meßwesen und Warenprüfung zu Fragen des betrieblichen Meßwesens in Betrieben und Einrichtungen der DDR, die Arznei- und Gesundheitspflegemittel herstellen, vorrätig halten oder abgeben" vom 1. 3. 1973.

Vereinbarung über die Zusammenarbeit zwischen dem Amt für Standardisierung, Meßwesen und Warenprüfung und dem Institut für Arzneimittelwesen bei der staatlichen Qualitätskontrolle von medizinischem Verbrauchsmaterial, Gesundheitspflegemitteln (Körperpflegemitteln) und anderen kosmetischen Erzeugnissen

vom 21. März 1979

1. Die Vereinbarung wird abgeschlossen mit dem Ziel, die Wahrnehmung der staatlichen Aufgaben bei der Qualitätssicherung und -entwicklung insbesondere von medizintechnischem Verbrauchsmaterial (MTV), Gesundheitspflegemitteln (Körperpflegemitteln) (GPM) und anderen kosmetischen Erzeugnissen (Duft- und Effektkosmetika) zu koordinieren und die Verantwortungsbereiche abzugrenzen.

   Schwerpunkte der Zusammenarbeit sind die

   – Klassifizierung ausgewählter Erzeugnisse,
   – Durchsetzung wirksamer Methoden der Qualitätssicherung in den Herstellerbetrieben,
   – Einflußnahme auf eine planmäßige Entwicklung neuer Erzeugnisse,
   – Anleitung und Kontrolle der TKO-Leiter in den Betrieben.

2. **Grundlagen für die Zusammenarbeit** sind

   – das Arzneimittelgesetz vom 5. 5. 1964 einschließlich der dazu erlassenen Durchführungsbestimmungen,
   – die Verordnung über die staatliche Qualitätskontrolle vom 18. 12. 1969[1]) und die Qualitätssicherungsverordnung vom 18. 12. 1969[1]),
   – die Vereinbarung über die staatliche Qualitätskontrolle für Arzneimittel und Gesundheitspflegemittel vom 23. 11. 1970[2]),
   – die Ordnung zur Durchführung der Standardisierung auf dem Gebiet des Gesundheits- und Sozialwesens vom 5. 4. 1976.

   Die sich aus den o. g. Verordnungen ergebenden Rechte und Pflichten des IFAR und des ASMW werden von dieser Vereinbarung nicht berührt.
   Die Vereinbarung vom 23. 11. 1970[2]) wird durch die folgenden Festlegungen präzisiert.

3. **Klassifizierung**

   In Abhängigkeit von ihrer Bedeutung können ausgewählte Erzeugnisse nach ihrer Registrierung durch das IFAR vom ASMW klassifiziert werden.
   Hierzu erfolgt im Einvernehmen mit dem IFAR die Aufnahme der betreffenden Er-

zeugnisse in die Nomenklatur der prüfpflichtigen Erzeugnisse durch das ASMW (Anlagen 1 und 2).
Die Anlagen werden jährlich bis zum 31. 5. für das Folgejahr überprüft und erforderlichenfalls ergänzt.
Die Klassifizierung erfolgt durch das ASMW im Einvernehmen mit dem IFAR.
Einzelheiten der Verfahrensweise sind in der Klassifizierungsrichtlinie für Gesundheitspflegemittel festgelegt.
Auch bei klassifizierten Erzeugnissen sind Ausnahmegenehmigungen für Abweichungen von der durch das IFAR bestätigten Rezeptur bzw. von der mustergetreuen Fertigung durch den Herstellerbetrieb beim IFAR zu beantragen. Eine Durchschrift des Antrages ist in diesen Fällen dem ASMW direkt zuzuleiten.
Nach Erteilung der Ausnahmegenehmigung durch das IFAR entscheidet das ASMW im Einvernehmen mit dem IFAR über notwendige Konsequenzen hinsichtlich der Beibehaltung oder des Entzuges des Gütezeichens.
Das Gütezeichen kann vom ASMW im Einvernehmen mit dem IFAR auch entzogen werden, wenn erforderliche Voraussetzungen (z. B. nach TGL 29432 bzw. TGL 29513 oder nach Arzneimittelgesetz) nicht mehr gegeben sind oder wenn vom ASMW oder IFAR geforderte Unterlagen nicht vorgelegt werden.
Die klassifizierten Erzeugnisse sind entsprechend den gesetzlichen Bestimmungen mit dem erteilten Gütezeichen zu kennzeichnen, sofern nicht im Einzelfall seitens des IFAR in der Antragsphase Sonderregelungen mit dem ASMW vereinbart werden.
Soweit im zentralen Gutachterausschuß für den Arzneimittelverkehr über Erzeugnisse beraten wird, die hinsichtlich der Kompetenz des ASMW Gegenstand dieser Vereinbarung sind, erhält das zuständige Fachgebiet eine Einladung.
Das ASMW verfährt bei Beratungen seiner Gutachterausschüsse gegenüber dem IFAR in gleicher Weise.

4. Qualitätssicherung

Bei medizinisch-technischem Verbrauchsmaterial (MTV) (den in Anlage 1 aufgeführten Erzeugnisgruppen und Einzelerzeugnissen) beschränkt sich das IFAR auf die Qualitätskontrolle der Finalerzeugnisse (einschließlich Verpackung und Informationsmaterial).
Die Beurteilung des Fertigungsprozesses insgesamt liegt in der Verantwortung des ASMW.
Soweit zusätzliche Inspektionen durch das IFAR notwendig sind, dienen sie der Klärung von Einzelfragen und werden mit dem ASMW abgestimmt.
Auskunftsersuchen, Auflagen, Weisungen und Verfügungen des IFAR für MTV werden, soweit sie Fragen der Qualität, der Standardisierung und des Meßwesens betreffen, dem ASMW nachrichtlich übermittelt und von diesem gegenüber den Betrieben mit durchgesetzt.

Das ASMW informiert das IFAR über Maßnahmen seinerseits nur, wenn durch diese die Qualität der registrierten Finalprodukte verändert werden kann. In diesem Fall bedarf die Maßnahme vor ihrer Realisierung der Zustimmung des IFAR.
Bei registrierten Gesundheitspflegemitteln wird die Überwachung des Fertigungsprozesses und die Qualitätskontrolle der Finalerzeugnisse entsprechend dem Arzneimittelgesetz durch das IFAR durchgeführt.
Das Recht des ASMW zur Kontrolle der Voraussetzungen für die mustergetreue Fertigung und die Gütezeichenerteilung werden davon nicht berührt.
Auflagen des ASMW dürfen nicht im Widerspruch zu Registrierunterlagen, Gütevorschriften und Richtlinien des IFAR stehen; diese Auflagen werden dem IFAR zur Kenntnis gegeben.
Auflagen, Weisungen und Verfügungen des IFAR betreffs klassifizierter Gesundheitspflegemittel werden dem ASMW nachrichtlich übermittelt und von diesem gegenüber den Betrieben mit durchgesetzt.
Werden bei Inspektionen des IFAR bei Kosmetika, die nicht der Registrierpflicht unterliegen, Mängel in der Standardisierung der Rohstoffe oder Verstöße gegen grundlegende Erfordernisse der Produktionshygiene festgestellt, erfolgt Information an das ASMW zur weiteren Veranlassung.
Die Feststellung derartiger Mängel wird bei Vergabe oder Entzug von Gütezeichen berücksichtigt.

5. Gesundheitsschutz

Bei neu in der Produktion aufzunehmenden kosmetischen Erzeugnissen wendet sich der Herstellerbetrieb zur Klärung der Frage, ob eine in die Zuständigkeit des Zentralen Gutachterausschusses für den Arzneimittelverkehr (ZGA) fallende klinische Erprobung des Erzeugnisses oder seiner Bestandteile erforderlich ist, möglichst frühzeitig an das Sekretariat des ZGA.
Enthalten derartige Erzeugnisse Einsatzstoffe, für die noch keine Standards im Arzneibuch der DDR enthalten sind, ist bereits während der Erzeugnisentwicklung zur Gewährleistung der pharmazeutischen Begutachtung dieser Stoffe und ihrer Standardisierung eine enge Zusammenarbeit mit dem IFAR zu sichern.

6. Standardisierung

Die Qualität registrierter Erzeugnisse wird auf der Grundlage von Gütevorschriften festgelegt.
Soweit im Arzneibuch der DDR keine allgemein gültigen Festlegungen getroffen sind, erfolgt die Ausarbeitung der Gütevorschriften unter Berücksichtigung der staatlichen Standards. Die Qualität von Ausgangsstoffen wird in Monografien des Arzneibuches der DDR geregelt, bei MTV auch auf der Grundlage von TGL oder Werkstandards.
Bei im Verkehr befindlichen kosmetischen Erzeugnissen unterstützt das ASMW das IFAR bei der Erfassung der Bestandteile, die noch nicht im Arzneibuch der DDR

standardisiert sind. Zur Klassifizierung notwendige Kennwerte und Prüfmethoden, die nicht im Arzneibuch der DDR geregelt werden können, werden in Standards festgelegt. Diese können sowohl für Einzelerzeugnisse als auch für Erzeugnisgruppen gelten und werden nach Abstimmung mit dem IFAR vom ASMW bestätigt.

7. Qualitätsentwicklung

Zur Gewährleistung einer den gesundheitspolitischen und volkswirtschaftlichen Erfordernissen entsprechenden Qualitätssicherung werden die Forderungsprogramme für GPM und MTV zwischen IFAR und ASMW ausgetauscht und abgestimmt.
Die Abstimmung erfolgt für die staatlichen Aufgaben (Z- und ZO) bis zum 31. 1. und für die übrigen Aufgaben bis zum 30. 6. für das Folgejahr.
Die Liste der von den Betrieben auszuarbeitenden Pflichtenhefte wird bis zum 31. 3. jeden Jahres abgestimmt. Die Zustimmung zu Pflichtenheften erfolgt bei klassifizierungspflichtigen Erzeugnissen gemeinsam durch IFAR und ASMW.

8. Einsetzung, Anleitung und Kontrolle der TKO-Leiter

Die Einsetzung, Anleitung und Kontrolle der Staatlichen TKO-Leiter als Mitarbeiter des ASMV erfolgt durch das ASMW gemäß der Qualitätssicherungsverordnung und der entsprechenden Durchführungsbestimmungen.
Die Einsetzung von Staatlichen TKO-Leitern in Betrieben, die GPM bzw. MTV herstellen, erfolgt in Abstimmung mit dem IFAR. Besondere Aufgaben im Hinblick auf GPM bzw. MTV werden auf Ersuchen des IFAR im Funktionsplan des Staatlichen TKO-Leiters bzw. des Leiters einer speziellen Arbeitsgruppe innerhalb der TKO (TKO-P) verankert.
Das IFAR beschränkt Anleitung und Kontrolle im wesentlichen auf folgende Punkte:

- erzeugnisgruppen- bzw. produktspezifische Gesetze, Richtlinien, Empfehlungen, Standards usw.
- erzeugnisgruppen- oder produktspezifische Kontrollmethoden.

9. Berichterstattung

Vom IFAR werden Berichte zur Qualitätssituation, zur Qualitätsentwicklung sowie zur Erfüllung von Qualitäts- und Sortimentsforderungen bei GPM und MTV erarbeitet, wobei insbesondere gesundheitspolitisch relevante Aspekte beachtet werden.
Diese Einschätzungen sind identisch mit den Berichten an das MfGe und werden Bestandteil der Halbjahresanalysen des ASMW für die Komplexe GPM und MTV.
Die Zuarbeiten werden dem ASMW jeweils bis zum 15. 6. bzw. 15. 12. übergeben.
Sonderberichte und zentrale Informationen für die Komplexe GPM und MTV werden vom IFAR ausgearbeitet und dem MfGe und ASMW zwecks weiterer Verwendung zur Verfügung gestellt.

Einzelheiten, wie Termine, Form der Zuarbeit, Schwerpunkte der Information usw. werden gesondert vereinbart.
Von den vom ASMW erarbeiteten Informationen erhält das IFAR eine Kopie.

10. **„Betrieb der ausgezeichneten Qualitätsarbeit"**

Diese Auszeichnung wird Betrieben, die GPM oder MTV herstellen, vom ASMW nur im Einvernehmen mit dem IFAR verliehen.

11. Einzelheiten, die über den Rahmen dieser Vereinbarung hinausgehen und nur einzelne Erzeugnisse oder Erzeugnisgruppen betreffen, können zwischen IFAR und dem jeweils zuständigen Fachgebiet bzw. der zuständigen Fachabteilung des ASMW in Form von Arbeitspapieren geregelt werden.
Das Arbeitspapier wird in solchen Fällen der FA Technischen Chemie als Durchschrift übergeben.

12. Diese Vereinbarung tritt am 15. 1. 1979 in Kraft. Gleichzeitig verlieren die Vereinbarungen vom 6. 6. 1973 und vom 29. 2. 1975 ihre Gültigkeit.
Die Partner der Vereinbarung kontrollieren jährlich ihre Erfüllung und regeln Details ggf. in Zusatzprotokollen.

Erzeugnisse nach ELN, die der Anmelde- und Prüfpflicht beim ASMW als auch der Registrierung durch das IFAR unterliegen

ELN	Erzeugnis
13881129	Schlauchsysteme zur Venendruckmessung
13882136	Nabelklemmen
13882141	Katheter
13882144	Sonden
13882870	Ebersperma-Behälter
13883130	Redondrainage
13883140	Nieren-Zu- und Ableitungssystem
13883410	Humanmedizinische Injektionsspritzen, -bestecke und -geräte (ohne 183415, 417 und 419)
13883460	Veterinärmedizinische Injektionsspritzen
13883470	Veterinärmedizinische Spezialspritzen
13883480	Spritzenzubehör
13883490	Spritzenbehälter
13883500	Injektionskanülen, Spezialkanülen, Kanülenzubehör
13883580	Flexülen, Kanülen
13883590	Mandrins

(Fortsetzung)

ELN	Erzeugnis
13883610	Blutabnahmegeräte, Plasmaphoresebesteck
13883620	Blutübertragungsgeräte und Zubehör
13883640	Infusionsgeräte und Zubehör
13883690	Perfusionsbestecke
13883900	Urin- und Sekretbeutel m. Zubehör, Phimoseglöckchen
13884159	Op-Abfallbeutel
13886310	Mineralzähne
13886320	Plastzähne

Anlage 2

zur Vereinbarung vom 21. März 1979

In die Klassifizierung einbezogene Gesundheitspflegemittel (GPM)

aus 14912000	Toilettenseifen mit Wirkstoffen
14932100 (ohne 3216 3217 3219)	Cremes
14932200 (ohne 3223 3229)	Hautemulsionen, flüssig
14932500	Gesichtswässer
aus 14932610	Rasierwasser für Naßrasur
aus 14932620	Rasierwasser für Trockenrasur
aus 14933100	Haarwaschmittel mit Wirkstoffen
14933200	Haarwässer
aus 14937000	Deo-Sprays
aus 14939310	Rasiercreme mit Wirkstoffen
14934100	Zahnpasten.

[1]) Jetzt: VO über die Entwicklung und Sicherung der Qualität von Erzeugnissen vom 17. 4. 1980; abgedruckt unter C **06 04** 01.

[2]) Jetzt: Vereinbarung vom 6. 7. 1981; abgedruckt unter C **06 04** 02.

Verfügung Nr. 58/81 des Institutes für Arzneimittelwesen der DDR

vom 23. September 1981

Betr.: Einsatz von Infusionsflaschen zum Anlegen von Blutkulturen

Infusionsflaschen (TGL 29445, Ausg. 4.74) dürfen in Auslegung der 6. Durchführungsbestimmung vom 18. Februar 1969 (GBl. II S. 177) zur Apothekenordnung vom 27. Februar 1958 (GBl. I S. 231) auch zur Aufnahme von sterilen Kulturmedien eingesetzt werden, die zum Anlegen von Blutkulturen besonders bei Säuglingen und Kindern bestimmt sind.
Um den ordnungsgemäßen Einsatz zu sichern und eine irrtümliche Verwendung für Infusionszwecke zu vermeiden, müssen diese Zubereitungen auf einem Etikett von gelber Grundfarbe mindestens folgende Angaben enthalten:

Zur Labordiagnostik.	Kurzbezeichnung des Inhaltes
Nur zum Anlegen von Blutkulturen!	(z. B. Kulturmedium für Blutkulturen)
Nicht zur Infusion oder Injektion!	Hersteller des Kulturmediums
Name des Patienten.	Herstellungsdatum
Blutentnahme am ...., Uhrzeit	Verwendbarkeitsdauer

Es wird auf die Möglichkeit hingewiesen, Etiketten als Sonderbestellung bei Pharmapack, Druck und Papierverarbeitung, 8060 Dresden Postfach 180 drucken zu lassen.
Für den oben genannten Anwendungszweck entfällt der mit Schreiben des *DIAR*[1]) vom 27. 8. 1971 gegebene Hinweis[2]) zu §§ 2 und 3 der 6. Durchführungsbestimmung zur Apothekenordnung, soweit er den Einsatz einer nicht durchstechbaren Scheibe mit dem Hinweis „Nicht zur Infusion" zwischen Verschlußstopfen und Schraubkappe sowie ein Etikett von weißer Grundfarbe vorschreibt.

[1]) Jetzt: Institut für Arzneimittelwesen der DDR.
[2]) Der Hinweis hat folgenden Wortlaut:

Zu § 2: Sterile flüssige Arzneimittel, die nicht zur Infusion oder Injektion bestimmt sind, dürfen auch in Infusionsbehältnissen abgegeben werden, wenn zwischen Verschlußstopfen und Schraubkappe eine mit Injektionskanülen nicht durchstechbare, die Einstichfläche des Verschlußstopfens völlig bedeckende Scheibe gelegt wird, auf der der Hinweis „Nicht zur Infusion" (abgekürzt „Nicht zur Inf.") angebracht ist.

Zu § 3: Infusionsbehältnisse, die sterile flüssige und nicht zur Infusion oder Injektion bestimmte Arzneimittel enthalten, müssen mit einem Etikett von weißer Grundfarbe versehen sein und ein deutlich sichtbares Zusatzetikett mit der Angabe „Nicht zur Infusion oder Injektion!", Schriftfarbe rot, tragen.

Information Nr. 7/81 für Bezirksapotheker aus dem Institut für Arzneimittelwesen der DDR

vom 20. Mai 1981

Betr.: Wiederverwendung von Infusionsflaschen

Eine Wiederverwendung der vom VEB Kombinat Technisches Glas Ilmenau hergestellten Infusionsflaschen 500 ml, hydrolytische Klasse III, oberflächenvergütet, ist in der pharmazeutischen Industrie nicht möglich.
Gegen eine Verwendung solcher Flaschen in anderen Bereichen der Volkswirtschaft bestehen keine Bedenken, sofern

- die Entfernung der Etiketten erfolgt
- die Reste des Bördelverschlusses entfernt werden
- die Kontamination der Flaschen mit infektiösen Keimen ausgeschlossen werden kann; erforderlichenfalls sind vor der Abgabe zur Wiederverwendung geeignete Reinigungs-, Desinfektions- oder Sterilisationsmaßnahmen durchzuführen
- die Neuetikettierung eindeutig auf den beabsichtigten Verwendungszweck des Inhaltes hinweist
- ein sicherer Verschluß gewährleistet wird

Vereinbarung über die Entwicklung und Sicherung der Qualität von Arzneimitteln und Gesundheitspflegemitteln

vom 6. Juli 1981
(VuM MfGe Nr. 9 S. 111)

Auf Grund des § 3 Abs. 3 der Verordnung vom 17. April 1980 über Entwicklung und Sicherung der Qualität der Erzeugnisse (GBl. I Nr. 14 S. 117) wird zwischen dem Amt für Standardisierung, Meßwesen und Warenprüfung, dem Ministerium für Gesundheitswesen und dem Ministerium für Land-, Forst- und Nahrungsgüterwirtschaft folgendes vereinbart:

1.

Für die Entwicklung und Sicherung der Qualität von Arzneimitteln und von Stoffen, Zubereitungen und Gegenständen, die den Arzneimitteln gleichgestellt sind, sowie von Gesundheitspflegemitteln gelten die Vorschriften des Arzneimittelgesetzes vom 5. Mai 1964 (GBl. I Nr. 7 S. 101) und seiner Durchführungsbestimmungen, für Arzneimittel zur ausschließlichen Anwendung in der Veterinärmedizin darüber hinaus das Gesetz vom 20. Juni 1962 über das Veterinärwesen (GBl. I Nr. 5 S. 55).

2.

Für die Erzeugnisse gemäß Ziff. 1 werden die in der Verordnung vom 17. April 1980 festgelegten Aufgaben des Amtes für Standardisierung, Meßwesen und Warenprüfung vom Institut für Arzneimittelwesen der DDR wahrgenommen, für entsprechende zur ausschließlichen Anwendung in der Veterinärmedizin bestimmte Erzeugnisse auch vom Staatlichen Veterinärmedizinischen Prüfungsinstitut auf der Grundlage einer Vereinbarung mit dem Institut für Arzneimittelwesen der DDR. Sofern Erzeugnisse gemäß Ziff. 1 auch der Prüfpflicht unterliegen, wird die Zuerkennung der staatlichen Gütezeichen durch das Amt für Standardisierung, Meßwesen und Warenprüfung im Einvernehmen mit dem Institut für Arzneimittelwesen der DDR bzw. dem Staatlichen Veterinärmedizinischen Prüfungsinstitut vorgenommen.

3.

Die Begründung, Änderung und Auflösung von Arbeitsverträgen mit Leitern der TKO in Betrieben, die Erzeugnisse gemäß Ziff. 1 herstellen, gemäß § 10 der Verordnung vom 17. April 1980 bedarf der Zustimmung des Direktors des Institutes für Arzneimittelwesen der DDR, bei Betrieben, die vorwiegend Tierarzneimittel herstellen, zusätzlich der des Direktors des Staatlichen Veterinärmedizinischen Prüfungsinstitutes.

4.

Die Auszeichnung von Betrieben oder Betriebsteilen, die Erzeugnisse gemäß Ziff. 1 herstellen, mit dem Titel „Betrieb der ausgezeichneten Qualitätsarbeit“ wird vom Amt für Standardisierung, Meßwesen und Warenprüfung unter Berücksichtigung entsprechender Gutachten des Institutes für Arzneimittelwesen der DDR vorgenommen.

5.

Die Durchführung von Ordnungsstrafverfahren gegen Leiter oder leitende Mitarbeiter von Betrieben, die Erzeugnisse gemäß Ziff. 1 herstellen, kann durch den Direktor des Institutes für Arzneimittelwesen der DDR, soweit Betriebe betroffen sind, die Erzeugnisse zur ausschließlichen Anwendung in der Veterinärmedizin herstellen, auch durch den Direktor des Staatlichen Veterinärmedizinischen Prüfungsinstitutes beim Präsidenten des Amtes für Standardisierung, Meßwesen und Warenprüfung beantragt werden.

6.

Einzelheiten der Zusammenarbeit werden zwischen dem Institut für Arzneimittelwesen der DDR und dem Amt für Standardisierung, Meßwesen und Warenprüfung, Fachabteilung Chemie, vereinbart. Soweit Erzeugnisse zur ausschließlichen Anwendung in der Veterinärmedizin betroffen sind, wird das Staatliche Veterinärmedizinische Prüfungsinstitut in die Vereinbarung einbezogen.

7.

Die Vereinbarung vom 23. November 1970 über die staatliche Qualitätskontrolle für Arzneimittel und Gesundheitspflegemittel (Verf. u. Mitt. 1971 Nr. 1 S. 1 bzw. Verf. u. Mitt. des MfLFN 1970 Nr. 12 S. 115) wird hiermit aufgehoben.

Anordnung über die Anwendung von Polyamid-Folien im Lebensmittelverkehr

vom 20. Oktober 1965

(GBl. II Nr. 111 S. 775)

Zur Sicherung gesundheitlich und hygienisch einwandfreier Behandlung von Lebensmitteln bei der Verwendung von Polyamid-Folien als Verpackungsmaterial wird auf Grund des § 27 in Verbindung mit § 11 Abs. 1 Ziff. 1 des Lebensmittelgesetzes vom 30. November 1962 (GBl. I S. 111) folgendes angeordnet:

§ 1

Verpackungsmittel aus Polyamid-Folien sind vor der erstmaligen Verwendung zum Verpacken von Lebensmitteln durch mehrfaches Waschen soweit von monomeren Anteilen zu befreien, daß deren Gehalt 3% nicht übersteigt. Zu diesem Zweck sind die Folien mindestens 20 Minuten mit heißem Wasser (60 °C) zu behandeln und anschließend in kaltem Wasser zu spülen.

§ 2

In Polyamid-Folien-Verpackungen befindliche Lebensmittel, bei denen Wasser die äußere Phase bildet, dürfen nicht einer längeren Hitzebehandlung unterworfen werden.

§ 3

Verpackungsmittel aus Polyamid-Folien dürfen nur zum Verpacken kurzfristig lagernder Lebensmittel Verwendung finden. Für feste, trockene Lebensmittel können diese Verpackungsmittel auch bei einer voraussichtlich längeren Lagerung Verwendung finden.

§ 4

Haushaltsbeutel aus Polyamid-Folien dürfen nur in den Verkehr gebracht werden, wenn sie in gut lesbarer Schrift mit folgendem aufgedruckten bzw. beigefügten Hinweis versehen sind:

„Achtung! Vor dem erstmaligen Gebrauch ist dieser Beutel 20 Minuten in heißem Wasser (nicht über 60 °C) zu waschen und anschließend in kaltem Wasser nachzuspülen!“

Anordnung über den Einsatz von Plastwerkstoffen für die Neuaufnahme der Produktion von Plastformteilen

vom 15. Dezember 1978
(GBl. I 1979 Nr. 2 S. 18)
– Auszug[1]) –

Zur Durchsetzung einer hohen volkswirtschaftlichen Effektivität beim Einsatz von Plastwerkstoffen sowie zur Sicherung der planmäßigen Erweiterung der Produktion und der Verwendung von Plastformteilen wird im Einvernehmen mit dem Minister für Materialwirtschaft und den Leitern der zuständigen zentralen Staatsorgane folgendes angeordnet:

§ 1 Geltungsbereich

(1) Diese Anordnung gilt für Betriebe, Kombinate, Genossenschaften und Handwerksbetriebe (nachfolgend Betriebe genannt), die Plastformteile herstellen oder Plastformteile anwenden oder Formwerkzeuge für die Produktion von Plastformteilen herstellen.
(2) Diese Anordnung gilt für die den Betrieben gemäß Abs. 1 übergeordneten wirtschaftsleitenden Organe und Staatsorgane.
(3) Plastformteile im Sinne dieser Anordnung sind Erzeugnisse, die aus Plastwerkstoffen durch spanlose Formung in allseitig geschlossenen Formwerkzeugen hergestellt werden. Als Plastformteile gelten auch Erzeugnisse aus glasfaserverstärkten ungesättigten Polyestern.

§ 2 Grundsätze für die Neuaufnahme der Produktion von Plastformteilen

(1) Mit der Neuaufnahme der Produktion von Plastformteilen sind zur Sicherung eines volkswirtschaftlich effektiven Plasteinsatzes unter Berücksichtigung des Plastfondszuwachses folgende Anforderungen zu erfüllen:

– Steigerung der Arbeitsproduktivität durch Anwendung moderner und arbeitszeitsparender Technologien und Verfahren,
– Erhöhung der Qualität bei Erzeugnissen, für deren Herstellung Plastformteile eingesetzt werden,
– Verbesserung der materiell-technischen Versorgung mit Zuliefererzeugnissen durch gezielte Substitution mit Plastwerkstoffen,
– umfassende Ausnutzung der Plastwerkstoffeigenschaften.

2) Entsprechend den spezifischen Gebrauchseigenschaften der Plastwerkstoffe ist ihre Verwendung zur Produktion von Plastformteilen grundsätzlich auf die in der Anlage 1 aufgeführten Einsatzgebiete zu konzentrieren.

Staatliche Genehmigung für die Neuaufnahme der Produktion von Plastformteilen

§ 3

(1) Die Neuaufnahme der Produktion von Plastformteilen im Urformverfahren auf der Basis der Plastwerkstoffe gemäß Abs. 2 sowie deren Regenerate bedarf der staatlichen Genehmigung. Die staatliche Genehmigung ist auch erforderlich, wenn bei

- Fortführung einer laufenden Produktion von Plastformteilen Ersatzformwerkzeuge,
- Erweiterung der Produktion von Plastformteilen zusätzliche Formwerkzeuge,
- Produktion von Plastformteilen, deren Formgestaltung unter Beibehaltung des Verwendungszweckes verändert wird, neue Formwerkzeuge

benötigt werden.

(2) Die staatliche Genehmigung erteilen die Chemieberatungsstelle und die zuständigen bilanzierenden und bilanzbeauftragten Organe (nachfolgend genehmigungsbefugte Organe genannt) wie folgt:

a) Chemieberatungsstelle für Plastformteile aus

Niederdruck-Polyäthylen	(PE-HD)
Polypropylen	(PP)
Polystyrol, normal	(PS)
Styrol-Kopolymerisaten mit Akrylnitril	(SAN)
Styrol-Kopolymerisaten mit Butadien, Akrylnitril	(ABS)
Polystyrol, schlagzäh	(PS sz)

b) VEB Chemische Werke Buna für Plastformteile aus

ungesättigten Polyestern	(UP)
Polykarbonat	(PC)
Polyphenylenoxid	(PPO)
Polyvinylchlorid einschließlich PVC, schlagzäh	(PVC)
Polystyrol, schäumbar	(EPS)
Polyformaldehyd	(POM)
Zelluloseazetat	(CA)

c) VEB Leuna-Werke „Walter Ulbricht" für Plastformteile aus

Polyamiden, einschließlich Modifikationen	(PA)
Hochdruck-Polyäthylen	(PE-ND)
Äthylen-Vinylazetat-Kopolymeren	(EVA)

d) VEB Kombinat Agrochemie Piesteritz für Plastformteile aus

Polymethylmethakrylat	(PMMA)
Harnstoff-Formaldehydharz-Preßmassen	(UF)

Dizyandiamid-Formaldehydharz-Preßmassen (DD)
Melamin-Formaldehydharz-Preßmassen (MF)

e) VEB Sprelawerke Spremberg für Plastformteile aus Polyesterharzformmassen (Premix, Prepreg und rieselfähige Formmassen) (UP-Formmassen)

f) VEB Synthesewerk Schwarzheide für Plastformteile aus Polyurethanen (PUR)

(3) Die Neuaufnahme der Produktion sowie die Fortführung und Erweiterung der Produktion gemäß Abs. 1 und die Produktion der dazu notwendigen Formwerkzeuge dürfen erst dann erfolgen, wenn die staatliche Genehmigung erteilt wurde. Für die erteilte Genehmigung sind die Plastformteile und die Formwerkzeuge herstellenden Betriebe nachweispflichtig.

§ 4

(1) Anträge auf Erteilung der staatlichen Genehmigung sind durch die Plastformteile anwendenden Betriebe gemäß Anlage 2 zu stellen. Bei Plastformteilen für den Bevölkerungsbedarf, für gesellschaftliche Bedarfsträger, für den Export und bei Plastformteilen, die für den produktiven Verbrauch in mehreren Betrieben eingesetzt werden, ist der Herstellerbetrieb antragspflichtig. Die Genehmigung ist vor der Neuaufnahme, Fortführung oder Erweiterung der Produktion über den Leiter des übergeordneten Organs bzw. des zuständigen Fachorgans der Räte bei dem genehmigungsbefugten Organ zu beantragen. Anträge der Betriebe aus dem Verantwortungsbereich des Ministeriums für Bezirksgeleitete Industrie und Lebensmittelindustrie an die Chemieberatungsstelle sind über ihr übergeordnetes Organ und das Ministerium für Bezirksgeleitete Industrie und Lebensmittelindustrie einzureichen. Kombinate, die einem Ministerium direkt unterstellt sind, richten ihre Anträge direkt an das genehmigungsbefugte Organ.
(2) Die Anträge sind von den Betrieben so rechtzeitig zu stellen, daß die materiell-technische Versorgung in den Kooperationsbeziehungen zwischen den Plastformteile herstellenden Betrieben und ihren Abnehmern nicht beeinträchtigt wird, und zwar

– bei Aufgaben des Planes Wissenschaft und Technik nach Abschluß der Arbeitsstufe K 2,
– in allen anderen Fällen nach Vorliegen der bestätigten Plastformteilzeichnung.

§ 5

(1) Die wirtschaftsleitenden Organe und Staatsorgane haben die Einhaltung der Pflichten gemäß § 4 durch die ihnen unterstellten Betriebe zu kontrollieren und durchzusetzen.
(2) Die wirtschaftsleitenden Organe und die Räte der Bezirke haben die Anträge der ihnen unterstellten Betriebe hinsichtlich der Anforderungen an einen volkswirtschaftlich effektiven Plasteinsatz unter Berücksichtigung des Plastfondszuwachses gemäß § 2 zu prüfen. Anträge, die diesen Anforderungen nicht entsprechen, sind zurückzuweisen.

Anlage 1

zu vorstehender Anordnung

Einsatzgebiete für die Verwendung von Plastwerkstoffen zur Produktion von Plastformteilen gemäß § 2 Abs. 2 der Anordnung

Die Festlegung von Verwendungsverboten in staatlichen Einsatzbestimmungen wird hierdurch nicht berührt.

3. **Niederdruck-Polyäthylen** für (PE–HD)
   - Bauteile, wie z. B. Verkleidungen, Gehäuse, Behälter
   - Verpackungsbehälter für die chemische Industrie, Land- und Nahrungsgüterwirtschaft (Fässer, Kanister, Container, Flaschen, Flaschen- und Milchkästen, Fleisch- und Backwarenbehälter)
   - Haushaltwaren

4. **Hochdruck-Polyäthylen** für (PE–ND)
   - technische Formteile
   - Verpackungsbehalter, Flaschen und Verschlüsse
   - Haushaltwaren

6. **Polyvinylchlorid** (PVC)
   mit Weichmacher für
   - technische Formteile (Dichtungen, Faltenbälge, Manschetten)

7. **Polystyrol, schäumbar** für (EPS)
   - Verpackungs- und Transportkästen und -behälter für bruchempfindliche, hochwertige Erzeugnisse

8. **Polyurethane** (PUR)
   halbharte und Integralschäume für
   - Verpackungsmittel für bruchempfindliche, hochwertige Erzeugnisse

   Elastomere für
   - Buchsen, Lager, Dichtungen, Manschetten

[1]) Nicht abgedruckt wurden die §§ 6 bis 9 (Frist für Antragsbearbeitung, Begrenzung der Genehmigung, Abstimmung mit Bilanzorganen, Anleitung und Kontrolle der genehmigungsbefugten Organe, Beschwerden, Sonderregelungen) sowie die Anlage 2.

Information Nr. 4/78 für Bezirksapotheker aus dem Institut für Arzneimittelwesen der DDR

vom 20. März 1978
i. d. F. vom 1. Januar 1982

— Auszug —

Betr.: Plasteimer als Transport- und Aufbewahrungsbehältnisse für zentral hergestellte Salben

1. Den Anforderungen des 2. AB-DDR an Gegenstände zur Aufbewahrung von Arzneimitteln, die hydrophile oder lipophile Stoffe darstellen (Kap. XX, 1.0 Gruppen C 1 und C 3), mit Ausnahme der Injektions- und Infusionszubereitungen, entsprechen folgende Plasteimer:

1.1. Plasteimer mit Deckel aus Polyäthylen A-76, blau, des VEB Plastverarbeitungswerkes Schwerin, Fassungsvermögen 5 Liter. Sie sind am Boden gekennzeichnet durch das Pneumant-Warenzeichen (C und P ineinander verschlungen), die Angabe „TGL 29652" und eine weitere Nummer.

1.2. Plasteimer aus Polypropylen, gelb, mit Deckel aus Polystyrol schlagzäh, grau, Fassungsvermögen 5 Liter, des VEB Gummikombinat Thüringen — Plastverarbeitung Tambach-Dietharz. Sie tragen am Boden neben einer Nummer und der Bezeichnung „DDR" das Markenzeichen „Kowalit". Die Henkel dieser Eimer bestehen im Gegensatz zu den anderen Typen aus Metall mit Hartgummigriff.

1.3. Plasteimer mit Deckel, Typ S 451/52, des VEB Plasta-Werke Sonneberg, Fassungsvermögen 2 Liter, mit Selbstklebeetikett auf dem Eimerboden deklariert. Eimer: Polyäthylen A 64 MA, Farben maisgelb, korallenrot, blau, Deckel: Polystyrol C 628 (reduzierende Verunreinigungen geringfügig über dem zulässigen Limit) Farbe weiß.

1.4.[1]) Einseitig abgeflachte, in verschiedenen Farben lieferbare Eimer mit Deckel des VEB Plastverarbeitungswerk Staaken (Betrieb des VEB Kombinat Sprela-Werke, Spremberg), Material Polypropylen, als Abfalleimer deklariert.

2. Alle genannten Eimer dürfen zur Aufbewahrung von Salben, deren äußere Phase durch Wasser oder Lipoide gebildet wird, verwendet werden, sofern die Inhaltsstoffe der Salben eine Wechselwirkung mit den Plastmaterialien nicht erwarten lassen und die Dauer der Aufbewahrung 6 Monate nicht übersteigt.

Achtung! Es wurden Unverträglichkeitserscheinungen zwischen Plasteimer und Dithranolvaselin beobachtet.

[1]) Ergänzung durch Information Nr. 2/79 für Bezirksapotheker aus dem Institut für Arzneimittelwesen der DDR vom 8. 1. 1979.

Übersicht über die vom Ministerium für Land-, Forst- und Nahrungsgüterwirtschaft erlassenen Weisungen zur Tierseuchenverordnung mit Hinweisen auf solche Festlegungen, die die Verwendung von Arzneimitteln betreffen[1])

Weisung Nr. 1 zur Tierseuchenverordnung Verhütung und Bekämpfung der Wild- und Rinderseuche

vom 16. Januar 1974
(VuM MfLFN Nr. 11 S. 60)

Bei erkrankten oder der Krankheit verdächtigen Tieren kann die Behandlung mit Antibiotika und Sulfonamiden nach Genehmigung des zuständigen Bezirkstierarztes erfolgen. Standplätze bzw. Ställe und Stallabteilungen in Seuchenobjekten sowie sonstige Träger von Ansteckungsstoffen sind grob zu reinigen und mit einer 4%igen formaldehydhaltigen Lösung zu desinfizieren.
Gülle ist mit soviel Formaldehydlösung zu vermischen, daß eine Formaldehydkonzentration von 0,3% resultiert; die Einwirkungszeit beträgt 3 Tage.

Weisung Nr. 2 zur Tierseuchenverordnung Verhütung und Bekämpfung der Schweinepest

vom 16. Januar 1974
(VuM MfLFN Nr. 11 S. 61)

Behandlungen der an Schweinepest erkrankten oder ansteckungsverdächtigen Schweine mit Arzneimitteln, Antibiotika oder Impfstoffen sind nicht gestattet. Das Verbot erstreckt sich auch auf Versuche in Instituten, soweit nicht vom Leiter des Veterinärwesens im MfLFN andere Weisungen ergangen sind. Vorbeugende Impfungen sind für bestimmte Bestände obligatorisch (z. B. über 8 Wochen alte Läuferschweine, die zum Zwecke der Mast in Objekten der Tierproduktion mit mehr als 500 Schweinen gehalten werden), für andere Bestände nicht zugelassen (Zuchtbestände).
Mit Schweinepest-Lebendvirusvakzine geimpfte Schweine dürfen für einen Zeitraum von 14 Tagen nicht mit ungeimpften Tieren zusammengebracht werden.
Das Fleisch innerhalb 14 Tage nach der Impfung geschlachteter Tiere unterliegt besonderen Behandlungsvorschriften. Für die Impfung von Schweinen nach Feststellung der Schweinepest gelten weitergehende Vorschriften.
Desinfektionsmittel sind entsprechend der Bekanntmachung vom 1. Juli 1970 über die Zulassung chemischer Desinfektionsmittel und im Handel erhältlicher chemischer Stoffe

mit desinfizierender Wirkung zur Anwendung bei der Verhütung und Bekämpfung von Tierseuchen und Parasitosen bei Tieren (VuM d. Rates f. landw. Prod. u. Nahrungsgüterwirtschaft Nr. 8, S. 89) zu verwenden.

Weisung Nr. 3 zur Tierseuchenverordnung Verhütung und Bekämpfung der Maul- und Klauenseuche (MKS) Typ 0, A und C

vom 16. April 1974
(VuM MfLFN Nr. 11 S. 64)

Alle Rinder im Alter ab 5 Monate sind unter Verwendung der MKS-Vakzine der Typen O, A und C ständig unter aktivem Impfschutz zu halten.
Zur Desinfektion bei MKS sind 2%ige Natronlauge zugelassen sowie solche Stoffe und Zubereitungen, die in der Bktm. vom 1. Juli 1970 über die Zulassung chemischer Desinfektionsmittel und im Handel erhältlicher chemischer Stoffe mit desinfizierender Wirkung zur Anwendung bei der Verhütung und Bekämpfung von Tierseuchen und Parasitosen bei Tieren (VuM d. Rates f. landw. Prod. u. Nahrungsgüterwirtschaft Nr. 8, S. 89) enthalten sind. Bei Frost sind je 10 Liter Desinfektionslösung 1 – 2 kg Kochsalz zuzusetzen.
Zur Vermeidung wirtschaftlicher Schäden kann ausgewählten Beständen (Saug- u. Absatzferkel, Läuferschweine) ein passiver Impfschutz gewährt werden. Dazu stehen folgende Möglichkeiten zur Verfügung:

MKS-Hochimmunserum Riems, trivalent

Rekonvaleszentenserum vom Rind

Herstellung erfolgt in den Bezirksinstituten für Veterinärwesen; bei kühler Lagerung beträgt die Haltbarkeit 4 Wochen.

Rekonvaleszentenserum vom Schwein

Das in Schlachtbetrieben gewonnene Blut wird in einem Bezirksinstitut für Veterinärwesen verarbeitet; bei kühler Lagerung beträgt die Haltbarkeit 6 Monate.

Rekonvaleszentenblut vom Rind

Das Blut wird zur Verhinderung der Gerinnung mit 40 ml 10%iger Natriumzitratlösung je Liter gemischt; bei Aufbewahrung bei 2 bis 4 °C beträgt die Haltbarkeit 48 Stunden.

Blut von Rindern, die gegen MKS vakziniert wurden

Die Herstellung erfolgt in der gleichen Weise, wie bei Rekonvaleszentenblut vom Rind beschrieben; bei Aufbewahrung bei 2 bis 4 °C beträgt die Haltbarkeit 48 Stunden.

Die Applikation der genannten 5 Arzneimittel bedarf der Genehmigung durch den Leiter des Veterinärwesens des MfLFN.

Weisung Nr. 4 zur Tierseuchenverordnung
Verhütung und Bekämpfung der Tollwut bei Haustieren

vom 24. Oktober 1974
(VuM MfLFN Nr. 11 S. 68)

Die Schutzimpfung bei Haustieren gegen Tollwut ist gestattet. Für eine Reihe von Tieren ist die Impfung obligatorisch (z. B. Blindenführhunde). Für einige Kategorien der geimpften Tiere ist eine Tätowierung vorgeschrieben.
Hunde, die jünger als 12 Wochen oder älter als 10 Jahre sind, werden nicht geimpft.
Grundlage des Impfstoffes ist ein Tollwutvirus fixe, das aus dem Gehirn und Rückenmark intrazerebral infizierter Schafe gewonnen wird.
Zwischen Tollwutschutzimpfung und Staupeschutzimpfung sind festgelegte Zwischenzeiten einzuhalten.
Die Immunität wird zwischen dem 14. und 36. Tag nach der Vakzination ausgebildet und hält 6 Monate an. 5 Monate nach der Erstimpfung ist die 2. Tollwutschutzimpfung durchzuführen; danach erfolgt die Impfung in jährlichen Abständen.
Treten nach der Impfung allergische oder neuroallergische Erscheinungen auf, so sind Antiallergika und Glukokortikoide (Prednisolon, Prednison in schweren Fällen bis zu 2 bis 4 mg/kg Körpermasse) einzusetzen.
Für Desinfektionszwecke können verwendet werden:

- Formalin (5%ig)
- Natronlauge (3%ig)
- Chlorkalk in Form dicker Chlorkalkmilch (1:3)

Weisung Nr. 5 zur Tierseuchenverordnung
Verhütung und Bekämpfung der Tollwut bei Wild

vom 24. Oktober 1974
(VuM MfLFN Nr. 11 S. 71)

Für Desinfektionszwecke können verwendet werden:

- Formalin (5%ig)
- Natronlauge (3%ig)
- Chlorkalk in Form von dicker Chlorkalkmilch (1:3)

Weisung Nr. 6 zur Tierseuchenverordnung Verhütung und Bekämpfung der Bornaschen Krankheit bei Pferden und Schafen

vom 27. Februar 1975

(VuM MfLFN Nr. 3 S. 29)

In Territorien, in denen es häufig zum Auftreten der Bornaschen Krankheit kommt, sind alle Schafe jährlich schutzzuimpfen (Dezember, Januar).
Sind in Territorien, in denen die Bornasche Krankheit häufig auftritt, Pferdebestände von dieser Erkrankung betroffen, so sind alle gefährdeten Pferde schutzzuimpfen. Als Desinfektionsmittel sind zugelassen

- Formaldehydlösung 5%
- Fesia-form 5%
- Gesu-form 5%
- Wofasteril 2%
- Chlorkalk 5–10%
- Chloramin 5%
- Trosilin 0,5–1%

Weisung Nr. 7 zur Tierseuchenverordnung Verhütung und Bekämpfung der Rindertuberkulose

vom 29. Juli 1975

(VuM MfLFN Nr. 8 S. 64)

Für die Diagnostik mit Säugertuberkulin, Geflügeltuberkulin und Spezialtuberkulin PPD vet. Dessau sind entsprechende Anweisungen enthalten.
Die medikamentöse Behandlung der Rindertuberkulose ist untersagt.
Als Desinfektionsmittel sind zugelassen

- Formaldehydlösung 10%
- Fesiaform 10%
- Wofasteril 2%
- Stallosept 10%

Weisung Nr. 8 zur Tierseuchenverordnung
Verhütung und Bekämpfung der Rinderbrucellose

vom 22. November 1974
(VuM MfLFN Nr. 12 S. 84)

Über Impfmaßnahmen mit Buck-19-Lebendimpfstoff in bruceloseverseuchten Rinderbeständen entscheidet der Bezirkstierarzt. Zur Desinfektion sind Stoffe und Zubereitungen gemäß Bekanntmachung vom 1. Juli 1970 über die Zulassung chemischer Desinfektionsmittel und im Handel erhältlicher chemischer Stoffe mit desinfizierender Wirkung zur Anwendung bei der Verhütung und Bekämpfung von Tierseuchen und Parasitosen bei Tieren (VuM d. Rates f. landw. Prod. u. Nahrungsgüterwirtschaft Nr. 8 S. 89) einzusetzen.

Weisung Nr. 9 zur Tierseuchenverordnung
Verhütung und Bekämpfung der Rinderleukose

vom 10. Juli 1981
(VuM MfLFN Nr. 4 S. 36)

Grundlage der labordiagnostischen Untersuchungen ist die auf dem Dienstwege bekanntgegebene Arbeitsanweisung zur einheitlichen Diagnostik der enzootischen Rinderleukose vom 8. Januar 1981.
Die für serologische Untersuchungen erforderlichen Antigene und Kontrollseren sind unter festgelegten Voraussetzungen vom Friedrich-Loeffler-Institut für Tierseuchenforschung Insel Riems der AdLW bereitzustellen.
Zur Desinfektion sind folgende Mittel zugelassen

- 5%ige Formalinlösung
- 1%iges Wofasteril
- Laugen mit einem pH-Wert von mindestens 12

Die Desinfektionsmaßnahmen sind auf der Grundlage der TGL 31 704/01/02 Ausgabe 3.75 (Reinigung und Desinfektion in Anlagen der industriemäßigen Rinder- und Schweineproduktion) vorzunehmen.

Weisung Nr. 10 zur Tierseuchenverordnung
Verhütung und Bekämpfung der Aujeszkyschen Krankheit bei Schweinen

vom 15. März 1976
(VuM MfLFN Nr. 4 S. 22)

AK-Impfstoff darf nur mit Zustimmung des Bezirkstierarztes unter bestimmten Voraussetzungen angewandt werden.

Als Desinfektionsmittel sind zugelassen

- Zwischendesinfektion in belegten Ställen
  - Wofasteril 0,5 –1%
  - Ameisensäure 1%
- Abschlußdesinfektion von Ställen und befestigten Außenanlagen
  - Wofasteril 1% (0,4% Peressigsäure)
  - Formaldehydpräparate 4 –6% (1,5% Formaldehyd)
  - Chloramin 5%
- Abschlußdesinfektion unbefestigter Außenanlagen incl. Wege
  - Natronlauge 2%
  - Gr. Virex 4%
- Gülledesinfektion
  - technisches Formalin 8 –10 kg pro m^3

Weisung Nr. 11 zur Tierseuchenverordnung
Verhütung und Bekämpfung der Vesikulären Schweinekrankheit (VSK)

vom 25. Oktober 1976
(VuM MfLFN Nr. 4 S. 24)

24 Stunden nach der staatlichen Feststellung der VSK sind auf Weisung des Bezirkstierarztes mit Zustimmung des Leiters des Veterinärwesens im MfLFN ansteckungsverdächtige Schweinebestände und solche im Seuchenobjekt ab einem Alter von 8 Wochen einer Schutzimpfung zu unterziehen.
Als Desinfektionsmittel sind zugelassen

- solche mit einem pH-Wert unter 2,2
- solche mit einem pH-Wert über 12,5
- Formaldehydlösung 10%
- Peressigsäure 0,5% mit Zusatz von 1% Grahamsalz

Weisung Nr. 12 zur Tierseuchenverordnung
Verhütung und Bekämpfung der Transmissiblen Gastroenteritis der Schweine

vom 3. Januar 1977
(VuM MfLFN Nr. 1 S. 8)

Auf Weisung des Kreistierarztes kann nach Zustimmung des Bezirkstierarztes metaphylaktisch TGE-Vakzine „Riems“ eingesetzt werden.
In industriemäßigen Anlagen der Schweineproduktion sowie in Schweinebeständen mit mehr als 600 Zuchtsauen ist umgehend mit reinem virulenten TGE-Feldvirus zu immunisieren.

Hochtragende und ferkelführende Sauen sind umgehend mit Rekonvaleszentenserum zu versorgen und 14 Tage danach mit der TGE-Vakzine „Riems“ zu immunisieren.
Erkrankte Schweine sind einer symptomatischen Therapie zu unterziehen.

Als Desinfektionsmittel sind zugelassen
- Gr.-Virex-Lösung 4% (pH 12)
- Natronlauge 2%
- Fesia-form 5%
- Formaldehydlösung 5%
- Wofasteril 1–2%

Weisung Nr. 13 zur Tierseuchenverordnung Verhütung und Bekämpfung meldepflichtiger Bienenseuchen und Parasiten der Bienen

vom 1. Dezember 1976
(VuM MfLFN Nr. 1 (1977) S. 10)

Als Desinfektionsmittel sind zugelassen
- Gr.-Virex 4%
- Fesia-form 5%

für Bienenwohnungen, Teilen davon und Imkereigerätschaften

Weisung Nr. 14 zur Tierseuchenverordnung Verhütung und Bekämpfung der Dysenterie der Schweine

vom 20. April 1977
(VuM MfLFN Nr. 2 S. 16)

Die prophylaktische Verabreichung von gegen Dysenterie wirksamen Medizinalfuttermitteln ist nur in bestimmten Beständen und auf Anweisung des Kreistierarztes zulässig.
Während der Abklärung des Verdachtes ist die Verabreichung von Styptika, Antibiotika, Sulfonamiden oder Medizinalfuttermitteln untersagt.
Nach staatlicher Feststellung der Dysenterie erfolgt die hygienisch-prophylaktische, diätetische und medikamentöse Behandlung gemäß Therapieempfehlung.
Als Desinfektionsmittel sind zugelassen

– für die Zwischendesinfektion in belegten Ställen
– – Wofasteril 1%
– – Ameisensäure 1–2%

– für die Desinfektion geräumter Ställe und befestigter Außenanlagen
– – Wofasteril 1%
– – Formaldehydpräparate 5%
– – Chloramin 5%

— für die Desinfektion von Außenanlagen
— — Natronlauge 2%
— — Gr. Virex 4%

Weisung Nr. 15 zur Tierseuchenverordnung
Verhütung und Bekämpfung der Salmonellose der Rinder

vom 21. März 1978
(VuM MfLFN Nr. 2 S. 14)

Zu den unter festgelegten Bedingungen vorgesehenen prophylaktischen Maßnahmen gehört die Immunisierung mit einer spezifischen Handelsvakzine oder einer bestandsspezifischen Vakzine oder mit Immunserum.
Für die diagnostische Absicherung gilt die Arbeitsanweisung vom 26. April 1974 zur bakteriologischen Untersuchung von Rektaltupferproben auf Salmonellen i. d. F. der 2. Ergänzung vom 10. Juni 1976, der Standard TGL 27296/05 Veterinärwesen und die Arbeitsanweisung vom 9. Februar 1976 zur Durchführung von Resistenzbestimmungen.
Als Maßnahmen zur Bekämpfung der klinischen Erkrankung sind u. a. vorgesehen der therapeutische Einsatz von Immunseren und Chemotherapeutika (unter Beachtung des Resistogramms) sowie Keimminderung im Sinne des Standards TGL 31704/01 Veterinärwesen.
Zur Desinfektion sind folgende Mittel geeignet:

— Sol. Form., Fesia-form	5%
— Meleusol, Kresomerlat	5%
— Chloramin	5%
— Ameisensäure	5%, pH 1.9
— Milchsäure	6%, pH 1.9
— Wofasteril	1%

In einer Anlage sind Verfahren zur aktiven Immunisierung gegen Salmonellose der Rinder festgelegt. Außer bestandsspezifischer Vakzine werden inaktivierte Vakzine „Salmovacc-Dessau“ (parenteral) und Salmonella-dublin-Lebendimpfstoff „Dessau“ (oral) zugelassen. Für ein therapeutisches Eingreifen bei anaphylaktischen Reaktionen sind Antihistaminika, Glukokortikoide und Analeptika bereitzuhalten.

Weisung Nr. 16 zur Tierseuchenverordnung
Verhütung und Bekämpfung der Leptospirose der Schweine

vom 4. September 1978
(VuM MfLFN Nr. 1 S. 3)

Zur Überwachung der Seuchenfreiheit sind nach Stichprobenplänen blutserologische Untersuchungen durchzuführen; Verdachtsfälle sind ebenfalls durch blutserologische Untersuchungen abzuklären.

Grundlage für die Untersuchungen ist die auf dem Dienstweg bekanntgegebene Arbeitsanweisung vom 23. April 1974 für die serologische Diagnostik der Haustierleptospirose mit Hilfe der Mikroagglutinations-Reaktion (MAR).
Zusätzlich zu seuchenhygienischen Maßnahmen kann der Kreistierarzt die Anwendung von Streptomyzinoden einem anderen Antibiotikum vorschreiben (30 bzw. 25 mg Streptomyzin/kg KGW im Abstand von 2 Tagen).
Als Desinfektionsmittel sind geeignet:

Zwischendesinfektion belegter Ställe

– Wofasteril	1%
– Ameisensäure	2%

Abschlußdesinfektion geräumter Ställe, befestigte Außenanlagen

– Wofasteril	1%
– Sol. Form.	5%
– Chloramin	5%
– Fesia-form	5%
– Gesuform	5%

Keimverminderung, unbefestigte Außenanlagen, Wege

– Natronlauge	2%
– Gr. Virex	4%

Weisung Nr. 17 zur Tierseuchenverordnung
Verhütung und Bekämpfung der Leptospirose der Rinder

vom 4. September 1978
(VuM MfLFN Nr. 1 S. 6)

Die blutserologischen Untersuchungen werden auf der Grundlage der Arbeitsanweisung vom 23. April 1974 für die serologische Diagnostik der Haustierleptospirose mit Hilfe der Mikroagglutinations-Reaktion (MAR) durchgeführt. Die Behandlung erfolgt entsprechend einer auf dem Dienstwege bekanntgegebenen Empfehlung (Antibiotika). Die Desinfektionsmittel stimmen mit denen der Weisung Nr. 16 zur Tierseuchenverordnung überein.

Weisung Nr. 18 zur Tierseuchenverordnung
Verhütung und Bekämpfung des Milzbrandes bei Tieren

vom 25. September 1978
(VuM MfLFN Nr. 4 (1979) S. 34)

Zum Schutze milzbrandgefährdeter Tiere kann der Bezirkstierarzt unter bestimmten Voraussetzungen die vorbeugende aktive Schutzimpfung anweisen.
Bei der Labor-Diagnostik ist die Arbeitanweisung vom 13. Oktober 1977, die auf dem Dienstweg bekanntgegeben wurde, zugrunde zu legen.

Personen mit Verletzungen an unbedeckten Körperteilen ist der Umgang mit kranken oder krankheitsverdächtigen Tieren zu untersagen. Rohstoffe von kranken oder krankheitsverdächtigen Tieren sind unschädlich zu beseitigen.
Zur Behandlung sind Milzbrandserum, Penizillin oder andere vom Kreistierarzt festgelegte Antibiotika zugelassen.
Mit Milzbranderregern verunreinigter Erdboden ist mindestens 10 cm tief abzutragen, mit 10 Volumenprozent Chlorkalk zu durchmischen und 3 Wochen zu lagern.
Als Desinfektionsmittel sind zu verwenden:

— Wasserstoffperoxid	3%ig
— Wofasteril	2%ig
— Sol. Form.	5%ig
— Fesia-form	5%ig

Weisung Nr. 19 zur Tierseuchenverordnung
Verhütung und Bekämpfung des Rauschbrandes bei Tieren

vom 25. September 1978
(VuM MfLFN Nr. 4 (1979) S. 36)

Zum Schutze rauschbrandgefährdeter Tiere kann der Bezirkstierarzt unter bestimmten Voraussetzungen die vorbeugende aktive Schutzimpfung anweisen.
Bei der bakteriologischen Diagnostik ist die Arbeitsanweisung vom 1. Juni 1978, die auf dem Dienstweg bekanntgegeben wurde, zugrunde zu legen.
Erzeugnisse und Rohstoffe von erkrankten oder krankheitsverdächtigen Tieren sind unschädlich zu beseitigen.
Die Behandlung mit Antibiotika und die passive Schutz- und Heilimpfung mit Rauschbrandserum oder Pararauschbrand-Serum erfolgt nach Anweisung des Kreistierarztes.
Bezüglich einzusetzender Desinfektionsmittel s. Weisung Nr. 18

Weisung Nr. 20 zur Tierseuchenverordnung
Verhütung und Bekämpfung der atypischen Geflügelpest

vom 2. April 1979
(VuM MfLFN Nr. 1 (1980) S. 2)

Zur Impfung ist zugelassene Adsorbatvakzine gegen Geflügelpest unter festgelegten Voraussetzungen einzusetzen.
Als Desinfektionsmittel gegen die Geflügelpest sind anzuwenden:

Wofasteril	1–2%ig
Sol. Form.	5%ig

Fesia-form	5%ig
Chloramin	5%ig

Zur Desinfektion von Gülle ist Sol. Form. in einer Menge von 8—10 Liter/m³ Gülle zu verwenden.

Weisung Nr. 21 zur Tierseuchenverordnung Verhütung und Bekämpfung der Varroatose der Bienen

vom 9. April 1979
(VuM MfLFN Nr. 2 S. 15)

Die Weisung enthält keine speziellen Festlegungen zur Anwendung von Arzneimitteln

Weisung Nr. 22 zur Tierseuchenverordnung Verhütung und Bekämpfung der infektiösen bovinen Rhinotracheitis/infektiösen pustulösen Vulvovaginitis der Rinder

vom 19. Dezember 1979
(VuM MfLFN Nr. 1 (1980) S. 4)

Zu Diagnostik[2]) und Impfstoffeinsatz sind detaillierte Festlegungen getroffen.
Als Desinfektionsmittel sind geeignet:

— Zwischendesinfektion in belegten Ställen	
— — Wofasteril	0.5 bis 1%ig
— — Ameisensäure	1%ig
— für Hände- und sonstige Feindesinfektionen	
— — Wofasteril	0.25 bis 0.5%ig
— für Grobdesinfektion	
— — Natriumhydroxid	1%ig
— — Gr-virex	2%ig
— — Sol. Form.	5%ig (= 1.5% Formaldehyd)
— — Wofasteril	1%ig
— — Chlorkalk	1%ig

Weisung Nr. 23 zur Tierseuchenverordnung Erfassung und Berichterstattung der Salmonella-Funde

vom 25. Januar 1980
(VuM MfLFN Nr. 1 S. 7)

Es werden Einzelheiten der Erfassung und der Meldung an das Leit-Bezirksinstitut für Veterinärwesen für Salmonella-Diagnostik und -Epizootiologie in Karl-Marx-Stadt geregelt. Ferner ist festgelegt, daß das vorgenannte Institut, das Referenzlaboratorium der

DDR für Salmonellosen Berlin-Buch sowie das Institut für Experimentelle Epidemiologie Wernigerode quartalsweise dem MfGe und dem MfLFN eine zusammenfassende Analyse übergeben.

[1]) Die Weisungen enthalten detaillierte Angaben zur Verhütung und Bekämpfung der jeweiligen Tierseuche. Sie folgen im allgemeinen folgender Gliederung:

Begriffsbestimmungen
Vorbeugende Maßnahmen
Diagnostische Maßnahmen
Maßnahmen bei staatlicher Feststellung der Seuche
Bekämpfungsmaßnahmen
Desinfektionsmaßnahmen

Rechtsgrundlage aller Weisungen zur Tierseuchenverordnung ist § 18 der Zweiten Durchführungsbestimmung vom 3. August 1973 zur Tierseuchenverordnung (GBl. I Nr. 45 S. 476).

[2]) Es gilt die Arbeitsanweisung vom 20. November 1973 (Bestätigung: 31. Dezember 1974) „Serumneutralisationstest in Zellkulturen" (unveröffentlicht).

Weisung Nr. 16 zur Fleischuntersuchungsanordnung — Bedingungen für die Abgabe und Behandlung von Fleisch für Futterzwecke —

vom 1. Februar 1978
(VuM MfLFN Nr. 2 S. 17)
— Auszug —

...

1. Der für die Schlachttier- und Fleischuntersuchung verantwortliche Tierarzt kann Fleisch in rohem Zustand für Futterzwecke in Schlachtbetrieben der VEB Kombinat Fleischwirtschaft, in anderen Schlachtbetrieben und in Sanitätsschlachtbetrieben (nachfolgend Schlachtbetriebe genannt) freigeben, wenn die Bedingungen dieser Weisung zutreffen.

2. Für Futterzwecke können abgegeben werden:
   - als untauglich beurteiltes Fleisch und Organe von Rindern, Kälbern, Schweinen, Ziegen, Schafen, Einhufern, Geflügel, Kaninchen und Wild,
   - als minderwertig beurteiltes Fleisch und Organe von Rindern, Kälbern, Schweinen, Ziegen, Schafen und Einhufern, sofern es nicht über die Freibank für die menschliche Ernährung abgesetzt werden kann,

   sofern nicht die Abgabe entsprechend Ziffern 3., 7. und 8. untersagt ist.

3. Von der Abgabe für Futterzwecke in rohem Zustand sind solches Fleisch und solche Organe ausgeschlossen, bei denen Tierseuchenerreger, invasionsfähige gesundheitsschädliche Parasiten, chemische Substanzen oder Radionuklide festgestellt werden oder ein diesbezüglicher Verdacht besteht.

4. Fleisch und Organe, die biologische Hemmstoffe enthalten, können für Futterzwecke in rohem Zustand freigegeben werden.

...

7. Wenn Tollwut, Milzbrand, Rotz oder Botulismus festgestellt werden oder ein diesbezüglicher Verdacht besteht, ist dieses Fleisch in jedem Falle von der Abgabe für Futterzwecke ausgeschlossen.

8. Eine Abgabe von Fleisch oder Organen für die Verfütterung an Tiere, die der menschlichen Ernährung dienen, ist nicht zulässig.

9. Fleisch und Organe für Futterzwecke und für Futterzwecke vorgesehene andere Schlachtnebenprodukte (nachfolgend Futterfleisch genannt) sind in besonders gekennzeichneten, sauberen, leicht zu reinigenden und zu desinfizierenden Behältern und/oder Räumen aufzubewahren.

10. Die in den Schlachtbetrieben für die Lagerung, Bearbeitung und Abgabe von Futterfleisch verwendeten Behälter, Geräte und Räume dürfen nicht zu anderen Zwecken verwendet werden.

11. Futterfleisch darf an Betriebe, Einrichtungen, Institutionen, Organisationen und Bürger (nachfolgend Empfänger genannt) abgegeben werden.

12. In den Schlachtbetrieben ist die Abgabe von Futterfleisch so zu gestalten, daß die Personen, die das Futterfleisch abholen, die Produktions- und Lagerräume nicht betreten.

13. Die Empfänger, die Futterfleisch beziehen, haben geeignete, leicht zu reinigende und zu desinfizierende Behältnisse, die eine Verbreitung von Tierseuchenerregern und anderen Krankheitserregern ausschließen, für die Abholung des Futterfleisches bereitzustellen.

14. Die Überwachung der Abgabe und Behandlung von Futterfleisch unterliegt dem zuständigen Kreistierarzt.

15. Diese Weisung tritt am 1. Februar 1978 in Kraft.

16. Gleichzeitig treten die Richtlinien vom 11. August 1952 für die Abgabe von Futterfleisch aus Schlachthöfen (wurden den veterinärmedizinischen Fachorganen und Einrichtungen direkt zugestellt) außer Kraft.
Der zweite Satz des Abs. 4 des § 5 der Anordnung vom 12. November 1965 über die Tierkörperbeseitigung und -verwertung (GBl. II Nr. 128 S. 859) ist gegenstandslos und deshalb nicht mehr anzuwenden.

Bekanntmachung der Zulassung chemischer Desinfektionsmittel und im Handel erhältlicher chemischer Stoffe mit desinfizierender Wirkung zur Anwendung bei der Verhütung und Bekämpfung von Tierseuchen und Parasitosen bei Tieren[3])

vom 1. Juli 1970

(VuM des Rates für landw. Prod. u. Nahrungsgüterwirtschaft[1]) Nr. 8 S. 89)

— Auszug —

Für die in der Anlage genannten Tierseuchen und Parasitosen bei Tieren werden die Anwendung der jeweils aufgeführten chemischen Desinfektionsmittel und im Handel erhältliche chemischen Stoffe mit desinfizierender Wirkung zugelassen sowie die genannten Konzentrationen und Einwirkungszeiten für verbindlich erklärt.

Anlage

Zulassung chemischer Desinfektionsmittel und im Handel erhältlicher chemischer Stoffe mit desinfizierender Wirkung zur Anwendung bei der Verhütung und Bekämpfung von Tierseuchen und Parasitosen bei Tieren

Erklärung der Abkürzungen:

v. D. = vorläufige Desinfektion
Z.-D. = Zwischen-Desinfektion
S.-D. = Schluß-Desinfektion
K.-D. = Kleider-Desinfektion
Sol. Form. = handelsübliche Formaldehydlösung

	Stalldesinfektion	v. D.	Z.-D.	S.-D.	K.-D.
I. Virusseuchen					
Ansteckende Schweinelähme	Chloramin (5%ig) Sol. Form. (5%ig) Fesia-form (5%ig) Chlorkalk (5%ig) ...		+ (tägl.)	+	+

(Fortsetzung)

	Stalldesinfektion	v. D.	Z.-D.	S.-D.	K.-D.
Aujeszkysche Krankheit	Chloramin (5%ig) Sol. Form. (5%ig) Chlorkalk (5 – 10%ig) ...		+ (tägl.)	+	
Bornasche Krankheit	Sol. Form. (5%ig) Fesia-form (5%ig) Gesuform[5]) (5%ig)			+	
Entenhepatitis	Sol. Form. (5%ig) Fesia-form (5%ig) Gesuform[5]) (5%ig) **Bemerkungen: 2—3malige Desinfektion wird empfohlen.**				
Geflügelpest (Newcastle disease)	Sol. Form. (5%ig) Fesia-form (5%ig) Chloramin (5%ig) **Bemerkungen[6]): Händedesinfektion: Optal 40%ig.**	+		+	+
Infektiöse Anämie der Einhufer	*Natroletten*[4]) (1 – 2%ig) Gr-virex (4%ig) ...	+		+	
Maul- und Klauenseuche	*Natroletten*[4]) (1 – 2%ig) Gr-virex (4%ig) Sol. Form. (5%ig) Fesia-form (5%ig) Gesuform[5]) (5%ig) Trosilin flüssig (2 – 3%ig) **Bemerkungen: 0,5 g Soloxin auf 4—5 l Wasser zur Maulspülung (Rind)** ...	+	+	+	+
Myxomatose	Sol. Form. (5%ig) Fesia-form (5%ig) Gesuform[5]) (5%ig) **Bemerkungen: Laufende Insektenbekämpfung**		+	+	
Ornithose	Sol. Form. (5%ig) Fesia-form (5%ig) Gesuform[5]) (5%ig) ...	+		+	

(Fortsetzung)

	Stalldesinfektion	v. D.	Z.-D.	S.-D.	K.-D.
Rhinitis atrophicans infectiosa und enzootische Pneumonie der Schweine	Sol. Form. (5%ig) Fesia-form (5%ig) Gesuform[5]) (5%ig) Bemerkungen: Reinigung und Desinfektion der Tiere vor Neueinstellung mit Feindesinfektionsmitteln. Das Bekämpfungsverfahren einhalten.				
Schweinepest	*Natroletten*[4]) (2%ig) Gr-virex (6 – 8%ig) Sol. Form. (5%ig) Fesia-form (5%ig) Gesuform[4]) (5%ig) ...	+	+ (tägl.)	+	+
Staupe der Hunde	Sol. Form. (5%ig) Fesia-form (5%ig) Gesuform[4]) (5%ig)		+	+	
Tollwut	Sol. Form. (5%ig) Fesia-form (5%ig) Gesuform[4]) (5%ig) Bemerkungen[6]): Wunden infizierter Personen auswaschen mit 20%iger warmer Kernseifenlösung oder Fesia-mon (3%ig) oder C_4 (1%ig) oder Optal (40%ig).	+		+	
II. Bakterielle Seuchen					
Brucellose	Chloramin (5%ig) Sol. Form. (5%ig) Fesia-Form (5%ig) Stallosept (5%ig) Kresomerlat (5%ig) Meleusol (5%ig) Ameisensäure (5%ig) –pH 1,9 Fesia-sol-Konz. (2,5%ig) Gesuform[5]) (5%ig) Clarinol[5]) (3%ig) *Natroletten*[4]) (1 – 2%ig) Gr-virex (4%ig) Trosilin flüssig (2 – 3%ig)	+	+		+

(Fortsetzung)

	Stalldesinfektion	v. D.	Z.-D.	S.-D.	K.-D.
Kolibazillose	Sol. Form. (5%ig) Kresomerlat (5%ig) Fesia-form (5%ig) Chloramin (5%ig) Gesuform[5]) (5%ig) Stallosept (5%ig) Fesia-sol-Konz. (2,5%ig) Ameisensäure (5%ig) —pH 1,9 Meleusol (5%ig)				
Listeriose	Sol. Form. (5%ig) Chloramin (5%ig) Fesia-form (5%ig) Gesuform[5]) (5%ig) Meleusol (5%ig) Ameisensäure (5%ig)				
Milzbrand	Wasserstoffperocid (3%ig) Peressigsäure (0,4%ig) (beide 30 Minuten Einwirkung) Sol. Form. (5%ig) Fesia-form (5%ig) (beide mindestens 6 h Einwirkung)	+		+	+
	Bemerkungen: Wasserstoffperoxid und Peressigsäure unmittelbar vor Gebrauch mit nicht erwärmtem Wasser verdünnen. Beide Präparate werden auch zur Händedesinfektion 3%ig bzw. 0,4%ig empfohlen[6]).				
Pasteurellen	Sol. Form. (5%ig) Fesia-form (5%ig) Chloramin (5%ig) Kresomerlat (5%ig) Meleusol (5%ig) Stallosept (5%ig) Gesuform[5]) (5%ig) Ameisensäure (5%ig) —pH 1,9 Fesia-sol. Konz. (2,5%ig)				

(Fortsetzung)

	Stalldesinfektion	v. D.	Z.-D.	S.-D.	K.-D.
Pseudotuberkulose	Chloramin (5%ig) Fesia-form (5%ig) Sol. Form. (5%ig) Gesuform[5]) (5%ig) Ameisensäure (5%ig) –pH 1,9 Meleusol (5%ig)				
Rauschbrand Pararauschbrand	s. Milzbrand, aber ohne v. D.				
Rotlauf	Sol. Form. (5%ig) Fesia-form (5%ig) Kresomeriat (5%ig) Meleusol (5%ig) Ameisensäure (5%ig) –pH 1,9 Gesuform[5]) (5%ig)				
Rotz	*Natroletten*[4]) (3%ig) Sol. Form. (5%ig)	+		+	
	Bemerkungen: Sämtliche verdächtigen Materialien nach v. D. unschädlich beseitigen oder gründlich desinfizieren.				
Salmonellosen	Sol. Form. (5%ig) Fesia-form (5%ig) Chloramin (5%ig) Ameisensäure (5%ig) –pH 1,9 Meleusol (5%ig) Kresomerlat (5%ig) Gesuform[5]) (5%ig) Milchsäure (6%ig) –pH 1,9				
Tuberkulose	Sol. Form. (10%ig) Fesia-form (10%ig) Stallosept (10%ig)	+		+	
	Bemerkungen[6]): Händedesinfektion mit Optal (60%ig), notfalls Fesia-sept-Konz. (1%ig). Nach Anwendung von Optal evtl. einfetten mit Vasenol „FS". Leder, Gummi und andere Gegenstände wiederholt mit Desinfektionslösung abreiben oder in diese einlegen.				

. . .

(Fortsetzung)

	Stalldesinfektion	v. D.	Z.-D.	S.-D.	K.-D.
III. Sonstige Seuchen					
Leukose	*Natroletten*[4]) (1 – 2%ig) Gr-virex (4%ig) Trosilin flüssig (2 – 3%ig) Bemerkungen: Solange Unklarheit über die Natur des Erregers besteht, sind die genannten Laugenpräparate anzuwenden.				
Exotische oder in Mitteleuropa z. Z. getilgte Tierseuchen	Schafpocken, Afrikan. Schweinepest, Afrikan. Pfledesterbe } in Europa auftretend Rinderpest, Lungenseuche, Knotenhautkrankheit, Bluetongue der Schafe } an den Grenzen Europas auftretend Bemerkungen[6]): Gegen die namentlich aufgeführten exotischen Tierseuchen werden besonders formaldehydhaltige Präparate empfohlen.				
IV. Hautpilz-Infektionen	Fesia-form (5%ig) Sol. Form. (5%ig)	+			+
	Bemerkungen: Bei Trichophytie mindestens wöchentlicher Wechsel von Wäsche und Arbeitskleidung. Hände- und Unterarmdesinfektion mit Fesia-sept-Konz. (1%ig) täglich wiederholt durchführen; nach der Desinfektion möglichst lufttrocknen lassen. Antimykotisch wirksame Strümpfe oder Fesia-sept-Spray für Füße und Schuhwerk. Arbeitskleidung vor der Reinigung 30 Minuten kochen (kalt ansetzen), evtl. 1 h in Fesia-sept-Konz. (1%ig) einlegen.				
V. Parasiten					
Räudemilben	Pedix-Gamma-Emulsion (1:10 verdünnt) Pedix-konz. 67 (0,1 – 0,2%ig)	+			+
	Bemerkungen: Gleichzeitig mit der Behandlung der Tiere 2mal im Abstand von 10 – 14 Tagen Desinfektion der Stallgeräte und des Standplatzes, soweit notwendig. Die genannten Präparate beziehen sich nur auf Stallgeräte und Standplätze.				

(Fortsetzung)

	Stalldesinfektion	v. D.	Z.-D.	S.-D.	K.-D.
Läuse, Haarlinge, Schaflausfliegen bei Rind, Schaf, Schwein	Pedix-Gamma-Emulsion (1:10 verdünnt) Pedix-konz. 67 (0,1 – 0,2%ig)				
	Bemerkungen: Gleichzeitig mit der Behandlung der Tiere 2mal im Abstand von 10–14 Tagen Desinfektion der Stallungen und Stallgeräte. Die genannten Präparate beziehen sich nur auf Stallungen und Stallgeräte.				

	Präparat	Konzentration	Einwirkungszeit
Askarideneier	Wofasept TbK	4%	2 h zur vollständ. Abtötung
	Stallosept	10%	2 h
	Meleusol	4%	2 h
Dictyocaulus			
Larve I und II	Meleusol	4%	1 h
Larve III	Meleusol	4%	2 h (mindestens)
	Wofasept Tbk	4%	1 h
	Stallosept	5%	1 h
	Fesia-sol-Konz.	5%	1 h
Kokzidien-Oozysten			
unversport	Wofasept Tbk	3%	30 Minuten

VI. Besondere Festlegungen

1. Gegen Tierseuchenerreger, die in der Liste nicht aufgeführt sind, sollten formaldehydhaltige Präparate angewandt werden.
2. Die Gebrauchsverdünnungen von Gr-virex, Trosilin-flüssig und *Natroletten*[4])-Lösung müssen pH 13, bei Schweinepest pH 14, die Gebrauchsverdünnung von Ameisensäure (5%ig) pH 1,9 erreichen.
   Im Kleintierstall können gegen Salmonellen und Pasteurellen auch Streu-Mianin oder -Hexamin eingesetzt werden.
3. Für Seuchenschutzwannen und dgl. sind *Natroletten*[4])-Lösung (1 bis 2%ig) oder Gr-virex-Aufschwemmung (4%ig) zu verwenden. Die Vorreinigung des Schuhwerks ist zu gewährleisten.

Desinfektion der Ställe und der Wirtschaftswege: Menge der auszubringenden Desinfektionslösung: 0,3 l/m^2. Einwirkungszeit: 6 h, nur notfalls 2 h.

4. Jauche, Schmutzwasser sind bei Tierseuchen auf tierärztliche Anweisung, falls nicht besondere Regelungen gelten, mit 1 Raumteil Kalk bzw. Chlorkalk oder mit 3 Raumteilen dicker Kalkmilch bzw. Chlorkalkmilch zu versetzen. Kalk und Chlorkalk bzw. Kalkmilch und Chlorkalkmilch müssen 2 h mitwirken.
Gülle ist bei Tierseuchen auf tierärztliche Anweisung, falls nicht besondere Regelungen gelten, mittels Pumpe im Lagerbehälter zu homogenisieren und mit soviel Sol. Form. zu vermischen, daß eine 0,3%ige Konzentration entsteht. Die Einwirkungszeit der Sol. Form. beträgt 72 h.

5. Dungpackung: Auf tierärztliche Anweisung ist bei Tierseuchen der Dung sorgfältig mit Erde abzudecken. 3 Wochen nach Erreichen einer Temperatur von 60 – 65 °C kann der Dung abgefahren werden. Schweinedung kann in Erdgruben gepackt werden (Berücksichtigung der Grundwasserbedingungen).

6. Desinfektion von Ausläufen usw.: Sofern nicht bei bestimmten Tierseuchen andere Mittel vorgeschrieben sind, sollten bis zu 20 l Sol. Form. (2%ig)/m^2 angewendet werden.

7. Unschädliche Beseitigung: In Betracht kommen Verarbeitung in der TKBA[2]), Verbrennen oder Vergraben.

...

8. Für die Desinfektion von Transportmitteln sind weitgehend formaldehydhaltige Präparate anzuwenden.

9. Händedesinfektion[6]): Generell hat gegen Tierseuchenerreger eine Desinfektion mit Wofasept (2%ig), Optal (40%ig), Chloramin (1%ig) oder Fesia-sept-Konzentrat (1%ig) – 2 Minuten Einwirkung – vor der Reinigung zu erfolgen.
Gegen einige Keimarten besitzen auch bestimmte weitere Feindesinfektionsmittel ausreichende Wirkung: C_4 (1%ig) gegen Galtstreptokokken und Salmonellen, Fesiamon (2%ig) gegen Salmonellen, Ameisensäure (1%ig) und Milchsäure (1%ig) gegen säureempfindliche Viren.

10. Kleiderdesinfektion[6]): Für 5 h in Sol. Form. (3%ig) einlegen oder mit Sol. Form. (5%ig) besprühen; anstelle dessen kalt aufsetzen und 30 Minuten kochen; evtl. auch Dampfsterilisation.

[1]) Jetzt: Ministerium für Land-, Forst- und Nahrungsgüterwirtschaft.
[2]) Tierkörperbeseitigungsanstalt.
[3]) S. a. TGL 37768 zur Reinigung und Desinfektion in Tierproduktionsanlagen.
[4]) Jetzt: Natrolex.
[5]) Gelöscht.
[6]) Nicht geprüft auf Übereinstimmung der Vorschriften in der Humanmedizin.

Anordnung über das Institut für Arzneimittelwesen der Deutschen Demokratischen Republik

vom 15. Mai 1964
(GBl. II Nr. 56 S. 508)

i. d. F. der Anordnung über das Zentrale Suchtmittelbüro beim Ministerium für Gesundheitswesen vom 28. Januar 1974
(GBl. I Nr. 16 S. 149)[1])

und der Anordnung über die Umbenennung von Instituten im Bereich des Gesundheits- und Sozialwesens vom 27. Februar 1974
GBl. I Nr. 17 S. 175)[2])

Auf Grund des § 28 Abs. 4 des Arzneimittelgesetzes vom 5. Mai 1964 (GBl. I S. 101)[3]) wird zu § 30 der Ersten Durchführungsbestimmung vom 15. Mai 1964 zum Arzneimittelgesetz (GBl. II S. 485)[4]) folgendes angeordnet:

§ 1

Aufgaben, Organisation, Leitung und Arbeitsweise des Instituts für Arzneimittelwesen der Deutschen Demokratischen Republik[2]) regelt dessen Statut (Anlage), das hiermit für verbindlich erklärt wird.

§ 2

Diese Anordnung tritt am 1. Juni 1964 in Kraft.

Anlage

zu vorstehender Anordnung

Statut des Instituts für Arzneimittelwesen der Deutschen Demokratischen Republik[2])

§ 1 Rechtliche Stellung und Sitz

(1) Das Institut für Arzneimittelwesen der Deutschen Demokratischen Republik[2]) (im folgenden Institut genannt) ist juristische Person und Rechtsträger von Volkseigentum. Sein Sitz ist Berlin.

(2) Das Institut ist dem Ministerium für Gesundheitswesen unterstellt.

(3) Das Institut ist Haushaltsorganisation. Seine Mittel werden im Haushalt der Republik beim Ministerium für Gesundheitswesen geplant.

§ 2 Aufgaben

(1) Das Institut berät das Ministerium für Gesundheitswesen bei der politisch-fachlichen und organisatorischen Entwicklung des Arzneimittelwesens. Hierbei hat es insbesondere folgende Aufgaben:

1. Ausarbeitung wissenschaftlich begründeter Pläne zur Entwicklung des Arzneimittelsortiments für die Prophylaxe, Diagnostik, Therapie und Metaphylaxe auf der Grundlage der Empfehlungen des *Rates für Planung und Koordinierung der medizinischen Wissenschaft*[5]) und des Zentralen Gutachterausschusses für Arzneimittelverkehr.[6])
2. Sicherung der einwandfreien Beschaffenheit von Arznei- und Gesundheitspflegemitteln, die sich im Verkehr befinden oder in den Verkehr gebracht werden sollen.

   Kontrolle der Einhaltung der Vorschriften über den Verkehr mit Arznei- und Gesundheitspflegemitteln, insbesondere:
   - Überprüfung der Beschaffenheit und Wirksamkeit von in Arzneimittelbetrieben hergestellten Arznei- oder Gesundheitspflegemitteln, die sich im Verkehr befinden oder in den Verkehr gebracht werden sollen, der Beschaffenheit ihrer Umhüllung und Verpackung sowie der Vorschriftsmäßigkeit ihrer Kennzeichnung;
   - Überprüfung der Herstellung, Aufbewahrung, Lagerung, des Ab- und Umpackens, des Ab- und Umfüllens, der Abgabe und des Transportes von in Arzneimittelbetrieben hergestellten Arznei- und Gesundheitspflegemitteln;
   - Überprüfung der operativen und analytischen Tätigkeit der Technischen Kontrollorganisation der Arzneimittelbetriebe (TKOP) im Rahmen der Gütesicherung;
   - Überprüfung und Begutachtung der Beschaffenheit und Wirksamkeit eingeführter oder einzuführender Arznei- und Gesundheitspflegemittel im Zentraldepot für Pharmazie und Medizintechnik;[7])
   - Überprüfung und Begutachtung der Beschaffenheit und Wirksamkeit von in Apotheken hergestellten Infusionslösungen, insbesondere auf Sterilität und Abwesenheit pyrogener Verunreinigungen.
3. Wissenschaftliche Anleitung der Mitarbeiter in den Technischen Kontrollorganisationen der Arzneimittelbetriebe (TKOP).
4. Wissenschaftliche Beratung und operative Unterstützung der Arzneimittelbetriebe bei der Lösung von kontrolltechnischen, analytischen und galenischen Problemen bei der Entwicklung, Herstellung, Aufbewahrung, Lagerung sowie beim Transport, Ab- oder Umpacken, Ab- oder Umfüllen von Arznei- und Gesundheitspflegemitteln.
5. Ausarbeitung sowie Koordinierung und Kontrolle der Ausarbeitung wissenschaftlicher Methoden und Normen auf dem Gebiet der Prüfung und Analyse von Arzneimitteln insbesondere von

   allgemeinen und speziellen Prüfmethoden für die im *Deutschen Arzneibuch*[8]) enthaltenen oder in das *Deutsche Arzneibuch*[8]) aufzunehmenden Stoffe und Zubereitungen;

Analysenvorschriften für die klinische Chemie nach dem jeweiligen Stand der wissenschaftlichen und praktischen Erkenntnisse und Erfahrungen mit dem Ziel einer weitgehenden Standardisierung.

6. Wissenschaftliche Beurteilung der Qualität und des Einsatzes von Verpackungsmaterialien sowie Einflußnahme auf die Entwicklung zweckmäßiger Verpackung für Arznei- und Gesundheitspflegemittel und deren Standardisierung.

7. Durchführung und Koordinierung der Arbeiten am *Deutschen Arzneibuch*[8]) zur ständigen Anpassung an den jeweiligen Stand der wissenschaftlichen und praktischen Erkenntnisse und Erfahrungen entsprechend den Empfehlungen der Deutschen Arzneibuchkommission.

8. Überprüfung der Gütevorschriften für Arzneimittel, deren Eintragung in das Arzneimittelregister beantragt ist, sowie deren Bestätigung im Auftrage des Ministeriums für Gesundheitswesen,

   bei Arzneimitteln zur Anwendung in der Veterinärmedizin in Zusammenarbeit mit dem Staatlichen Veterinärmedizinischen Prüfungsinstitut, bei Immunseren, Impfstoffen und Bakteriophagenzubereitungen in Zusammenarbeit mit dem *Institut für Serum- und Impfstoffprüfung*[9])

9. Durchführung von Maßnahmen gemäß den Vorschriften des Arzneimittelgesetzes im Auftrage des Ministeriums für Gesundheitswesen, insbesondere:

   Eintragung von Arznei- oder Gesundheitspflegemitteln in das Arzneimittelregister bzw. Verzeichnis der Gesundheitspflegemittel;
   Genehmigung von Qualitäts-, Haltbarkeits-, Rezeptur-, Abpackungsgrößen- und Deklarationsänderungen bei Arznei- oder Gesundheitspflegemitteln;
   Durchsetzung der vom Ministerium für Gesundheitswesen bestätigten Empfehlungen des Zentralen Gutachterausschusses für Arzneimittelverkehr.

10. Wahrnehmung der Aufgaben[1])

    des Sekretariats des Zentralen Gutachterausschusses für Arzneimittelverkehr und seiner Sektion Humanmedizin;
    des Sekretariats der Deutschen Arzneibuchkommission.

11. Untersuchung und Begutachtung der Beschaffenheit, Herstellung, Haltbarkeit, Wirksamkeit oder sonstiger Eigenschaften von Arznei- oder Gesundheitspflegemitteln im Auftrage Dritter.

12. Erstattung pharmazeutischer Gutachten für Arzneimittel, deren Eintragung ins Arzneimittelregister beantragt ist, im Auftrage Dritter, für Arzneimittel zur Anwendung in der Veterinärmedizin in Zusammenarbeit mit dem Staatlichen Veterinärmedizinischen Prüfungsinstitut.

13. Ausarbeitung von Gütevorschriften für Arznei- und Gesundheitspflegemittel im Auftrage Dritter.

14. Periodische Herausgabe des Arzneimittelverzeichnisses im Auftrage des Ministeriums für Gesundheitswesen.
15. Dokumentation allgemeiner, analytischer und galenischer Arbeiten auf dem Gebiet des Arzneimittelwesens und ihre Veröffentlichung.

(2) Der Minister für Gesundheitswesen kann dem Institut weitere Aufgaben zuweisen.

§ 3 Leitung

(1) Die Leitung des Instituts erfolgt nach dem Prinzip der persönlichen Verantwortung und dem Grundsatz der Einzelleitung bei aktiver Mitwirkung aller Mitarbeiter des Instituts.
(2) Das Institut wird durch den Direktor geleitet, der Apotheker sein muß.
(3) Der Direktor ist für die gesamte Tätigkeit des Instituts verantwortlich. Auf der Grundlage der geltenden Bestimmungen, der bestätigten staatlichen Aufgaben und der erteilten Weisungen hat er das Recht, alle Angelegenheiten des Instituts zu entscheiden und den Mitarbeitern Weisungen zu erteilen.
(4) Der Direktor wird im Falle seiner Verhinderung durch einen stellvertretenden Direktor vertreten.
(5) Der Leiter des Bereiches Forschung und Standardisierung des Instituts ist der erste stellvertretende Direktor. Er nimmt bei Verhinderung des Direktors dessen Aufgaben wahr. Sind der Direktor und der erste stellvertretende Direktor gleichzeitig verhindert, so wird der Direktor durch den Leiter des Bereiches Kontrolle und Registrierung, der zweiter stellvertretender Direktor ist, vertreten.
(6) Die leitenden Mitarbeiter des Instituts sind gegenüber dem Direktor für ihren Aufgabenbereich verantwortlich und im Rahmen der Entscheidungen des Direktors in ihrem Aufgabenbereich weisungsberechtigt.
(7) Der innere Dienstablauf im Institut regelt sich nach den Dienstanweisungen des Direktors.

§ 4 Arbeitsweise

(1) Der Direktor hat bei der Aufstellung der staatlichen Aufgabe des Instituts die Mitarbeiter und die Gewerkschaftsorganisation des Instituts zu beteiligen. Zur Erfüllung der staatlichen Aufgabe dienen regelmäßige Beratungen und Aussprachen mit allen Mitarbeitern des Instituts. Dabei ist der Direktor verpflichtet, alle Mitarbeiter des Instituts in regelmäßigen Abständen über die Aufgabenstellung und die Erfüllung der staatlichen Aufgabe zu unterrichten und darüber in Versammlungen des Instituts oder der Gewerkschaftsorganisation Rechenschaft abzulegen.
(2) Die Mitarbeiter des Instituts haben eine große Verantwortung bei der Sicherung der Versorgung der Bevölkerung und der Einrichtung des Gesundheitswesens mit einwandfreien Arzneimitteln. Sie haben bei der Lösung ihrer Aufgaben mit den Werktätigen der pharmazeutischen Industrie, den Mitarbeitern des Gesundheitswesens, den gesellschaft-

lichen Organisationen und der Bevölkerung zusammenzuarbeiten und ihre Erfahrungen auszuwerten.
(3) Das Institut arbeitet mit allen staatlichen und wirtschaftsleitenden Organen zusammen, zu deren Aufgabenbereich und Tätigkeit die Sicherung der Arzneimittelversorgung, die Forschung und Entwicklung sowie die Herstellung von Arzneimitteln gehören.
(4) Für die Erfüllung der staatlichen Aufgabe stützt sich das Institut auf die Mitwirkung von Arbeitsgruppen, die sich aus Mitarbeitern des Gesundheitswesens und der pharmazeutischen Industrie sowie Vertretern gesellschaftlicher Organisationen zusammensetzen.

§ 5 Vertretung im Rechtsverkehr

(1) Das Institut wird im Rechtsverkehr durch seinen Direktor vertreten. Im Falle der Verhinderung des Direktors finden die Bestimmungen des § 3 Abs. 5 für die Vertretung im Rechtsverkehr Anwendung.
(2) Der Direktor ist zur Einzelzeichnung befugt. Das gleiche gilt bei der Vertretung des Direktors für seinen Stellvertreter.
(3) Im Rahmen der ihnen vom Direktor erteilten Vollmachten können auch andere Mitarbeiter des Instituts oder sonstige Personen das Institut im Rechtsverkehr vertreten.
(4) Verfügungen über Zahlungsmittel des Instituts dürfen nach den Vorschriften über die Bewirtschaftung von Mitteln des Staatshaushalts nur vom Direktor, in seiner Abwesenheit von seinem Stellvertreter, gemeinsam mit dem Haushaltsbearbeiter vorgenommen werden.
(5) Der Unterschrift ist die Funktion des Zeichnenden hinzuzufügen.

§ 6 Struktur- und Stellenplan

Der Struktur- und Stellenplan des Instituts bedarf der Bestätigung des Ministeriums für Gesundheitswesen.

§ 7 Einstellung und Entlassung der Mitarbeiter

(1) Der Direktor des Instituts wird durch den Minister für Gesundheitswesen berufen und abberufen. Die Berufung und Abberufung regelt sich nach den geltenden gesetzlichen Bestimmungen.
(2) Der erste Stellvertreter des Direktors wird vom Direktor des Instituts nach Zustimmung des Ministers für Gesundheitswesen eingestellt und entlassen.
(3) Alle übrigen Mitarbeiter des Instituts werden durch den Direktor nach Maßgabe der gesetzlichen Bestimmungen eingestellt und entlassen.

§ 8 Veröffentlichungen und Schweigepflicht

(1) Die Veröffentlichung von Arbeitsergebnissen des Instituts bedarf der Einwilligung des Direktors.

(2) Die Mitarbeiter des Instituts sind über alle ihnen dienstlich zur Kenntnis kommenden Vorfälle zur Verschwiegenheit verpflichtet. Diese Verschwiegenheitspflicht erstreckt sich auch auf die Zeit nach Beendigung des Arbeitsrechtsverhältnisses zum Institut.

[1]) Durch die AO vom 28. 1. 1974, abgedruckt unter E **05** 01, ist im § 2 Abs. 1 Ziff. 10 der AO über das Institut für Arzneimittelwesen der DDR die Wahrnehmung der Aufgaben des Zentralen Opiumbüros gestrichen worden.

[2]) Durch die AO vom 27. 2. 1974, abgedruckt unter C **06 09** 03, ist der ursprüngliche Name des Instituts von „Deutsches Institut für Arzneimittelwesen" in „Institut für Arzneimittelwesen der Deutschen Demokratischen Republik" abgeändert worden.

[3]) Abgedruckt unter C **01** 01.

[4]) Abgedruckt unter C **01** 02.

[5]) Jetzt: Koordinierungsrat der medizinisch-wissenschaftlichen Gesellschaften.

[6]) Das Statut des Zentralen Gutachterausschusses ist unter C **06 10** 01 abgedruckt.

[7]) Anschrift: 1125 Berlin, Marzahner Straße.

[8]) Jetzt: Arzneibuch der DDR; s. hierzu C **05 05** 02.

[9]) Jetzt: Staatliches Kontrollinstitut für Seren und Impfstoffe.

Anordnung über die Umbenennung von Instituten im Bereich des Gesundheits- und Sozialwesens

vom 27. Februar 1974

(GBl. I Nr. 17 S. 175)

§ 1

Mit Wirkung vom 1. April 1974 erhalten

a) das Deutsche Institut für Arzneimittelwesen die Bezeichnung „Institut für Arzneimittelwesen der Deutschen Demokratischen Republik",[1])

b) das Deutsche Institut für Apothekenwesen die Bezeichnung „Institut für Apothekenwesen".[2])

§ 2

Diese Anordnung tritt am 1. April 1974 in Kraft.

[1]) S. hierzu das Statut des Instituts; abgedruckt unter C **06 09** 01.

[2]) S. hierzu das Statut des Instituts; abgedruckt unter C **06 09** 02.

Information Nr. 5/74 für Bezirksapotheker aus dem Institut für Arzneimittelwesen der DDR

vom 22. Mai 1974

– Auszug –

Betr.: Aufgabenabgrenzung zwischen dem Institut für Apothekenwesen und dem Institut für Arzneimittelwesen der DDR

Zwischen dem Institut für Arzneimittelwesen der DDR (IFAR) und dem Institut für Apothekenwesen (IFAP) ist im Einvernehmen mit dem Leiter der Hauptabteilung Pharmazie und Medizintechnik des MfGe ein Vertrag abgeschlossen worden, der unter anderem die folgende Festlegung enthält:

Mit Datum 1. Januar 1974 werden aus dem IFAP folgende Aufgabenbereiche ausgegliedert und vom IFAR übernommen:

– Sicherung der einwandfreien Beschaffenheit in Apotheken hergestellter Arzneimittel. Kontrolle der Einhaltung der Vorschriften über den Verkehr mit Arznei- und Gesundheitspflegemitteln in Vorsorgungseinrichtungen für Arzneimittel und in Apotheken, insbesondere:
– Überprüfung der Beschaffenheit und Wirksamkeit in Apotheken hergestellter Arzneimittel, der Beschaffenheit ihrer Umhüllung und Verpackung sowie der Vorschriftsmäßigkeit ihrer Kennzeichnung.
– Wissenschaftliche Anleitung der Mitarbeiter in den BAI auf dem Gebiet der Arzneimittelprüfung und Kontrolle des Verkehrs mit Arznei- und Gesundheitspflegemitteln sowie der Arzneimittelinformation.
– Prüfung und Begutachtung von Verbandstoffen.

Das IFAP ist weiterhin berechtigt, im Rahmen seiner Aufgaben die Abstellung festgestellter Mängel zu verlangen und – soweit erforderlich – Proben zum Zwecke der Prüfung im IFAR zu entnehmen.

Anordnung über die Aufgaben und die Tätigkeit des Zentrallaboratoriums für Encephalitis-Viren

vom 9. Mai 1968
(GBl. II Nr. 52 S. 275)
— Auszug —

§ 1

(1) Das Zentrallaboratorium für Encephalitis-Viren (bisher Institut für Tollwutschutzimpfung und Zentrallaboratorium für Arbo- und Herpesviren) — nachstehend Zentrallaboratorium genannt — ist eine funktionelle Einheit des Staatlichen Instituts für Immunpräparate und Nährmedien, Berlin-Weißensee.
(2) Das Zentrallaboratorium arbeitet eng mit dem Veterinäruntersuchungs- und Tiergesundheitsamt Jena als Leitinstitut für Tollwut sowie mit anderen Institutionen zusammen, zu deren Aufgabe die Erforschung, Bekämpfung und Behandlung der Virusencephalitis gehört.

§ 2

(1) Das Zentrallaboratorium überwacht das Vorkommen und die Ausbreitung der Encephalitis-Viren im Auftrag des Ministeriums für Gesundheitswesen, Staatliche Hygieneinspektion.
(2) Die Überwachung umfaßt epidemiologische Analysen nach

— statistischen Erhebungen zu den Meldungen über Infektionserkrankungen durch Encephalitis-Viren, die von den Räten der Kreise und Bezirke zum Ministerium für Gesundheitswesen gegeben werden
— statistischen Erhebungen zu den Meldungen über Tollwut-Kontakte und Bißverletzungen, die von den Tollwutimpfstellen der Bezirke an das Zentrallaboratorium gegeben werden
— statistischen Erhebungen zu den Meldungen der Tiergesundheitsämter über Tollwutuntersuchungen an Haus- und Wildtieren
— statistischen Erhebungen zur Bestandsdichte und zur Bekämpfung von Reservoiren nach Meldungen durch die Jagdbehörde
— speziellen Untersuchungen zur Virus- und Überträgeraktivität.

§ 3

(1) Auf Grund der epidemiologischen Analyse gibt das Zentrallaboratorium dem Ministerium für Gesundheitswesen und dem *Landwirtschaftsrat der Deutschen Demokratischen Republik*[1]) Empfehlungen für Maßnahmen zur Seuchenverhütung und -bekämpfung.

. . .

§ 4

(1) Das Zentrallaboratorium leitet fachlich die Arbeit der virologischen Laboratorien in den Bezirken auf dem Gebiet der Encephalitis-Viren (außer Tollwut) an und wertet zentral die Untersuchungsergebnisse aus; es wertet die Impfungen in den Tollwutimpfstellen, die Tollwutuntersuchungen der Tiergesundheitsämter und die Erhebungen zur Bestandsdichte und zur Bekämpfung von Reservoiren aus.

(2) Das Zentrallaboratorium führt die Routine-Diagnostik für Encephalitis-Viren (außer Tollwutviren) durch mit der Zielsetzung, die standardisierte Diagnostik nach Bestätigung durch das Ministerium für Gesundheitswesen im Bedarfsfall zu dezentralisieren.

(3) Das Zentrallaboratorium präpariert diagnostische Antigene und Seren sowie Impfstoffe und führt eine Virus-Stamm- und Serensammlung in Zusammenarbeit und im Austausch mit ausländischen Zentralen. Das Zentrallaboratorium typisiert ihm übersandte Viren.

(4) Das Zentrallaboratorium führt gezielte Untersuchungen zur Ätiologie und Prophylaxe der Virus-Encephalitis und der zentralnervalen Impfkomplikationen durch.

(5) Auf Grund der eigenen Untersuchungsergebnisse und der eingegangenen Meldungen führt das Zentrallaboratorium im Auftrag des Ministeriums für Gesundheitswesen die Klärung von epidemischen Geschehen auf seinem Arbeitsgebiet durch.

§ 5

Zusätzlich zu den Meldepflichten an die Kreis-Hygieneinspektion gemäß § 11 Abs. 3 sowie zur Durchführung des § 12 des Gesetzes vom 20. Dezember 1965 zur Verhütung und Bekämpfung übertragbarer Krankheiten beim Menschen (GBl. I 1966 S. 29) wird auf Grund des § 11 Abs. 6 festgelegt:

a) die Laboratorien, die berechtigt sind, mit Encephalitis-Viren (außer Tollwutviren) zu arbeiten, haben dem Zentrallaboratorium den serologischen oder virologischen Nachweis von Encephalitis-Viren mitzuteilen
b) die Tollwutimpfstellen haben dem Zentrallaboratorium durchgeführte Impfungen sowie außergewöhnliche Impfreaktionen und Expositionshäufungen sofort telefonisch mitzuteilen
c) die Tiergesundheitsämter haben dem Zentrallaboratorium die Ergebnisse der Tollwutuntersuchungen sowie Häufungen von Erkrankungen sofort telefonisch mitzuteilen
d) die Jagdbehörden haben dem Zentrallaboratorium Mitteilungen über Bestandsdichte und Bekämpfung von entscheidenden Tollwutreservoiren zu geben.

...

[1]) Jetzt: Ministerium für Land-, Forst- und Nahrungsgüterwirtschaft.

Anordnung über die Aufgaben und die Tätigkeit des Zentrallaboratoriums für Leptospirosen

vom 26. November 1968
(GBl. III Nr. 12 S. 85)
— Auszug —

§ 1

Das Zentrallaboratorium für Leptospirosen — nachstehend Zentrallaboratorium genannt — ist eine funktionelle Einheit des Instituts für Medizinische Mikrobiologie und Epidemiologie der Universität Rostock.

§ 2

Das Zentrallaboratorium überwacht im Auftrage des Ministeriums für Gesundheitswesen, Staatliche Hygieneinspektion, das Vorkommen und die Ausbreitung der Erreger menschlicher Leptospirosen in der Deutschen Demokratischen Republik und gibt auf Grund der epidemiologischen Analyse dem Ministerium für Gesundheitswesen, Staatliche Hygieneinspektion, Empfehlungen für Maßnahmen zur Verhütung und Bekämpfung von Leptospirosen. ...

§ 3

Das Zentrallaboratorium leitet fachlich die Arbeit in den Leptospirosenlaboratorien der Hygieneinstitute der Bezirke an und wertet zentral die gesamten Untersuchungsergebnisse aus.

§ 4

Das Zentrallaboratorium unterhält eine umfangreiche Sammlung an Leptospirenstämmen, in der aus jeder Serogruppe mindestens ein Typenstamm enthalten ist. Außerdem werden die entsprechenden Immunseren vorrätig gehalten.

§ 5

Das Zentrallaboratorium identifiziert und typisiert ihm zugesandte Leptospirenstämme.

§ 6

Das Zentrallaboratorium arbeitet eng mit dem staatlichen Veterinärmedizinischen Prüfinstitut zusammen und tauscht mit ihm Erfahrungen aus.

Anweisung über Aufgaben und Tätigkeit des *Zentrallaboratoriums für respiratorische Viren (Grippezentrum der Deutschen Demokratischen Republik)*[1]

vom 23. Juli 1964
(VuM MfGe Nr. 16 S. 118)

1. Das *Zentrallaboratorium für respiratorische Viren (Grippezentrum der Deutschen Demokratischen Republik)*[1]) — nachstehend Zentrallaboratorium genannt — ist eine funktionelle Einheit des *Instituts für Serum- und Impfstoffprüfung Berlin-Pankow.*[2]) Es arbeitet eng mit der Problemkommission „Viruserkrankungen des Respirationstraktes" zusammen.
2. Das Zentrallaboratorium überwacht das Vorkommen und die Ausbreitung der Erreger auf dem Gebiet der respiratorischen Viren in der Deutschen Demokratischen Republik und gibt auf Grund der epidemiologischen Analyse dem Ministerium für Gesundheitswesen, Staatliche Hygieneinspektion[3]) Empfehlungen für Maßnahmen der Seuchenverhütung und -bekämpfung.
3. Das Zentrallaboratorium leitet fachlich die Arbeit der virologischen Laboratorien in den Bezirken auf dem Gebiet der respiratorischen Viren an und wertet zentral die Untersuchungsergebnisse dieser Laboratorien aus.
4. Das Zentrallaboratorium erarbeitet einheitliche Richtlinien für virologisch-serologische Arbeitsmethoden, deren Verbindlichkeit der Bestätigung durch das Ministerium für Gesundheitswesen, Staatliche Hygieneinspektion,[3]) bedarf.
5. Das Zentrallaboratorium präpariert Versuchschargen von diagnostischen Antigenen und Seren und vergleicht diese mit den entsprechenden Standardpräparaten der regionalen Referenzlaboratorien für respiratorische Viren in Moskau und Prag.
6. Das Zentrallaboratorium typisiert die ihm zugesandten respiratorischen Viren im Rahmen der vorhandenen Möglichkeiten und unterhält eine Stammsammlung. Die typisierten Viren stehen den virologischen Laboratorien in den Bezirken zur Verfügung.
7. Die für die Arbeiten mit respiratorischen Viren vorgesehenen Kader werden durch das Zentrallaboratorium in die spezielle Aufgabenstellung eingeführt und fortgebildet. Mit den Leitern der virologischen Laboratorien in den Bezirken wird in regelmäßigen Abständen ein Erfahrungsaustausch durchgeführt.
8. Das Zentrallaboratorium arbeitet eng mit entsprechenden Einrichtungen der sozialistischen Länder zusammen und unterhält wissenschaftlichen Kontakt mit international anerkannten Referenzlaboratorien.
9. Das Zentrallaboratorium arbeitet aus epidemiologischen und ökonomischen Erwägungen eng zusammen mit den veterinärmedizinischen Untersuchungsstellen.
10. Das Zentrallaboratorium führt eine Dokumentation über respiratorische Viren.

11. Das Zentrallaboratorium erarbeitet vierteljährlich Situationsberichte über die Grippelage auf Grund der einlaufenden Meldungen der entsprechenden Einrichtungen der Deutschen Demokratischen Republik, der Berichte der Grippezentren der sozialistischen Länder und der WHO-Meldungen aus. An der Ausarbeitung des Berichtes sind der Vorsitzende der Problemkommission[4]) „Viruserkrankungen des Respirationstraktes" und ein Direktor eines Bezirks-Hygiene-Instituts[3]) zu beteiligen. Nach Bestätigung des Berichtes durch das Ministerium für Gesundheitswesen wird dieser allen in Frage kommenden Einrichtungen der Deutschen Demokratischen Republik und den Grippezentren der sozialistischen Länder zugestellt.
12. Epidemische Geschehen, bei denen der Verdacht der Beteiligung von respiratorischen Viren besteht, sind vom Zentrallaboratorium dem Ministerium für Gesundheitswesen, Staatliche Hygiene-Inspektion[3]) umgehend mitzuteilen.
13. Bei epidemischen Geschehen hat sich das Zentrallaboratorium erforderlichenfalls in die operative Tätigkeit einzuschalten.[4])

[1]) Das Laboratorium führt jetzt die Bezeichnung: Referenzlaboratorium für Influenza und andere respiratorische Viren.

[2]) Die Aufgaben des Referenzlaboratoriums werden jetzt wahrgenommen vom Institut für Angewandte Virologie, Berlin-Schöneweide.

[3]) S. hierzu VO über die Staatliche Hygiene-Inspektion, abgedruckt unter B 06 10.

[4]) Seit der Auflösung des „Rates für Planung und Koordinierung der medizinischen Wissenschaft" beim MfGe im Jahre 1980 bestehen auch die verschiedenen Problemkommissionen nicht mehr; ihre Aufgaben sind auf Hauptforschungsrichtungen und Forschungsprojekte bzw. deren Beiräte übergegangen. Anstelle des „Rates für Planung und Koordinierung der medizinischen Wissenschaft" besteht jetzt der „Rat für medizinische Wissenschaft" beim Minister für Gesundheitswesen.

Anweisung über Aufgaben der virologischen Laboratorien in den Bezirken auf dem Gebiet der respiratorischen Viren

vom 23. Juli 1964
(VuM MfGe Nr. 16 S. 119)

1. Auf dem Gebiet der respiratorischen Viren haben die virologischen Laboratorien in den Bezirken folgende Aufgaben:

   Virologische und serologische Untersuchungen bei Grippeerkrankten, Grippeverdächtigen und Kontaktpersonen.

   Zusammenarbeit mit den veterinärmedizinischen Untersuchungsstellen bei virologischen Untersuchungen auf Grippevorkommen bei Tieren. Immunbiologische Untersuchungen in interepidemischen Zeiten zur Überwachung des Durchseuchungsgrades der Bevölkerung.

   Gezielte Isolierungsversuche von respiratorischen Viren zum Nachweis der Zirkulation dieser Viren.

2. Bis auf weiteres sind alle isolierten Virusstämme umgehend dem *Zentrallaboratorium*[1]) mit dem vorgeschriebenen Begleitschreiben (Best.-Nr. 8635) und den Ergebnissen der Voruntersuchungen zur Typisierung einzuschicken.

3. Die virologischen Laboratorien in den Bezirken haben die Ergebnisse der virologischen und serologischen Untersuchungen auf dem Gebiet der respiratorischen Viren zum 5. des folgenden Monats dem *Zentrallaboratorium*[1]) auf dem Meldebogen (Best.-Nr. 8634) mitzuteilen. Die Beurteilung zu Punkt I des Formblattes 2 ist von der zuständigen epidemiologischen Abteilung unter Auswertung der AU-Statistik für „Erkältungskrankheiten" auszufüllen.[2])

[1]) Jetzt: Referenzlaboratorium für Influenza und andere respiratorische Viren, s. hierzu C **06 09** 59.
[2]) Die Anw. ist mit ihrer Veröffentlichung am 25. 8. 1964 in Kraft getreten.

Anweisung über Aufgaben und Tätigkeit des *Zentrallaboratoriums für Enteroviren*[1]

vom 23. Juli 1964
(VuM MfGe Nr. 16 S. 119)

1. Das *Zentrallaboratorium für Enteroviren*[1]) — nachstehend Zentrallaboratorium genannt — ist eine funktionelle Einheit des *Instituts für Immunbiologie*.[2]) Es arbeitet eng mit dem Komitee zur Bekämpfung der Poliomyelitis und artverwandter Krankheiten zusammen.
2. Das Zentrallaboratorium überwacht das Vorkommen und die Ausbreitung der Erreger auf dem Gebiet der Enteroviren in der Deutschen Demokratischen Republik und gibt auf Grund der epidemiologischen Analyse dem Ministerium für Gesundheitswesen, Staatliche Hygieneinspektion[3]), Empfehlungen für Maßnahmen der Seuchenverhütung und -bekämpfung.
3. Bei epidemiologischen Geschehen schaltet sich das Zentrallaboratorium erforderlichenfalls in die operative Tätigkeit ein.
4. Das Zentrallaboratorium erarbeitet einheitliche Arbeitsvorschriften für die diagnostische Arbeit auf dem Gebiet der Enteroviren, deren Verbindlichkeit durch das Ministerium für Gesundheitswesen, Staatliche Hygieneinspektion[3]) zu bestätigen ist. Das Zentrallaboratorium leitet fachlich die Arbeit der virologischen Laboratorien in den Bezirken auf dem Gebiet der Enteroviren an und wertet zentral die Untersuchungsergebnisse dieser Laboratorien aus.
5. Das Zentrallaboratorium stellt die für die Laboratoriumsdiagnostik erforderlichen Antigene und diagnostischen Seren her und vergleicht diese mit entsprechenden Standardpräparaten international anerkannter Referenzlaboratorien. Geeignete Antigene und Seren stellt es den entsprechenden virologischen Laboratorien in den Bezirken zur Verfügung. Das Zentrallaboratorium unterhält eine Stammsammlung von Gewebe- und Zellkulturen und stellt diese den virologischen Laboratorien in den Bezirken zur Weiterführung zur Verfügung.
6. Die für die Arbeiten mit Enteroviren vorgesehenen Kader werden durch das Zentrallaboratorium in die spezielle Aufgabenstellung eingeführt und fortgebildet mit der Zielstellung, in den Bezirken arbeitsfähige Laboratorien für Enteroviren zu schaffen. Mit den Leitern dieser Laboratorien in den Bezirken wird in regelmäßigen Abständen ein Erfahrungsaustausch durchgeführt.
7. Das Zentrallaboratorium identifiziert und typisiert die ihm zugesandten Enteroviren im Rahmen der vorhandenen Möglichkeiten. Die typisierten Viren stehen den virologischen Laboratorien in den Bezirken zur Verfügung.

8. Das Zentrallaboratorium unterstützt die Durchführung von Poliomyelitisschutzimpfungen durch Entgegennahme, Lagerung, Abfüllung der Impfstoffkonzentrate und Fertigimpfstoffe. Es überwacht die serologischen Ergebnisse der Impfkampagne und führt die virologische Klärung bei fraglichen Erkrankungsfällen herbei.

9. Das Zentrallaboratorium führt morphologische Untersuchungen auf dem Gebiet der Enterovirusforschung auf dem Wege der Elektronen- und der Fluoreszenzmikroskopie durch. Es arbeitet eng mit entsprechenden Einrichtungen der sozialistischen Länder zusammen und unterhält wissenschaftlichen Kontakt mit international anerkannten Referenzlaboratorien.

10. Das Zentrallaboratorium führt eine Dokumentation über Enteroviren.

11. Das Zentrallaboratorium erarbeitet vierteljährlich Situationsberichte über die Lage auf dem Gebiet der Enteroviren auf Grund der eigenen Untersuchungsergebnisse, der gemeldeten virologischen und klinischen Beobachtungen und der epidemiologischen Übersichten der Bezirks-Hygiene-Institute über das örtliche Enterovirus-Geschehen. An der Ausarbeitung der Berichte ist der Vorsitzende des Komitees zur Bekämpfung der Poliomyelitis und artverwandter Krankheiten und ein Direktor eines Bezirks-Hygiene-Instituts[3]) zu beteiligen.
Im Bericht des Zentrallaboratoriums sind nach Möglichkeit internationale Unterlagen und Dokumentationen zu berücksichtigen. Die Vierteljahresberichte sind vom Ministerium für Gesundheitswesen, Staatliche Hygieneinspektion[3]) zu bestätigen.

12. Das Zentrallaboratorium hat dem Ministerium für Gesundheitswesen, Staatliche Hygieneinspektion[3]) epidemische Geschehen, bei denen der Verdacht der Beteiligung von Enteroviren besteht, umgehend mitzuteilen.[4])

[1]) Jetzt: Referenzlaboratorium für Poliomyelitis und andere Enteroviren.

[2]) Jetzt: Institut für Angewandte Virologie, Berlin-Schöneweide.

[3]) S. hierzu VO über die Staatliche Hygieneinspektion, abgedruckt unter B 06 10.

[4]) Die Anw. ist mit der Veröffentlichung am 25. 8. 1964 in Kraft getreten.

Anweisung über Aufgaben der virologischen Laboratorien in den Bezirken auf dem Gebiet der Enteroviren

vom 23. Juli 1964
(VuM MfGe Nr. 16 S. 120)

1. Auf dem Gebiet der Enteroviren haben die virologischen Laboratorien in den Bezirken folgende Aufgaben:
   Durchführung virologischer und serologischer Untersuchungen bei Verdacht auf Enterovirusinfektionen.
   Anleitung des ärztlichen Personals über Art und Zeitpunkt der Materialeinsendung nach den Richtlinien des Zentrallaboratoriums für Enteroviren.
   Ständige Haltung für die Virusisolierung geeigneter Zellstämme und Versuchstiere.
   Isolierung von Viren.
2. Die virologischen Laboratorien haben alle isolierten Virusstämme aus der Erstanlage an das Zentrallaboratorium mit dem ausgefüllten Formblatt (Best.-Nr. 8632) und den Ergebnissen der Voruntersuchung zur Identifizierung und Typisierung einzusenden.
3. Die Ergebnisse der virologischen und serologischen Untersuchungen auf dem Gebiet der Enteroviren sind von den virologischen Laboratorien in den Bezirken zum 5. 1., 5. 4., 5. 7. und 5. 10. des laufenden Jahres dem Zentrallaboratorium für Enteroviren (Best.-Nr. 8633) einzuschicken. Die Beurteilung der epidemiologischen Situation ist von der zuständigen epidemiologischen Abteilung einzuarbeiten.[1])

[1]) Die Anw. ist mit ihrer Veröffentlichung am 25. 8. 1964 in Kraft getreten.

Anweisung über die Aufgaben und die Tätigkeit des Referenzlaboratoriums für die Bekämpfung gesundheitsschädlicher Wirbeltiere (Vertebrata)

vom 5. August 1976
(VuM MfGe Nr. 10 S. 52)
— Auszug —

1

(1) Die Abteilung für Medizinische Parasitologie und Schädlingsbekämpfung der Bezirks-Hygieneinspektion[1]) Magdeburg erhält zusätzlich zu ihren bezirksspezifischen Aufgaben auf dem Gebiet der medizinischen Parasitologie im Einvernehmen mit dem Institut für Pflanzenschutzforschung der Akademie der Landwirtschaftswissenschaften der DDR die Stellung des Referenzlaboratoriums für die Bekämpfung gesundheitsschädlicher Wirbeltiere (nachstehend Referenzlaboratorium genannt).

...

(3) Das Referenzlaboratorium arbeitet auf der Grundlage von Vereinbarungen eng mit dem Referenzlaboratorium für die Bekämpfung gesundheitsschädlicher Arthropoden und der Koordinierungsstelle für Pflanzenschutzmittelprüfung des Instituts für Pflanzenschutzforschung zusammen.

2

(1) Das Referenzlaboratorium nimmt im Auftrag des Ministeriums für Gesundheitswesen die staatliche Prüfung und Zulassung von Mitteln zur Bekämpfung gesundheitsschädlicher Wirbeltiere entsprechend § 23 des Gesetzes vom 20. Dezember 1965 zur Verhütung und Bekämpfung übertragbarer Krankheiten beim Menschen (GBl. I 1966 Nr. 3 S. 29)[2]) und § 8 der Verordnung vom 6. Juni 1957 über die Bekämpfung von Gesundheitsschädlingen (GBl. I Nr. 42 S. 329) wahr und sorgt für die Bekanntgabe der zugelassenen Mittel im Pflanzenschutzmittelverzeichnis.

(2) Das Referenzlaboratorium überwacht das Vorkommen und die Verbreitung gesundheitsschädlicher Wirbeltiere und deren Resistenzlage gegenüber chemischen Bekämpfungspräparaten in der DDR. Es unterstützt die Abteilungen für Medizinische Parasitologie und Schädlingsbekämpfung in den Bezirks-Hygieneinspektionen[1]) bei der Prüfung der Resistenzlage dadurch, daß es im Rahmen seiner Möglichkeiten entweder Resistenzprüfungen selbst vornimmt oder diesen Einrichtungen die methodischen Grundlagen zur Resistenzprüfung liefert.

(3) Das Referenzlaboratorium hält die für die Prüfung von Mitteln und zur Kontrolle der Resistenzlage notwendigen Testtierstämme der wichtigsten gesundheitsschädlichen Wirbeltiere.

Es ist berechtigt, Vereinbarungen mit anderen Bezirks-Hygieneinspektionen[1]) bezüglich einer Beteiligung der Abteilung für Medizinische Parasitologie und Schädlingsbekämpfung an der praktischen Erprobung neuer Bekämpfungsmittel zu treffen.

3

(1) Das Referenzlaboratorium analysiert bzw. überwacht im Auftrag des Ministeriums für Gesundheitswesen den Bedarf bzw. die Bereitstellung von Mitteln und Geräten zur Bekämpfung gesundheitsschädlicher Wirbeltiere in der DDR und erarbeitet die entsprechenden Forderungsprogramme. Der Leiter des Referenzlaboratoriums vertritt auf diesem Gebiet das Ministerium für Gesundheitswesen in der Erzeugnisgruppe Pflanzenschutz- und Schädlingsbekämpfungsmittel der VVB Agrochemie und Zwischenprodukte. Die Bedarfsanalyse erfolgt auf der Grundlage von Meldungen seitens der Abteilungen für Medizinische Parasitologie und Schädlingsbekämpfung der Bezirks-Hygieneinspektionen.[1])
(2) Es analysiert bzw. überwacht im Auftrag des Ministeriums für Gesundheitswesen die eingesetzten Bekämpfungsverfahren und erarbeitet entsprechende Bekämpfungstechnologien.
(3) Das Referenzlaboratorium hat im Rahmen seiner Möglichkeiten an der Erforschung der Biologie und Verbreitung gesundheitsschädlicher Wirbeltiere und der Entwicklung entsprechender Bekämpfungsmittel und -verfahren teilzunehmen.

4

(1) Das Referenzlaboratorium führt die fachliche Beratung der Abteilungen für Medizinische Parasitologie und Schädlingsbekämpfung der Bezirks-Hygieneinspektionen[1]) durch und wertet deren Erfahrungen und Untersuchungsergebnisse aus. Das Referenzlaboratorium ist berechtigt, entsprechende Informationen aus den Abteilungen für Medizinische Parasitologie und Schädlingsbekämpfung der Bezirks-Hygieneinspektionen[1]) einzuholen.
(2) Auf der Grundlage dieser Informationen erstattet das Referenzlaboratorium dem Ministerium für Gesundheitswesen jährlich Bericht, in Sonderfällen auch zwischenzeitlich, und empfiehlt erforderliche Maßnahmen, die sich aus der Verordnung über die Bekämpfung von Gesundheitsschädlingen ergeben.
(3) Bei Massenvermehrungen bzw. besonderen epidemischen Geschehen unter Beteiligung gesundheitsschädlicher Wirbeltiere wirkt das Referenzlaboratorium an den operativen Maßnahmen des Ministeriums für Gesundheitswesen mit.

5

Das Referenzlaboratorium arbeitet ... mit entsprechenden Einrichtungen anderer, insbesondere sozialistischer Länder zusammen und wertet die internationale Literatur auf dem Gebiet der Bekämpfung gesundheitsschädlicher Wirbeltiere aus.
...

[1]) S. hierzu VO über die Staatliche Hygieneinspektion, abgedruckt unter B 06 10.
[2]) Auszugsweise abgedruckt unter B 06 31.

Anweisung über die Aufgaben und die Tätigkeit des Referenzlaboratoriums für Hepatitisviren

vom 17. Juli 1981
(VuM MfGe Nr. 9 S. 114)
— Auszug —

Im Einvernehmen mit dem Minister für Hoch- und Fachschulwesen wird angewiesen:

1.

(1) Der Lehrstuhl Virologie des Institutes für Medizinische und Allgemeine Mikrobiologie, Virologie und Epidemiologie des Bereiches Medizin (Charité) der Humboldt-Universität zu Berlin erhält zusätzlich zu seinen spezifischen Aufgaben die Stellung eines Referenzlaboratoriums für Hepatitisviren (nachstehend Referenzlaboratorium genannt).
(2) ... Der Leiter des Lehrstuhls Virologie ist für die Durchführung der dem Referenzlaboratorium übertragenen Aufgaben gegenüber dem Minister für Gesundheitswesen verantwortlich. ...
(3) Die Bezirks-Hygieneinspektion und das Bezirkshygieneinstitut Erfurt übernehmen bestimmte Teilaufgaben des Referenzlaboratoriums auf der Grundlage eines mit dem Lehrstuhl Virologie des Institutes für Medizinische und Allgemeine Mikrobiologie, Virologie und Epidemiologie des Bereiches Medizin (Charité) der Humboldt-Universität gegenseitig abgestimmten Jahresarbeitsplanes.

2.

Das Referenzlaboratorium überwacht im Auftrag des Ministeriums für Gesundheitswesen und in Zusammenarbeit mit der Staatlichen Hygieneinspektion das Vorkommen und die Ausbreitung der Hepatitis in der Deutschen Demokratischen Republik und analysiert die Ergebnisse. Es überprüft die Durchseuchung von Hepatitisrisikogruppen und ermittelt in Stichproben die Immunitätslage der Bevölkerung.

3.

(1) Das Referenzlaboratorium übernimmt die fachliche Beratung und Anleitung der Laboratorien, die mit Aufgaben der spezifischen Diagnostik der Virushepatitiden betraut sind, im Bereich des staatlichen Gesundheitswesens (insbesondere Bezirks-Hygieneinspektionen, Einrichtungen des Blutspende- und Transfusionswesens, Krankenhäuser) und des Ministeriums für Hoch- und Fachschulwesen. Es ist federführend bei der Erarbeitung von Richtlinien für die Hepatitis-Diagnostik. Es entwickelt und verbessert methodische Grundlagen für labordiagnostische Verfahren. Hinsichtlich der Erarbeitung

von Standardmethoden für die Labordiagnostik und der Kontrolle der Qualität ihrer Durchführung (Qualitätskontrolle) arbeitet es mit dem Institut für Arzneimittelwesen der DDR zusammen.

(2) Zur Absicherung der Labordiagnostik arbeitet es mit dem VEB Sächsisches Serumwerk Dresden, dem Institut für Impfstoffe Dessau, dem Staatlichen Institut für Immunpräparate und Nährmedien Berlin und den zuständigen Versorgungseinrichtungen zusammen und nimmt im Einvernehmen mit dem Institut für Arzneimittelwesen der DDR Einfluß auf die Entwicklung, Planung und Herstellung entsprechender Arzneimittel und Labordiagnostika.

(3) Das Referenzlaboratorium unterhält im Rahmen seiner Planaufgaben eine Sammlung von diagnostischen Referenzpräparaten und führt auf Anforderung spezielle Hepatitisdiagnostik durch. Darüber hinaus kann es nach Vereinbarung zur Unterstützung von Forschungsarbeiten spezielle Untersuchungen zum Nachweis von Hepatitisantigenen übernehmen.

4.

Das Referenzlaboratorium ist berechtigt, nach Abstimmung mit dem Ministerium für Gesundheitswesen, im Rahmen seiner Aufgaben von Bezirks-Hygieneinspektionen, Krankenhäusern und anderen Einrichtungen des staatlichen Gesundheitswesens sowie des Ministeriums für Hoch- und Fachschulwesen Auskünfte einzuholen und diagnostische Materialien anzufordern.

Es erstattet jährlich dem Leiter der Staatlichen Hygieneinspektion des Ministeriums für Gesundheitswesen Bericht über die Lage auf seinem Fachgebiet. Über besondere epidemiologische Gegebenheiten informiert es das Ministerium für Gesundheitswesen anhand der vorliegenden Materialien.

5.

Das Referenzlaboratorium arbeitet ... mit den entsprechenden Einrichtungen anderer Länder, insbesondere sozialistischer Staaten, internationalen Referenzlaboratorien und Referenzlaboratorien der Weltgesundheitsorganisation zusammen.

Mitteilung über die Bildung einer Spezialabteilung „Medizinisch-biologische Wirkungen und Analytik von Quecksilber"

vom 25. Januar 1979
(VuM MfGe Nr. 4 S. 67)

Mit Wirkung vom 1. 11. 1978 wird die bisherige Forschungsgruppe „Quecksilberanalytik" an der Bezirkshygieneinspektion und dem Bezirkshygieneinstitut Magdeburg in die Spezialabteilung „Medizinisch-biologische Wirkung und Analytik von Quecksilber" umgewandelt.

Die Spezialabteilung erhält über ihre Forschungsarbeiten hinaus zusätzliche koordinierende Aufgaben auf dem Gebiet der Analytik und Toxikologie von Quecksilber in der Umwelt sowie der Literaturdokumentation in Zusammenarbeit mit der Zentralstelle für Information und Dokumentation Kommunalhygiene.

Die Spezialabteilung führt im Auftrage des Haupthygienikers der DDR die Anleitung und Beratung der Hygieneinspektionen bezüglich der Untersuchungsmethoden sowie der Auswertung der Untersuchungsergebnisse durch.

Anordnung über das Staatliche Institut für Immunpräparate und Nährmedien

vom 19. Januar 1967
(GBl. III Nr. 3 S. 30)
— Auszug —

§ 1

(1) Mit Wirkung vom 1. Januar 1967 wird das Staatliche Institut für Immunpräparate und Nährmedien gebildet.
(2) Das Staatliche Institut für Immunpräparate und Nährmedien ist Rechtsnachfolger des Instituts für Seuchenschutz.
(3) Das Staatliche Institut für Immunpräparate und Nährmedien übernimmt die Aufgaben des Instituts für Seuchenschutz.

§ 2

Aufgaben, Organisation, Leitung und Arbeitsweise des Staatlichen Instituts für Immunpräparate und Nährmedien regelt dessen Statut (Anlage), das hiermit als verbindlich erklärt wird.

§ 3

Diese Anordnung tritt mit ihrer Verkündung in Kraft.[1])

Anlage

zu vorstehender Anordnung

Statut des Staatlichen Instituts für Immunpräparate und Nährmedien

§ 1 **Rechtliche Stellung und Sitz**

(1) Das Staatliche Institut für Immunpräparate und Nährmedien (nachstehend Institut genannt) ist juristische Person und Rechtsträger von Volkseigentum. Sein Sitz ist Berlin.
(2) Das Institut ist dem Ministerium für Gesundheitswesen unterstellt.
(3) Das Institut ist Haushaltsorganisation. Seine Mittel werden im Haushalt der Republik beim Ministerium für Gesundheitswesen geplant.

§ 2 Aufgaben

(1) Das Institut stellt Immunpräparate und Nährmedien her, die wegen besonderer Arbeits- und Prüfungsbedingungen sowie wegen der Variationen des Bedarfs in Zusammenhang mit epidemischen Geschehen nicht in anderen Betrieben oder Einrichtungen hergestellt und abgegeben werden können.
(2) Das Institut erarbeitet neue Verfahren zur mikrobiologischen und virologischen Diagnostik sowie Immunprophylaxe durch Erweiterung der entsprechenden theoretischen Grundlagen und beteiligt sich an der Entwicklung theoretischer Grundlagen in Kooperation mit Zentrallaboratorien, die außerhalb des Instituts tätig sind, und anderen wissenschaftlichen Institutionen.
(3) Das Institut erkundet unter Berücksichtigung der internationalen Entwicklungstendenzen die bestmöglichen Verfahren zur Diagnostik und Immunprophylaxe bei mikrobiellen und viralen Infektionen und schafft die wissenschaftlichen und technischen Voraussetzungen für die Einführung dieser Verfahren in die Praxis des Gesundheitsschutzes durch Entwicklung entsprechender Präparate.
(4) Das Institut erarbeitet und stellt Dokumentationen von Arbeiten über spezielle diagnostische und immunprophylaktische Präparate für die wissenschaftliche Praxis bereit.
(5) Das Institut berät und unterstützt das Ministerium für Gesundheitswesen bei den erforderlichen staatlichen Maßnahmen auf dem Gebiet der Immunpräparate und Nährmedien. Hierbei hat es insbesondere auch wissenschaftlich begründete Pläne zur Entwicklung des Sortiments an Immunpräparaten und Nährmedien auszuarbeiten, zur Koordinierung von speziellen Produktionsprogrammen für Immunpräparate und Nährmedien in Zusammenarbeit mit zentralen Versorgungseinrichtungen Empfehlungen zu geben und Qualitätsnormen für Immunpräparate und Nährmedien in Zusammenarbeit mit dem *Institut für Serum- und Impfstoffprüfung*[2]) zu erarbeiten.
(6) Das Institut führt im Rahmen der Entwicklungsarbeiten durch die Staatliche Hygieneinspektion[3]) gestellte epidemiologische Aufträge zur Erprobung und Einführung neuer Präparate für die mikrobiologische und virologische Diagnostik sowie Prophylaxe durch.[4])
(7) Der Minister für Gesundheitswesen kann dem Institut weitere Aufgaben zuweisen.

§ 3 Leitung

(1) Die Leitung des Instituts erfolgt nach dem Prinzip der persönlichen Verantwortung und dem Grundsatz der Einzelleitung bei aktiver Mitwirkung aller Mitarbeiter des Instituts.
(2) Das Institut wird durch den Direktor geleitet.
(3) Der Direktor ist für die gesamte Tätigkeit des Instituts verantwortlich. Auf der Grundlage der geltenden Bestimmungen, der bestätigten staatlichen Aufgaben und der erteilten Weisungen des Ministers für Gesundheitswesen hat er das Recht, alle Angelegenheiten des Instituts zu entscheiden und den Mitarbeitern Weisungen zu erteilen.

(4) Der Direktor wird im Falle seiner Verhinderung durch einen stellvertretenden Direktor vertreten.
(5) Der Leiter des Bereiches Bakteriologie und der Leiter des Produktionsbereiches sind Stellvertreter des Direktors. Bei Verhinderung des Direktors nimmt der Leiter des Bereiches Bakteriologie dessen Aufgaben wahr. Sind der Direktor und der Leiter des Bereiches Bakteriologie gleichzeitig verhindert, so wird der Direktor durch den Leiter des Produktionsbereiches vertreten.
(6) Die leitenden Mitarbeiter des Instituts sind gegenüber dem Direktor für ihren Aufgabenbereich verantwortlich und im Rahmen der Entscheidungen des Direktors in ihrem Aufgabenbereich weisungsberechtigt.
(7) Die innere Arbeitsorganisation und der Dienstablauf im Institut regeln sich nach den Dienstanweisungen des Direktors.

§ 4 Arbeitsweise

(1) Der Direktor hat die Mitwirkung der Mitarbeiter und der Gewerkschaftsorganisation bei der Ausarbeitung der Vorschläge zu den Perspektiv- und Jahresplänen des Instituts zu gewährleisten. Er führt regelmäßige Beratungen und Aussprachen mit allen Mitarbeitern durch. Der Direktor hat mit der Betriebsgewerkschaftsorganisation und ihrer Leitung eng zusammenzuarbeiten und über seine Tätigkeit zu berichten.
(2) Die Mitarbeiter des Instituts haben eine große Verantwortung bei der Sicherung der Versorgung des Gesundheitswesens mit diagnostischen und prophylaktischen Präparaten hoher Qualität. Sie haben bei der Lösung ihrer Aufgaben mit den Werktätigen anderer Betriebe und Einrichtungen im Fachbereich, mit Mitarbeitern des Gesundheitswesens und mit den gesellschaftlichen Organisationen zusammenzuarbeiten und ihre Erfahrungen auszuwerten.
(3) Das Institut arbeitet mit allen staatlichen und wirtschaftsleitenden Organen sowie wissenschaftlichen Gremien zusammen, zu deren Aufgabenbereich und Tätigkeit die Sicherung der Versorgung mit Immunpräparaten und Nährmedien, die Forschung und Entwicklung sowie die Herstellung von Immunpräparaten und Nährmedien gehören.

§ 6 Struktur- und Stellenplan

Der Struktur- und Stellenplan des Instituts wird vom Minister für Gesundheitswesen bestätigt.

§ 7 Einstellung und Entlassung der Mitarbeiter

(1) Der Direktor des Instituts wird durch den Minister für Gesundheitswesen berufen und abberufen. Die Berufung und Abberufung regelt sich nach den geltenden gesetzlichen Bestimmungen.
(2) Die Stellvertreter des Direktors sowie die Leiter der Zentrallaboratorien und Abteilun-

gen werden vom Direktor des Instituts nach Zustimmung des Ministers für Gesundheitswesen eingestellt und entlassen.
(3) Alle übrigen Mitarbeiter des Instituts werden durch den Direktor nach Maßgabe der gesetzlichen Bestimmungen eingestellt und entlassen.

§ 8 Veröffentlichungen und Schweigepflicht

(1) Die Veröffentlichung von Arbeitsergebnissen des Instituts bedarf der Einwilligung des Direktors.
(2) Die Mitarbeiter des Instituts sind über alle ihnen dienstlich zur Kenntnis kommenden Vorgänge zur Verschwiegenheit verpflichtet. Die Schweigepflicht erstreckt sich auch auf die Zeit nach Beendigung der Tätigkeit im Institut.

[1]) In Kraft getreten am 28. 2. 1967.
[2]) Jetzt: Staatliches Kontrollinstitut für Seren und Impfstoffe; s. hierzu AO über die Rechtsfähigkeit und Anw. über das Statut des Instituts C **06 09** 20 und C **06 09** 21.
[3]) S. hierzu VO über die Staatliche Hygieneinspektion, abgedruckt unter B **06** 10.
[4]) S. a. RL Nr. 2 zur 12. DB zum AMG; C **02 01** 21.

Anordnung über die Beratungsstelle für die Anwendung chemischer Erzeugnisse in der Volkswirtschaft der DDR — Chemieberatungsstelle[3]) —

vom 15. Dezember 1978
(GBl. I 1979 Nr. 2 S. 15)
— Auszug[1]) —

Zur Durchsetzung einer volkswirtschaftlich effektiven Herstellung und Anwendung von chemischen Rohstoffen, Werkstoffen, Erzeugnissen und Sekundärrohstoffen wird im Einvernehmen mit den Leitern der zuständigen zentralen staatlichen Organe folgendes angeordnet:

§ 1

(1) Mit Wirkung vom 1. Januar 1979 nimmt die Beratungsstelle für die Anwendung chemischer Erzeugnisse in der Volkswirtschaft der DDR (nachfolgend Chemieberatungsstelle genannt) ihre Tätigkeit für die Beratung und Kontrolle bei der Durchsetzung des wissenschaftlich-technischen Fortschritts und der hohen Materialökonomie bei der Anwendung von chemischen Erzeugnissen auf.

(2) Die Chemieberatungsstelle nimmt als nachgeordnetes Organ des Ministeriums für Chemische Industrie staatliche Befugnisse des Ministers zur Durchsetzung des wissenschaftlich-technischen Fortschritts und der volkswirtschaftlichen Effektivität bei der Anwendung von chemischen Erzeugnissen wahr. Sie führt die in dieser Anordnung festgelegten Aufgaben in enger sozialistischer Gemeinschaftsarbeit mit den Anwendern chemischer Erzeugnisse, mit den wirtschaftsleitenden und bilanzierenden Organen, mit wissenschaftlich-technischen Einrichtungen sowie mit den staatlichen und gesellschaftlichen Kontrollorganen durch. Sie sichert ein enges Zusammenwirken mit den zentralen staatlichen Organen, insbesondere dem Amt für Standardisierung, Meßwesen und Warenprüfung und dem Amt für Preise. Die Verantwortung der für die Anwendung sowie für die Bilanzierung von chemischen Erzeugnissen zuständigen staatlichen und wirtschaftsleitenden Organe wird durch die Tätigkeit der Chemieberatungsstelle nicht berührt.

(3) Chemische Rohstoffe, Werkstoffe und Erzeugnisse sowie Sekundärrohstoffe (nachfolgend chemische Erzeugnisse genannt) im Sinne dieser Anordnung sind ausgewählte Erzeugnisse, die in einer Nomenklatur des Ministers für Chemische Industrie festgelegt werden.

(4) In staatlichen Einsatzbestimmungen kann für die Herstellung und Anwendung von chemischen Erzeugnissen eine Genehmigungspflicht festgelegt werden. Diese Genehmigungspflicht erstreckt sich auch auf bereits in der Produktion befindliche Erzeugnisse.

§ 2

(1) Die Hersteller, Importeure, Verarbeiter und Anwender von chemischen Erzeugnissen, der Produktionsmittelhandel für chemische Erzeugnisse (nachfolgend Anwender genannt) sowie deren wirtschaftsleitende Organe und die ihnen übergeordneten zentralen staatlichen Organe haben in ihrer Tätigkeit die volkswirtschaftlichen Erfordernisse zur Qualitätssicherung und -erhöhung unter dem Gesichtspunkt einer hohen Materialökonomie und der Anwendung wissenschaftlich begründeter Materialverbrauchernormen und Standards für den Einsatz von chemischen Erzeugnissen sowie die Bildung optimaler Bestände durchzusetzen. Hierzu ist insbesondere:

- die Anwendung der chemischen Erzeugnisse auf die Beschleunigung des wissenschaftlich-technischen Fortschritts, die Produktion hochwertiger Konsumgüter, die materielle und ökonomische Sicherstellung der Landesverteidigung und die Erhöhung des Exportes zu richten,
- auf die Substitution chemischer Erzeugnisse durch Nutzung einheimischer Rohstoffe, Erzeugnisse und Sekundärrohstoffe Einfluß zu nehmen,
- die volkswirtschaftlich effektive Auswahl von chemischen Erzeugnissen bei Neu- und Weiterentwicklungen von Erzeugnissen, Technologien und Konstruktionen unter Vermeidung ungerechtfertigter Importe zu treffen,
- die Anwendung wissenschaftlich begründeter Materialverbrauchsnormen und Standards für den Einsatz von Chemieerzeugnissen sowie für optimale Bestände durchzusetzen,
- durch Anwendungsgebote und Anwendungsverbote in staatlichen Einsatzbestimmungen der volkswirtschaftlich effektivste Einsatz von chemischen Erzeugnissen zu gewährleisten,
- bei der Errichtung von Anlagen und dem Einsatz von Maschinen und Ausrüstungen die Übereinstimmung mit der planmäßigen wissenschaftlich-technischen Entwicklung der Produktion und der Bilanzierung von chemischen Erzeugnissen, insbesondere in Form von Rohstoffen zum Betreiben der Anlagen, Maschinen und Ausrüstungen zu gewährleisten,
- durch die Ausarbeitung langfristiger Konzeptionen Einfluß auf die Sicherung des volkswirtschaftlich effektivsten Werkstoffeinsatzes und der sparsamsten Verwendung von chemischen Erzeugnissen zu nehmen.

(2) Besondere in Rechtsvorschriften festgelegte Abnahmebedingungen werden durch diese Anordnung nicht berührt.

§ 3

(1) Die Chemieberatungsstelle berät die Anwender und orientiert sie auf die vorrangige Anwendung chemischer Erzeugnisse aus der Produktion der DDR und den anderen sozialistischen Ländern, insbesondere der UdSSR. Die Chemieberatungsstelle gibt für spezi-

fische Importmaterialien — chemische Erzeugnisse — eine Liste heraus, die in kontinuierlichen Abständen zu aktualisieren ist. Sie überwacht und kontrolliert den ökonomischen und technisch richtigen Einsatz sowie die sparsame Verwendung chemischer Erzeugnisse.
(2) Die Chemieberatungsstelle ist berechtigt, den für die Anwender zuständigen wirtschaftsleitenden Organen und den bilanzierenden Organen[2]) Auflagen zur koordinierten planmäßigen Durchsetzung der Substitution zu erteilen. Sie ist verpflichtet, die Substitution anderer Werkstoffe durch chemische Erzeugnisse hinsichtlich des volkswirtschaftlichen Nutzeffektes zu begutachten. Bei den Aufgaben zur Substitution arbeitet sie mit den Werkstoffberatungsstellen anderer Bereiche der werkstoffherstellenden Industrie zusammen.
(3) Die Chemieberatungsstelle wirkt mit bei der Ausarbeitung von Direktiven der zuständigen staatlichen und wirtschaftsleitenden Organe für die bilanzierenden und bilanzbeauftragten Organe zur Vorbereitung und Ausarbeitung volkswirtschaftlich wichtiger Chemiebilanzen unter Berücksichtigung der unter den Bedingungen der Deutschen Demokratischen Republik ökonomisch günstigsten Anwendung von chemischen Erzeugnissen. Sie unterstützt die bilanzierenden Organe bei der Bilanzierung und kontrolliert dazu die Ökonomie des Einsatzes chemischer Erzeugnisse. Sie wirkt mit bei der Bestätigung ausgewählter Bilanzen für chemische Erzeugnisse.
(4) Die Chemieberatungsstelle untersucht Fehler und Mängel bei der Verarbeitung und Anwendung chemischer Erzeugnisse und veranlaßt Maßnahmen zu deren Beseitigung.

§ 4

(1) Die Chemieberatungsstelle wirkt mit bei der Ausarbeitung von langfristigen Konzeptionen auf dem Gebiet des Werkstoffeinsatzes und der Materialökonomie durch die dafür zuständigen Organe. Sie führt eigene Untersuchungen zur Bedarfsentwicklung, Weiterentwicklung der Gebrauchseigenschaften chemischer Erzeugnisse und zur Ökonomie des Werkstoffeinsatzes, vor allem bei den Hauptanwendern chemischer Erzeugnisse, durch.
(2) Die Chemieberatungsstelle sichert eine einheitliche Information der verarbeitenden Industrie über chemische Erzeugnisse, neue Anwendungsgebiete, Kennwerte und Ergebnisse der Applikationsforschung durch Koordinierung der Öffentlichkeitsarbeit für die Anwendung chemischer Erzeugnisse.

§ 5

Die Chemieberatungsstelle ist zur Durchführung ihrer Aufgaben berechtigt,

— Kontrollen über die Wahrnehmung der Verantwortung für den volkswirtschaftlich effektivsten Einsatz chemischer Erzeugnisse, die konsequente Einhaltung von staatlichen Einsatzbestimmungen (Anwendungsgebote und -verbote) für chemische Erzeugnisse und eine kontinuierliche Arbeit mit Materialverbrauchs-, Vorrats- und Materialbestandsnormen durchzuführen,

- Untersuchungen über die Herstellung, Verarbeitung und Anwendung von chemischen Erzeugnissen einschließlich der Nutzung und Verarbeitung der dabei anfallenden Sekundärrohstoffe durchzuführen,
- auf die Erarbeitung von Entscheidungsvorschlägen zur Veränderung, Neuschaffung bzw. Aufhebung von Rechtsvorschriften, wie Veränderung von Standards, Preisregelungen u. ä., mit dem Ziel der Erhöhung der Effektivität des Einsatzes chemischer Erzeugnisse aktiv Einfluß zu nehmen,
- bei Verletzung der Plan- und Vertragsdisziplin sowie von Rechtsvorschriften über die Herstellung, Verarbeitung und Anwendung von chemischen Erzeugnissen gegenüber den Anwendern, wirtschaftsleitenden Organen und Räten der Bezirke Auflagen zur Beseitigung von Fehlern und Mängeln zu erteilen,
- von den Anwendern, den wirtschaftsleitenden Organen und den Räten der Bezirke Stellungnahmen zu Vorschlägen und Empfehlungen der Chemieberatungsstelle einzuholen,
- mit den Anwendern zeitlich abgegrenzte Kontrollpläne über durchzuführende Überprüfungen festzulegen.

§ 6

(1) Jede Neu- und Weiterentwicklung von Erzeugnissen, Technologien oder Konstruktionen bedarf hinsichtlich des Einsatzes chemischer Erzeugnisse, deren Nomenklatur in staatlichen Einsatzbestimmungen festgelegt wird, der staatlichen Genehmigung.
(2) Die Anwender chemischer Erzeugnisse haben die Unterlagen über die für solche Neu- und Weiterentwicklungen vorgesehenen Materialien und Sortimente bis spätestens zur Nomenklaturstufe K 2, V 2 oder A 4 unaufgefordert der Chemieberatungsstelle zur Prüfung des volkswirtschaftlich effektivsten Einsatzes chemischer Erzeugnisse vorzulegen. Soweit in der staatlichen Einsatzbestimmung gefordert, sind die Unterlagen über das zuständige wirtschaftsleitende Organ des Anwenders einzureichen.
(3) Die Chemieberatungsstelle fertigt über die Prüfungen einen staatlichen Prüfbescheid aus. In diesem Prüfbescheid können verbindliche Auflagen zur Veränderung der Materialauswahl erteilt werden.
(4) Der Prüfbescheid stellt unter Berücksichtigung der gegebenenfalls erteilten Auflagen die staatliche Genehmigung für die getroffene Materialauswahl dar und berechtigt zur Bestellung des Materials im Rahmen der Bilanzanteile. Er hat eine Rechtsmittelbelehrung gemäß § 11 zu enthalten.
(5) Auflagen gemäß Abs. 4, die Vorschriften über den Einsatz von Rohstoffen und Materialien in Standards oder anderen Rechtsvorschriften entgegenstehen, bedürfen der Zustimmung des Amtes für Standardisierung, Meßwesen und Warenprüfung. Die entgegenstehenden Standards oder Rechtsvorschriften sind für die Geltungsdauer der Auflagen nicht anzuwenden. Die Auflagen gelten als Ausnahmegenehmigung gemäß § 3 Abs. 5 der Standardisierungsverordnung vom 21. September 1967 (GBl. II Nr. 90 S. 665) und der

Zweiten Durchführungsbestimmung vom 11. September 1968 zur Standardisierungsverordnung — Abweichungen von DDR- und Fachbereichstandards — (GBl. II Nr. 100 S. 802).

§ 7

(1) Bei vorgesehenen Importen von Anlagen, Maschinen und Ausrüstungen, mit denen chemische Erzeugnisse verarbeitet werden oder bei denen sie als Zulieferungen bzw. als Ersatzteile verwendet werden sollen, haben die Anwender über ihr zuständiges wirtschaftsleitendes Organ, unabhängig von den in anderen Rechtsvorschriften geregelten Genehmigungen für Importe, bei der Chemieberatungsstelle die Erteilung einer Genehmigung der Chemieberatungsstelle zu beantragen. Die Genehmigung ist einzuholen:

- soweit es sich um Vorhaben nach den Rechtsvorschriften für Investitionen handelt, zur Investitionsvorentscheidung,
- in allen anderen Fällen vor Stellung des Importantrages.

Die Genehmigung erstreckt sich auf den vorgesehenen bzw. erforderlichen Einsatz chemischer Erzeugnisse. Sie hat eine Rechtsmittelbelehrung gemäß § 11 zu enthalten.

(2) Die Chemieberatungsstelle begutachtet im Zusammenwirken mit den zuständigen Organen, insbesondere dem Staatlichen Büro für die Begutachtung von Investitionen, wichtige Investitionsvorhaben der chemischen Industrie hinsichtlich ihrer Wirksamkeit zur Verbesserung des volkswirtschaftlich effektivsten Einsatzes und der Qualität chemischer Erzeugnisse.

[1]) Nicht abgedruckt wurden die §§ 8 bis 13 (Verantwortlichkeit des Leiters der Beratungsstelle, Wirtschaftssanktionen, Disziplinarmaßnahmen, Beschwerden, Sonderregelungen).
Die Anschrift der Chemieberatungsstelle lautete: 4020 Halle, Hansering 16.

[2]) Bilanzbeauftragte Organe bei S- und M-Positionen sowie bilanzierende Organe für Sortiments- und Einzelpositionen.

[3]) In der AO Nr. 2 vom 8. 8. 1980 (GBl. I Nr. 27 S. 272) ist eine Nomenklatur chemischer Erzeugnisse, deren Einsatz der Genehmigungspflicht gem. §§ 6 und 7 der AO über die Chemieberatungsstelle vom 15. 12. 1978 unterliegt, bekanntgemacht. Dazu gehört auch eine Anzahl pharmazeutisch wichtiger Stoffe, z. B. Formaldehyd, Sorbitol, Zitronensäure und Ausgangsprodukte für die Wirkstoffsynthese.

Anweisung zur Silberrückgewinnung aus silberhaltigen Abfällen und Rückständen

vom 29. März 1979
(VuM MfGe Nr. 4 S. 59)

In Durchführung des § 6 des Edelmetallgesetzes vom 12. 7. 1973 (GBl. I Nr. 33 S. 338) und des § 11 der dazu erlassenen Ersten Durchführungsbestimmung vom 12. 7. 1973 (GBl. I Nr. 33 S. 340) wird zur Silberrückgewinnung aus silberhaltigen Abfällen und Rückständen im Einvernehmen mit den Leitern der zuständigen zentralen Staatsorgane folgendes angewiesen:

1. Alle Einrichtungen des Gesundheitswesens, ungeachtet ihrer staatlichen Unterstellung, sind verpflichtet, sämtliche silberhaltigen Abfälle und Rückstände wie verbrauchte Fixierbäder, Röntgenfilmreste und -abfälle sowie nicht mehr zu archivierende Röntgenfilme[1]) zu sammeln.

2. Die Leiter der Einrichtungen des Gesundheitswesens haben zu sichern, daß die Materialien gemäß Ziffer 1 bereitgestellt und mit dem für die Aufbereitung und Rückgewinnungzuständigen VEB (B) Filmverwertung Fürstenwalde, 124 Fürstenwalde/Spree, Jahnstraße 17/20, vertragliche Vereinbarungen abgeschlossen werden. Diese Verträge haben insbesondere Festlegungen zu enthalten über

   – die Art und den Umfang des bereitzustellenden Materials
   – den Zeitpunkt der turnusmäßigen Abholung von der Einrichtung bzw. Kreissammelstelle,
   – die qualitativen Anforderungen in bezug auf die Reinheit des Materials

3. Die Einrichtungen des Gesundheitswesens sind berechtigt, im Interesse einer vollständigen Erfassung der silberhaltigen Abfälle und Rückstände zur Silberrückgewinnung den an der Sammlung beteiligten Mitarbeitern einen materiallen Anreiz durch Zahlung zweckbestimmter Prämien zu gewähren. Dazu stehen 25% der vom VEB (B) Filmverwertung Fürstenwalde gezahlten Ankaufpreise (100,– M/kg analytischen Silbergehaltes) zur Verfügung.

4. Der Nachweis über die vereinnahmten Mittel und gewährten Prämien erfolgt nach bzw. für die nicht dem Minister für Gesundheitswesen unterstehenden Bereiche analog den Festlegungen der Anweisung des Ministers für Gesundheitswesen vom 26. 6. 1975 über die Durchführung von Zahlungen an staatliche Einrichtungen des Gesundheits- und

Sozialwesens zur Vergütung an Mitarbeiter außerhalb zweckgebundener Fonds (Verf. u. Mitt. Nr. 14 S. 102).

5. Diese Anweisung tritt mit ihrer Veröffentlichung in Kraft. Gleichzeitig tritt die Anweisung vom 27. 11. 1970 zur Silberrückgewinnung aus silberhaltigen Abfällen und Rückständen (Verf. u. Mitt. Nr. 4/5 1971 S. 11) außer Kraft.

[1]) Anweisung vom 27. 7. 1981 über die Aufbewahrung von Röntgenaufnahmen und Röntgenbefunden (VuM MfGe Nr. 9 S. 111); nachstehend abgedruckt:

1.

(1) Röntgenaufnahmen einschließlich der indirekten Aufnahmen (35, 70, 100, 105, 110 mm Filmbreite) und Bilddokumente der Computertomographie sind — gerechnet vom Zeitpunkt der Anfertigung — mindestens für 5 Jahre von der Einrichtung, die die Aufnahmen angefertigt hat, zu archivieren.
(2) Röntgenaufnahmen, die in Verbindung mit entschädigungspflichtigen Arbeitsunfällen und Berufskrankheiten im Zusammenhang mit ärztlichen Begutachtungen und bei strahlenexponierten Personen angefertigt worden sind, müssen 25 Jahre aufbewahrt werden.
(3) Werden Großformat-Röntgenaufnahmen auf Kleinbild- oder Mikrofilm so umkopiert, daß keine diagnostisch relevanten Informationen verloren gehen, brauchen Großaufnahmen nicht aufgehoben zu werden.
(4) Röntgenaufnahmen dürfen nicht zu dauerndem Verbleib an Bürger ausgegeben werden.

2.

Die Aufbewahrung von Schirmbildaufnahmen, die bei Röntgenreihenuntersuchungen angefertigt werden, ist in der 12. Durchführungsbestimmung zur Verordnung vom 2. Juni 1975 zur Verhütung und Bekämpfung der Tuberkulose (GBl. I Nr. 28 S. 522) geregelt.

3.

Für Befunde über Röntgenaufnahmen und Röntgendurchleuchtungen gelten die für die entsprechenden Krankenunterlagen vorgesehenen Aufbewahrungsfristen.

4.

Filme, die nach dieser Anweisung nicht mehr archiviert werden, sind ohne Verzögerung entsprechend den gesetzlichen Bestimmungen — Anweisung vom 29. 3. 1979 zur Silberrückgewinnung aus silberhaltigen Abfällen und Rückständen (Verf. und Mitt. Nr. 4 S. 59) — zur Silberrückgewinnung zurückzuführen.

5.

Die Anweisung tritt mit der Veröffentlichung in Kraft.
Die Anweisung vom 16. 5. 1972 über die Aufbewahrung von Röntgenaufnahmen und Röntgenbefunden (Verf. und Mitt. Nr. 8 S. 48) tritt außer Kraft.

Information Nr. 13/76 für Bezirksapotheker aus dem Institut für Arzneimittelwesen der DDR

vom 5. Oktober 1976

— Auszug —

Betr.: Direktbezug von Arznei- und Gesundheitsplegemitteln

Zur Frage des Direktbezuges von Gesundheitspflegemitteln wird mitgeteilt: Die Lieferung von Gesundheitspflegemitteln an Verbraucher unter Umgehung der festgelegten Spezialgeschäfte ist gemäß § 6 der 2. Durchführungsbestimmung zum Arzneimittelgesetz vom 15. 5. 1964, GBl. II, Nr. 56, Seite 502 in der Fassung der 11. Durchführungsbestimmung zum Arzneimittelgesetz vom 7. 3. 1974, GBl. I, Nr. 19, Seite 185 unzulässig.
Zur Zeit gibt es aber einige abweichende Verfahrensweisen in der Praxis, z. B. bei Lieferung von Arzneibädern vom Hersteller an balneotherapeutische Einrichtungen und bei Lieferung von Summavit forte durch GHG an Betriebe. Das Institut für Arzneimittelwesen der DDR hat — soweit die abweichenden Lieferpraktiken zweckmäßig sind, im Interesse einer klaren Regelung den Produzenten bzw. Lieferanten die nachstehend aufgeführten Ausnahmegenehmigungen in Abstimmung mit dem Staatlichen Versorgungskontor für Pharmazie und Medizintechnik und dem Ministerium für Gesundheitswesen erteilt. Dabei wurden auch einige Arzneimittel betreffende Fragen geklärt.

Verzeichnis der Ausnahmegenehmigungen über abweichende Lieferwege u. ä.

Erzeugnis	Packungsgrößen	Hersteller	Inhalt und Auflagen (vgl. § 20 der 1. DB z. AMG)
alle als AM oder GPM registrierten „Arzneibäder“	registrierte, einschließlich „lose“	VEB Li-il-Werk VEB Esparma VEB LAW (BT Mölkau)	Lieferung durch Hersteller oder VD direkt an Einrichtungen des Gws u. balneotherapeutische Einrichtungen
Fein- und Grobdesinfektionsmittel (außer Wofasteril)	registrierte, einschließlich „lose“	VEB Chemiekombinat Bitterfeld, VEB Fettchemie, VEB Leuna-Werke, VEB Technochemie, VEB Haushaltreiniger	Lieferung durch Hersteller oder Großhandelseinrichtung direkt an Desinfektoren; Betriebe der Nahrungsgüterwirtschaft, der Landwirtschaft u. ä. (Beachtung von § 20 (3) der 1. DB zum AMG)
Summavit forte	registrierte	VEB Jenapharm	Lieferung durch GHG WtB an Betriebe. Zuständiger Betriebsarzt muß Bestellung abzeichnen u. übernimmt Verantwortung für für Zweckmäßigkeit, Unbedenklichkeit u. hyg. Verteilung

(Fortsetzung)

Erzeugnis	Packungsgrößen	Hersteller	Inhalt und Aufgaben (vgl. § 20 der 1. DB z. AMG)
Viatlon	registrierte	VEB Biomalz	Direktlieferung an Sportverbände
Äthanol, Wasser	—	örtliche Betriebe	Vorerst Lieferung an Apotheken ohne Registrierung

Anweisung zur Verbesserung der staatlichen Leitungstätigkeit auf dem Gebiet des Impfwesens (außer BCG)

vom 30. Oktober 1964
(VuM MfGe Nr. 22 S. 167)
i. d. F. der Anw. Nr. 2 vom 4. August 1966
(VuM MfGe Nr. 16/17 S. 133)[1])
— Auszug —

Die Erfüllung des Impfprogramms und die Schaffung eines weitgehenden Impfschutzes ist entscheidend für den Schutz der Bevölkerung vor bestimmten übertragbaren Krankheiten.
Zur Verbesserung der staatlichen Leitungstätigkeit auf dem Gebiete des Impfwesens wird angewiesen:

1. **Organisation des Impfwesens im Bezirk**

1.1. Der Leiter der Bezirks-Hygieneinspektion[2]) hat in Zusammenarbeit mit anderen Fachbereichen der Abteilung Gesundheits- und Sozialwesen beim Rat des Bezirkes die Kennziffern des Volkswirtschaftsplanes, Teil Impfschutz, auf der Grundlage der epidemiologischen Situation des Bezirkes und des Standes der durchgeführten Schutzimpfungen für die einzelnen Kreise in einem Maßnahmeplan festzulegen.

1.2. Dieser Maßnahmeplan ist nach Beratung in der Ständigen Kommission Gesundheits- und Sozialwesen beim Bezirkstag vom Bezirksarzt zu bestätigen. Ein Exemplar des Planes ist jeweils bis zum 15. Dezember dem Ministerium für Gesundheitswesen, Abteilung Hygiene und Staatliche Hygieneinspektion[2], einzureichen.

1.3. Nach der Bestätigung durch den Bezirksarzt erfolgt die endgültige Übergabe an die Kreisärzte und die Vorsitzenden der Ständigen Kommissionen der Kreistage.

1.5. Funktionsplan für den Instrukteur für das Impfwesen im Bezirk

1.5.1. Bezeichnung
„Instrukteur für das Impfwesen"

1.5.2. Unterstellung
Leiter der Bezirks-Hygieneinspektion

1.5.3. Verantwortungsbereich
Politisch-fachliche Durchsetzung der Anordnungen und staatlichen Weisungen in technisch-organisatorischer Hinsicht auf dem Gebiet des Impfwesens.

1.5.4. Aufgaben

...

— Planung, Bestellung und Verteilung von Impfstoffen und Gamma-Globulin (nur für prophylaktische Zwecke) sowie Kontrolle der Lagerung in den Kreisen. (Die

Kontrollbefugnis bezieht sich nicht auf Apotheken und Versorgungseinrichtungen für Arzneimittel.)

- Bearbeitung von Schadenersatzanträgen bei Impfschäden (einschließlich der überstarken Impfreaktionen.)
- Bearbeitung von Eingaben auf dem Gebiet des Impfwesens.

2. Organisation des Impfwesens im Kreis

2.1. Für die Organisierung der Erfüllung des Impfplanes ist der Leiter der Kreis-Hygieneinspektion[2]) verantwortlich.

2.3. Der Leiter der Kreis-Hygieneinspektion[2]) ist verantwortlich für die Planung, Bestellung, Verteilung und Aufbewahrung von Impfstoffen, Gamma-Globulin (nur für prophylaktische Zwecke), Sicherstellung der notwendigen Gerätschaften.

2.4. Die Ärzte, die Mütterberatungsstellen (bzw. Dauerimpfstellen), Kinderkrippen und Heime betreuen, haben zugleich in diesen Einrichtungen die Schutzimpfungen durchzuführen.

2.5. Die Jugendärzte sichern die Durchführung der Schutzimpfungen im Bereiche der Vorschuleinrichtungen, Schulen, Kindergärten, Internate und Lehrlingsheime, soweit diese nicht von einem Betriebsarzt betreut werden.

2.6. Tetanus-Schutzimpfungen erwachsener Personen werden in der Regel von den Betriebsärzten durchgeführt. Sie müssen gewährleisten, daß die Tetanus-Impfung in festgelegten Abständen vorgenommen wird. (Evtl. Überweisung zur Impfung an eine Dauerimpfstelle.)

2.10. Funktionsplan für den Impfsachbearbeiter im Kreis

2.10.1. Bezeichnung

Impfsachbearbeiter

2.10.2. Verantwortungsbereich

Politisch-fachliche Durchsetzung der Anordnungen und staatlichen Weisungen in technisch-organisatorischer Hinsicht auf dem Gebiet des Impfwesens.

2.10.3. Aufgaben

- Erarbeitung des Impfplanes und der Berichterstattung.
- Planung, Bestellung und Verteilung von Impfstoffen und Gamma-Globulin (nur für prophylaktische Zwecke) und notwendigen Gerätschaften.
- Ständige Zusammenarbeit mit den anderen Bereichen der Abteilungen Gesundheits- und Sozialwesen und den Massenorganisationen.
- Bearbeitung von Eingaben auf dem Gebiet des Impfwesens.

...

4. Meldepflicht bei überstarken Impfreaktionen

4.1. Treten bei Impfreaktionen gehäuft übernormal starke Reaktionen auf, haben die Kreis-Hygieneinspektionen dies umgehend dem *Institut für Serum- und Impfstoffprüfung, Berlin-Pankow, Wollankstr. 16, Tel.* 48 52 33[4]), mit nachfolgenden Angaben mitzuteilen:

4.1.1. Art und Chargennummer des Impfstoffes

4.1.2. Anzahl, Alter und Geschlecht der geimpften Personen

4.1.3. Menge und Applikationsform bei der Impfung

4.1.4. Zahl und Art der beobachteten starken Impfreaktionen

4.2. Woher wurde der Impfstoff bezogen und wie wurde er gelagert?

4.3. Zur Überprüfung sind dem Institut für Serum- und *Impfstoffprüfung, Berlin-Pankow, Wollankstr.* 16[4]), nach Möglichkeit etwa 50 ml des Impfstoffs in ungeöffneten Originalabfüllungen einzusenden.

4.4. Das *Institut für Serum- und Impfstoffprüfung, Berlin-Pankow*[4]), unterrichtet sofort das Ministerium für Gesundheitswesen, Abteilung Hygiene und Staatliche Hygieneinspektion, über aufgetretene Impfreaktionen.

5. Bestellung und Lagerung von Impfstoffen

5.1. Auf der Grundlage des Impfplanes des Kreises wird von der Kreis-Hygieneinspektion – Sachgebiet Impfwesen – der benötigte Impfstoff über die Bezirks-Hygiene-Inspektionen beim Versorgungsdepot für Pharmazie und Medizintechnik, Versorgungsbereich Seren/Impfstoffe, 1125 Berlin, Marzahner Straße, angefordert.

5.2. Impfstoffe, die direkt von den Herstellerwerken bezogen werden, bezahlt der Besteller.

5.3. Die Kreis- bzw. Bezirks-Hygieneinspektionen sind verpflichtet, zur Sicherstellung der geplanten Impfungen eine Reservehaltung von Impfstoffen vorzunehmen.

5.4. Bei der Aufbewahrung von Impfstoffen sind die in der Gebrauchsanweisung aufgeführten Vorschriften zu beachten.[3])

[1]) Durch die Anw. Nr. 2, in Kraft getreten am 1. 7. 1966, hat Abs. 1.5.7. eine neue Fassung erhalten. Abs. 1.5.7. ist in dieser Sammlung nicht mit abgedruckt.

[2]) S. hierzu VO über die Staatliche Hygieneinspektion, abgedruckt unter B **06 10**.

[3]) Die Anw. ist mit ihrer Veröffentlichung am 25. 11. 1964 in Kraft getreten.

[4]) Jetzt: Staatliches Kontrollinstitut für Seren und Impfstoffe, Berlin-Pankow, Wollankstr. 16, Tel. 482 52 33.

Richtlinie über Injektionen

vom 1. Juni 1981
(VuM MfGe Nr. 6 S. 79)

Zur Gewährleistung einer hohen Qualität der medizinischen Betreuung bei der Ausführung von Injektionen wird im Einvernehmen mit den Leitern der zuständigen zentralen staatlichen Organe festgelegt:

I.

Die Verordnung und die sachgerechte Ausführung von Injektionen gehören in den Verantwortungsbereich des Arztes. Er hat insbesondere über die medizinische Indikation, die Wahl des zu injizierenden Arzneimittels, die Dosierung sowie über Injektionsart und Applikationsstelle zu entscheiden. Er kann unter Beachtung der in dieser Richtlinie genannten Voraussetzungen medizinische Fachschulkader mit der Ausführung einer Injektion beauftragen.
Die Festlegungen dieser Richtlinie gelten für Zahnärzte entsprechend.

II.

1. Auf Weisung des Arztes bzw. Zahnarztes können
   - Medizinische Assistenten,
   - Krankenschwestern und -pfleger, Kinderkrankenschwestern, Sprechstundenschwestern und Hebammen sowie stomatologische Schwestern subkutane, intrakutane und intramuskuläre Injektionen sowie Venenpunktionen zum Zwecke der Blutentnahme

   ausführen.
2. Darüber hinaus können auf Weisung des Arztes bzw. Fachzahnarztes für Kieferchirurgie intravenöse Injektionen ausgeführt werden durch
   - Medizinische Assistenten
   - Fachkrankenschwestern/Fachkrankenpfleger
   - Fachkinderkrankenschwestern
   - Fachkrankenschwestern/Fachkrankenpfleger für Anästhesiologie und Intensivtherapie
   - Fachkrankenschwestern/Fachkrankenpfleger für Dialyse und Nierentransplantation
   - Fachschwestern für Intensivmedizin im Kindesalter

- Fachschwestern/Fachpfleger für Psychiatrie und Neurologie
- Fachschwestern für Kinderneuropsychiatrie
- Operationsschwestern/Operationspfleger mit abgeschlossener Qualifikation
- Betriebsschwestern mit abgeschlossener Qualifikation
- Gemeindeschwestern mit abgeschlossener Qualifikation
- Hebammen.

3. Der für einen ambulanten oder stationären Leistungsbereich verantwortliche Arzt bzw. verordnende Arzt ist verpflichtet, sich vor der erstmaligen Weisung zur Ausführung einer Injektion durch medizinische Fachschulkader davon zu überzeugen, daß diese über die entsprechenden Kenntnisse und Fertigkeiten verfügen sowie die notwendige Zuverlässigkeit zeigen, um die Injektionen sorgfältig und sachgerecht auszuführen, mögliche Komplikationen zu erkennen und gegebenenfalls zweckmäßige Hilfe zu leisten, wenn ein Arzt bei einem Zwischenfall nicht sofort erreichbar ist. Der beauftragende Arzt hat die medizinischen Fachschulkader, soweit erforderlich, hinsichtlich der Ausführung von Injektionen anzuleiten. Der die Weisung erteilende Arzt entscheidet, ob die Injektion durch den medizinischen Fachschulkader

   - selbständig einmal
   - selbständig mehrmals zu festgelegten Zeiten
   - nur unter unmittelbarer Aufsicht durch den Arzt

   auszuführen ist.

4. Voraussetzung für die Ausführung einer Injektion durch medizinische Fachschulkader ist in jedem Fall eine Weisung des Arztes. Sie ist durch den Arzt oder durch den die Injektion ausführenden medizinischen Fachschulkader zu dokumentieren und in den Fällen, wo die Injektion außerhalb einer Gesundheitseinrichtung und außerhalb ärztlicher Aufsicht auszuführen ist, schriftlich zu übermitteln.

5. Der medizinische Fachschulkader trägt für die sachgerechte Ausführung der ärztlich angewiesenen Injektion die Verantwortung. Er hat sich vorher auf der Grundlage seiner medizinischen Kenntnisse und praktischen Erfahrungen davon zu überzeugen, ob der Zustand des Patienten die Auführung dieser Injektion zuläßt. Bestehen in diesem Zusammenhang Bedenken, so ist vor der Ausführung der Injektion der zuständige Arzt umgehend davon zu unterrichten, damit dieser über das weitere Vorgehen entscheidet. Ebenfalls ist der zuständige oder ein anderer Arzt unverzüglich zu informieren, wenn während oder nach Ausführung der Injektion Komplikationen auftreten. Wird die Injektion außerhalb einer Gesundheitseinrichtung und außerhalb der unmittelbaren Aufsicht eines Arztes ausgeführt, ist darüber eine Aufzeichnung zu machen. Für Gemeindeschwestern gilt § 12 der Anordnung vom 13. 3. 1961 über die Gemeindeschwesterstationen – Gemeindeschwesterordnung – (GBl. II Nr. 20 S. 105).

6. Studenten der Medizin und der Stomatologie, die sich im Berufspraktikum bzw. klinischen Praktikum (Pflichtassistenz) befinden sowie Studenten der Medizinischen Fach-

schulen, die für die unter Abschnitt II Ziffer 1 genannten Berufe ausgebildet werden, dürfen im Rahmen ihrer Ausbildung Injektionen nur auf Weisung des zuständigen Arztes und unter seiner unmittelbaren Anleitung oder unter der unmittelbaren Anleitung eines dazu bestimmten medizinischen Fachschulkaders ausführen, der zu dem unter Abschnitt II Ziffer 2 genannten Personenkreis gehört.

III.

1. Injektionen sind sorgfältig vorzubereiten und auszuführen.
Zu den dabei zu beachtenden Sorgfaltspflichten gehören:

– Einhaltung der ärztlichen Verordnung
(Name des Arzneimittels, Dosisangabe, Applikationsweise und -ort, Zeitpunkt und Dauer der Injektion);
– Prüfung der Verwendbarkeitsfrist des Arzneimittels;
– Vermeidung von unerwünschten Einflüssen auf das Arzneimittel und von Infektionen beim Patienten durch folgende Maßnahmen:

- Es dürfen nur entsprechend den Vorschriften des Arzneibuches der DDR sterilisierte Spritzen, Kanülen und andere Materialien verwendet werden.
- Ampullen und Durchstichflaschen sollten erst unmittelbar vor der Injektion geöffnet werden. Keinesfalls darf der Zeitraum vom Füllen der Injektionsspritze bis zur Injektion jedoch mehr als 60 Minuten betragen.
- Mischungen von Injektionslösungen dürfen nur in Ausnahmefällen und nur bei nachgewiesener gegenseitiger Verträglichkeit der einzelnen Zubereitungen vorgenommen werden.
- Injektionslösungen, die in Mehrdosenbehältern (Durchstichflaschen) enthalten und mit Konservierungsmitteln versetzt sind, dürfen bei jeweils aseptischer Entnahme und sehr kühler Aufbewahrung (2 °C bis 5 °C) nur bis zu 72 Stunden nach der ersten Entnahme verwendet werden.
Injektionslösungen, die in Mehrdosenbehältern enthalten jedoch nicht mit Konservierungsmitteln versetzt sind, dürfen bei jeweils aseptischer Entnahme und sehr kühler Aufbewahrung (2 °C bis 5 °C) bis zu 12 Stunden nach der ersten Entnahme verwendet werden.
- Der Zeitpunkt des Anbruchs von Mehrdosenbehältern ist auf dem Etikett zu vermerken (Datum, Uhrzeit). Insulin-Injektionszubereitungen, die für bestimmte Patienten vorgesehen sind, können bei ordnungsgemäßer Beschriftung (Name des Patienten, Zeitpunkt des Anbruchs) entsprechend den Injektionsgewohnheiten des jeweiligen Patienten appliziert werden.
- Gummistopfen von Durchstichflaschen sind vor dem Einstechen der Kanüle unter Verwendung von sterilen Tupfern und einer nach der jeweils gültigen Fassung der Liste der Desinfektionsmittel zugelassenen Zubereitungen abzureiben.

- Die Einstichstelle am Körper ist unter Verwendung von sterilen Tupfern und einer nach der jeweils gültigen Fassung der Liste der Desinfektionsmittel zugelassenen Zubereitung zu desinfizieren.

– Einhaltung der notwendigen Maßnahmen zum Ausschluß jeder Verwechslungsmöglichkeit. Zu diesen Maßnahmen gehören
  - strenge Ordnung beim Umgang mit Arzneimitteln;
  - sorgfältiges Lesen der Beschriftung des Arzneimittels und Vergleichen mit den Angaben der Verordnung;
  - Prüfung der Identität des Patienten.

– Werden Injektionsspritzen nicht unmittelbar vor der Injektion gefüllt, dann ist die betreffende Ampulle beizufügen, so daß eine Kontrolle vor der Injektion möglich ist.

2. Ist derjenige, der die Spritzen zureicht oder vorbereitet, nicht mit dem Injizierenden identisch, ist folgendes zu beachten:

   – Für die Einhaltung der ärztlichen Verordnung hinsichtlich des Arzneimittels, der Dosis, der Maßnahmen zur Vermeidung schädlicher Einflüsse auf das Arzneimittel sowie für die Prüfung der Verwendbarkeitsfrist des Arzneimittels trägt derjenige die Verantwortung, der die Injektionsspritzen zureicht oder vorbereitet.

   – Derjenige, der die Injektion ausführt, hat sich über den Inhalt der ärztlichen Verordnung zu informieren und auf dieser Grundlage nach Prüfung der Identität des Patienten und des zu injizierenden Arzneimittels die Injektion unter Beachtung der dafür geltenden Regeln vorzunehmen.

3. Treten im Zusammenhang mit Injektionen Zwischenfälle auf, bei denen der Verdacht auf Qualitätsmängel des Arzneimittels nicht sicher auszuschließen ist, sind die verwendete Ampulle bzw. Durchstichflasche sowie weitere Behältnisse der Charge sicherzustellen. Der Zwischenfall ist über die zuständige Apotheke dem Institut für Arzneimittelwesen der DDR zu melden.

IV.

1. Für die Ausführung von Schutzimpfungen und -anwendungen gilt die Zweite Durchführungsbestimmung vom 27. 2. 1975 zum Gesetz zur Verhütung und Bekämpfung übertragbarer Krankheiten beim Menschen – Schutzimpfungen und andere Schutzanwendungen – (GBl. I Nr. 21 S. 353) durch Impfärzte.

2. Es ist zulässig, in nachstehend aufgeführten Fällen medizinische Fachschulkader entsprechend Abschnitt II Ziffer 1 mit der Ausführung von Schutzimpfungen und -anwendungen zu beauftragen. Dies sind

   – die Anwendung von Geräten zur nadellosen Injektion von Impfstoffen (sogenannte Impfpistolen) unter Aufsicht eines Impfarztes im Rahmen des § 5 der genannten Zweiten Durchführungsbestimmung vom 27. 2. 1975

- die intramuskuläre Verabfolgung von Tetatoxoid und antitoxischem Serum (HIG) im Rahmen der Tetanusprophylaxe
- die intramuskuläre Verabfolgung von Gammaglobulin.

Die Tuberkulintestung und die Schutzimpfung gegen Tuberkulose kann durch BCG-Impfschwestern und BCG-Impf-Fürsorgerinnen durchgeführt werden.

3. Der besonderen Kontaminationsgefährdung von Impfstoffen und anderen immunbiologischen Präparaten Rechnung tragend, gelten hinsichtlich der Handhabung dieser Arzneimittel (z. B. Resuspension von Lyophilisaten, Verwendbarkeitsdauer von aufaufgelöstem Lebendimpfstoff) über die Festlegungen der vorstehenden Abschnitte hinausgehende Vorschriften. Im übrigen sind die Festlegungen der vorstehenden Abschnitte sinngemäß anzuwenden.

V.

Über diese Richtlinie ind die entsprechenden Festlegungen in den Gesundheitseinrichtungen ist jährlich eine nachweispflichtige Belehrung durch die verantwortlichen ärztlichen Leiter durchzuführen.

VI.

Durch den Leiter der Gesundheitseinrichtung können für den Fall eines außergewöhnlichen Ereignisses (z. B. Katastrophen, Massenunfall) besondere Festlegungen getroffen werden. Sie sind durch den Kreisarzt zu bestätigen.

VII.

Die Ausführung von Injektionen auf hoher See wird gesondert geregelt.

VIII.

Die Ausführung von Transfusionen und Infusionen wird gesondert geregelt.

Anordnung über die Schutzimpfung gegen Pocken

vom 11. Januar 1966
(GBl. II Nr. 13 S. 55)

i. d. F. der Anordnung Nr. 2 vom 21. Dezember 1966
(GBl. II 1967 Nr. 2 S. 16)[1])

der Anordnung Nr. 3 vom 2. Oktober 1967
(GBl. II Nr. 94 S. 689)[2])

der Anordnung zur Anpassung der geltenden Straf- und Ordnungsstrafhinweise
— Anpassungsordnung — vom 12. Juni 1968
(GBl. II Nr. 62 S. 400; Ber. GBl. II Nr. 103 S. 827)[3])

und der Anordnung Nr. 4 vom 9. September 1971
(GBl. II Nr. 70 S. 608)[4])

— Auszug —

Gemäß § 21 des Gesetzes vom 20. Dezember 1965 zur Verhütung und Bekämpfung übertragbarer Krankheiten beim Menschen (GBl. I 1966 S. 29)[5]) und der Zweiten Durchführungsbestimmung vom 11. Januar 1966 zum Gesetz zur Verhütung und Bekämpfung übertragbarer Krankheiten beim Menschen — Schutzimpfungen und andere Schutzanwendungen — (GBl. II S. 52)[6]) wird folgendes angeordnet:

§ 1 Personenkreis

(1) Die Schutzimpfung gegen Pocken (nachstehend Impfung genannt) ist eine Pflichtschutzimpfung.
(2) Der Impfpflicht unterliegen:

a) alle Bürger der Deutschen Demokratischen Republik zu den vom Minister für Gesundheitswesen durch gesonderte Anordnung festgelegten Terminen,
b) alle Personen, die der Musterung zum Wehrdienst unterliegen, bei der Musterung, wenn die letzte Impfung länger als 3 Jahre zurückliegt,
c) alle Bürger der Deutschen Demokratischen Republik, wenn die Seuchensituation es erfordert,
d) aus- und einreisende Bürger der Deutschen Demokratischen Republik nach oder aus Gebieten, für die eine Pockenimpfung gefordert wird,
e) Personen, die nicht Bürger der Deutschen Demokratischen Republik sind und sich auf dem Gebiet der Deutschen Demokratischen Republik zeitweilig oder dauernd aufhalten oder in die Deutsche Demokratische Republik einreisen wollen, wenn eine Impfung gegen Pocken auf Grund der Seuchensituation oder der Einreisebestimmungen erforderlich ist,

f) in der Prophylaxe, Diagnostik und Behandlung tätige Ärzte, mittlere medizinische Fachkräfte und medizinische Hilfskräfte, die in ihrer Tätigkeit mit Kranken, Krankheitsverdächtigen, mit Gegenständen, die mit Krankheitserregern behaftet sind, und mit infektiösem Untersuchungsmaterial in Berührung kommen können, sowie alle Beschäftigten des Krankentransports und des Bestattungswesens sowie die im internationalen Verkehr eingesetzten Beschäftigten des Verkehrswesens, solange sie ihren Beruf ausüben, wenn die letzte erfolgreiche Impfung länger als 3 Jahre zurückliegt.

§ 2 Vorbereitung der Impfung

(1) Das für die staatliche Leitung des Gesundheitswesens zuständige Organ im Kreis hat, über die Festlegung des *§ 6 der Zweiten Durchführungsbestimmung vom 11. Januar 1966*[7]) hinaus, bei der Übergabe des Impfstoffes an den Impfarzt

a) das Herstellungsdatum,
b) die Chargennummer,
c) den Hersteller,
d) das Übergabedatum,
e) den Übernehmenden

zu registrieren.
(2) ...
(3) ...

Durchführung der Impfung

§ 7

Die Pockenschutzimpfung darf nur mit einem staatlich geprüften und zugelassenen Impfstoff durchgeführt werden.

§ 8

Der Impfausweis ist dem Impfarzt unaufgefordert vorzuweisen.

§ 9

(1) Unmittelbar vor der Durchführung der Impfung hat das Impfpersonal sich sorgfältig die Hände zu reinigen und zu desinfizieren sowie andere erforderliche hygienische Maßnahmen durchzuführen.
(2) Der Impfarzt ist verpflichtet, die Impfung nur dann vorzunehmen, wenn sich der Impfpflichtige im sauberen Zustand vorstellt bzw. durch seinen Erziehungsberechtigten oder den für den Impfpflichtigen Sorgeberechtigten entsprechend vorgestellt wird.

§ 10

(1) Bei Nichtvorliegen von Gegenindikationen wird die Impfung mit 2 Impfschnitten von 3 mm Länge in einem Mindestabstand von 20 mm — am zweckmäßigsten am Oberarm — durchgeführt, wobei die Erstimpfung am rechten, die Wiederholungsimpfung am linken Oberarm vorgenommen werden sollen. Andere Impfmethoden bedürfen der Zustimmung der Bezirks-Hygieneinspektion.[8])
(2) Vor der Impfung ist die entsprechende Hautpartie ausreichend mit Wundbenzin, 70% Alkohol oder Äther, zu reinigen. Bis zur Impfung muß die Haut völlig abgetrocknet sein.
(3) Nach der Impfung hat der Impfarzt das völlige Eintrocknen des Impfstoffes durch Hilfskräfte beaufsichtigen zu lassen.
(4) Die Impfpflichtigen bzw. deren Erziehungsberechtigte oder die für den Impfpflichtigen Sorgeberechtigten sind über die Verhaltensweise nach der Schutzimpfung zu belehren.

§ 11 Mitteilung über einen ungewöhnlichen Impfverlauf

(1) Bei ungewöhnlichem Impfverlauf sind der Impfpflichtige bzw. dessen Erziehungsberechtigte oder der für den Impfpflichtigen Sorgeberechtigte verpflichtet, unverzüglich einen Arzt, möglichst den Impfarzt, zu benachrichtigen.
(2) Der Arzt hat festgestellte Abweichungen vom normalen Impfverlauf der zuständigen Kreis-Hygieneinspektion[8]) unverzüglich anzuzeigen. Hat der Leiter der Kreis-Hygieneinspektion selbst die Impfung vorgenommen, ist diese Meldung an den Leiter des für die staatliche Leitung des Gesundheitswesens zuständigen Organs im Kreis zu geben.

§ 12 Wiedervorstellung zur Impfung

Wird ein Impfpflichtiger von der Impfung zurückgestellt, so hat er sich oder ist er vom Erziehungsberechtigten oder dem für den Impfpflichtigen Sorgeberechtigten dem Impfarzt nach Ablauf der Zurückstellungszeit erneut unaufgefordert zur Impfung vorzustellen.

§ 13 Nachschau

(1) Die Nachschau hat am 6. bis 8. Tag nach der Erstimpfung zu erfolgen. Der anberaumte Termin ist einzuhalten. Im Verhinderungsfall sind der Impfpflichtige oder dessen Erziehungsberechtigte oder der für den Impfpflichtigen Sorgeberechtigte verpflichtet, mit dem Impfarzt einen neuen Termin für die Nachschau zu vereinbaren. Bei der Wiederholungsimpfung erfolgt die Nachschau ebenfalls nach einer Woche, bei vorangegangenem Pockenkontakt ab 4. Tag.

(2) Bei der Nachschau hat der Impfarzt den Erfolg der Impfung im Impfausweis einzutragen.
(3) Die Impfreaktionen sind in der Impfliste wie folgt festzuhalten:

Knötchen-, Bläschen- oder Pustelreaktion an einer bzw. zwei Impfstellen

(4) Die Impfung gilt als erfolgreich, wenn bei der Erstimpfung mindestens eine Pustel zur völligen Entwicklung gekommen ist bzw. bei Wiederholungsimpfungen mindestens eine Impfstelle entweder eine Knötchen-, beschleunigte Bläschen- oder modifizierte Pustel- bzw. Erstimpfreaktion zeigt.

(5) Bei Reisen in Gebiete, für die eine Pockenschutzimpfung vorgeschrieben ist, bzw. bei örtlicher Pockengefahr gilt die Knötchenreaktion nicht als sicherer Erfolg. Die Pockenschutzimpfung ist in diesem Falle zu wiederholen. Das gleiche gilt für medizinisches und anderes Personal bzw. Hilfspersonal, das für den Einsatz beim Auftreten einer Pockenerkrankung vorgesehen ist, es sei denn, daß die letzte Wiederholungsimpfung innerhalb der Dreijahresfrist eine Pustelreaktion ergeben hatte.
(6) War die Impfung ohne Erfolg, hat der Impfarzt am Tage der Nachschau die Impfung zu wiederholen oder einen erneuten Impftermin festzulegen.
(7) Bleibt bei der Erstimpfung der Erfolg auch nach dem 2. Impfversuch aus, so ist die Pockenschutzimpfung nach einigem Abstand, in der Regel nach einem Jahr, zu wiederholen. Nach dem 3. erfolglosen Impfversuch hat der Impfpflichtige der gesetzlichen Impfpflicht genügt.

§ 16 Schlußbestimmungen

(1) Diese Anordnung tritt mit ihrer Verkündung in Kraft [9])
(2) Gleichzeitig treten außer Kraft:

a) die Anordnung vom 21. März 1962 über die Durchführung zusätzlicher Schutzimpfungen gegen Pocken (GBl. II S. 197),
b) die Anordnung Nr. 3 vom 27. Oktober 1964 über die Durchführung zusätzlicher Schutzimpfungen gegen Pocken (GBl. II S. 861),
c) die Richtlinie für Impfärzte zur Durchführung von Pockenschutzimpfungen vom 5. Juni 1962 (Verfügungen und Mitteilungen des Ministeriums für Gesundheitswesen Nr. 7/62).

[1]) Die AO Nr. 2, die am 1. 1. 1967 in Kraft trat, regelt die vorübergehende Übertragung einer anderen Arbeit für Geimpfte, die beruflich mit Rindern umzugehen haben. Die AO Nr. 2 ist in dieser Sammlung nicht mit abgedruckt.

[2]) Durch die AO Nr. 3, in Kraft getreten am 18. 10. 1967, haben die §§ 1 und 5 der AO (Nr. 1) eine neue Fassung erhalten und wurde § 1 der AO Nr. 2 aufgehoben. § 1 Abs. 2 und § 5 der AO (Nr. 1) sind in dieser Sammlung nicht mit abgedruckt.

[3]) Durch die Anpassungsanordnung, die am 1. 7. 1968 in Kraft trat, hat der Strafhinweis des § 15 eine neue Fassung erhalten. § 15 ist in dieser Sammlung nicht mit abgedruckt.

[4]) Durch die AO Nr. 4, in Kraft getreten am 1. 1. 1972, hat § 1 die jetzt vorliegende Fassung erhalten. S. Anm. 2.

[5]) Abgedruckt unter B **06** 31.

[6]) Abgedruckt unter B **06** 33.

[7]) Jetzt: § 2 der 2. DB vom 27. 2. 1975; Gesetz zur Verhütung und Bekämpfung übertragbarer Krankheiten, auszugsweise abgedruckt unter B **06** 33.

[8]) S. hierzu VO über die Staatliche Hygieneinspektion; abgedruckt unter B **06** 10.

[9]) In Kraft getreten am 2. 2. 1966.

Richtlinie über die Durchführung der Pockenschutzimpfung bei den Musterungsuntersuchungen der Wehrpflichtigen

vom 23. Februar 1976
(VuM MfGe Nr. 4 S. 19)

Zur Aufrechterhaltung des Pockenschutzes wird auf der Grundlage der Anordnung vom 11. Januar 1966 über die Schutzimpfung gegen Pocken (GBl. II Nr. 12 S. 55)[1]) im Einvernehmen mit dem Minister für Nationale Verteidigung folgendes bestimmt:

1. Wehrpflichtige unterliegen bei der Musterung der Pockenimpfpflicht, wenn die letzte Impfung länger als 3 Jahre zurückliegt.
2. Wiederimpfungen werden bei der Musterungsuntersuchung im Anschluß an die Hauptuntersuchung durchgeführt.
3. Erstzuimpfende Wehrpflichtige sind unmittelbar im Anschluß an die Musterungsuntersuchung in einer vom Kreisarzt festzulegenden Impfstelle einem erfahrenen Impfarzt vorzustellen und, falls keine Hinderungsgründe vorliegen, zu impfen.
   Erstimpfungen sind nach Vorimmunisierung mit formalininaktivierter Pockenvakzine und gleichzeitiger Verabreichung von Human-Immunglobulin „Anti-Vaccinia" (bzw. Normal-Human-Gamma-Globulin) durchzuführen.
4. Die Nachschau ist vom Impfarzt oder seinem festgelegten Vertreter durchzuführen, nach Erstimpfung am 6. bis 8. Tag; nach Wiederimpfung am 4. bis 7. Tag.
5. Die Dokumentation der Impfung und des Nachschauergebnisses erfolgt im Einlegeblatt des Gesundheitsbuches und im Wehrdienstausweis.
   Impflisten sind ordnungsgemäß zu führen und nach Abschluß der Impfungen der zuständigen Kreis-Hygieneinspektion zu übersenden.
6. Der zuständige Kreisarzt ist für die personelle und materielle Absicherung der Pockenimpfungen verantwortlich.
   Impfärzte im Rahmen von Musterungsuntersuchungen müssen die erforderliche Impfberechtigung besitzen.
7. Für die Durchführung vom Impfungen im Rahmen der Musterungsuntersuchungen gelten die Bestimmungen der Zweiten Durchführungsbestimmung vom 27. Februar 1975 zum Gesetz zur Verhütung und Bekämpfung übertragbarer Krankheiten beim Menschen — Schutzimpfungen und andere Schutzanwendungen — (GBl. I Nr. 21 S. 353)[2]) und der Anordnung über die Schutzimpfung gegen Pocken.[1])
8. Diese Richtlinie tritt mit Wirkung vom 1. März 1976 in Kraft.

[1]) Abgedruckt unter C 09 43.
[2]) Abgedruckt unter B 06 33.

Anordnung Nr. 2[1]) zum Schutze gegen Pocken

vom 9. März 1964
(GBl II Nr. 27 S. 225)

Gemäß § 18 der Verordnung vom 18. Mai 1955 zum Schutze gegen übertragbare Krankheiten (GBl. I S. 421; Ber. S. 914)[2]) wird folgendes angeordnet:

§ 1

(1) Bürger der Deutschen Demokratischen Republik, die sich innerhalb von 18 Tagen, andere Reisende, die sich innerhalb von 2 Wochen vor ihrer Ankunft in der Deutschen Demokratischen Republik in einem der im Abs. 3 aufgeführten Gebiete aufgehalten oder sie passiert haben (nachstehend „Einreisende" genannt), sind verpflichtet, bei der Einreise ein gültiges Pockenimpfzertifikat vorzulegen. Die letzte Impfung darf nicht länger als 3 Jahre zurückliegen.

(2) Die Bestimmungen des Abs. 1 gelten sinngemäß auch für Personen, die sich an Bord eines Schiffes befinden, das innerhalb des genannten Zeitraumes vor der Ankunft in der Deutschen Demokratischen Republik einen Hafen in einem unter Abs. 3 genannten Gebiet angelaufen hat, ohne daß sich diese Reisenden in dem Gebiet aufhielten.

(3) Zu den Gebieten gemäß Abs. 1 gehören:

1. Asien, ausgenommen die asiatischen Teile der UdSSR;
2. Afrika;
3. Amerika, ausgenommen die USA und Kanada;
4. die von der Weltgesundheitsorganisation bekanntgegebenen örtlichen Infektionsgebiete oder sonstige vom Ministerium für Gesundheitswesen bestätigte Infektionsherde.

§ 2

Bürger der Deutschen Demokratischen Republik, die in ein im § 1 Abs. 3 genanntes Gebiet ausreisen, müssen bei der Ausreise ein gültiges Impfzertifikat vorweisen, aus dem hervorgeht, daß sie nicht länger als 3 Jahre zuvor mit Erfolg gegen Pocken geimpft wurden. Das gleiche gilt für Ausreisende, wenn ein im § 1 Abs. 3 nicht genanntes Ziel- oder Transitland die Vorlage eines gültigen Pockenimpfzertifikates fordert.

§ 3

(1) Die Kontrolle der Impfzertifikate erfolgt an den Kontrollpassierpunkten an der Staatsgrenze der Deutschen Demokratischen Republik durch die Paßkontrollorgane.

(2) Bei Schiffen, die aus dem Ausland kommend einen Hafen der Deutschen Demokrati-

schen Republik anlaufen, wird die Kontrolle der Impfzertifikate vom Hafenarzt des Medizinischen Dienstes des Verkehrswesens (nachstehend Medizinischer Dienst genannt) oder seinem Vertreter durchgeführt. In besonderen Fällen kann dieser die Paßkontrollorgane zur Unterstützung heranziehen.

§ 4

Kann das gemäß § 1 Abs. 1 geforderte Impfzertifikat nicht erbracht werden, ist der Einreisende vorübergehend in den dafür vorgesehenen Räumen durch die Paßkontrollorgane abzusondern und dem für den Kontrollpassierpunkt zuständigen Arzt vorzustellen.

§ 5

(1) Für das Vorhandensein von geeigneten Absonderungsmöglichkeiten an den Kontrollpunkten ist das Ministerium für Verkehrswesen verantwortlich.
(2) Für den Einsatz von Ärzten und Heilhilfspersonal ist der Medizinische Dienst verantwortlich.
(3) Ist an einem Kontrollpassierpunkt ein Arzt des Medizinischen Dienstes nicht ständig stationiert, hat das für die staatliche Leitung des Gesundheitswesens verantwortliche Organ des Kreises auf Verlangen des für den Kontrollpassierpunkt zuständigen Direktionsarztes des Medizinischen Dienstes einen in der Nähe ansässigen geeigneten, in einer staatlichen Einrichtung tätigen Arzt mit der Durchführung der in den §§ 6 bis 8 festgelegten Aufgaben zu beauftragen.
(4) Das für die staatliche Leitung des Gesundheitswesens verantwortliche Organ des Kreises hat auf Anforderung des Medizinischen Dienstes diesen bei der Einrichtung von Impfstellen und Bereitstellung vom Impfpersonal zu unterstützen. Es muß gewährleisten, daß nötigenfalls eine Einweisung in eine Quarantänestation erfolgen kann.

§ 6

(1) Einreisende aus den im § 1 Abs. 3 genannten Gebieten, die kein gültiges Pockenimpfzertifikat nachweisen können, sind unter Beachtung der Gegenindikationen in der für den Kontrollpassierpunkt zuständigen Impfstelle gegen Pocken zu impfen.
(2) Der für den Kontrollpassierpunkt zuständigen Arzt entscheidet, ob diese Einreisenden unter Beobachtung gestellt oder in Quarantäne genommen werden müssen.
(3) Verweigert ein Einreisender (§ 1) die Pockenschutzimpfung, so muß er für die Dauer von 2 Wochen, Bürger der Deutschen Demokratischen Republik für die Dauer von 18 Tagen, gerechnet vom Tage der Abreise aus dem Infektionsgebiet bzw. -herd, isoliert werden. Erklärt sich der Einreisende, soweit er nicht Bürger der Deutschen Demokratischen Republik ist, bereit, unverzüglich zurückzureisen, wird von dieser Maßnahme abgesehen.

§ 7

(1) Einreisende, die Anzeichen einer Pockenerkrankung (Kranke) oder des Verdachts auf diese Erkrankung (Krankheitsverdächtige) aufweisen, sind umgehend in Quarantäne zu nehmen.
(2) Ansteckungsverdächtige, d. h. Kontaktpersonen I. Ordnung, sind gesondert von Kranken und Krankheitsverdächtigen in Quarantäne zu nehmen und umgehend gegen Pocken zu impfen, unabhängig vom Termin der letzten Impfung. Über Ausnahmen entscheidet die hinzugezogene Expertenkommission.
(3) Kontaktpersonen II. Ordnung, d. h. solche, die Kontakt mit Kontaktpersonen I. Ordnung hatten, sind umgehend gegen Pocken zu impfen, unabhängig vom Termin der letzten Impfung. Sie sind unter Beobachtung zu stellen.

§ 8

(1) Alle von dem für den Kontrollpassierpunkt zuständigen Arzt getroffenen vorläufigen Maßnahmen sind dem zuständigen Direktionsarzt des Medizinischen Dienstes und dem Leiter des für die staatliche Leitung des Gesundheitswesens verantwortlichen Organs des Kreises unverzüglich fernmündlich mitzuteilen.
(2) Das Ministerium für Gesundheitswesen hat nach Überprüfung die Bestätigung bzw. Aufhebung der gemäß Abs. 1 getroffenen Maßnahmen zu verfügen.

§ 9

Die nach den Bestimmungen dieser Anordnung durchgeführten ärztlichen Untersuchungen, Schutzimpfungen sowie evtl. erforderlichen Transporte erfolgen für den Betroffenen kostenlos.

§ 10

(1) Transitreisende, mit Ausnahme der im Abs. 2 genannten Personen, unterliegen ebenfalls den Bestimmungen dieser Anordnung.
(2) Diese Anordnung gilt nicht für Transitreisende, die während ihrer Durchreise durch die Deutsche Demokratische Republik das Verkehrsmittel nicht verlassen können und mit Bürgern der Deutschen Demokratischen Republik nicht in Berührung kommen.

§ 11

(1) Diese Anordnung tritt mit ihrer Verkündung in Kraft.[3])
(2) Gleichzeitig tritt die Anordnung (Nr. 1) vom 14. Juni 1961 zum Schutze gegen Pocken (GBl. II S. 318) außer Kraft.

[1]) Die AO (Nr. 1) ist gemäß § 11 der AO Nr. 2 aufgehoben.
[2]) Es gilt jetzt das Gesetz vom 20. 12. 1965 zur Verhütung und Bekämpfung übertragbarer Krankheiten beim Menschen, auszugsweise abgedruckt unter B 06 31.
[3]) In Kraft getreten am 4. 4. 1964.

Verordnung über das Meßwesen

vom 26. November 1981
(GBl. I Nr. 37 S. 429)

Zur Entwicklung und wirksamen Nutzung eines leistungsfähigen Meßwesens sowie zur Sicherung der Einheitlichkeit und Richtigkeit der Messungen wird folgendes verordnet:

I.
Geltungsbereich und Grundsätze

§ 1 Geltungsbereich

(1) Diese Verordnung gilt für Wirtschaftseinheiten, wirtschaftsleitende Organe und Staatsorgane sowie deren Einrichtungen.
(2) Wirtschaftseinheiten im Sinne dieser Verordnung sind

1. Kombinate,
2. Betriebe,
3. sozialistische Genossenschaften,
4. Einkaufs- und Liefergenossenschaften des Handwerks.

(3) Für wissenschaftliche Einrichtungen und Einrichtungen des Gesundheits- und Sozialwesens gilt diese Verordnung entsprechend.

§ 2 Grundsätze

Das Meßwesen hat einen großen Beitrag für die Beschleunigung des wissenschaftlich-technischen Fortschritts und die Erhöhung seiner ökonomischen Wirksamkeit, für die Steigerung der Effektivität und Qualität der Produktion durch höhere Veredlung der Rohstoffe, die Sicherung einer hohen Energie- und Materialökonomie sowie für die umfassende sozialistische Rationalisierung zu leisten. Die Entwicklung der materiell-technischen Basis für das Meßwesen ist untrennbarer Bestandteil des wissenschaftlich-technischen Fortschritts, der umfassenden sozialistischen Rationalisierung aller Zweige des volkswirtschaftlichen Reproduktionsprozesses und muß in dieser Einheit in der Volkswirtschaft und den anderen gesellschaftlichen Bereichen geleitet, geplant und realisiert werden.

II.
Aufgaben der Staatsorgane und der bilanzierenden Organe

Amt für Standardisierung, Meßwesen und Warenprüfung

§ 3

(1) Das Amt für Standardisierung, Meßwesen und Warenprüfung sichert in enger Zusammenarbeit mit den anderen zentralen Staatsorganen und den Kombinaten, die den Ministerien direkt unterstellt sind, die Durchsetzung der staatlichen Erfordernisse zur Gewährleistung eines auf höchste Effektivität und Qualität der gesellschaftlichen Arbeit ausgerichteten Meßwesens.
(2) Das Amt für Standardisierung, Meßwesen und Warenprüfung ist für die Herausarbeitung der volkswirtschaftlichen Schwerpunkte auf dem Gebiet des Meßwesens verantwortlich. Es richtet seine staatliche Einflußnahme vor allem auf

1. die Gewährleistung einer hohen Wirksamkeit des Meßwesens durch die Kombinate entsprechend den wachsenden volkswirtschaftlichen Anforderungen an das technologische Niveau der Produktion, die Qualität und Zuverlässigkeit der Erzeugnisse und die Senkung des Aufwandes an Arbeitszeit, Material und Energie,
2. die notwendige Einbeziehung der Belange des Meßwesens in die staatliche Leitung und Planung der effektivitätsentscheidenden volkswirtschaftlichen Neuerungsprozesse mit dem Ziel, international fortgeschrittenes meßtechnisches Niveau zu verwirklichen,
3. die Durchsetzung einer einheitlichen meßtechnischen Ordnung in der Volkswirtschaft und den anderen gesellschaftlichen Bereichen entsprechend den Erfordernissen zur Erhöhung der Effektivität und Qualität der gesellschaftlichen Arbeit.

§ 4

(1) Das Amt für Standardisierung, Meßwesen und Warenprüfung verwirklicht seine Aufgaben zur Entwicklung der materiell-technischen Basis für das Meßwesen und zur Gewährleistung der Einheitlichkeit und Richtigkeit der Messungen in enger Verbindung mit seinen Aufgaben auf den Gebieten der Standardisierung, Qualitätsentwicklung und staatlichen Qualitätskontrolle insbesondere durch die

1. Ausarbeitung von Ziel- und Aufgabenstellungen für volkswirtschaftlich bedeutsame meßtechnische Spitzenleistungen zur Aufnahme in den Staatsplan Wissenschaft und Technik und Übergabe von volkswirtschaftlichen Schwerpunkten an die Kombinate zur Entwicklung eines auf hohem Niveau stehenden Meßwesens zur Steigerung der Effektivität der technologischen Prozesse sowie Bereitstellung und Weiterentwicklung von Normalen und Normalverfahren,
2. Unterstützung der Kombinate bei der Bestimmung der Ziele für wichtige Aufgaben ihrer Pläne Wissenschaft und Technik zur Neu- und Weiterentwicklung von Meßmitteln sowie zur Überwachung des qualitativen Niveaus der Produktion, bei der

Lösung wichtiger meßtechnischer Aufgaben und bei der Richtighaltung der Hauptnormale,
3. Analysen- und Kontrolltätigkeit in Verbindung mit der Übertragung und Verallgemeinerung fortgeschrittener Erfahrungen unter Berücksichtigung der Ergebnisse und Erkenntnisse aus der internationalen Arbeit zur Anwendung rationeller meßtechnischer Lösungen,
4. Darstellung, Bewahrung und Weitergabe der Maßeinheiten physikalischer Größen, Zulassung von Meßmittelbauarten, Eichung von Meßmitteln, metrologische Inspektion und metrologische Begutachtung zur ständigen Überwachung der Richtigkeit der Meßmittel sowie ihres zweckmäßigen Einsatzes und den Erlaß der dazu erforderlichen Rechtsvorschriften.

(2) Das Amt für Standardisierung, Meßwesen und Warenprüfung ist berechtigt,

1. in Übereinstimmung mit den Rechtsvorschriften die gültigen Maßeinheiten[1]) festzulegen und ihre einheitliche Anwendung zu kontrollieren,
2. die Zulassungspflicht für Meßmittelbauarten und die Eichpflicht für Meßmittel zur Gewährleistung des erforderlichen wissenschaftlich-technischen Niveaus der Meßmittel festzulegen. Das hat insbesondere bei volkswirtschaftlich entscheidenden Schwerpunkten zu erfolgen,
3. zur Kontrolle der Festlegungen dieser Verordnung metrologische Inspektionen durchzuführen,
4. im Einvernehmen mit dem jeweils übergeordneten Organ bzw. dem Kombinat die Eichung von Meßmitteln sowie die Erteilung von metrologischen Gutachten auf Wirtschaftseinheiten und Einrichtungen zu übertragen und dazu meßtechnische Prüfstellen zuzulassen, in denen diese Prüfaufgaben volkswirtschaftlich rationell und auf hohem meßtechnischem Niveau durchgeführt werden können.

(3) Die Fachabteilungen und die Fachgebiete des Bereiches Meßwesen des Amtes für Standardisierung, Meßwesen und Warenprüfung sind berechtigt, Auflagen zur Beseitigung festgestellter Mängel bei der

1. Sicherung der Einheitlichkeit und Richtigkeit der Messungen,
2. Durchsetzung der Zulassungspflicht für Meßmittelbauarten und der Eichpflicht für Meßmittel

zu erteilen.

§ 5 Ministerien, andere Staatsorgane, bilanzierende Organe

(1) Die Ministerien und die anderen Staatsorgane sind dafür verantwortlich, daß das Meßwesen in ihrem Zuständigkeitsbereich auf der Grundlage des wissenschaftlich-technischen Fortschritts im höchsten Maße zur Steigerung der Qualität und Effektivität der gesellschaftlichen Arbeit beiträgt.

(2) Zur Durchsetzung der staatlichen Aufgaben und Planauflagen und der vom Amt für Standardisierung, Meßwesen und Warenprüfung dazu vorgegebenen Schwerpunkte für die Erhöhung der Wirksamkeit des Meßwesens sind den Kombinaten und zentral unterstellten Einrichtungen konkrete Aufgaben auf diesem Gebiet vorzugeben, und es ist über ihre Realisierung die Kontrolle auszuüben. Hierzu gehören Vorgaben zur

1. Ausarbeitung, Einführung und Aktualisierung von Standards, die die Durchsetzung wissenschaftlich-technischer Bestlösungen zur Hebung des meßtechnischen Niveaus der Produktion und anderer Prozesse sichern,
2. Verwirklichung der meßtechnischen Ordnung, auf deren Grundlage die Einheitlichkeit und Richtigkeit der Messungen zu gewährleisten sind,
3. Festlegung von Entwicklungsrichtungen und des Umfangs der Produktion von rationellen und zuverlässigen Meßmitteln sowie von Maßnahmen zur Entwicklung der internationalen sozialistischen Arbeitsteilung im RGW zur Deckung des volkswirtschaftlichen Bedarfs an leistungsfähiger Meßtechnik.

(3) Bilanzierende Organe sind verpflichtet,

1. die erforderlichen Maßnahmen für eine stabile, bedarfs- und qualitätsgerechte Versorgung mit Meßmitteln durchzusetzen,
2. die Bilanzen über ausgewählte Meßmittel vor ihrer Bestätigung mit dem Amt für Standardisierung, Meßwesen und Warenprüfung abzustimmen.

(4) Die Minister haben vor ihrer Entscheidung über die Einstellung der Produktion von Meßmitteln die Zustimmung des Amtes für Standardisierung, Meßwesen und Warenprüfung einzuholen.

III.
Aufgaben der Wirtschaftseinheiten

§ 6 Allgemeine Aufgaben

(1) Die Wirtschaftseinheiten sind verpflichtet, die materiell-technische Basis und die erforderlichen Normative für ein leistungsfähiges Meßwesen bereitzustellen. Sie haben ihre Maßnahmen besonders darauf zu richten, daß mit Hilfe zweckentsprechender Meßtechnik und effektiver Meßverfahren durch einheitliche, richtige und rationelle Messungen ein größtmöglicher Beitrag zur Erhöhung der Qualität der Erzeugnisse und Leistungen, zur Gewährleistung des sicheren und störungsfreien Betriebes der technischen Anlagen, zur Einsparung von Arbeitsplätzen, Material und Energie sowie zur Senkung der Kosten erbracht wird.
(2) Die Wirtschaftseinheiten haben in ihrem Verantwortungsbereich die Einheitlichkeit und Richtigkeit der Messungen zu gewährleisten und für die Einhaltung der meßtechni-

schen Ordnung die erforderlichen Voraussetzungen und Bedingungen zu schaffen. Sie sind dafür verantwortlich, daß

1. geeignete und ökonomisch vorteilhafte Meßmittel (Arbeitsmeßmittel) angewendet werden,
2. die Meßmittel richtig sind (sie müssen Meßwerte ergeben, die festgelegte Fehlergrenzen nicht überschreiten),
3. die Messungen mit der erforderlichen Meßgenauigkeit durchgeführt und die Meßmittel ordnungsgemäß aufbewahrt, in Betrieb genommen, angewendet und instandgehalten werden,
4. Fristen für die periodische Prüfung der Arbeitsmeßmittel und der Normale zur Prüfung dieser Arbeitsmeßmittel festgelegt werden,
5. die zur Prüfung der Arbeitsmeßmittel verwendeten Normale innerhalb der festgelegten Fristen mit geeichten Hauptnormalen nachweisbar verglichen werden,
6. die Arbeitsmeßmittel innerhalb der festgelegten Fristen mit einem geeichten Hauptnormal oder mit den ihm nachgeordneten Normalen nachweisbar verglichen werden,
7. auf der Grundlage von Rechtsvorschriften Mengentoleranzen für Fertigpackungen festgelegt und eingehalten werden,
8. eichpflichtige Meßmittel gültig geeicht sind,
9. die für die Vorbereitung, Durchführung und Auswertung der Messungen verantwortlichen Werktätigen über die erforderliche Qualifikation verfügen.

(3) Die Leiter der Wirtschaftseinheiten sind verpflichtet, die Verantwortung der nachgeordneten Leiter und der leitenden Mitarbeiter für die Erfüllung der Aufgaben gemäß Abs. 2 in einer betrieblichen Ordnung festzulegen.

§ 7 Kombinat

(1) Die Kombinate sichern im Rahmen der einheitlichen Leitung und Planung des Reproduktionsprozesses eine hohe Wirksamkeit des Meßwesens für die Lösung ihrer volkswirtschaftlichen Aufgaben unter besonderer Beachtung einer effektiven Integration der Meßmittel und Meßverfahren in die technologischen Prozesse.

(2) Die Kombinate haben unter Berücksichtigung internationaler Bestlösungen auf dem Gebiet des Meßwesens in Vorbereitung und Durchführung der Pläne für die Verwirklichung

1. der Niveauanforderungen bei der Neu- und Weiterentwicklung der Erzeugnisse, Verfahren und Technologien,
2. einer rationellen Überwachung des qualitativen Niveaus der Produktion und einer zuverlässigen Qualitätskontrolle der Erzeugnisse,
3. eines sicheren und störungsfreien Betriebes der technischen Anlagen

die Leistungsfähigkeit auf dem Gebiet des Meßwesens im notwendigen Maße zu steigern. Unter Berücksichtigung internationaler Vergleiche schaffen sie die Voraussetzungen

dafür, daß die zum Einsatz kommenden Meßmittel und Meßverfahren den Ansprüchen an die Entwicklung von wissenschaftlich-technischen Spitzenleistungen und an ihre produktionstechnische Realisierung mit hohen ökonomischen Ergebnissen gerecht werden.
(3) Die Kombinate legen die Maßnahmen zur Weiterentwicklung und wirksamen Nutzung des Meßwesens auf der Grundlage der staatlichen Aufgaben und Planauflagen sowie der vom Amt für Standardisierung, Meßwesen und Warenprüfung vorgegebenen Schwerpunkte eigenverantwortlich fest. Die Maßnahmen sind entsprechend den Leistungs- und Niveauzielen für die wissenschaftlich-technische Arbeit und die Rationalisierung der Produktion insbesondere zu richten auf

1. niveaubestimmende meßtechnische Lösungen für die Intensivierung der technologischen Prozesse sowie die Sicherung der Qualität und Zuverlässigkeit der Erzeugnisse,
2. meßtechnische Lösungen für die Überwachung des sicheren und störungsfreien Betriebes der technischen Anlagen und technologischen Prozesse zur Vermeidung von Unfällen, Havarien und Produktionsstörungen sowie der daraus resultierenden volkswirtschaftlichen Verluste,
3. die Erhöhung der Leistungsfähigkeit von Meßmitteln und Meßverfahren sowie eine rationelle Organisation und Durchführung der Arbeiten zur Gewährleistung der Einheitlichkeit und Richtigkeit der Messungen,
4. die Entwicklung und den Eigenbau von spezifischen Meßmitteln sowie den Ausbau der hierfür erforderlichen Kapazitäten zur Sicherstellung einer qualitätsgerechten Produktion, zur Mechanisierung und Automatisierung von Meßprozessen sowie zur Durchführung von Versuchs- und Laborarbeiten in den Forschungs- und Entwicklungsbereichen.

(4) Die Kombinate haben zu gewährleisten, daß

1. der Bedarf an Meßmitteln der Kombinatsbetriebe langfristig geplant und ihre Versorgung mit Meßmitteln in Abstimmung mit den bilanzbeauftragten bzw. bilanzierenden Organen gesichert wird,
2. das Meßwesen im Rahmen der komplexen Maßnahmen zur betrieblichen Qualitätssicherung und Standardisierung (QSS)[2] für die Erhöhung des technologischen Niveaus der Produktion und der Qualität der Erzeugnisse wirkungsvoll genutzt wird,
3. leistungsfähige Meßmittel eingesetzt werden, die den Effektivitäts- und Qualitätserfordernissen entsprechen, und rationelle Meßverfahren zur Anwendung gelangen.

§ 8 Meßmittelproduzenten

(1) Die Meßmittelproduzenten sind dafür verantwortlich, daß

1. die von ihnen produzierten Meßmittel unter Berücksichtigung internationaler Vergleiche den Ansprüchen, die die Entwicklung von wissenschaftlich-technischen Spitzenleistungen an die Meßtechnik stellt, gerecht werden,
2. für die Prüfung der hergestellten oder in Wahrnehmung ihrer Bilanzverantwortung

importierten Meßmittel Prüfstandards erarbeitet und den Nutzern die erforderlichen Prüfmöglichkeiten zur Richtighaltung der Meßmittel nachgewiesen werden,
3. in Abstimmung mit den bilanzbeauftragten bzw. bilanzierenden Organen das notwendige Zubehör für eine rationelle Anwendung der Meßmittel einschließlich der Unterlagen für die Instandsetzung bereitgestellt wird,
4. im Rahmen von Instandsetzungsleistungen des Kundendienstes auch die meßtechnische Prüfung der Meßmittel vorgenommen wird.

(2) Werden von den Meßmittelproduzenten Meßmittel als geeicht angeboten oder für Zwecke hergestellt, für die eine Eichung erforderlich ist, so sind die Meßmittelproduzenten verpflichtet, die Ersteichung durch meßtechnische Prüfstellen vornehmen zu lassen, sofern das Amt für Standardisierung, Meßwesen und Warenprüfung keine anderen Festlegungen trifft.

§ 9 Meßtechnische Beurteilung von Importmeßmitteln

(1) Der Vertragsabschluß für den Import von Meßmitteln, auch als Bestandteil kompletter Anlagen, ist nur zulässig, wenn die Meßmittel den staatlichen Standards der DER entsprechen oder die gegenseitige Anerkennung der Ergebnisse der staatlichen Prüfung für Meßmittel zwischen dem Amt für Standardisierung, Meßwesen und Warenprüfung und dem zuständigen staatlichen Organ des Exportlandes vereinbart ist.
(2) Sind die im Abs. 1 geforderten Voraussetzungen nicht vorhanden, so ist der Vertragsabschluß nur zulässig, wenn ein metrologisches Gutachten des Amtes für Standardisierung, Meßwesen und Warenprüfung vorliegt, mit dem die Eignung des Meßmittels für den vorgesehenen Zweck bescheinigt wird. Für die Einholung des metrologischen Gutachtens ist der jeweilige Importbetrieb verantwortlich.

IV.
Sonstige Bestimmungen

§ 10 Auflagen durch das Amt für Standardisierung, Meßwesen und Warenprüfung

Die Wirtschaftseinheiten sind verpflichtet, Auflagen, die das Amt für Standardisierung, Meßwesen und Warenprüfung gemäß § 4 Abs. 3 erteilt, unverzüglich zu erfüllen. Ihre Verantwortung für die Entwicklung und die wirksame Nutzung des Meßwesens, für die Erhöhung der Qualität und Zuverlässigkeit der Erzeugnisse sowie zur Einsparung von Arbeitsplätzen, Material und Energie wird dadurch nicht eingeschränkt.

§ 11 Beschwerde gegen Auflagen

(1) Gegen die Auflagen gemäß § 4 Abs. 3 kann Beschwerde eingelegt werden.
(2) Die Beschwerde ist schriftlich unter Angabe der Gründe innerhalb einer Frist von 10 Tagen nach Zugang der Auflage beim Leiter, der die Auflage erteilt hat, einzulegen. Über die Beschwerde ist innerhalb von 14 Tagen nach ihrem Eingang zu entscheiden.

(3) Wird der Beschwerde nicht oder nicht in vollem Umfang stattgegeben, so ist sie innerhalb dieser Frist dem Präsidenten des Amtes für Standardisierung, Meßwesen und Warenprüfung zur Entscheidung zuzuleiten. Der Präsident des Amtes für Standardisierung, Meßwesen und Warenprüfung entscheidet innerhalb von weiteren 14 Tagen endgültig.

§ 12 Gebühren

Für die Tätigkeit des Amtes für Standardisierung, Meßwesen und Warenprüfung und der von ihm Beauftragten werden Gebühren gemäß den Rechtsvorschriften erhoben.

§ 13 Disziplinarmaßnahmen

Der Präsident des Amtes für Standardisierung, Meßwesen und Warenprüfung ist berechtigt, bei vorsätzlichen oder fahrlässigen Verstößen gegen

1. Rechtsvorschriften über das Meßwesen oder
2. Auflagen gemäß § 4 Abs. 3

vom Disziplinarbefugten die Durchführung eines Disziplinarverfahrens gegen denjenigen zu verlangen, der für den Verstoß verantwortlich ist.

§ 14 Ordnungsstrafbestimmungen

(1) Wer vorsätzlich oder fahrlässig als Leiter oder leitender Mitarbeiter in den Wirtschaftseinheiten

1. Meßmittel, die festgelegte Fehlergrenzen überschreiten, anwendet oder deren Anwendung zuläßt,
2. Normale, die dem eichpflichtigen Hauptnormal der Wirtschaftseinheit nachgeordnet sind, anwendet oder deren Anwendung zuläßt, für die kein Nachweis über ihren Vergleich mit dem Hauptnormal erbracht werden kann,
3. Arbeitsmeßmittel anwendet oder deren Anwendung zuläßt, für die kein Nachweis über ihren Vergleich mit einem geeichten Hauptnormal oder den ihm nachgeordneten Normalen erbracht werden kann,
4. eichpflichtige Meßmittel, die nicht gültig geeicht sind, anwendet oder ihre Anwendung zuläßt,
5. Auflagen, die nach § 4 Abs. 3 schriftlich erteilt wurden, nicht nachkommt,

kann mit Verweis oder Ordnungsstrafe von 10 bis 500 M belegt werden.

(2) Eine Ordnungsstrafe bis 1 000 M kann ausgesprochen werden, wenn durch eine vorsätzliche Ordnungswidrigkeit gemäß Abs. 1

1. ein größerer Schaden verursacht wurde oder hätte verursacht werden können,
2. die gesellschaftlichen Interessen grob mißachtet wurden oder
3. eine vorsätzliche Ordnungswidrigkeit aus Vorteilsstreben oder wiederholt innerhalb von 2 Jahren begangen und mit Ordnungsstrafe geahndet wurde.

(3) Die Durchführung des Ordnungsstrafverfahrens obliegt dem Präsidenten des Amtes für Standardisierung, Meßwesen und Warenprüfung.

(4) Für die Durchführung des Ordnungsstrafverfahrens und den Ausspruch von Ordnungsstrafmaßnahmen gilt das Gesetz vom 12. Januar 1968 zur Bekämpfung von Ordnungswidrigkeiten – OWG – (GBl. I Nr. 3 S. 101).

V.
Schlußbestimmungen

§ 15 Durchführungsbestimmungen

Durchführungsbestimmungen zu dieser Verordnung erläßt der Präsident des Amtes für Standardisierung, Meßwesen und Warenprüfung im Einvernehmen mit den Leitern der zuständigen zentralen Staatsorgane.

§ 16 Inkrafttreten

(1) Diese Verordnung tritt am 1. Februar 1982 in Kraft.

(2) Gleichzeitig treten außer Kraft:

- Verordnung vom 18. Mai 1961 über das Meßwesen (GBl. II Nr. 32 S. 191),
- Erste Durchführungsbestimmung vom 15. August 1961 zur Verordnung über das Meßwesen (GBl. II Nr. 66 S. 437),
- Dritte Durchführungsbestimmung vom 26. November 1971 zur Verordnung über das Meßwesen (GBl. II Nr. 79 S. 701).

[1]) Z. Z. gilt Standard TGL 31548 „Einheiten physikalischer Größen".

[2]) Z. Z. gilt Standard TGL 29513 „Betriebliche Qualitätssicherung und Standardisierung" (QSS).

Richtlinie zur Tetanusprophylaxe

vom 19. Oktober 1978
(VuM MfGe Nr. 10 S. 92)

Die Gefahr der Tetanusinfektion besteht bei jeder, auch der kleinsten Wunde, da der Erreger des Wundstarrkrampfes, Clostridium tetani, weit verbreitet ist.
Die vollständige Schutzimpfung der Bevölkerung gegen Tetanus ist die wirksamste und zuverlässigste Schutzmaßnahme gegen diese gefährliche Infektionskrankheit.

1. Allgemeine Tetanusprophylaxe

1.1. Kinder sind entsprechend dem gültigen Impfkalender zu impfen. Neugeborene und Säuglinge vollständig geimpfter Mütter sind bis zum 1. Impftermin durch das diaplazentar übertragene Tetanus-Antitoxin gegen die Krankheit geschützt.
Die Tetanusimpfung im Rahmen des Impfkalenders erfolgt als DPT- bzw. DT-Impfung. Die Impfdosis von 0,5 ml wird i. m. appliziert.

1.2. Zur vollständigen Schutzimpfung sind 3 Injektionen mit je 0,5 ml Tetanus-Adsorbatimpfstoff notwendig. Die Injektionen sind in folgenden Abständen vorzunehmen: Zwischen den beiden ersten Injektionen ist ein Abstand von mindestens 4 Wochen bis maximal 6 Monaten einzuhalten (Minimalabstand: 4 Wochen; regelrechter Abstand: 4 bis 6 Wochen; Maximalabstand: 6 Monate).
Die 3. Impfung ist in der Regel 1 bis 2 Jahre nach der 2. Impfung durchzuführen (Minimalabstand: 1 Jahr, regelrechter Abstand: 1 bis 2 Jahre; Maximalabstand: 5 Jahre).
Der Tetanus-Adsorbatimpfstoff wird intramuskulär appliziert.

1.3. Die Immunität gegen Tetanus kann durch Wiederholungsimpfungen in 10jährigen Abständen aufrechterhalten werden.
Für diese Boosterimpfungen sollte vorzugsweise ein Tetanus-Fluid-Impfstoff verwendet werden. Die Dosis von 0,5 ml wird subkutan appliziert.

2. Tetanusprophylaxe bei Verletzten

Im Verletzungsfall ist außer einer einwandfreien chirurgischen Wundversorgung die Schutzimpfung wie folgt durchzuführen:

2.1. Geimpfte Personen

2.1.1. Bei Personen, die eine vollständige Schutzimpfung erhalten haben und bei denen die letzte Wiederholungsimpfung nicht länger als 10 Jahre zurückliegt, ist keine weitere Impfung notwendig. Liegt die letzte Wiederholungsimpfung länger als 10 Jahre zurück, ist eine einmalige Wiederholungsimpfung mit 0,5 ml Tetanus-Fluid-Impfstoff vorzunehmen.

2.1.2. Bei Personen, die mindestens zweimal gegen Tetanus in vorschriftsmäßigen Abständen immunisiert wurden, hat eine einmalige Wiederholungsimpfung mit 0,5 ml Tetanus-Adsorbat-Impfstoff zu erfolgen.
Wenn am Verletzungstag die 2. Injektion weniger als 14 Tage zurückliegt, erfolgt sofort eine passive Immunisierung mit 250 I. E. Human-Immunglobulin „Anti-Tetanus". Der aktive Impfschutz wird mit 0,5 ml Tetanus-Adsorbatimpfstoff nach 1 bis 2 Jahren (Minimalabstand: 1 Jahr; regelrechter Abstand: 1 bis 2 Jahre; Maximalabstand: 5 Jahre) vervollständigt.

2.1.3. Personen, die nur einmal gegen Tetanus geimpft wurden oder zwei Impfungen in mehr als sechsmonatigem Abstand erhalten haben oder bei denen der Maximalabstand von 5 Jahren zwischen der 2. und 3. Impfung überschritten wurde, gelten **als nicht geimpft.**

2.2. Nichtgeimpfte Personen

2.2.1. Ist der Verletzte nicht gegen Tetanus geimpft, hat die sofortige Simultan-Immunisierung gegen Tetanus zu erfolgen. Sie besteht aus der gleichzeitigen aktiven Schutzimpfung mit 0,5 ml Tetanus-Absorbatimpfstoff und 250 I. E. Human-Immunglobulin „Anti-Tetanus".
Die Injektionen sind an unterschiedlichen Körperstellen vorzunehmen.
Die aktive Immunisierung wird bei nichtgeimpften Verletzten mit 2 Einzelimpfungen von je 0,5 ml Tetanus-Adsorbatimpfstoff im Abstand von 14 Tagen fortgesetzt. Eine Auffrischimpfung wird 1 bis 2 Jahre nach der 3. Impfung mit Tetanus-Adsorbatimpfstoff durchgeführt (Minimalabstand: 1 Jahr; regelrechter Abstand: 1 bis 2 Jahre; Maximalabstand: 5 Jahre).
Bei schweren Verletzungen, wie z. B. bei stark verschmutzten Riß- bzw. Quetschwunden, Schuß- und tiefen Stichwunden, Bißwunden sowie chirurgisch nur schlecht zugänglichen Wunden und bei vernachlässigten Wunden empfiehlt sich die Gabe von 500 I. E. Human-Immunglobulin „Anti-Tetanus". Bei ausgedehnten Verbrennungen mit großen Plasmaverlusten empfiehlt sich ebenfalls die Anwendung von 500 I. E. Human-Immunglobulin „Anti-Tetanus" und außerdem eine weitere Gabe von 250 I. E. 24 Stunden später.

2.2.2. Steht Human-Immunglobulin „Anti-Tetanus" nicht zur Verfügung, dann kann Human-Gammaglobulin „Dessau" mit deklariertem Tetanus-Antitoxin-Gehalt oder Tetanus-Antitoxin vom Tier verwendet werden.
Entsprechend dem deklarierten Gehalt an Tetanus-Antitoxin ist beim Human-Gammaglobulin „Dessau" die Dosierung so vorzunehmen daß insgesamt 250 I. E. bzw. 500 I. E. intramuskulär appliziert werden.
Bei der Simultan-Immunisierung mit Tetanus-Antitoxin vom Tier werden bei der

ersten Impfung mit Tetanus-Adsorbatimpfstoff gleichzeitig, jedoch an einem anderen Körperteil, 4500 I. E. Tetanus-Antitoxin vom Tier verabreicht. Die Simultan-Immunisierung mit Tetanus Antitoxin vom Tier ermöglicht nicht, die abklingende passive Immunität lückenlos in eine aktive überzuleiten.
Bei Allergikern und bei Personen, die durch frühere Gaben von tierischem Serum sensibilisiert sind, ist die Gabe von Tetanus-Antitoxin vom Tier kontraindiziert. Zur weitgehenden Verhütung des Allergie- oder Anaphylaxierisikos ist vor jeglicher Verabreichung des tierischen Serums der Intrakutan- bzw. Ophthalmotest durchzuführen. Bereits bei der Allergietestung haben ebenso wie bei der Injektion des tierischen Serums Arzneimittel zur Allergie- und Schockbehandlung bereitzustehen.
Intrakutantest: Bei Verdacht auf eine möglicherweise eintretende allergische Reaktion werden 0,1 ml des 1:100 mit Natriumchlorid-Injektionslösung verdünnten tierischen Serums am Unterarm intrakutan injiziert.
Besteht kein begründeter Verdacht auf eine allergische Reaktion, werden 0,1 ml des 1:10 verdünnten tierischen Serums injiziert.
Positive Reaktion im allgemeinen binnen 10 Minuten (Wallbildung, Erythem). Im Zweifelsfalle Ophthalmotest durchführen.
Die gleiche Menge Natriumchlorid-Injektionslösung wird zur Kontrolle am anderen Unterarm intrakutan verabreicht.
Ophthalmotest: Man träufelt in den unteren Konjunktivalsack 1 Tropfen des 1:100 mit Natriumchlorid-Injektionslösung verdünnten tierischen Serums und zur Kontrolle in den unteren Konjunktivalsack des anderen Auges 1 Tropfen der Natriumchlorid-Injektionslösung.
Die positive Reaktion tritt innerhalb von 10 bis 15 Minuten ein. Die mit dem Serum beträufelte Konjunktiva zeigt eine entzündliche Rötung, verbunden mit Juckreiz, Tränenfluß und Lidödem.

2.2.3. Sowohl die alleinige passive Impfung als auch die alleinige aktive Schutzimpfung nichtgeimpfter verletzter Personen sind nicht erlaubt.

3. Gegenindikationen

Akute fieberhafte Erkrankungen stellen eine Gegenindikation für die allgemeine Tetanusprophylaxe dar.
Wegen des Tetanusrisikos entfällt diese Gegenindikation bei Verletzten.

4. Abstand zu anderen Schutzimpfungen

Ein Abstand zu anderen Schutzimpfungen braucht nicht eingehalten zu werden. Die synchrone Applikation ist zu empfehlen.

5. Tetanus-Schutzimpfung während der Schwangerschaft

Der Tetanus des Neugeborenen und der puerperale Tetanus spielen in der DDR keine Rolle. Bei gegebener Indikation können diese Erkrankungen durch die aktive Immunisierung der Mutter wie folgt verhindert werden:

Während der Schwangerschaft ist für die vollständige Impfung gegen Tetanus zu sorgen. Bei Schwangeren, deren letzte Impfung länger als 10 Jahre zurückliegt, ist eine Boosterimpfung mit Tetanus-Fluid-Impfstoff durchzuführen.

Ist die Mutter vor der Schwangerschaft nicht aktiv gegen Tetanus geimpft worden, ist die Impfung möglichst während der ersten 6 Monate der Schwangerschaft zu beginnen. Es werden zwei Einzelimpfungen im Abstand von 4 bis 6 Wochen und eine dritte Einzelimpfung 4 Wochen vor dem voraussichtlichen Geburtstermin verabfolgt. Die Wiederholungsimpfung ist 1 bis 2 Jahre nach der dritten Einzelimpfung durchzuführen (Minimalabstand: 1 Jahr; regelrechter Abstand: 1 bis 2 Jahre; Maximalabstand: 5 Jahre).

6. Dokumentation der Impfung

Die Dokumentation der Tetanusimpfungen Erwachsener erfolgt im Personalausweis (hintere innere Umschlagseite) und im Ausweis für Arbeit und Sozialversicherung (bei Kindern im Sozialversicherungs- und Impfausweis) bzw. entsprechend den Festlegungen des Ministeriums für Gesundheitswesen.

7. Schlußbestimmungen

7.1. Diese Richtlinie tritt am 1. Januar 1979 in Kraft.

7.2. Gleichzeitig tritt die Richtlinie vom 3. März 1970 zur Tetanusprophylaxe (Verf. u. Mitt. Nr. 9 S. 72) außer Kraft.

Anweisung über die Wiederverwendung von ausgewählten medizintechnischen Verbrauchsmaterialien

vom 27. Juli 1981
(VuM MfGe Nr. 9 S. 112)

1.

(1) Medizintechnische Verbrauchsmaterialien gemäß Anlage 1 dürfen erforderlichenfalls nach den Festlegungen dieser Anweisung wiederholt verwendet werden. Über die Wiederverwendung entscheidet der Anwender durch Beurteilung der Beschaffenheit des Gegenstandes nach der Verwendung und nach der Reinigung. Nach Möglichkeit ist die Funktionsfähigkeit unmittelbar vor der erneuten Verwendung nochmals zu kontrollieren.
(2) Einwegspritzen und -kanülen sowie sämtliche in Infektionsstationen und zur Applikation von radioaktiven Zubereitungen verwendete Einmalgebrauchsgegenstände sind von jeglicher Wiederverwendung auszuschließen.

2.

Die Durchführung der Wiederaufbereitung hat nach den Vorschriften der Vorläufigen Rahmenhygieneordnung vom 1. Juni 1977 für ambulante und stationäre Gesundheitseinrichtungen (RHO Ge) (Sonderdruck des Ministeriums für Gesundheitswesen, Best.-Nr. 32)[1]), des 2. AB-DDR über die Sterilisation (Bd. 1, Allgemeine Bestimmungen, Abschn. XV) und der Anordnung vom 6. Juni 1979 über die Sterilisation auf dem Gebiet der Humanmedizin (GBl. I Nr. 18 S. 159) zu erfolgen. Die Auswahl und der Einsatz der Desinfektionsmittel sind entsprechend den Festlegungen der jeweils gültigen Liste der Desinfektionsmittel[2]), die jährlich in den Verfügungen und Mitteilungen des Ministeriums für Gesundheitswesen veröffentlicht wird, vorzunehmen.

3.

(1) Die Strahlensterilisation [Verfahren b des 2. AB-DDR] darf zur Resterilisation nicht angewendet werden.
(2) Strahlensterilisiertes Material aus Polyvinylchlorid darf zur Resterilisation nicht mit Ethylenoxid behandelt werden.
(3) Sofern der Deklaration der Originalverpackung oder aktuellen Druckmaterialien des Herstellers kein eindeutiger Hinweis über Sterilisationsverfahren bzw. Materialcharakter zu entnehmen ist, sind diesbezügliche Anfragen an das Institut für Arzneimittelwesen der DDR (IFAR)[3]) zu richten.

4.

(1) Die Maßnahmen zur Wiederaufbereitung sind unmittelbar nach dem Gebrauch einzuleiten und ohne Unterbrechung soweit durchzuführen, daß die Desinfektion gewährleistet und die Bildung von Schmutzinkrustationen verhindert wird, bevor ein Weitertransport der Geräte erfolgt.
(2) Zur Verhinderung von Materialschäden ist die Anwendung von Desinfektionsmitteln auf das konzentrations- und zeitmäßig notwendige Maß zu beschränken. Die Anwendung materialschädigender Substanzen, wie z. B. organischer Lösungsmittel, ist zu vermeiden. Behandlungsvorschläge der Hersteller sind, soweit sie vorliegen, zu berücksichtigen.
(3) Für die Wiederaufbereitung ist das Behandlungsschema gemäß Anlage 2 zugrundezulegen. Spezielle Methoden sind mit dem Forschungsinstitut für Hygiene und Mikrobiologie[4]) abzustimmen und dem IFAR zur Kenntnis zu geben.
(4) Die für eine spätere Wiederverwendung vorgesehenen Gegenstände sind vor der Sterilisation kontaminationssicher zu verpacken. Die Packungen sind mit einer Chargenkennzeichnung und einer Verwendbarkeitsfrist zu versehen. Die Verwendbarkeitsfrist ist in Abhängigkeit von der Art der verwendeten Sterilisierumhüllung (Anlage 3) und vom Alter bzw. Zustand des Gegenstandes festzulegen.

5.

Über die Wiederaufbereitung von medizintechnischen Verbrauchsmaterialien ist eine Dokumentation entsprechend Anlage 4 zu führen.

Anlage 1

zu Ziff. 1 Abs. 1 vorstehender Anweisung

Liste der zur Zeit erforderlichenfalls wiederverwendbaren medizintechnischen Verbrauchsmaterialien

Herz- und Gefäßkatheter
Koronarkatheter
Torconkatheter
Fogartykatheter sowie
Einführungssets

Venenverweilkatheter
Stimulator-Elektrodenkatheter

Duodenalsonden aus Plast
Trachealtuben aus Plast
Trachealkanülen aus Plast

Urologische Katheter aus Plast
Ureter-Katheter
Schlingkatheter
Nelaton-atheter
Tiemann-Katheter

Anlage 2

zu Ziff. 4 Abs. 3 vorstehender Anweisung

Schema zur Wiederaufbereitung von medizintechnischen Verbrauchsmaterialien

A. Verfahrensweise bei Resterilisation mit Ethylenoxid[5])

1. Desinfektion (Wofasteril 0,5% 15 min bzw. Fesiaform 4,0% 2 h), erforderlichenfalls nach Vorreinigung mit kaltem Wasser unter Beachtung der dabei notwendigen Desinfektionsmaßnahmen.
2. Reinigung mit milder Waschlauge
3. Intensive Nachspülung mit Leitungswasser und anschließend Spülung mit sterilisiertem destilliertem Wasser
4. Kontrolle der Sauberkeit und Funktionsfähigkeit
5. Trocknen, Verpacken, Kennzeichnen
6. Sterilisation mit Ethylenoxid [Verfahren c_1 des 2. AB-DDR]
7. Nachlagerung zur Desorption von Ethylenoxid (siehe Anlage 3)

B. Verfahrensweise bei Resterilisation mit Wofasteril

1. bis 4.
(Desinfektion, Reinigung und Kontrolle) wie unter A. angegeben
5. Sterilisation mit Wofasteril (Peressigsäure) [Verfahren c_2 des 2. AB-DDR] d. h. unter aseptischen Bedingungen behandeln und mit sterilisiertem destilliertem Wasser nachspülen; danach unverzügliche Verwendung des Gegenstandes

Anlage 3

zu Ziff. 4 Abs. 4 vorstehender Anweisung

I. Verwendbarkeitsfristen für Sterilgut

nach E. Steiger, A. Günther, V. Herzog, H. Horn, R. Machmerth und H. Seeber
Sterilverpackungen und Schutzverpackungen in der medizinischen Praxis (3. Fassung)[6])

Manuskript-Druck des Forschungsinstitutes für Hygiene und Mikrobiologie Bad Elster 1980:

„Unter Voraussetzung einer staubgeschützten Aufbewahrung beträgt die zulässige Lagerfrist für Sterilverpackungen

Plastfolie	1 Jahr	Alu-Folie	30 d
Papier	30 d	Metall	7 d
Textilien	7 d	Glas	30 d

Besteht eine Sterilverpackung aus mehreren dieser Materialien, gilt jeweils die kürzeste Lagerfrist."

Anmerkung:

Die Verwendbarkeitsdauer der medizintechnischen Verbrauchsmaterialien in der Originalpackung beträgt in der Regel bei Inlanderzeugnissen 5 Jahre, bei Importen 2 bis 3 Jahre.

II. Desorption von Ethylenoxid

Überschlägige Desorptionszeiten für verschiedene Sterilgüter in Abhängigkeit von der Verpackung zur Erreichung eines Grenzwertes von 10 ppm
Nach V. Herzog, H. Horn und B. Opitz,
Desorption von Ethylenoxid aus gassterilisierten Plasten und Elasten
Z. ges. Hyg. 25, 386–389 (1979):

	ohne Lüftung 20 °C ± 5 °C Verpackung in	
Sterilisiergut aus:	Polyethylenfolie (100 µm)	Papier oder 4fach Textilien
Papier, Polyethylen Silikongummi: (< 0,5 mm) Glas, Metall (optische und elektr. Geräte)	48 h	6 h
Polyethylen u. Silikongummi (> 0,5 mm)	96 h	12 h
Polystyrole, Polypropylene, Polyamide (Nylon, Perfol)	192 h	24 h
Polyvinylchlorid	336 h	42 h

Im Zweifelsfall ist die längste geforderte Desorptionszeit einzuhalten.

Anlage 4

zu Ziff. 5 vorstehender Anweisung

Dokumentationsmuster

Das Protokoll der Wiederaufbereitung ist in Form eines Buches oder einer Kartei zu führen.
Folgende Mindestangaben sind erforderlich und jeweils mit Datum und Namen des Ausführenden zu belegen:

- Auswahl der wiederaufzubereitenden Gegenstände nach Art und Menge
- Bestätigung der Durchführung der Desinfektion und Reinigung gemäß Vorschrift (Anlage 2)
- Durchführung der Verpackung unter Angabe der Art des Verpackungsmaterials einschließlich Deklaration und ggf. des Transports
- Durchführung der Sterilisation nach Verfahren .... des 2. AB-DDR
- Art der Kontrolle der Sterilisationsparameter;
  Verantwortlicher für die Durchführung

[1]) zu bestellen beim Buchhaus Leipzig, Zentraler Versandbuchhandel, 7010 Leipzig, PSF 140, abgedruckt unter C 06 01 02

[2]) Ab 1983 im Arzneimittelverzeichnis Teil I

[3]) Institut für Arzneimittelwesen der DDR, 1120 Berlin, Große Seestr. 4

[4]) Forschungsinstitut für Hygiene und Mikrobiologie, 9933 Bad Elster, Heinrich-Heine-Str. 12

[5]) Sofern Gewißheit über die Hitzestabilität des wiederaufzubereitenden Gegenstandes besteht, ist anstelle der Sterilisation mit Ethylenoxid die Dampfsterilisation [Verfahren a_1 des 2. AB-DDR] anzuwenden. Eignung der Sterilisierumhüllung beachten!

[6]) Auszüge daraus sind nachstehend abgedruckt:

Sterilverpackung (synonym: rekontaminationssichere Verpackung) wird als eine sterilisierbare keimdichte Verpackung, in der das Sterilisiergut sterilisiert, als Sterilgut transportiert und bis zur Anwendung steril aufbewahrt werden kann, definiert. Hierin ist der Begriff „Sterilisierumhüllung" nach TGL 27693 (1972) eingeschlossen. Die Sterilverpackung ist grundsätzlich erst unmittelbar vor dem Gebrauch zu öffnen (bei Wegwerfverpackung aufzuschneiden). Bei Verwendung von Papier als Sterilverpackung ist in jedem Falle eine Schutzverpackung notwendig.

Schutzverpackung ist im Sinne einer Zweitverpackung zum besonderen Schutz der Sterilverpackung vor mechanischer Beschädigung (vor allem wichtig beim Transport), vor Verunreinigungen (auch Verstaubung bei längerer Lagerhaltung) und Nässe notwendig. Die Begriffe „Sterilisierbehälter" nach TGL 27693 (1972) und TGL 381130 (1970) und „Sterilisiertrommel" sind geschlossenen Containern für die Sterilverpackungen gleichzusetzen. Umlagerungen der Sterilverpackungen sollen vermieden werden. Schutzverpackungen sind möglichst mitzusterilisieren. Schutzverpackungen sind nicht Transportbehältern gleichzusetzen, letztere müssen desinfizierbar sein.

Spezielle Hinweise:

— Auswahl

Bei der Auswahl der Materialien für die Steril- und Schutzverpackungen sind ihre Vorzüge, die Liefermöglichkeit und die Ökonomie je nach dem vorgesehenen Zweck gegeneinander abzuwägen.

— Qualität

Zur Sterilverpackung darf nur einwandfreies Material ohne makroskopische Defekte verwendet werden, ein sorgfältiger Verschluß entsprechend den auf Seite 9 und 10 gegebenen Hinweisen ist notwendig.

— Ethylenoxid-Sterilisation

Um ein Aufplatzen der Plastfolienverpackung bei der Gassterilisation zu vermeiden, ist darauf zu achten, daß die Beutelgröße möglichst dem Sterilisiergut angepaßt und so klein wie möglich gehalten sowie beim Verschließen des Beutels die Luft herausgedrückt wird. Kann dies nicht garantiert werden, dann ist vorzugsweise ein anderes Verpackungsmaterial entsprechend Tabelle 2 zu verwenden. In Ausnahmefällen ist an einer markierten Stelle der Folie diese anzustechen und sofort nach Beendigung der Sterilisation zu verschweißen.
Bei ethylenoxidsterilisierten Gütern sind bestimmte Desorptionsbedingungen einzuhalten. Tabelle 1 gibt die von Herzog, Horn und Opitz (1979) vorgeschlagenen Werte an.

Tabelle 1: Vorgeschlagene Desorptionszeiten für verschiedene Sterilgüter in Abhängigkeit von der Verpackung und der Luftbewegung zur Erreichung eines Grenzwertes von 10 ppm

Sterilisiergut aus:	mit Lüftung* 20°C ±5°C Verpackung in		ohne Lüftung 20°C ±5°C Verpackung in	
	Polyethylenfolie** (< 100 µm)	Papier** oder 4fach Textilien	Polyethylenfolie** (< 100 µm)	Papier** oder 4fach Textilien
Papier, Polyethylen (PE), Silikongummi (≦ 0,5 mm), Glas, Metall (optische und elektrische Geräte)	24 h	3 h	48 h	6 h
Polyethylen und Silikongummi (≧ 0,5 mm)	48 h	6 h	96 h	12 h
Polystyrole, Polyprophylene, Polyamide (Nylon, Perfol)	96 h	12 h	192 h	24 h
Polyvinylchlorid	168 h	21 h	336 h	42 h

* Einsatz mechanischer Luftumwälzung (z. B. Tisch- und Wandlüfter QL II, Saugleistung 7,5 m^3/min), auf das verpackte Sterilgut gerichtet

** Verpackungen entsprechend Seite 9

— Heißluftsterilisation

Bei der Heißluftsterilisation ist durch Wahl der Beutelgröße der Schrumpfung der PETP-Folie Rechnung zu tragen.

— Wiederverwendung

Plastfolien können wiederverwendet werden, wenn sie einer Dichtigkeitsprüfung (Tauchen der luftgefüllten Beutel unter Wasser) standhalten. Textilien und Schutzverpackungen können bis zum natürlichen Verschleiß wiederverwendet werden (beispielsweise kann man Lederpappe bei Dampfsterilisation 50 mal und bei Strahlen- und Ethylenoxidsterilisation 100 mal verwenden). Sterilverpackungen aus Papier und Alu-Folie sind grundsätzlich als Einwegmaterial zu betrachten.

— Lagerfristen

Unter der Voraussetzung einer staubgeschützten Aufbewahrung beträgt die zulässige Lagerfrist für Sterilverpackungen

Plastfolie	1 Jahr	Alu-Folie	30 Tage
Papier	30 Tage	Metall	7 Tage
Textilien	7 Tage	Glas	30 Tage

Besteht eine Sterilverpackung aus mehreren dieser Materialien, gilt die jeweils kürzeste Lagerfrist. (Diese Lagerfristen gelten nur für wiederaufbereitete Sterilgüter in der medizinischen Praxis. Für industriell gefertigte und verpackt sterilisierte Einwegmaterialien gelten besondere Regelungen, das Datum auf der Verpackung ist zu beachten.) Nach Ablauf dieser Lagerfrist, die durch Aufdruck oder Anbringen des Sterilisationsdatums gekennzeichnet sein muß, gilt die Packung auch bei Unversehrtheit als unsteril. Zur Prüfung der Keimdichtheit von Papieren wird auf die Veröffentlichungen von Günther (1980) sowie Günther und Braun (1977 und 1980) verwiesen.

— Toxikologie

Die Angaben in den Tabellen beziehen sich auf die in der DDR erzeugten und erprobten Verpackungsmittel, gegen die keine toxikologischen Bedenken erhoben wurden. Die genannten Plastfolien entsprechen den lebensmittelhygienischen Anforderungen. Die empfohlenen Verpackungsmaterialien wurden anwendungsbezogen auf biologische Verträglichkeit geprüft (Herzog, 1979).
In der Tabelle 2 werden für die jeweiligen Sterilisierverfahren die möglichen Sterilverpackungen und Schutzverpackungen angegeben. In der Tabelle 3 sind die Qualitäten, Einsatzmöglichkeiten und Lieferanten aufgeführt.

Tabelle 2: Die Eignung verschiedener Sterilverpackungen und Schutzverpackungen für die Sterilisierverfahren des 2. Arzneibuches der DDR

	Sterilisierverfahren			
	Wasserdampf	Heißluft	Strahlen	Ethylenoxid
Sterilverp. aus				
Plastfolie	×[1]	×[2]	×	×
Papier[3]	×	×[2]	×	×
Textilien[4]	×			×
Alu-Folie		×		
Metall		×		
Glas	×[5]	×		

[1] Bei Perfolfolie ist vor Anwendung ein 20 Minuten langes Auswaschen in 60°C warmem Wasser erforderlich, um ein Freisetzen von Caprolactam während der Sterilisation und dessen Niederschlag auf dem Sterilisiergut zu vermeiden.
[2] Gefahr der thermischen Schädigung bei Verfahren ohne mechanische Luftbewegung
[3] Filterpapier, weiß, Qualität 406 in 2facher Lage
[4] In mindestens 4facher Lage
[5] Nur zur Sterilisation von wäßrigen Lösungen

Tabelle 2 (Fortsetzung)

	Sterilisierverfahren			
	Wasserdampf	Heißluft	Strahlen	Ethylenoxid
Schutzverp. aus				
Plaste[6]			×	×
Pappe	×		×	×
Metall	×[7]	×	×	×[7]

[6] Starres oder flexibles Behältnis beliebiger Art ohne besondere Bezugsangabe
[7] Zutritt des Wasserdampfes und des Ethylenoxids muß gewährleistet sein

Eine Sterilverpackung gilt als unsteril, wenn sie angebrochen oder undicht geworden ist. Verpackungen aus Papier, Textilien, Alu-Folie, Metall und Pappe sind zu verwerfen, wenn sie naß geworden sind. Die Lager- und Transportbedingungen sind entsprechend zu wählen (Vermeiden von Verstaubung, Umlagerungen und Beschädigungen, schonende Handhabung etc.).

Verschlußtechnik

Plastfolie

- Einschweißen
- Einrollen mit Draht oder Verschlußstreifen
- Verkleben mit Heftpflaster oder Indikatorband
- Verknoten

Papier

- Einrollen mit Draht oder Metallverschlußstreifen
- Verkleben mit Kleber, Heftpflaster oder Indikatorband

Textilien

- nach Einschlagen und Umfalten Verschluß mit Heftpflaster oder Indikatorband

Alu-Folie

- Einschlagen und umfalten

Glas

- Verschluß mit Schraubkappen
- Aufstecken von Metallkappen
- Verschluß mit Stopfen aus Zellstoff oder Watte

Tabelle 3: Qualitäten, Einsatz- und Bezugsmöglichkeiten für Verpackungsmaterialien, Verschlußstreifen, Kleber und Schweißgeräte

Qualität	Verfahren	Lieferant
Sterilverpackung		
Plastfolie		
Polyethylen, Dicke 50–100 μm,	c_1, b	
Folie		A
Beutel		B

Tabelle 3 (Fortsetzung)

Qualität	Verfahren	Lieferant
Sterilverpackung		
Plastfolie		
PETP, Polyester-Folie, gereckt		
Dicke 12–35 µm	a_2	C
Perfol-Folie, Dicke 35–60 µm	a_1	A
Papier		
Flachbeutel aus weißem holzfreiem		
Endlosformularpapier 70 g/m²,		
TGL 25348, Abmessungen 8 × 17 cm und 14,5 × 23 cm	a_1, b, c_1	D
Sackpapier (Sulfatzellstoffpapier)		
70–80 g/m², TGL 34118	a_1, a_2, b, c_1	E
Filtrierpapier, weiß, Qualität 406	a_1, a_2, b, c_1	F
Textilien		
Bettwäschegewebe aus Halbleinen (OP-Leinen), Querfaden 100% Leinen, Längsfaden 75% Baumwolle +25% Viskose Zusammensetzung nach TGL 16-662324/05 Beschaffenheit nach TGL 16-660172/05	a_1, c_1	G
Alu-Folie		
Aluminiumfolie, Dicke 40–150 µm, TGL 5186	a_2	H, I
Metall		
Spritzenbehälter Typ „Primus“	a_2	D
Schutzverpackung		
Pappe		
Lederpappe	a_1, b, c_1	J
Metall		
Sterilisierbehälter TGL 38-1130	a_1	D
Transportcontainer (Transportstapelkasten L)		
(300 mm × 312 mm × 556 mm Nr. 3901)	a_1, a_2, b, c_1	K
Verschlußstreifen		L
Papierkleber		
Ligament CBLA		A
Plastfolienschweißgerät WIS 3 HV		A

Verfahren

a_1 — Dampfsterilisation
a_2 — Heißluftsterilisation
b — Strahlensterilisation
c_1 — Ethylenoxidsterilisation

Lieferant

A — VEB Chemiehandel der Bezirke
B — VEB Polyfol, 7113 Markkleeberg, Ernst-Thälmann-Str. 130
C — VEB ORWO Magnetbandfabrik, 45 Dessau, Kochstedter Kreisstraße
D — Versorgungsdepot für Pharmazie und Medizintechnik
E — Mengen über 300 kg vom Hersteller VEB Zellstoff- und Papierfabriken Trebsen, Werk I, 7247 Trebsen
Mengen unter 300 kg vom Versorgungskontor für Papier- und Bürobedarf der Bezirke
F — Versorgungskontor für Papier- und Bürobedarf, 9380 Flöha/Sachsen, Augustusburger Str. 23
G — Versorgungskontor für Industrietextilien der Bezirke
H — VEB Aluminiumwerk Rackwitz, 7271 Rackwitz
I — VEB Alu-Folienwerk, 42 Merseburg
J — VEB Pappen- und Kartonagenfabrik, 9443 Raschau, Schulstraße 16
K — Kreisbetrieb für Landtechnik Stralsund, Sitz Franzburg, 2302 Franzburg
L — VEB Verpackungsmittelwerke Ernst Thälmann Saalfeld, Werk Etama, 5010 Erfurt, Melchendorfer Str. 1

Anordnung (Nr. 1) über Maßnahmen des Gesundheitsschutzes für die in tropische und subtropische Länder reisenden Bürger der Deutschen Demokratischen Republik

vom 10. April 1973
(GBl. I Nr. 23 S. 210)

i. d. F. der Anordnung Nr. 2 vom 13. Dezember 1977
(GBl. I Nr. 38 S. 435)[1])

— Auszug —

Zur Gewährleistung des vorbeugenden und nachsorgenden Gesundheitsschutzes der ins tropische und subtropische Ausland reisenden Personen wird in Durchführung des § 88 Abs. 1 des Gesetzbuches der Arbeit in der Fassung vom 23. November 1966 (GBl. I Nr. 15 S. 125)[2]) in Verbindung mit § 22 Abs. 2 des Gesetzes vom 20. Dezember 1965 zur Verhütung und Bekämpfung übertragbarer Krankheiten beim Menschen (GBl. I 1966 Nr. 3 S. 29)[3]) im Einvernehmen mit den zuständigen zentralen staatlichen Organen folgendes angeordnet:

§ 1 Tropen und Subtropen

Tropen und Subtropen im Sinne dieser Anordnung sind: Afrika, Süd- und Mittelamerika einschließlich Mexiko, Asien südlich des 45. Grades nördlicher Breite mit Einschluß der VR China und der Mongolischen Volksrepublik, Australien, nördlich des südlichen Wendekreises sowie die jeweils geographisch zugehörigen Inseln (nachstehend tropische oder subtropische Länder genannt).

§ 2 Personenkreis und Maßnahmen des Gesundheitsschutzes

(1) Bürger der Deutschen Demokratischen Republik, die im dienstlichen Auftrag eines staatlichen oder wirtschaftsleitenden Organs, eines Betriebes, eines Kombinates, einer Genossenschaft oder einer Einrichtung (nachstehend Betriebe genannt) in ein tropisches oder subtropisches Land reisen oder in einem solchen Lande dienstlich tätig sind sowie deren voraus-, mit- oder nachreisende Familienangehörige (nachstehend Reisende genannt) haben sich

— Tropentauglichkeitsuntersuchungen,
— Schutzimpfungen, einschließlich Nachimpfungen,
— Zwischen- und Nachuntersuchungen

entsprechend dieser Anordnung zu unterziehen.

(2) Reisenden, die nicht zu dem im Abs. 1 genannten Personenkreis gehören, wird empfohlen, sich der Tropentauglichkeitsuntersuchung, der Zwischen- und Nachuntersuchung zu unterziehen.

§ 5

(1) Der Reisende hat sich vor der Ausreise zusätzlich zu den von den Transit- und Einreiseländern geforderten Schutzimpfungen folgenden Schutzimpfungen zu unterziehen:

– Tetanus	bei allen Reisen, sofern die vollständige Tetanusimmunisierung bzw. die letzte Wiederholungsimpfung länger als 10 Jahre zurückliegt,
– Pocken	bei Reisen in Länder mit einem als Pockeninfektionsgebiet deklarierten Territorium bzw. in Länder, für die eine Ausrottung der Pocken noch nicht von der WHO bestätigt wurde, sofern die letzte mit Erfolg durchgeführte Impfung länger als 3 Jahre zurückliegt,
– japanische Enzephalitis	bei Reisen in Länder Ost-Asiens, in denen die japanische Enzephalitis epidemiologisch bedeutsam ist, sofern die letzte vollständige Impfung länger als 4 Jahre zurückliegt.

(2) Impfungen gegen Cholera, Gelbfieber, Typhus und weitere übertragbare Krankheiten sind von den Impfstellen entsprechend der epidemiologischen Lage nach Anweisung des Ministeriums für Gesundheitswesen durchzuführen.
(3) Bei Kindern müssen die altersentsprechenden Pflichtschutzimpfungen durchgeführt sein.
(4) Der Impfschutz gilt nach den im internationalen Reiseverkehr gültigen Bestimmungen

8 Tage nach der Pockenschutzimpfung,
6 Tage nach abgeschlossener Choleraschutzimpfung,
10 Tage nach der Gelbfieberschutzimpfung

als gegeben. Bei Wiederimpfung beginnt der Impfschutz am Tage der Nachimpfung.
(5) Die Impfungen sind mit staatlich zugelassenem Impfstoff vorzunehmen. Die Impfdosen richten sich nach den staatlich bestätigten Gebrauchsanweisungen der Hersteller. Zur Gelbfieberschutzimpfung darf nur ein Impfstoff verwendet werden, der von der Weltgesundheitsorganisation zugelassen wurde.
(6) Mit den Impfungen kann bereits vor der Tropentauglichkeitsuntersuchung begonnen werden.
(7) Der Reisende hat sich so rechtzeitig zu den Schutzimpfungen vorzustellen, daß ausreichend Zeit für die Durchführung der Impfungen und die Nachschau zur Verfügung steht. Ausnahmen sind bei besonderer Dringlichkeit nur dann zulässig, wenn die notwendigen Schutzimpfungen ohne Gefährdung für den Reisenden durchgeführt werden können und die Impf- und Quarantänebestimmungen der Ziel- und Transitländer und die Empfehlungen der Weltgesundheitsorganisation nicht verletzt werden.

§ 6 Nachimpfungen

(1) Der erforderliche Impfschutz ist durch rechtzeitige Nachimpfungen während der gesamten Dauer des Aufenthaltes in tropischen und subtropischen Ländern aufrechtzuerhalten.
(2) Zur Aufrechterhaltung des Impfschutzes sind Nachimpfungen spätestens in folgenden Zeitabständen erforderlich:

gegen Pocken	– 3 Jahre nach der letzten Impfung,
gegen Cholera	– 6 Monate nach der letzten Impfung,
gegen Gelbfieber	– 10 Jahre nach der letzten Impfung,
gegen Typhus	– 2 Jahre nach der letzten Impfung,
gegen Tetanus	– 10 Jahre nach der letzten Impfung,
gegen japanische Enzephalitis	– 4 Jahre nach der letzten Impfung.

§ 7 Malariaprophylaxe

(1) Vor der Ausreise in endemische Malariagebiete ist mit der medikamentösen Malariaprophylaxe nach Anordnung des Impfarztes zu beginnen.
(2) Die Entscheidungen über die Beendigung oder Fortführung der Malariaprophylaxe trifft der im Zielland konsultierte Arzt.

§ 11 Untersuchungs- und Impfstellen für Reisende

(1) Die Tropentauglichkeitsuntersuchungen, Schutzimpfungen, Nachimpfungen, Zwischen- und Nachuntersuchungen werden von den Untersuchungs- und Impfstellen für Auslandsreisende bzw. Impfstellen für Auslandsreisende durchgeführt, die von den Räten der Bezirke, Abteilung Gesundheits- und Sozialwesen, bzw. von den staatlichen Organen gemäß § 15 dieser Anordnung eingerichtet sind. Sie führen die Bezeichnung der Gesundheitseinrichtung, in der die Untersuchungs- und Impfstellen eingerichtet sind, mit dem Zusatz

„Untersuchungs- und Impfstelle für Auslandsreisende"
bzw.
„Impfstelle für Auslandsreisende".

(2) Die Vorstellung zu Zwischen- und Nachuntersuchungen hat in der Regel in der gleichen Untersuchungs- und Impfstelle für Auslandsreisende zu erfolgen, die die Tropentauglichkeit festgestellt hat.
(3) Schutzimpfungen gegen Gelbfieber und japanische Enzephalitis werden in den vom Ministerium für Gesundheitswesen bestätigten Gelbfieberimpfstellen durchgeführt. Einzelheiten der Durchführung werden durch Anweisung an die Leiter der Gelbfieberimpfstellen geregelt.

§ 12 Behandlungszentren für Tropenkrankheiten

Für die Behandlung von Tropenkrankheiten sind folgende Behandlungszentren zuständig:

- Institut für Infektions- und Tropenkrankheiten
  Städtisches Klinikum Berlin-Buch,
- Bezirkskrankenhaus St. Georg Leipzig
  Klinik für Infektionskrankheiten,
- Medizinische Universitätsklinik Rostock.

§ 13 Kosten

(1) Für die Untersuchungen nach dieser Anordnung sind Kosten in folgender Höhe zu zahlen:

Erstuntersuchungen:	Erwachsene	60 M,
	Kinder (bis 14 Jahre)	40 M;
Zwischen- und Nachuntersuchungen:	Erwachsene	40 M,
	Kinder (bis 14 Jahre)	20 M.

(2) Die Kosten der Tropentauglichkeitsuntersuchungen, der Zwischen- und Nachunteruntersuchungen einschließlich der Nebenkosten (Arbeitsausfall, Fahrgeld) der im dienstlichen Auftrag Reisenden hat der Betrieb, in dessen Auftrag die Reise durchgeführt wird, zu tragen.

(3) Die Impfungen, einschließlich der Untersuchung auf Impffähigkeit, die Ausstellung von Gesundheitszeugnissen, die Ausstellung des internationalen Impfpasses sowie die Ausgabe des Merkblattes über den Gesundheitsschutz in den Tropen und Subtropen erfolgen unentgeltlich.

(4) Die Kosten für die prophylaktischen Medikamente trägt auch für Reisende gemäß § 2 Abs. 2 die Sozialversicherung.

§ 14 Verhütung der Weiterverbreitung übertragbarer Krankheiten

Bei erforderlichen Maßnahmen zur Verhütung und Bekämpfung übertragbarer Krankheiten finden das Gesetz vom 20. Dezember 1965 zur Verhütung und Bekämpfung übertragbarer Krankheiten beim Menschen (GBl. I 1966 Nr. 3 S. 29) in der Fassung der Ziff. 7 der Anlage zum Gesetz vom 24. Juni 1971 über die Neufassung von Regelungen über Rechtsmittel gegen Entscheidungen staatlicher Organe (GBl. I Nr. 3 S. 49) und der Ziff. 42 der Anlage zum Anpassungsgesetz vom 11. Juni 1968 (GBl. I Nr. 11 S. 242, Ber. GBl. II 1968 Nr. 103 S. 827)[3]) sowie die zur Durchführung des Gesetzes ergangenen Rechtsvorschriften Anwendung.

§ 15 Maßnahmen des Gesundheitsschutzes in den Zuständigkeitsbereichen mit eigenen Medizinischen Diensten

Zentrale staatliche Organe, die über einen eigenen Medizinischen Dienst verfügen, betreuen die von ihnen in das tropische und subtropische Ausland zu delegierenden Personen in eigenen Untersuchungs- und Impfstellen für Auslandsreisende, entsprechend den Festlegungen dieser Anordnung und der dazu erlassenen Anweisungen.

§ 16 Inkrafttreten

Diese Anordnung tritt am 1. Juni 1973 in Kraft.

1) Durch die AO Nr. 2, in Kraft getreten am 1. 1. 1978, haben die §§ 5 Abs. 1 und § 6 Abs. 2 die abgedruckte Fassung erhalten und ist § 11 um den Abs. 3 ergänzt worden.

2) Es gilt jetzt das AGB; abgedruckt unter G 01 01.

3) Abgedruckt unter B 06 31.

Anweisung (Nr. 1) über Maßnahmen des Gesundheitsschutzes für die in tropische und subtropische Länder reisenden Bürger der Deutschen Demokratischen Republik

vom 10. April 1973
(VuM MfGe Nr. 10 S. 97)

i. d. F. der Anweisung Nr. 2 vom 13. Dezember 1977
(VuM MfGe 1978 Nr. 1 S. 6)[1])

— Auszug —

Zur Durchführung der Anordnung vom 10. April 1973 über Maßnahmen des Gesundheitsschutzes für die in tropische und subtropische Länder reisenden Bürger der Deutschen Demokratischen Republik (GBl. I Nr. 23 S. 210)[2]) wird folgendes angewiesen:

1. Verantwortlichkeit der Räte der Bezirke

1.1. Die Räte der Bezirke Abteilung Gesundheits- und Sozialwesen haben zu gewährleisten, daß in ihrem Territorium mindestens eine Untersuchungs- und Impfstelle für Auslandsreisende besteht, die der in dieser Anweisung geforderten Qualität und Kapazität voll gerecht wird.

2. Zur Durchführung der tropenmedizinischen Betreuung im Sinne der Anordnung sind berechtigt:

2.1. Polikliniken und Innere Abteilungen der Bezirkskrankenhäuser
2.2. Medizinische Polikliniken und Kliniken der Universitäten und medizinischen Akademien
2.3. Entsprechende Einrichtungen medizinischer Dienste zentraler staatlicher Organe
2.4. Sonstige beauftragte Gesundheitseinrichtungen

3. Ärztliche Untersuchungen und Schutzimpfungen

3.1. Personelle Anforderungen an Untersuchungs- und Impfstellen

3.1.1. Die Untersuchungs- und Impfstellen werden von einem Facharzt, in der Regel für Innere Medizin mit Subspezialisierung, geleitet.

3.1.2. Ärztliche Mitarbeiter der Untersuchungs- und Impfstellen müssen über eine mindestens zweijährige praktische ärztliche Erfahrung verfügen und Subspezialisierung erwerben.

3.1.3. Die Subspezialisierung wird erlangt und aufrechterhalten durch Teilnahme an Fortbildungsveranstaltungen für Tropenmedizin in der Deutschen Demokratischen Republik oder im sozialistischen Ausland. Hospitationen an Tropeninstituten und Einsätze im tropischen und subtropischen Ausland sind anzurechnen.

3.2. Inhaltliche Anforderungen

3.2.1. Die Aufgaben der Untersuchungs- und Impfstellen sind:

- Tropentauglichkeitsuntersuchung
- Schutzimpfungen und andere Schutzanwendungen
- Zwischen- und Nachuntersuchungen
- Diagnostik, Therapie und Dispensairebetreuung
- tropenhygienische Beratung
- Konsiliartätigkeit für die im tropischen und subtropischen Ausland beruflich eingesetzten Ärzte.

3.4. Schutzimpfungen

3.4.1. Zur Einhaltung der erforderlichen Mindestabstände sind die Schutzimpfungen gemäß § 5 der Anordnung[2]) im allgemeinen nach folgendem Schema vorzunehmen:

1. Impftag: Gelbfieber, Typhus, Cholera, Tetanus, japanische Enzephalitis
2. Impftag: (1 Woche nach 1. Impftag) Pocken, Wiederholungsimpfung gegen Typhus, Cholera, japanische Enzephalitis.

3.4.2. Ist eine Gelbfieberschutzimpfung nicht erforderlich, kann die Pockenschutzimpfung am 1. Impftag erfolgen.

3.4.3. Zur Grundimmunisierung gegen Typhus und Cholera genügen 2 Impfstoffgaben, in dringenden Fällen im Abstand von einer Woche.

3.4.4. Zur Sicherung der Tetanusgrundimmunisierung sind erforderlichenfalls Wiederholungsimpfungen zu veranlassen bzw. vorzunehmen.

3.4.5. Die Impfungen sind mit staatlich zugelassenem Impfstoff vorzunehmen. Die Impfdosen richten sich nach den staatlich bestätigten Gebrauchsanweisungen der Hersteller.

3.4.6. Zur Gelbfieberschutzimpfung darf nur ein Impfstoff verwendet werden, der von der Weltgesundheitsorganisation zugelassen wurde.

3.4.7. Zur Aufrechterhaltung des Impfschutzes gegen Typhus, Cholera und Tetanus ist eine einmalige Impfstoffgabe innerhalb der Zeitabstände gemäß § 6 Abs. 2 der Anordnung[2]) erforderlich.
Die Wiederherstellung des Impfschutzes ist innerhalb der doppelten Zeitabstände durch eine einmalige Impfstoffgabe möglich. Wird die Typhusschutzimpfung durch eine orale Immunisierung ersetzt, so ist eine volle Wiederholung der oralen Impfung bereits nach einem Jahr erforderlich.

3.4.8. Vor der Pockenschutzimpfung hat sich der Impfarzt davon zu überzeugen, daß der Impfling während seiner Kindheit oder später gegen Pocken geimpft wurde oder eine Pockenerkrankung durchgemacht hat. Reisende, die weder Pockennarben noch Impfnarben aufweisen, noch eine Bescheinigung über eine Pockenschutzimpfung innerhalb der letzten 3 Jahre vorlegen können, gelten als ungeimpft. Sie sind grundsätzlich als tropenuntauglich anzusehen, wenn die Pockenschutzimpfung nicht nach den gültigen Rechtsvorschriften[3]) der Deutschen Demokratischen Republik nachgeholt wird.

3.4.9. Die Erstimpfung gegen Pocken muß spätestens 8 Tage vor der Ausreise erfolgen. Eine Nachschau (4. bis 7. Tag post vaccinationem) hat auch bei Pockenwiederimpfung zu erfolgen. Bei fraglicher Impfreaktion (z. B. Knötchenbildung) ist der Vakzinierte einmalig nachzuimpfen.

3.4.10. Im Rahmen der Empfehlungen der Weltgesundheitsorganisation können Reisende bei absoluter Kontraindikation von Schutzimpfungen befreit werden.

3.4.11. Hinsichtlich spezieller Schutzimpfungen gegen andere Infektionskrankheiten (Tuberkulose[4]), Poliomyelitis[5]), Enzephalitis, Pest u. a.) hat der Impfarzt dem Reisenden konkrete Instruktionen zu geben, sofern er die Schutzimpfungen nicht selbst vornehmen kann.

3.4.12. Die Schutzimpfung gegen japanische Enzephalitis besteht aus einer Grundimmunisierung mittels 2 Injektionen (à 1 ml Impfstoff) im Abstand von 1 bis 2 Wochen, gefolgt von einer Auffrischimpfung (1 ml) im Abstand von ca. 1 Jahr. Kinder unter 3 Jahre werden nach dem gleichen Schema, nur mit der halben Impfdosis geimpft. Auffrischimpfungen nach vollständiger Immunisierung sind im allgemeinen im Abstand von 4 Jahren erforderlich, bei besonderer Gefährdung ggf. in kürzeren Abständen.

3.5. Andere Schutzanwendungen

3.5.1. Vor Reisen in ein malariagefährdetes Gebiet sind dem Reisenden vom Impfarzt mindestens 30 Chlorochin-Dragees à 250 mg oder eine entsprechende Menge eines anderen geeigneten Präparates zur medikamentösen Malariaprophylaxe mit Einnahmeanweisung auszuhändigen. Die Dosierung von Chlorochin beträgt üblicherweise 500 mg in wöchentlichem Abstand, bei Kindern entsprechend weniger. Die medikamentöse Malariaprophylaxe hat eine Woche vor der Einreise in das malariagefährdete Gebiet zu beginnen. Erfolgte eine Malariaprophylaxe während des Auslandsaufenthaltes bis zur Rückkehr, so ist sie noch 8 Wochen lang fortzusetzen, sofern keine Kontraindikation besteht.

3.5.2. Hält es der untersuchende Arzt für erforderlich, kann eine kleine Tropenapotheke rezeptiert werden (zu Lasten des wirtschaftlichen Trägers der Reise).

3.5.3. Hält es der untersuchende Arzt für erforderlich, kann ein Schlangenbesteck rezeptiert werden (zu Lasten des wirtschaftlichen Trägers der Reise). Die Reisenden sind dann über die Handhabung des Bestecks und über die Beschaffung und Lagerung der für die einzelnen geographischen Gebiete spezifischen antitoxischen Seren zu unterrichten.

3.5.4. Die Reisenden sind über die Verhütung spezieller im Zielland gehäuft vorkommenden übertragbaren Krankheiten einschl. Geschlechtskrankheiten zu unterrichten.

4. Dokumentation und Berichtswesen

4.1. Die Dokumentation der Untersuchungsbefunde bei Tropenreisenden ist gemäß Ziff. 3.3.1. vorzunehmen.

4.2. Durchgeführte Schutzimpfungen sind in den Internationalen Impfpaß der Weltgesundheitsorganisation (International Certifikate of Vaccination) einzutragen, bei Gelbfieber und Pocken auch die Chargennummer des Impfstoffes.

4.3. Erforderliche Informationen sind an den weiterbetreuenden Arzt auf kürzestem Wege zu übermitteln.

4.4. Über die Befreiung von Schutzimpfungen sind Bescheinigungen gemäß Ziff. 3.4.10. auszustellen.

4.5. Auf Verlangen ist dem Reisenden ein Gesundheitsattest (Health Certifikate) auszuhändigen.

4.6. Unterlagen über die durchgeführten Untersuchungen einschließlich gefärbter Blutausstriche, die eine Tropenkrankheit beweisen, sind 30 Jahre lang aufzubewahren.

4.7. Für die Erfüllung der Meldepflichten (Infektions- und Berufskrankheiten) sind die dafür vorgesehenen Vordrucke zu verwenden.

4.8. Die Untersuchungsunterlagen sind einer vom Ministerium für Gesundheitswesen gebildeten Kommission bzw. Zentralstelle auf deren Anforderung zu überlassen.

4.9. Bei Wechsel der Untersuchungs- und Impfstelle sind vorhandene Unterlagen der weiterbetreuenden Stelle zu übermitteln.

5. Sonstige Bestimmungen

5.1. Die Impfstoffe sind anzufordern:

5.1.1. Pockenlymphe beim Staatlichen Institut für Immunpräparate und Nährmedien, 1120 Berlin, Klement-Gottwald-Allee 317—321,[6]) oder Lymphanstalt des Hygiene-Instituts Dresden, Bremerstraße 16.

5.1.2. Alle anderen Impfstoffe beim Versorgungsdepot für Pharmazie und Medizintechnik Berlin, Versorgungsbereich Seren/Impfstoffe, 1125 Berlin, Marzahner Straße.

6. Diese Anweisung tritt am 1. Juni in Kraft. Gleichzeitig tritt die Anweisung vom 27. September 1960 zur Durchführung der Tropentauglichkeitsuntersuchungen, der Schutzimpfungen sowie der Zwischen- und Nachuntersuchungen der in tropische und subtropische Länder reisenden Personen (Verf. u. Mitt. Nr. 10 S. 77) außer Kraft.

[1]) Durch die Anw. Nr. 2 vom 13. 12. 1977, in Kraft getreten am 1. 1. 1978, hat Ziff. 3.4.1. die hier abgedruckte Fassung erhalten und wurde Ziff. 3.4.12. neu eingefügt.

[2]) Abgedruckt unter C 09 91.

[3]) Abgedruckt unter C 09 43.

[4]) S. hierzu B 06 45.

[5]) S. hierzu C 09 45.

[6]) Statut des Instituts; abgedruckt unter C 06 09 72.

Ergänzungsinhaltsverzeichnis

Kapitel D

Apothekenrecht

Information Nr. 8/74 für Bezirksapotheker aus dem Institut für Arzneimittelwesen der DDR

vom 5. September 1974
– Auszug –

Betr.: Herstellung von Zubereitungen für den Standard-Epikutantest

Die für den Standard-Epikutantest in den dermatologischen Einrichtungen benötigten, nicht im Arzneimittelregister eingetragenen Substanzen dürfen in der vom Bezirksapotheker festgelegten Apotheke[1]) vorrätig und gehalten und für den genannten Zweck auf Anforderung abgegeben werden.

Substanzen für den Standard-Epikutantest

I.
1. Kaliumdichromat z. A.
2. Formaldehydlösung[2])[3])
3. Nickelsulfat z. A.
4. Chloramphenikol[2])[3])
5. Deutsches Terpentinöl
6. p-Phenyldiamin techn.
7. Methylhydroxybenzoat[2])[3])
8. Propylhydroxybenzoat[2])[3])
9. Quecksilber (II)-chlorid[2])[3])
10. ASM 256 (Dihydroxy-diphenyl-mono- und disulfid)
11. ASM Jonol (2,6-di-tert.-Butyl-4-methylphenol)
12. Wobezit Mercapto (2-Mercaptobenzothiazol)
13. Wobezit AZ (N,N-Diäthyl-2-benzothiazylsulfenamid)
14. Wobezit P extra N (Zn—N-äthylphenyldithiocarbamat)
15. Vulkazit D (Diphenylguanidin)
16. Prokainhydrochlorid[2])[3])
17. Kobaltnitrat z. A.
18. Nitrofural
19. Aethakridinlaktat[2])[3])
20. Benzokain[2])[3])
21. Thiosinamin[2])[3])
22. Phenyl-beta-naphthylamin techn.

23. Xanthozillin[3])
24. p-Chlor-m-kresol[3])
25. Tetramethylthiuramdisulfid techn.
26. Phenylhydrazin
27. ASM 4010 NA (N-Isopropyl-N'-phenyl-p-phenylendiamin)
28. ASM MB (Merkaptobenzimidazol)
29. Wobezid DADZ (Zn –N-diäthyldithiocarbamat)
30. Wobezid DM (2,2'-Dibenzothiazyldisulfid)

II. Weitere Substanzen

1. Akzelerator PBT (2.2'-Methylen-bis-(4-methyl-6-tertiärbutylphenol)
2. Weichmacher BB (Methylen-bis-thioglykolsäurebutylester)
3. Vulkazit OZ (N-Cyclohexyl-2-benzothiazyl-sulfenamid; Sulfenax)
4. Wobezit 1000 (o-Tolylbiguanid)
5. VE Gummi-Orange G
6. Epoxidharz ungehärtet
7. Polyesterharz ungesättigt, ungehärtet
8. Phenylformaldehydharz (Plastavis 241 S)
9. Ketonformaldehydharz (L 2 Harz)
10. Harnstofformaldehydharz (Hydraphen, Piadurol)
11. Butylphenolharz (Alresen PA 104)
12. Benzylperoxid BPP 50
13. Cyclohexanonperoxid APP 50
14. Ketonhydroperoxid NPL 1
15. Epoxidpolyaminhärter 5
16. Epiloxhärter 8
17. Epiloxhärter 9
18. Epiloxhärter 105
19. Melaminformaldehydharz Meladurol
20. Farbentwickler T 32
21. Farbentwickler T 22
22. Farbentwickler M 143
23. Farbentwickler H 142
24. Abschwächer S 55
25. p-Aminophenol
26. Dipenten
27. Perubalsam[2])[3])
28. Kolophonium[3])
29. 4,4'-Diaminodiphenylmethan

[1]) Nach Auffassung der Gesellschaft für Dermatologie der DDR können als Versorgungseinrichtungen die Zentralapotheken der Medizinischen Bereiche der Universitäten und der Medizinischen Akademien, die Apotheken der Hautkliniken sowie jeweils zusätzlich eine weitere Apotheke im Versorgungsbereich fungieren.

[2]) Substanzen sind gemäß § 17 Abs. 4 des AMG als Rezeptursubstanzen registriert und fallen nicht unter die Ausnahmegenehmigung, sind aber der Vollständigkeit halber in der Liste mit aufgeführt.

[3]) Arzneibuchqualität (DAB 7-DDR bzw. 2. AB-DDR).

Information Nr. 5/74 für Bezirksapotheker aus dem Institut für Arzneimittelwesen der DDR

vom 22. Mai 1974
— Auszug —

Betr.: Hinweis auf die Unverträglichkeit zwischen Barbiturat- und Alkaloidsalzen

Trotz mehrfacher Hinweise wird die Kombination von Alkaloidsalzen mit Phenobarbital-Natrium immer wieder in Rezepturzubereitungen angetroffen. Dabei bildet sich nach:

Alkaloid · HCl + Na-barbiturat

irreversibel das Salz der jeweiligen anorganischen Säure und das Alkaloidbarbiturat. Diese Reaktion tritt auch ohne Lösungswasser ein und verläuft um so vollständiger, je kräftiger die Verreibung der Komponenten erfolgt. Sie ist erkennbar am Verschmieren oder Verklumpen der ursprünglich staubfeinen Substanzen.
Normalerweise sind aber weitere Bestandteile zugegen, so daß die sichtbare Veränderung in Abhängigkeit von der Konzentration und der Verarbeitungsintensität unterschiedlich stark auftritt. Einmal kann das Substanzgemisch an der Berührungsfläche zwischen Pistill und Schale verkleben. Es wird dann beim Abschaben plattenförmig abgehoben und führt zu Anreicherungen im Bereich bestimmter Teilchengrößen, besonders, wenn der Rezeptar die Einzelbestandteile nacheinander sorgfältig und intensiv verreibt. Umgekehrt können aber besonders bei geringen Alkaloidmengen Verluste durch Einarbeiten in die Poren der Schalenwand eintreten.
Diese bekannten Tatsachen werden aber leider nicht allgemein beachtet, so daß Zubereitungen, besonders Zäpfchen, immer wieder wegen Gehaltsmängeln beanstandet werden müssen.
Es ist deshalb notwendig, daß ärztliche Verschreibungen mit Kombinationen der beschriebenen Art durch das Einschreiten des Apothekers vermieden werden.

Ergänzungsinhaltsverzeichnis

Kapitel F

Giftrecht

Anweisung über den Verkehr mit Giften in Einrichtungen des Gesundheitswesens

vom 24. April 1979
(VuM MfGe Nr. 4 S. 53)

In Durchführung des § 4 Abs. 1 und des § 9 des Giftgesetzes vom 7. April 1977 (GBl. I Nr. 10 S. 103) wird folgendes festgelegt:

1. Geltungsbereich

1.1. Diese Anweisung gilt für alle Bereiche des Gesundheitswesens, in denen entsprechend der Aufgabenstellung mit Giften gearbeitet wird. Die für den Umgang mit Giften geltenden Rechtsvorschriften enthält Anlage 1.

1.2. Diese Anweisung regelt die Erteilung der Erlaubnis zum Verkehr mit Giften, den Einsatz von Giftbeauftragten, die Erteilung der persönlichen Erlaubnis sowie die Bestätigung der Werktätigen, die im Rahmen ihrer Arbeitsaufgaben mit Giften der Abteilung 1 umzugehen haben.

2. Verantwortlichkeit

2.1. Der Leiter der Einrichtung legt fest, in welchen Bereichen mit Giften der Abteilung 1 gearbeitet werden darf.

2.2. Der Leiter erläßt auf der Grundlage der Rahmenordnung für den Verkehr mit Giften in Einrichtungen des Gesundheitswesens (Anlage 2) eine Giftordnung für seine Einrichtung. Ein Exemplar der Giftordnung ist dem Kreishygienearzt zuzuleiten.

2.3. Der Leiter der Einrichtung hat gemäß § 4 Abs. 3 des Giftgesetzes in den Bereichen, in denen mit Giften gearbeitet wird, Giftbeauftragte einzusetzen. Diese sind dem Leiter rechenschaftspflichtig.

3. Erlaubnisse

3.1. Erlaubnisse gemäß Anlage 3 zum Verkehr mit Giften der Abteilung 1 erteilen

3.1.1. für die Arbeitshygieneinspektionen der Räte der Bezirke und für das Zentralinstitut für Arbeitsmedizin der DDR der Leiter der Abteilung Arbeitshygiene des Ministeriums für Gesundheitswesen

3.1.2. für das Institut für Arzneimittelwesen der DDR, das Institut für Apothekenwesen, die Ingenieurschule für Pharmazie, das Versorgungszentrum für Pharmazie und Medizintechnik beim Ministerium für Gesundheitswesen und die Bezirksdirektionen für Pharmazie und Medizintechnik der Leiter der Hauptabteilung Pharmazie und Medizintechnik des Ministeriums für Gesundheitswesen

3.1.3. für die Betriebe und Einrichtungen gemäß Anlage 4 der Leiter der Hauptabteilung Hygiene und Staatliche Hygieneinspektion des Ministeriums für Gesundheitswesen

3.1.4. für Einrichtungen des staatlichen Apothekenwesens die Direktoren der Bezirksdirektionen für Pharmazie und Medizintechnik bzw. die Bezirksapotheker

3.1.5. für klinische Laboratorien, private Apotheken und sonstige Einrichtungen des Gesundheitswesens in den Kreisen bzw. Stadtbezirken die Kreisärzte bzw. Stadtbezirksärzte

3.2. Persönliche Erlaubnisse gemäß Anlage 5 zum Verkehr mit Giften der Abteilung 1 erteilen

3.2.1. für Giftbeauftragte der Betriebe und Einrichtungen gemäß Abschnitte 3.1.1. bis 3.1.3. die jeweiligen Direktoren bzw. Leiter

3.2.2. für Giftbeauftragte der Einrichtungen des staatlichen Apothekenwesens, der klinischen Laboratorien, der privaten Apotheken und der sonstigen Einrichtungen des Gesundheitswesens in den Kreisen bzw. Stadtbezirken die Kreisärzte bzw. Stadtbezirksärzte

3.3. Werktätige, die nicht Giftbeauftragte sind und im Rahmen ihrer Arbeitsaufgaben mit Giften der Abteilung 1 umzugehen haben, sind durch den Leiter der Einrichtung zu bestätigen. Über die Bestätigung ist ein Protokoll zu fertigen, das beim Giftbeauftragten zu hinterlegen ist.

4. Allgemeine Belehrung

4.1. Alle Werktätigen der Bereiche, in denen mit Giften gearbeitet wird, sind im Rahmen der Arbeitsschutzbelehrungen vierteljährlich aktenkundig zu belehren.

4.2. Bei Neueinstellung von Werktätigen ist die Belehrung praxisbezogen vor der Arbeitsaufnahme und vor der Aufnahme neuer Arbeiten im Hinblick auf die zu erfüllenden Aufgaben durch den Giftbeauftragten vorzunehmen.

5. Meldepflicht

5.1. Der Verkehr mit Giften der Abteilung 2 ist gemäß § 8 Abs. 4 der 1. Durchführungsbestimmung zum Giftgesetz dem zuständigen Volkspolizei-Kreisamt in zweifacher Ausfertigung zu melden.

5.2. Der Leiter der Einrichtung übergibt eine Aufstellung der Lagerbestände an Giften der Abteilung 1 mit Stand vom 31. 3. eines jeden Jahres bis zum 20. 4. des entsprechenden Jahres an das zuständige Volkspolizei Kreisamt.

6. Inkrafttreten

Diese Anweisung tritt am 1. Juli 1979 in Kraft.

Anlage 1

- Gesetz vom 7. April 1977 über den Verkehr mit Giften – Giftgesetz – (GBl. I Nr. 10 S. 103)
- Erste Durchführungsbestimmung vom 31. Mai 1977 zum Giftgesetz (GBl. I Nr. 21 S. 275)
- Zweite Durchführungsbestimmung vom 31. Mai 1977 zum Giftgesetz – Verzeichnis eingestufter Gifte – (GBl. I Nr. 21 S. 279)
- Dritte Durchführungsbestimmung vom 31. Mai 1977 zum Giftgesetz – Transport von Giften – (GBl. I Nr. 21 S. 282)
- Zweite Durchführungsbestimmung vom 21. April 1977 zur Sechsten Durchführungsverordnung zum Landeskulturgesetz – Schadlose Beseitigung toxischer Abprodukte und anderer Schadstoffe – (GBl. I Nr. 15 S. 161)

Sowie weiterhin

- TGL 30817 Sicherheitsfarben und Sicherheitszeichen
- TGL 30582 Chemische Arbeiten in Laboratorien

Anlage 2

Rahmenordnung für den Verkehr mit Giften in Einrichtungen des Gesundheitswesens

1. Allgemeine Festlegungen

In die Giftordnung ist aufzunehmen:

- Bereich(e)/Abteilung(en), in denen mit Giften der Abteilung 1 umgegangen wird
- Name(n) des/der Giftbeauftragten der Einrichtung (Anschrift, Telefonnummer)
- für die Lagerung des Giftes vorgesehene(r) Standort(e)
- Schlüsselordnung für Gifträume und -behältnisse
- Anschrift und Telefonnummer der zuständigen Dienststelle der Deutschen Volkspolizei
- Anschrift und Telefonnummer der zuständigen Hygieneinspektion und Arbeitshygieneinspektion
- Anschrift und Telefonnummer des für die schadlose Beseitigung toxischer Abprodukte zuständigen Referates beim Rat des Bezirkes gemäß 2. Durchführungsbestimmung zur 6. Durchführungsverordnung zum Landeskulturgesetz – Schadlose Beseitigung toxischer Abprodukte und anderer Schadstoffe –

2. Maßnahmeplan

Maßnahmen bei akuten Vergiftungsfällen und Angabe der Anschrift und Telefonnummer eines Arztes oder einer medizinischen Einrichtung sowie der Notrufnummer der Schnellen Medizinischen Hilfe

3. Nachweisführung und Meldungen

- Die gemäß § 7 der 1. Durchführungsbestimmung vom 31. Mai 1977 zum Giftgesetz (GBl. I Nr. 21 S. 275) geforderte Nachweisführung für Gifte der Abteilung 1 erfolgt in einem Giftbuch, dessen Seiten fortlaufend numeriert sind.
- Für jedes Gift wird ein gesondertes Blatt angelegt.
- Die Eintragungen in das Giftbuch nimmt der Giftbeauftragte vor.
- Der Giftbeauftragte bereitet die Aufstellung der Lagerbestände an Giften der Abteilung 1 (Abschn. 5.2. der Anweisung) vor. Der Bestand von Giften der Abteilung 2 wird einmal jährlich durch den Giftbeauftragten überprüft. Das Ergebnis ist dem Direktor zur Kenntnis zu geben.

4. Verkehr mit Giften in Laboratorien und Arbeitsstätten

- Unbefugten Personen ist der Zutritt zu Räumen, in denen mit Giften der Abteilung I gearbeitet wird, nicht gestattet. Als Unbefugte sind jene Personen anzusehen, die nicht in Erfüllung eines Arbeitsauftrages diese Räume betreten müssen.
- Die Räume sind gemäß TGL 30817 durch das Schild A 1 „Zutritt verboten“ zu kennzeichnen.
- Darüber hinaus sind die Türen von Giftlagern und Behältnissen, in denen Gifte gelagert werden, gemäß TGL 30817 mit dem Schild C 6 „Warnung vor giftigen Substanzen“ zu kennzeichnen.
- Bei Abwesenheit der Mitarbeiter sind die Laboratorien bzw. Arbeitsstätten zu verschließen.

5. Besondere Vorkommnisse

Verluste und Fehlbestände von Giften der Abteilung 1 sowie sonstige außergewöhnliche Vorkommnisse beim Umgang mit Giften sind unverzüglich dem Leiter der Einrichtung mitzuteilen.
Der Leiter der Einrichtung veranlaßt gemäß § 9 der 1. Durchführungsbestimmung zum Giftgesetz die Meldung an das zuständige Volkspolizei-Kreisamt.

6. Transport von Giften innerhalb geschlossener Territorien des Gesundheitswesens

- Der Transport von Giften der Abteilung 1 innerhalb geschlossener Territorien des Gesundheitswesens darf nur durch bestätigte Werktätige oder durch Giftbeauftragte erfolgen.

– Der Transport von Giften der Abteilung 2 innerhalb geschlossener Territorien des Gesundheitswesens kann darüber hinaus durch fachlich geeignete Mitarbeiter vorgenommen werden.

7. Disziplinarmaßnahmen

Verstöße gegen die Giftordnung sind disziplinarisch zu ahnden, sofern nicht ein Straf- oder Ordnungsstrafverfahren eingeleitet wird.

8. Inkrafttreten

Diese Giftordnung tritt am .... in Kraft.

..........., den ....
(Leiter der Einrichtung)

Anlage 3

Muster der Erlaubnis zum Verkehr mit Giften

Ausstellende(s) Einrichtung/Organ

Erlaubnis
zum Verkehr mit Giften

Dem/Der ....
Bezeichnung der Einrichtung

....
(Anschrift)

wird hiermit auf der Grundlage des Giftgesetzes und Abschnitt 3 der Anweisung des Ministers für Gesundheitswesen vom 24. April 1979 über den Verkehr mit Giften in Einrichtungen des Gesundheitswesens die Erlaubnis erteilt, Gifte der Abteilung 1 im Rahmen der Aufgabenstellung der Einrichtung herzustellen/ zu gewinnen/ zu verarbeiten/ zu erwerben/ zu besitzen/ zu verwenden/ abzugeben/ zu lagern*)

.........., den ....
Unterschrift

Siegel

*) Nur Zutreffendes in die Erlaubnis aufnehmen

Anlage 4

Betriebe und Einrichtungen des Gesundheitswesens entsprechend Ziff. 3.1.3. der Anweisung zum Verkehr mit Giften

- Bezirks-Hygieneinspektionen und -institute der Räte der Bezirke
- Einrichtungen des Blutspende- und Transfusionswesens der Bezirke
- Epidemiologisches Zentrum der Staatlichen Hygieneinspektion Potsdam
- Forschungsinstitut für Balneologie und Kurortwissenschaften Bad Elster
- Forschungsinstitut für Hygiene und Mikrobiologie Bad Elster
- Forschungsinstitut für Lungenkrankheiten und Tuberkulose Berlin-Buch
- Institut für Angewandte Virologie Berlin
- Institut für Experimentelle Epidemiologie Wernigerode
- Staatliches Institut für Immunpräparate und Nährmedien Berlin
- Staatliches Kontrollinstitut für Seren und Impfstoffe Berlin
- Staatsbäder Bad Brambach, Bad Elster
- VEB Sächsisches Serumwerk Dresden
- Zentrale lebensmittelhygienische Untersuchungsstelle Berlin
- Zentralinstitut für Diabetes „Gerhard Katsch“ Karlsburg
- Zentralklinik für Herz- und Lungenkrankheiten Bad Berka

Anlage 5
Muster der persönlichen Erlaubnis zum Verkehr mit Giften

Ausstellende(s) Einrichtung/Organ

Persönliche Erlaubnis
zum Verkehr mit Giften für Giftbeauftragte

Herrn/Frau ....
(Name, Vorname)

....
geb. am in

wird hiermit auf der Grundlage des Giftgesetzes und Abschnitt 3 der Anweisung des Ministers für Gesundheitswesen vom 24. April 1979 über den Verkehr mit Giften in Einrichtungen des Gesundheitswesens die Erlaubnis erteilt, als Giftbeauftragter

im/in ....
(Bezeichnung des Betriebes/der Einrichtung)

....
(Anschrift)

mit Giften der Abteilung 1 im Rahmen der Aufgabenstellung des Betriebes/der Einrichtung umzugehen.

Die Erlaubnis ist gültig bis zum ....

............, den ....
Unterschrift

Siegel

Anordnung über die Mitnahme gefährlicher Güter in öffentliche Beförderungsmittel

vom 27. Februar 1979
(GBl. I Nr. 11 S. 86)
— Auszug —

Im Einvernehmen mit den Leitern der zuständigen zentralen Staatsorgane und in Übereinstimmung mit dem Bundesvorstand des Freien Deutschen Gewerkschaftsbundes wird folgendes angeordnet:

§ 1 Geltungsbereich

(1) Diese Anordnung gilt für die Mitnahme gefährlicher Güter als Handgepäck[1]) durch Personen

a) in öffentliche Beförderungsmittel, wie

1. schienengebundene Personenbeförderungsmittel (Eisenbahn, S-Bahn, Straßenbahn, Pioniereisenbahn),
2. Kraftfahrzeuge und deren Anhänger einschließlich Obusse,
3. Fahrgastschiffe, Fähren und andere zur Personenbeförderung zugelassene Wasserfahrzeuge,
4. Luftfahrzeuge für die Personenbeförderung,
5. Seilbahnen,
6. Aufzüge der Verkehrsbetriebe für die Personenbeförderung,
7. Fahrzeuge mit Zugtieren, die dem Geltungsbereich der Anordnung vom 11. April 1973 über den Betrieb von Fahrzeugen mit Zugtieren im öffentlichen Personenverkehr (BO-T) (GBl. I Nr. 26 S. 261) unterliegen;

b) in Gebäude und auf Anlagen des Verkehrswesens, die der Öffentlichkeit zugänglich sind (z. B. Empfangs- und Abfertigungshallen, Bahnhofsgaststätten, Raststätten und andere Versorgungseinrichtungen, Warteräume, Schalterräume des Reisebüros und Bildungseinrichtungen des Verkehrswesens).

(2) Diese Anordnung gilt auch für die Beförderung gefährlicher Güter als Reisegepäck und für deren Aufbewahrung in öffentlichen Aufbewahrungsstellen einschließlich Gepäckschließfächern des Verkehrswesens.

(3) Diese Anordnung gilt auch für die Mitnahme gefährlicher Güter in unmittelbarer Erfüllung dienstlicher oder beruflicher Aufgaben durch Werktätige von Betrieben, Dienststellen und Einrichtungen.

(4) Die Mitnahme von Arzneimitteln unterliegt nicht dieser Anordnung.

(5) Diese Anordnung gilt nicht, sofern in anderen Rechtsvorschriften (z. B. über den Verkehr mit Giften, Sprengmitteln, pyrotechnischen Erzeugnissen, Schußwaffen und patronierter Munition sowie über den Brandschutz) Bestimmungen für die Mitnahme gefährlicher Güter, ihre Aufgabe als Reisegepäck oder zur Aufbewahrung enthalten sind.
(6) Diese Anordnung gilt nicht für den grenzüberschreitenden Verkehr.

§ 2 Begriffsbestimmungen

Im Sinne dieser Anordnung gelten als

1. gefährliche Güter

   a) verdichtete, verflüssigte oder unter Druck gelöste Gase,
   b) brennbare flüssige und feste Stoffe,
   c) entzündend (oxydierend) wirkende Stoffe,
   d) giftige Stoffe,
   e) ätzende Stoffe,

   die auf Grund ihrer chemischen Zusammensetzung und ihrer biologischen oder physikalischen Eigenschaften die Gefahr der Explosion, des Zerknalls, der Brandentstehung sowie die Gefahr für die Gesundheit und das Leben von Menschen und Tieren durch Vergiftung oder Verätzung in sich bergen und als solche gekennzeichnet sind;

2. Handgepäck

   Sachen, die in Beförderungsmittel sowie in Gebäude und auf Anlagen des Verkehrswesens mitgenommen werden und grundsätzlich unter Aufsicht der diese Sachen mitnehmenden Person verbleiben;

3. Reisegepäck

   Sachen des persönlichen Bedarfs, die in Reisekoffern, Reisetaschen, Reisesäcken, Reisekörben u. dgl. an Abfertigungsstellen den Verkehrsbetrieben gegen Vorlage eines Fahrausweises zur Beförderung übergeben werden;

4. Verpackung

   Kleinverbraucherverpackungen (Verpackungsmittel und Verpackungshilfsmittel), die zum Schutz des Gutes vor Gebrauchswertminderung, zur Erleichterung der Handhabung des Gutes sowie zum Schutz der Umwelt dienen und für Personen und Haushalte bedarfsgerechte Einheiten enthalten;

5. Packung

   die Einheit von Gut und Verpackung;

6. tragbares Behältnis

   die zusätzlichen Verpackungen, die mit Vorrichtungen zum Tragen (Henkel oder Tragegriffe) versehen sind, wie Taschen, Koffer, Eimer;

7. Verkehrswesen
die Verkehrsbetriebe und -kombinate, Genossenschaften und Einrichtungen, die Personen- und Reisegepäckbeförderungsleistungen oder damit verbundene verkehrstypische Dienstleistungen erbringen sowie sonstige Einrichtungen des Verkehrswesens.

§ 3 Zulassung, Ausschluß

(1) Zur Mitnahme in Beförderungsmittel, in Gebäude und auf Anlagen des Verkehrswesens sowie zur Beförderung als Reisegepäck und zur Aufbewahrung sind nur die gefährlichen Güter zugelassen, die im Einzelhandel für die individuelle Verwendung als Kleinverbraucherpackungen abgegeben werden. Gefährliche Güter, die dieser Anordnung unterliegen und in unmittelbarer Erfüllung dienstlicher oder beruflicher Aufgaben mitgenommen werden, können auch entsprechend den Rechtsvorschriften für den Transport gefährlicher Güter verpackt und gekennzeichnet sein.
(2) Für Verpackungen, in denen sich Reste oder Rückstände gefährlicher Güter befinden, gelten die gleichen Bestimmungen wie für Packungen.
(3) Alle gefährlichen Güter, die den Bestimmungen der Absätze 1 und 2 nicht entsprechen, sind für die Mitnahme, Beförderung und Aufbewahrung nicht zugelassen.
(4) Personen unter 14 Jahren dürfen keine gefährlichen Güter mitnehmen (ausgenommen Druckgaspackungen mit kosmetischen oder pharmazeutischen Erzeugnissen). Giftige Stoffe gemäß Giftgesetz vom 7. April 1977 (GBl. I Nr. 10 S. 103) dürfen nur von Personen ab 16 Jahren mitgenommen werden.
(5) Gefährliche Güter in ungeeigneter oder beschädigter Verpackung sind für die Mitnahme, Beförderung und Aufbewahrung nicht zugelassen.
(6) Die Werktätigen des Verkehrswesens sind berechtigt, die Mitnahme gefährlicher Güter als Handgepäck sowie die Entgegennahme zur Beförderung als Reisegepäck und zur Aufbewahrung zu verweigern, wenn die Bestimmungen dieser Anordnung nicht eingehalten sind.

§ 4 Allgemeine Verpackungsbestimmungen

(1) Kleinverbraucherpackungen mit gefährlichen Gütern gemäß § 2 Ziff. 1 müssen entsprechend ihrem Inhalt gekennzeichnet sein.
(2) Gebrauchte Verpackungen sind für die Aufnahme gefährlicher Güter zugelassen, wenn

a) die gleichen Güter aufgenommen werden sollen, die vorher darin enthalten waren (z. B. zweckentsprechende Verwendung von Reservekraftstoffkanistern),
oder
b) sie völlig frei von Resten oder Rückständen anderer (gefährlicher oder ungefährlicher) Güter sind

und sie den Anforderungen einer Mitnahme, Beförderung und Aufbewahrung entsprechen, der chemischen Zusammensetzung und den biologischen und physikalischen Eigenschaften

der aufzunehmenden Güter angepaßt und dicht verschließbar sind sowie das Ausströmen, Auslaufen oder Durchsickern des Inhalts sicher verhindern.
(3) In Verpackungsmitteln für Flüssigkeiten muß ein flüssigkeitsfreier Raum verbleiben, der eine Volumenveränderung der Flüssigkeiten zuläßt, ohne daß die Flüssigkeit austreten kann.
(4) Schraubverschlüsse sind mit elastischen Dichtungen zu versehen, die gegenüber dem Inhalt beständig sind.
(5) Klemmdeckel müssen fest sitzen und gegen Aufspringen gesichert sein.
(6) Tragbare Behältnisse müssen so widerstandsfähig sein, daß sie der Belastung durch die eingestellte Packung widerstehen.
(7) Die Verpackung muß außen völlig frei von gefährlichen Gütern sein.

§ 5 Mengenbegrenzung

(1) Soweit in den Anlagen zu dieser Anordnung keine weiteren Beschränkungen festgelegt sind,

a) darf Handgepäck je Person über 14 Jahre,
b) darf Reisegepäck je Sendung,
c) dürfen zur Aufbewahrung übergebene Sachen je Person über 14 Jahre

insgesamt höchstens 15 kg gefährlicher Güter einschließlich Verpackung enthalten.
(2) Verpackungen, in denen sich Reste oder Rückstände gefährlicher Güter befinden, sowie nicht vollständig gefüllte Packungen gelten zur Ermittlung der Mengenbegrenzung als vollständig gefüllt.
(3) Die Werktätigen des Verkehrswesens können Personen, die gefährliche Güter mit sich führen, von der Beförderung in den Beförderungsmitteln und vom Betreten der Gebäude und Anlagen des Verkehrswesens ausschließen, wenn durch die Mitnahme eine gefahrbringende Konzentration gefährlicher Güter eintritt.

§ 6 Umgang mit Packungen

(1) Alle zur Mitnahme in öffentliche Beförderungsmittel zugelassenen gefährlichen Güter sind in den Beförderungsmitteln so sicher abzustellen, abzulegen, zu halten bzw. zu tragen, daß sie auch bei unvorhergesehener, plötzlicher Bewegungsänderung des Beförderungsmittels nicht herabfallen, umkippen oder verrutschen und daß dadurch sowie durch dabei austretende gefährliche Güter Personen, Tiere und Sachen nicht geschädigt werden können.
(2) Gefährliche Güter sind in Personenkraftwagen im Kofferraum bzw. auf den Hintersitzen oder zwischen diesen und den Vordersitzen unterzubringen. Packungen mit flüssigen oder gasförmigen Gütern sind grundsätzlich im Kofferraum oder am Fahrzeugboden abzustellen und gegen Lageveränderung zu sichern.

(3) Die zuständigen Werktätigen des Verkehrswesens können zur Aufrechterhaltung von Ordnung und Sicherheit bestimmen, wo und wie das Handgepäck mit gefährlichen Gütern in den Beförderungsmitteln unterzubringen ist.

§ 7 Festlegungen für bestimmte gefährliche Güter

Für

a) brennbare flüssige Stoffe,
b) Gase in Druckgefäßen,
c) giftige Stoffe,
d) Säuren und Laugen,
e) Fahrzeuge mit Verbrennungsmotor

gelten zusätzlich die Festlegungen in den Anlagen 1 bis 5.

§ 8 Kontrollrecht

Die ermächtigten Werktätigen des Verkehrswesens sind berechtigt, im Falle eines begründeten Verdachtes, daß gegen diese Anordnung verstoßen wird, Hand- oder Reisegepäck sowie zur Aufbewahrung übergebene Sachen zu kontrollieren und geeignete Maßnahmen zur Wiederherstellung von Ordnung und Sicherheit einschließlich des Ausschlusses von der Beförderung oder des Verweises aus dem Gebäude zu treffen. Die Kontrolle ist möglichst im Beisein des Fahrgastes vorzunehmen.

§ 9 Ordnungsstrafbestimmungen

(1) Wer vorsätzlich oder fahrlässig gefährliche Güter

a) entgegen § 3 Absätze 1 und 3 und § 7 mitnimmt, als Reisegepäck oder zur Aufbewahrung aufgibt,
b) entgegen § 5 Absätze 1 und 2 und § 7 über die zugelassene Menge hinaus mitnimmt, als Reisegepäck oder zur Aufbewahrung aufgibt,
c) entgegen § 3 Abs. 5 in ungeeigneter oder beschädigter Verpackung mitnimmt, als Reisegepäck oder zur Aufbewahrung aufgibt,

kann mit Verweis oder Ordnungsstrafe von 10 M bis 300 M belegt werden.

(2) Ist die vorsätzliche Ordnungswidrigkeit gemäß Abs. 1 wiederholt innerhalb von 2 Jahren begangen und mit Ordnungsstrafe geahndet worden oder ist ein größerer Schaden verursacht worden oder hätte er verursacht werden können, kann eine Ordnungsstrafe bis zu 1 000 M ausgesprochen werden.

(3) Die Durchführung des Ordnungsstrafverfahrens obliegt im Rahmen ihrer Zuständigkeit

a) den Leitern der Organe der Deutschen Reichsbahn,
b) dem Leiter der Hauptverwaltung der Zivilen Luftfahrt,

c) dem Leiter des Seefahrtsamtes der Deutschen Demokratischen Republik,
d) den Vorständen der Wasserstraßenämter,
e) dem Leiter der zuständigen staatlichen Gewässeraufsicht,
f) dem Leiter des Fachorgans für Verkehr des für den Verkehrsbetrieb zuständigen Rates des Bezirkes,
g) dem Vorsitzenden des für den Verkehrsbetrieb zuständigen Rates des Kreises, der Stadt oder der Gemeinde,
h) den Leitern der Dienststellen der Deutschen Volkspolizei.

(4) Bei geringfügigen Ordnungswidrigkeiten entsprechend Abs. 1 sind die dazu ermächtigten Mitarbeiter der zuständigen Staatsorgane befugt, eine Verwarnung mit Ordnungsgeld in Höhe von 1 M, 3 M, 5 M oder 10 M auszusprechen.

(5) Für die Durchführung des Ordnungsstrafverfahrens und den Ausspruch der Ordnungsstrafmaßnahme gilt das Gesetz vom 12. Januar 1968 zur Bekämpfung von Ordnungswidrigkeiten — OWG — (GBl. I Nr. 3 S. 101).

§ 10 Schlußbestimmung

Diese Anordnung tritt am 1. September 1979 in Kraft.

Anlage 1

zu § 7 vorstehender Anordnung

Bestimmungen für die Mitnahme von brennbaren flüssigen Stoffen

1. Hierunter fallen:

alle brennbaren flüssigen Stoffe, wie Löse- oder Verdünnungsmittel, Kraftstoffe, Spiritus oder Erzeugnisse, in denen derartige Stoffe enthalten sind, deren Verpackung mit der Aufschrift „Feuergefährlich“, „Gefahrenklasse A I“, „Gefahrenklasse A II“, „Gefahrenklasse B I“ oder „Gefahrenklasse B II“, „Gefährdungsgruppe I“ oder „Gefährdungsgruppe II“ gekennzeichnet ist.

2. Charakteristik des Gutes

— flüssig
— leicht brennbar
— z. T. mit Wasser nicht mischbar
— z. T. wirken Dämpfe betäubend und sind giftig.

3. Mitnahme-, Beförderungs- und Aufbewahrungsverbote bzw. -beschränkungen

— Die Mitnahme brennbarer flüssiger Stoffe als Handgepäck in öffentliche Beförderungsmittel (ausgenommen Luftfahrzeuge) ist nur bis zu einer Menge von 5 l zugelassen.

– Die Mitnahme brennbarer flüssiger Stoffe als Handgepäck in Luftfahrzeuge ist nur für Benzin in einer Menge bis zu 50 ml zugelassen.
– Die Aufbewahrung brennbarer flüssiger Stoffe (ausgenommen in Gepäckschließfächern) ist zugelassen.
– Die Beförderung brennbarer flüssiger Stoffe als Reisegepäck und ihre Aufbewahrung in Gepäckschließfächern sind nicht zugelassen.

4. Verpackungen

– Die Kleinverbraucherpackungen (ausgenommen Reservekraftstoffkanister) sind in tragbaren Behältnissen mitzunehmen, zu befördern oder aufzubewahren.
– Die Mitnahme und Aufbewahrung von Kraftstoffen ist nur in Reservekraftstoffkanistern zugelassen.

5. Mitnahme-, Beförderungs- und Aufbewahrungsbedingungen

– Rauchen, Umgang mit Feuer oder offenem Licht in unmittelbarer Umgebung verboten.
– Nicht in der Nähe von Heizkörpern abstellen.
– Verpackungsmittel gegen Auslaufen sicher verschließen.
– Mitnahme in Beförderungsmittel nur in Nichtraucherabteile zugelassen.

6. Allgemeine Hinweise zum Verhalten bei Störungen

– Brand mit Schaum-, Kohlendioxid-, Pulver- oder Halonlöscher bekämpfen.
– Direkten Kontakt mit ausgelaufenen Stoffen vermeiden.

Anlage 2

zu § 7 vorstehender Anordnung

Bestimmungen für die Mitnahme von Gasen in Druckgefäßen

1. Hierunter fallen:

– Flüssiggase: Propan, Butan, Propan-Butan-Gemische, Dimethyläther (Heizäther)
– Druckluft
– von diesen Gasen entleerte Gefäße
– Druckgaspackungen (Aerosolpackungen).

2. Charakteristik des Gutes

– z. T. brennbares Gas, mit Luft explosible Gemische bildend
– z. T. schwerer als Luft (Ausbreitung am Boden).

3. Mitnahme-, Beförderungs- und Aufbewahrungsverbote bzw. -beschränkungen

– Die Mitnahme von Gasen in Druckgefäßen als Handgepäck in öffentliche Beförderungsmittel (ausgenommen Luftfahrzeuge und U-Bahnen) ist zugelassen.

- Die Mitnahme von Gasen in Druckgefäßen als Handgepäck in Luftfahrzeuge ist für Druckgaspackungen mit Erzeugnissen des unmittelbaren persönlichen Bedarfs, die in Taschen der Bekleidung oder in kleinen Handtaschen mitgeführt werden, zugelassen.
- Die Mitnahme von Gasen in Druckgefäßen als Handgepäck in U-Bahnen ist nur für Druckgaspackungen zugelassen.
- Die Befötderung von Gasen in Druckgefäßen als Reisegepäck in öffentlichen Beförderungsmitteln (ausgenommen Luftfahrzeuge) ist zugelassen.
- Die Beförderung von Gasen in Druckgefäßen als Reisegepäck in Luftfahrzeugen ist nur für Drückgaspackungen mit Erzeugnissen des unmittelbaren persönlichen Bedarfs zugelassen.
- Die Aufbewahrung von Gasen in Druckgefäßen ist zugelassen.

4. Verpackungen

- Flüssiggase und Druckluft dürfen in Stahlflaschen mitgenommen und aufbewahrt werden.
- Flüssiggase und Druckluft dürfen in Stahlflaschen, auch verpackt, mit einem Gewicht bis zu 15 kg oder mit einer Füllmenge bis zu 5 kg als Reisegepäck befördert werden.
- Die Druckgaspackungen (Aerosolpackungen) sind in tragbaren Behältnissen mitzunehmen, zu befördern oder aufzubewahren.

5. Mitnahme-, Beförderungs- und Aufbewahrungsbedingungen

- Stahlflaschen müssen oidnungsgemäß verschlossen, der Gewindeanschluß für das Druckminderungsventil durch eine Verschlußmutter und der Flaschenkopf durch eine Ventilschutzkappe gesichert sein.
- Stahlflaschen weder werfen, noch Stößen oder Wärmequellen aussetzen, nicht in der Nähe von Türen abstellen.
- Stahlflaschen stehend befördern und gegen Umkippen sichern.
- Mitnahme der Flüssiggase in Beförderungsmittel nur in Nichtraucherabteile zugelassen.
- Druckgaspackungen weder werfen, noch Stößen oder Wärmequellen aussetzen.

6. Allgemeine Hinweise zum Verhalten bei Störungen

- Brand mit Pulver- oder Kohlendioxidlöscher bekämpfen.
- Undicht gewordene Flaschen sofort ins Freie tragen, vorher Zündmittel und Zündmöglichkeiten beseitigen.

7. Kennzeichnung des Reisegepäcks

Flüssiggase: Stahlflaschen müssen vollständig rot angestrichen sein.
Bei verpackten Stahlflaschen sind die Verpackungen vollständig rot zu kennzeichnen.

Anlage 3

zu § 7 vorstehender Anordnung

Bestimmungen für die Mitnahme von giftigen Stoffen, die Gifte gemäß Giftgesetz sind

1. Hierunter fallen:

alle Pflanzenschutz- und Schädlingsbekämpfungsmittel, Mittel zur Steuerung biologischer Prozesse, Holz- und Vorratsschutzmittel sowie andere chemische Stoffe, die Gifte der Abteilung 2 gemäß Giftgesetz sind, und deren Verpackungen durch das Totenkopfzeichen und die Aufschrift „Gift" (beides in rot auf weißem Grund) gekennzeichnet sind.
Als Gifte eingestufte Säuren und Laugen unterliegen den Bestimmungen der Anlage 4.

2. Charakteristik des Gutes

- flüssig, pasten- oder pulverförmig
- giftig
- Flüssigkeiten z. T. leicht brennbar.

3. Mitnahme-, Beförderungs- und Aufbewahrungsverbote bzw. -beschränkungen

- Die Mitnahme giftiger Stoffe als Handgepäck in öffentliche Beförderungsmittel (ausgenommen Luftfahrzeuge) ist nur bis zu einer Menge von 2 kg bzw. 2 l zugelassen.
- Die Mitnahme giftiger Stoffe als Handgepäck in Luftfahrzeuge ist nicht zugelassen.
- Die Beförderung giftiger Stoffe als Reisegepäck ist nicht zugelassen.
- Die Aufbewahrung giftiger Stoffe (ausgenommen in Gepäckschließfächern) ist zugelassen.
- Die Aufbewahrung giftiger Stoffe in Gepäckschließfächern ist nicht zugelassen.

4. Verpackungen

Die Kleinverbraucherpackungen sind in tragbaren Behältnissen mitzunehmen, zu befördern oder aufzubewahren.

5. Mitnahme-, Beförderungs- und Aufbewahrungsbedingungen

Mitnahme nur in unversehrten Kleinverbraucherpackungen zugelassen.

6. Allgemeine Hinweise zum Verhalten bei Störungen

- Direkten Kontakt mit ausgetretenen oder ausgelaufenen Stoffen vermeiden.
- Nach Möglichkeit Undichtheit beseitigen.

Anlage 4

zu § 4 vorstehender Anordnung

Bestimmungen für die Mitnahme von Säuren und Laugen

1. Hierunter fallen:

alle Säuren und Laugen, deren Verpackungen mit der Aufschrift „Vorsicht, stark ätzend!" (Gifte der Abteilung 2 gemäß Giftgesetz) oder „ätzend" gekennzeichnet sind, und Akkumulatoren, gefüllt mit Schwefelsäure oder Kalilauge.
Akkumulatoren, gefüllt, bis 0,5 kg unterliegen nicht dieser Anordnung.

2. Charakteristik des Gutes

- flüssig oder fest
- ätzend
- ab den in der Zweiten Durchführungsbestimmung vom 31. Mai 1977 zum Giftgesetz — Verzeichnis eingestufter Gifte — (GBl. I Nr. 21 S. 279) festgelegten Konzentrationen giftig
- Dämpfe greifen Haut, Schleimhäute und Atmungsorgane an
- Gut wirkt zerstörend auf menschliche, tierische und pflanzliche Gewebe, greift Metalle, Pappe, Papier, Textilien usw. an.

3. Mitnahme-, Beförderungs- und Aufbewahrungsverbote bzw. -beschränkungen

- Die Mitnahme von Säuren und Laugen (ausgenommen Säuren und Laugen, die als Gift eingestuft sind) als Handgepäck in öffentliche Beförderungsmittel (ausgenommen Luftfahrzeuge) ist zugelassen.
- Die Mitnahme von Säuren und Laugen, die als Gift eingestuft sind, als Handgepäck in öffentliche Beförderungsmittel (ausgenommen Luftfahrzeuge) ist nur in einer Menge bis zu 0,5 kg bzw. 0,5 l zugelassen.
- Die Mitnahme von Säuren und Laugen als Handgepäck in Luftfahrzeuge ist nicht zugelassen.
- Die Beförderung von Säuren und Laugen als Reisegepäck ist nicht zugelassen.
- Die Aufbewahrung von Säuren und Laugen (ausgenommen in Gepäckschließfächern) ist zugelassen.
- Die Aufbewahrung von Säuren und Laugen in Gepäckschließfächern ist nicht zugelassen.

4. Verpackungen

- Für Säuren und Laugen dürfen nur Verpackungsmittel mit Schraubverschluß verwendet werden.
- Die Kleinverbraucherpackungen sind in tragbaren Behältnissen mitzunehmen, zu befördern oder aufzubewahren.

5. Mitnahme-, Beförderungs- und Aufbewahrungsbedingungen

- Verpackungsmittel gegen Auslaufen sicher verschließen.
- Die Akkumulatoren sind gegen Kurzschluß und gegen das Auslaufen der Schwefelsäure bzw. Kalilauge entsprechend zu sichern.
- Nicht über Sitzplätzen abstellen.

6. Allgemeine Hinweise zum Verhalten bei Störungen

- Direkten Kontakt mit ausgelaufenen oder ausgetretenen Stoffen vermeiden.
- Nach Möglichkeit Undichtheit beseitigen.
- Ausgelaufene Säure durch Sand, Asche oder Bauschutt aufsaugen lassen bzw. mit viel Wasser abspülen.
- Ausgelaufene Lauge mit viel Wasser abspülen.

[1]) Zur Zeit gelten für den Transport gefährlicher Güter:

a) bei der Aufgabe als Expreßgut und Stückgut die Bestimmungen der Ordnung vom 30. Januar 1979 über den Transport gefährlicher Güter mit Eisenbahnfahrzeugen, Kraftfahrzeugen und Binnenschiffen — Transportordnung für gefährliche Güter (TOG) —
zu beziehen
bei Bestellungen: Deutsche Reichsbahn, Drucksachenverlag, Außenstelle Dresden, 8027 Dresden, Tharandter Str. 105
bei Selbstabholung gegen Barzahlung: Ministerium für Verkehrswesen der Deutschen Demokratischen Republik, Tarifamt, 102 Berlin, Alexanderplatz 5 (Haus des Reisens);

b) bei der Aufgabe als Stückgut auf Handelsschiffen die Bestimmungen der Seefrachtordnung (SFO) vom 20. Juli 1970
zu beziehen beim: Seefahrtsamt der Deutschen Demokratischen Republik, 25 Rostock, Patriotischer Weg 120;

c) bei der Aufgabe als Luftfracht die Bestimmungen der Lufttransportordnung für gefährliche Güter (OLTG) vom 13. Februar 1979
zu beziehen bei der: INTERFLUG, Abt. Tarife und Vorschriften, 1189 Berlin-Schönefeld, Flughafen;

d) beim Versand mit der Deutschen Post die Bestimmungen der Postordnung vom 21. November 1974 (GBl. I 1975 Nr. 13 S. 236); auszugsweise abgedruckt unter I 90 21.

Ergänzungsinhaltsverzeichnis

Kapitel I

Zivilrecht, Wirtschaftsrecht, Versicherungsrecht, Strafrecht, Prozeßrecht

Mitteilung über die Bearbeitung von Schadensfällen infolge einer Schutzimpfung oder anderen Schutzanwendung

vom 28. April 1966
(VuM MfGe Nr. 11 S. 94)

Zur Durchführung der *§§ 8 bis 15 der Zweiten Durchführungsbestimmung vom 11. Januar 1966 zum Gesetz zur Verhütung und Bekämpfung übertragbarer Krankheiten beim Menschen — Schutzimpfungen und andere Schutzanwendungen — (GBl. II Nr. 13 S. 52)*[1]) wird folgendes mitgeteilt:

1. In jedem Fall einer Gesundheitsschädigung infolge einer Schutzimpfung oder anderen Schutzanwendung (Impfschaden) ist das Formblatt 8729 *(Bericht in einer Schadenssache nach Pockenschutzimpfung)*[2]) in doppelter Ausfertigung auszufüllen und mit vorhandenen Facharztgutachten über die Bezirks-Hygieneinspektion[3]) einzureichen (Original und 1 Durchschlag).
2. Der Geschädigte oder sein Sorgeberechtigter kann nach Feststellung einer Schädigung entsprechend § 8 Abs. 2 und § 11 der Zweiten Durchführungsbestimmung[1]) einen schriftlichen Antrag auf Schadenersatz stellen. Dieser Antrag ist dem Ministerium für Gesundheitswesen, Staatliche Hygieneinspektion[3]) über die Bezirks-Hygieneinspektion[3]) mit dem Formblatt 8729 einzureichen.
3. Beim Todesfall ist das Sektionsprotokoll dem Formblatt 8729 und dem Antrag auf Erstattung der Beerdigungskosten beizufügen.
4. Die bei der Bezirks-Hygieneinspektion zu bildende Kommission entscheidet nur darüber, ob die Schädigung als Folge der Schutzimpfung oder anderer Schutzanwendungen anzuerkennen ist, nicht aber über die Höhe der Entschädigung (siehe § 13 der Zweiten Durchführungsbestimmung)[1]). Das Protokoll über die Entscheidung ist dem Ministerium für Gesundheitswesen, Staatliche Hygieneinspektion[3]) in 2facher Ausfertigung (Original und 1 Durchschlag) einzureichen.
5. Aufgetretene Schadensfälle nach Schutzimpfungen oder anderen Schutzanwendungen sind sofort zu bearbeiten und dem Ministerium für Gesundheitswesen, Staatliche Hygieneinspektion[3]) über die Bezirks-Hygieneinspektion[3]) schriftlich vorauszumelden.

[1]) Es gilt jetzt: §§ 9—15 der 2. DB vom 27. 2. 1975 zum Gesetz zur Verhütung und Bekämpfung übertragbarer Krankheiten; auszugsweise abgedruckt unter B 06 31.
[2]) Jetzt: Bericht in einer Schadenssache nach einer Schutzimpfung.
[3]) S. hierzu VO über die Staatliche Hygieneinspektion; abgedruckt unter B 06 10.

Anordnung über die Erweiterung des zusätzlichen Unfallversicherungsschutzes durch die Staatliche Versicherung der DDR bei Unfällen in Ausübung gesellschaftlicher, kultureller oder sportlicher Tätigkeiten

vom 6. August 1973
(GBl. I Nr. 38 S. 404)

Im Einvernehmen mit den Leitern der zuständigen zentralen staatlichen Organe wird folgendes angeordnet:

§ 1

(1) Zusätzlichen Unfallversicherungsschutz bei der Staatlichen Versicherung der DDR erhalten alle Personen, die

- in einem Arbeitsrechtsverhältnis zu einem Betrieb oder Kombinat der volkseigenen Wirtschaft, zu einem volkseigenen Betrieb der Landwirtschaft, Forstwirtschaft und Nahrungsgüterwirtschaft, zu einem staatlichen Organ oder einer staatlichen Einrichtung stehen,
- als Volksvertreter, Mitglieder der Kommission der Volksvertretungen und deren Aktivs tätig sind,
- in einem Mitgliedschaftsverhältnis oder Arbeitsrechtsverhältnis zu einer sozialistischen Genossenschaft bzw. zu einem anderen nichtvolkseigenen Betrieb der Landwirtschaft, Forstwirtschaft und Nahrungsgüterwirtschaft stehen, wenn diese Genossenschaft oder dieser Betrieb eine zusätzliche Unfallversicherung vereinbart hat,

bei Unfällen, für die gemäß Verordnung vom 11. April 1973 über die Erweiterung des Versicherungsschutzes bei Unfällen in Ausübung gesellschaftlicher, kultureller oder sportlicher Tätigkeiten (GBl. I Nr. 22 S. 199)[1]) Leistungen der Sozialversicherung bzw. der Betriebe wie bei Arbeitsunfällen gewährt werden.

(2) Dementsprechend gilt der Versicherungsschutz gemäß

- § 3 der Anordnung vom 19. November 1968 über die Bedingungen für die Pflichtversicherung der volkseigenen Wirtschaft bei der Staatlichen Versicherung der Deutschen Demokratischen Republik (GBl. II Nr. 120 S. 945),
- Anordnung vom 22. Mai 1968 über die Bedingungen für die Pflichtversicherung der Beschäftigten der volkseigenen Betriebe der Landwirtschaft, Nahrungsgüterwirtschaft und Forstwirtschaft – Unfallversicherung – (GBl. II Nr. 57 S. 315),
- Anlage 1 zur Anordnung vom 22. Mai 1968 über die Bedingungen für die freiwilligen Versicherungen der sozialistischen Betriebe der Landwirtschaft, Nahrungsgüterwirt-

schaft und Forstwirtschaft bei der Staatlichen Versicherung der Deutschen Demokratischen Republik (GBl. II Nr. 57 S. 319),

– § 6 der Anordnung vom 18. November 1969 über die Bedingungen für die Pflichtversicherung der staatlichen Organe und staatlichen Einrichtungen bei der Staatlichen Versicherung der Deutschen Demokratischen Republik (GBl. II Nr. 101 S. 682)

auch bei Unfällen aus organisierter gesellschaftlicher, kultureller oder sportlicher Tätigkeit.

(3) Der zusätzliche Unfallversicherungsschutz gilt für Unfälle, die ab 1. Juli 1973 eingetreten sind.

§ 2

Wurde von einer Partei, einer demokratischen Organisation, der Nationalen Front der Deutschen Demokratischen Republik, von staatlichen oder wirtschaftsleitenden Organen, Betrieben, Kombinaten, staatlichen Einrichtungen oder Genossenschaften eine freiwillige zusätzliche Unfallversicherung für Unfälle bei gesellschaftlichen, kulturellen oder sportlichen Tätigkeiten mit der Staatlichen Versicherung der DDR vereinbart, so wird für das gleiche Ereignis nur eine, und zwar die für den Geschädigten bzw. die Hinterbliebenen günstigere zusätzliche Versicherungsleistung gezahlt. Dies gilt auch, wenn gleichzeitig Leistungen aus in anderen Rechtsvorschriften festgelegten zusätzlichen Unfallversicherungen fällig werden.

§ 3

Verantwortlich für die Meldung des Unfalles an die zuständige Dienststelle der Staatlichen Versicherung der DDR ist der im § 1 Abs. 1 genannte Betrieb bzw. die genannte Einrichtung, zu dem bzw. zu der die vom Unfall betroffene Person zur Zeit des Unfalles in einem Arbeitsrechtsverhältnis oder Mitgliedschaftsverhältnis stand, bzw. das staatliche Organ, das für die Volksvertreter, Mitglieder der Kommissionen usw. zuständig ist.

§ 4

Diese Anordnung tritt mit Wirkung vom 1. Juli 1973 in Kraft.

[1]) Abgedruckt unter I 03 60.

Ergänzungssachregister für die 5. Lieferung

Kolibri 360 GmbH
Ferdinand-Jühlke-Straße 7
99095 Erfurt, Deutschland
produktsicherheit@kolibri360.de